Das Urteil im Zivilprozess

Urteilsfindung und Urteilsabfassung
in der Tatsacheninstanz

von
Dr. Christian Balzer
Vorsitzender Richter am Oberlandesgericht a. D.

2., neu bearbeitete Auflage

ERICH SCHMIDT VERLAG

Bibliografische Information der Deutschen Bibliothek
Die Deutsche Bibliothek verzeichnet diese Publikation
in der Deutschen Nationalbibliografie; detaillierte bibliografische Daten
sind im Internet über dnb.ddb.de abrufbar.

Weitere Informationen zu diesem Titel finden Sie im Internet unter
ESV.info/978 3 503 10342 3

1. Auflage 2003
2. Auflage 2007

ISBN 978 3 503 10342 3

Alle Rechte vorbehalten
© Erich Schmidt Verlag GmbH & Co., Berlin 2007
www.ESV.info

Dieses Papier erfüllt die Frankfurter Forderungen
der Deutschen Bibliothek und der Gesellschaft für das Buch
bezüglich der Alterungsbeständigkeit und entspricht sowohl den
strengen Bestimmungen der US Norm Ansi/Niso Z 39.48-1992
als auch der ISO Norm 9706.

Satz: multitext, Berlin
Druck: Strauss, Mörlenbach

Vorwort

Dieses Buch wendet sich in erster Linie an junge Richter und solche, die die beste Form, Urteile zu schreiben, noch suchen. Der junge Richter ist mit der Relationstechnik als dem Abbild richterlicher Denkarbeit vertraut. In einem schwierigen Staatsexamen hat er bewiesen, dass er Zivilurteile abzufassen versteht. Aber die tägliche Praxis stellt ihn immer wieder vor Probleme, denen er in der kurzen Referendarausbildung bei einem Zivilgericht nicht begegnet ist. Das Buch soll ihm helfen, sein umfangreiches Wissen richtig anzuwenden und Fehler zu vermeiden. Dieses Anliegen bestimmt den Aufbau der Abhandlung. Fehler kann man nur vermeiden, wenn man sie kennt. Deshalb ist Ausgangspunkt oder Gegenstand vieler Betrachtungen der Fehler, der Missgriff, die eingeschliffene Gewohnheit, die neuzeitlichen Anforderungen oder gar geänderten Prozessnormen nicht mehr genügt. Der Kritik folgen – meist anhand von Textbeispielen – Vorschläge, wie man es besser machen kann. Die Vorschläge sind die Frucht meiner mehr als vier Jahrzehnte umspannenden Tätigkeit eines Zivilrichters, Schiedsrichters und Mitarbeiters in Anwaltskanzleien.

Wann ist ein Zivilurteil fehlerfrei? Es soll der unterliegenden Partei erklären, warum sie unterliegt. Es soll sich mit ihren Argumenten auseinandersetzen, anstatt sie mit Leerformeln abzuspeisen. Dabei soll der Richter auch die Teile der §§ 313 ff. und 540 ZPO beachten, mit denen der Gesetzgeber ihm Arbeit ersparen will. Schließlich muss die Sprache des Urteils hohen Ansprüchen genügen. Sie muss logisch sein, denn die Sprache ist das Vehikel des Gedankens; und die Sprache muss klar und knapp sein, damit die Beteiligten sie verstehen und der Richter zu rationeller Arbeitsweise findet. Richter und mittelbar auch Anwälte mag dieses Buch daran erinnern, welche Möglichkeiten des Ausdrucks und der Überzeugung eine Schreibweise birgt, die auf Modewörter verzichtet und bei der auch der Satzbau und die Satzfolge durchdacht sind.

Ein Rezensent der Vorauflage hat geäußert, das Werk sei als „Nachschlagewerk zu Einzelfragen" auch für Referendare geeignet. Ihnen kann es dabei helfen, juristische Schreibweise zu erlernen und zu entwickeln. Vor allem dieser Leserkreis wird es begrüßen, dass in der vorliegenden zweiten Auflage Kapitel über das Urteil im Verkehrsunfallprozess sowie über Votum und Aktenvortrag angefügt wurden.

Damit die Abhandlung überschaubar bleibe, wurde auf eine tiefschürfende Auseinandersetzung mit allen in der einschlägigen Literatur vertretenen Lehrmeinungen ebenso verzichtet wie auf Belege für Ansichten, die sich durchgesetzt haben. Die Darlegungen – vor allem im ersten Kapitel (Urteilsfindung) – sind geprägt durch die Rechtsprechung des Bundesgerichtshofs. Die angeführten Zitate und Beispielsfälle sind echt. Namen und Daten und einige Währungsangaben wurden allerdings geändert.

Das Deutsche Richtergesetz unterscheidet nicht zwischen Richterinnen und Richtern. Es kennt nur „den Richter". Diesem Sprachgebrauch schließe ich mich an, teils, weil vom Richter als Organ der Rechtspflege die Rede ist, teils weil es dazu beiträgt, die Anonymität der Richter, deren Entscheidungen kritisiert werden, zu wahren.

In diesem Buch ist viel von Äußerlichkeiten die Rede: vom Urteilsstil, vom Aufbau des Tatbestands und der Entscheidungsgründe, von Schreibweisen. Dabei handelt es sich aber nur um Wegbeschreibungen. Sie dürfen nicht den Blick auf das Ziel richterlicher Tätigkeit verstellen: den Rechtsfrieden durch Anhörung und Bescheidung der Parteien herzustellen und dabei um Wahrheit, Recht und Gerechtigkeit bemüht zu sein.

Herr Dr. Hubert Just, Präsident des Landgerichts Duisburg, hat mich zu diesem Buch ermutigt und mir mit vielen kritischen Hinweisen geholfen. Dafür bin ich ihm sehr dankbar.

Kein Buch ist ohne Mängel. Deshalb wird der Leser gebeten, Verbesserungsvorschläge und Kritik nicht zurückzuhalten.

Düsseldorf, im Mai 2007   Christian Balzer

Inhaltsverzeichnis

		Seite	Randnummer
Vorwort		5	
Abkürzungsverzeichnis		17	

KAPITEL I
Urteilsfindung

1.	**Der Klageantrag und seine Überprüfung**	19	2– 7
2.	**Schlüssigkeit des Klagevortrags**	22	8– 31
2.1	Normative Tatbestandsmerkmale	22	9– 10
2.2	Der Vorwurf der Widersprüchlichkeit des Klagevortrags	23	11
2.2.1	Widerspruch zwischen Haupt- und Hilfstatsachen	23	12– 13
2.2.2	Wechsel des Parteivortrags. Einander widersprechende Haupttatsachen	24	14– 15
2.3	Der Vorwurf von Substantiierungsmängeln	24	16– 29
2.3.1	Individualisierung des Streitgegenstands	25	17
2.3.2	Fehlen von Haupttatsachen und Auslegung	25	18– 19
2.3.3	Fehlen von Begleitumständen	26	20– 25
2.3.4	Ausforschungsbeweis	28	26– 29
	Vermutungen als Vortragsgrundlage	28	27
	Unwahrscheinlichkeit des Vortrags	29	28
2.3.5	Behauptungen „ins Blaue hinein" oder „aufs Geratewohl"	29	30
2.4	Folgerungen	30	31
3.	**Die Einlassungen des Beklagten (Erheblichkeitsprüfung)**	30	32– 66
3.1	Die Verteidigungsmittel des § 138	30	33
3.1.1	Die Erklärung mit Nichtwissen	31	34– 38
3.1.2	Das Bestreiten	33	39– 60
3.1.2.1	Bestreitensformen	33	40– 43
	Vollständige Erklärung	33	40
	Einfaches und ausführliches Bestreiten	34	41
	Substantiiertes Bestreiten	34	42– 43

Inhaltsverzeichnis

		Seite	Randnummer
3.1.2.2	Unzulässiges Zurückweisen	35	44– 56
	Pauschalformeln	35	44– 46
	Fehlen von Begleitumständen und Umfeldtatsachen	36	47
	„Überholtes" Bestreiten	37	48
	Eigene Handlungen oder Wahrnehmungen des Beklagten	37	49– 56
	Beteiligung des Beklagten „an sich"	37	50
	Handlungen und Wahrnehmungen des beteiligten Beklagten	39	51– 56
3.1.2.3	Zusammenfassung der Grundsätze und Ausnahmen	42	57– 61
	Grundsätze	42	57
	Ausnahmen: Nötige Substantiierung des Bestreitens	43	58– 61
	Negative Tatsachen	43	59
	Anscheinsbeweis – Tatsächliche Vermutungen	44	60
	Wissensvorsprung des Bestreitenden	44	61
3.2	Einreden	45	62– 65
3.3	Gesamterheblichkeit	46	66
4.	**Tatsachenfeststellung (Beweiswürdigung)**	46	67– 86
4.1	Gegenstand der Tatsachenfeststellung	46	68
4.2	Prinzipien der Tatsachenfeststellung	46	69
4.3	Technik der Beweiswürdigung: Beweisfragen und Beweisantworten	47	70– 71
4.4	Die Tragfähigkeit bejahender Beweismittel	48	72– 86
4.4.1	Augenscheinseinnahme	48	73
4.4.2	Urkundenbeweis	48	74
4.4.3	Sachverständigengutachten	49	75
4.4.4	Amtliche Auskunft	49	76
4.4.5	Aussagen von Zeugen und Parteien	49	77– 86
	Aussageimmanente Schwächen	49	77– 80
	Kriterien für die Glaubhaftigkeitsprüfung	50	81– 86
	Negative Kriterien	50	82– 84
	Positive Kriterien	52	85– 86
5.	**Die Kostenentscheidung**	54	87–131
5.1	Gegenstand der Kostentscheidung	54	87– 91
5.2	Einheitlichkeit der Kostenentscheidung	56	92– 94
5.3	Kostenentscheidung nach Erledigungserklärung	57	95
5.4	Kostenentscheidung nach Vergleich	58	96
5.5	Kostenentscheidung nach Zurücknahmen (§§ 269 Abs. 3, 516 Abs. 3)	58	97– 99

Inhaltsverzeichnis

		Seite	Randnummer
5.6	Kostenentscheidung im erstinstanzlichen Urteil	60	100–130
5.6.1	§ 91 ZPO	60	101
5.6.2	§ 93 ZPO	60	102–103
5.6.3	§ 92 Abs. 1 ZPO	61	104–117
	Kostenaufhebung	61	104–106
	Kostenquotierungen: Prozentzahlen? Brüche?	62	107–108
	Kostentrennung	63	109
	Ermittlung der Kostenquote	64	110–117
5.6.4	§ 92 Abs. 2 Nr. 1 ZPO	66	118–120
5.6.5	§ 92 Abs. 2 Nr. 2 ZPO	67	121
5.6.6	§ 100 ZPO: Beteiligung von mehr als zwei Parteien am Rechtsstreit	68	122–129
5.6.7	§ 344 ZPO	71	130
5.7	Kostenentscheidung im Berufungsurteil	72	131
6.	**Vorläufige Vollstreckbarkeit**	72	132–148
6.1	Geltungsbereich	72	132
6.2	Unerlaubte Einschränkungen der Vollstreckbarkeitserklärung	73	133–134
6.3	Vollstreckbarkeit gegen Sicherheitsleistung	74	135
6.4	Vollstreckbarkeit ohne Sicherheitsleistung des Gläubigers: § 708 ZPO	74	136–139
6.4.1	Gläubigerprivilegierung	74	136–137
6.4.2	Abwendungsbefugnis des Schuldners	76	138–139
6.5	Höhe der Sicherheitsleistung des Gläubigers	76	140–143
6.5.1	Höhe der Sicherheitsleistung bei Geldforderungen	77	141–142
6.5.2	Höhe der Sicherheitsleistung bei sonstigen Titeln	78	143
6.6	Höhe der Sicherheitsleistung des Schuldners	79	144
6.7	Art der Sicherheitsleistung	79	145
6.8	Vollstreckbarkeitserklärung bei gemischten Entscheidungen	80	146
6.9	Vollstreckbarkeitserklärung bei gebrochenen Entscheidungen	80	147
6.10	Vollstreckbarkeitserklärung im Berufungsurteil	80	148

KAPITEL II
Die Abfassung des Urteils

1.	**Die Überschrift**	83	149
1.1	Beispiel	83	149

Inhaltsverzeichnis

		Seite	Randnummer
1.2	Die Kennzeichnung als Urteil.	83	149
1.3	Differenzierung nach Urteilsarten	83	150–154
1.3.1	Die Urteilsarten unter prozessrechtlichen Gesichtspunkten	83	150–153
	Kontradiktorische und nichtkontradiktorische Urteile.	83	150
	Endurteil – Zwischenurteil.	84	151
	Teilurteil – Schlussurteil.	84	152
	Vorbehaltsurteil – Urteil im Nachverfahren (Nachurteil).	85	153
1.3.2	Differenzierende Urteilskennzeichnungen im einzelnen	85	154
2.	**Das Parteienrubrum.**	86	156–169
2.1	Bezeichnung der Parteien (§ 313 Abs. 1 Nr. 1)	86	156
2.2	Bezeichnung des gesetzlichen Vertreters	87	157–159
2.3	Angabe der Prozessrollen.	87	160–163
2.4	Bezeichnung der Prozessbevollmächtigten	88	164–165
2.5	Nebenintervenienten (Streithelfer).	89	166
2.6	Ordnung des Parteienrubrums	89	167–168
2.7	Klammerverfügung.	90	169
3.	**Die Bezeichnung des Gerichts**	90	170
4.	**Die Namen der erkennenden Richter**	91	171
5.	**Der Tag des Verhandlungsschlusses.**	91	172
6.	**Der Urteilstenor – Formulierung, Zusammenhänge, Fehlerquellen**	92	173–238
6.1	Anerkenntnisurteil	92	174–178
6.1.1	Das Anerkenntnis.	92	174–176
6.1.2	Tenorierung	93	177–178
6.1.3	Anerkenntnisurteil in der Berufungsinstanz.	94	179
6.2	Berufungsurteil.	95	180–188
6.3	Duldungsurteil	97	189
6.4	Erledigungsurteil	97	190–193
6.4.1	Ausgangssituation.	97	190
6.4.2	Erledigungsausspruch durch Urteil	98	191
6.4.3	Klageabweisung.	98	192
6.4.4	Zwischenurteil.	99	193

Inhaltsverzeichnis

		Seite	Randnummer
6.5	Feststellungsurteil	99	194
6.6	Gestaltungsurteile	99	195
6.7	Grundurteil	100	196–197
6.8	Kostenentscheidung im allgemeinen	101	198
6.9	Leistungsurteile	103	199–202
6.10	Resturteil	104	203–207
	Definition	104	203
	Einfluss der Abschichtung auf den Tenor zur Hauptsache	104	204–206
	Erster Rechtszug	104	204
	Zweiter Rechtszug	104	205–206
	Kostenentscheidung im Resturteil	106	207
6.11	Teilurteil	106	208–209
6.12	Unterlassungsurteil	107	210–211
6.13	Urkunden- und Wechselurteile	109	212–217
6.14	Versäumnisurteil	110	218–230
6.14.1	Versäumnisurteil im Hauptverfahren	110	218–224
	Begriff der Säumnis	110	219–222
	Säumnisfolgen	112	223
6.14.2	Versäumnisurteil im schriftlichen Vorverfahren	113	224–225
6.14.3	Einspruchsverfahren	113	226–230
	Unzulässiger Einspruch	113	226
	Erneute Säumnis	113	227
	Beiderseitige Verhandlung über den Einspruch	114	228–230
6.15	Verzichtsurteil	115	231
6.16	Vollstreckungsabwehrurteil	116	232–235
6.17	Vorbehaltsurteil und Nachverfahren	117	236
6.18	Vollstreckbarkeitserklärung im allgemeinen	117	237–240
6.19	Urteil auf Abgabe einer Willenserklärung	118	241
6.20	Zinsausspruch	119	242–243
6.21	Urteile auf Leistung „Zug um Zug"	120	244
6.22	Zulassung von Rechtsmitteln	121	245
7.	**Urteilsrechtfertigung: Tatbestand und Entscheidungsgründe**	122	246–250
7.1	**Entbehrlichkeit**	122	246–250
7.1.1	Nichtkontradiktorische Urteile	122	246–247
7.1.2	Kontradiktorische Urteile	123	248–250
7.2	**Der Tatbestand**	124	251–310
7.2.1	Begriff	124	251–252

		Seite	Randnummer
7.2.2	Maxime: Darstellung dem wesentlichen Inhalt nach knapp	124	253–255
7.2.3	Regelmäßige Gliederung des Tatbestands	126	256–257
7.2.4	Sachstand: die Geschichtserzählung	127	258–269
	Die Geschichtserzählung gibt den Grundsachverhalt wieder	127	258–260
	Die Parteien benötigen keine Einführung in ihren Fall	128	261
	Was im Rubrum steht, ist nicht zu wiederholen	129	262
	Die historische Reihenfolge ist am besten	129	263
	Die richtige Zeitform: Imperfekt und manchmal Perfekt	129	264
	Der Tatbestand ist keine notarielle Urkunde	130	265
	In den Tatbestand gehören keine Abschreibübungen	131	266–269
7.2.5	Die erhobenen Ansprüche	132	270–271
7.2.6	Das Angriffsvorbringen des Klägers	133	272–288
	Definition	133	272
	Haupttatsachen genügen	133	273
	Gegenstandslose Behauptungen haben im Tatbestand keinen Platz	134	274
	Der Tatbestand ist kein „Rechtsbestand"	134	275–278
	Das Kürzel Konjunktiv	135	279–284
	Die regierenden Verben: „behaupten", „meinen" und andere	138	285
	Abdiktierte Schriftsätze	139	286
	Die fehlerhaft vorgezogene Replik	139	287
	Die Ausübung von Gestaltungsrechten	140	288
7.2.7	Anträge der Parteien	140	289–294
7.2.8	Das Verteidigungsvorbringen des Beklagten	143	295–301
7.2.9	Replik des Klägers	144	302
7.2.10	Die Pauschalverweisung	144	303–307
7.2.11	Hinweis auf Beweisverfahren	146	308–310
7.3	**Entscheidungsgründe**	148	311–386
7.3.1	Erwägungen	148	312
	Ausführungen zur Zulässigkeit sind fast immer wegzulassen	149	313
	Die Urteilsgründe sind keine Seminararbeit	149	314–317
7.3.2	… in tatsächlicher und rechtlicher Hinsicht	150	318
7.3.3	… auf denen die Entscheidung beruht	150	319
	Unzulässige Zwar-aber-Begründungen	151	320–323
	Offenlassen	152	324–325

Inhaltsverzeichnis

		Seite	Randnummer
	Zulässige Zwar-aber-Begründungen	153	326–327
	Doppelbegründungen	154	329
7.3.4	„Kurze Zusammenfassung"	154	330–340
	Grundsätzliches	154	330
	Überflüssige Wiederholungen	155	331–340
	Einleitung der Entscheidungsgründe (Maikäfersätze)	156	332–335
	Wiederholen beim Rechtsmittelgericht	157	336
	Programmsätze	158	337
	Obersätze: scheibchenweise	158	338
	Gutachtenschwänze	159	339
	Zuviel Lärm um nichts?	160	340
7.3.5	Der Urteilsstil	160	341–354
	Rüstzeug des Richters	160	342
	Vergleich mit dem Gutachtenstil	160	343
	Vertikale und horizontale Verknüpfungen	162	344
	Aufbauplan für die Entscheidungsgründe	164	345–346
	Das falsche „denn"	166	347
	Verletzungen des Urteilsstils	166	348–353
	Das richtige tempus: Präsens	170	354
7.3.6	Tatsachenfeststellung im Urteil	171	355–362
7.3.7	Die Nebenentscheidungen	174	343–364
7.3.8	Durchgliederung der Entscheidungsgründe. Zwischenüberschriften	174	365–368
7.4	**Unterschriften unter dem Urteil**	175	369–370
7.5	**Punkte- und Abrechnungssachen. Verkehrsunfallsachen**	176	371–375
7.5.1	Punktesachen	176	372–373
7.5.2	Abrechnungssachen	177	374–375
7.5.3	Verkehrsunfallsachen	180	376–385
7.6	**Besonderheiten für die Rechtfertigung im Berufungsurteil**	184	386–397
7.6.1	Ersetzung des Tatbestands: Tatsachenfeststellung	184	387–391
7.6.2	Ersetzung der Entscheidungsgründe	187	392–395
7.6.3	Darstellung der rechtlichen Begründung	188	396
7.6.4	Gegenwärtige berufungsrichterliche Praxis	189	397

Inhaltsverzeichnis

Seite Randnummer

KAPITEL III
Beschlüsse

1.	Überschrift	191	399
2.	Rubrum	191	400
3.	Weitere Angaben im Beschlusseingang	192	401
4.	Nebenentscheidungen	192	402–403
5.	Rechtfertigung des Beschlusses	192	404–408
5.1	Notwendigkeit	192	404–405
5.2	Umfang und Aufbau einer Begründung	193	406–407
5.3	Sprachliche Gestaltung des Beschlusses	193	408

KAPITEL IV
Verfahren im Kollegialgericht

1.	Das Votum	195	410–413
2.	Der Aktenvortrag	196	414–428
2.1	Vorbereitung	197	415
2.2	Allgemeines zur Ausdrucksweise	197	416–417
2.3	Gliederung	198	418
2.4	Einführung	199	419
2.5	Sachbericht	199	420–421
2.6	Pauschalvorschlag	200	422
2.7	Rechtliche Würdigung der Hauptsache	200	423–424
2.7.1	Aufbau und Umfang	200	423
2.7.2	Stilfragen	201	424–426
2.8	Nebenentscheidungen	203	427
2.9	Entscheidungsvorschlag	203	428

KAPITEL V
Sprachlabor

1.	Sinn und Syntax	205	430–440
1.1	Hauptsatz und Nebensatz	205	430
1.2	Das falsche Prädikat	206	431–433
1.3	Wortfolgenfehler	208	434
1.4	Der Attributstil	209	435–440

	Seite	Randnummer
2. Glossar: Unwörter und andere Unarten	213	441–449
Angebot..	213	441
„Davon ausgehen, dass ..."..............................	213	441
„Begründungsbedarf"....................................	214	441
Berufung auf	215	442
„Conditio" sine qua non	215	442
Distanzlosigkeit...	216	442
Fremdwörter	216	443
Gehörtwerden...	216	443
Kausalität	217	443
Kontrahenten..	217	443
Mindermeinung...	217	443
Nachvollziehen, nachvollziehbar	217	443
Parteienschelte	218	444
Personalisierter Stil – Watschenstil	218	444
Pflichtiges...	219	444
Recht und Unrecht	219	445
Rechtshängigkeit und Rechtskraft	220	446
Schlüssig..	221	446
„Soweit"	221	446
„Der Streitverkündete".................................	222	447
Übereinstimmend	223	447
„Unwidersprochen"....................................	223	447
Verfügungsverfahren	224	448
Vermeidung von Wiederholungen	224	448
„Vorgetragen und ersichtlich"	224	448
„Vorliegend"..	225	448
Ziffer..	226	449
Zusammengesetzte Wörter	226	449
Zustehen	227	449

Kapitel VI
Demonstrationen

1. Fall (Wohnungseigentum)	229	451
2. Fall (Darlehen für den Pizzabäcker)................	235	452
3. Fall (Der zurückgewiesene Ersatzkäufer)...........	244	453
4. Fall (Prozesskostenhilfe)............................	250	454
5. Fall (Manteltarifvertrag)	254	455

Inhaltsverzeichnis

Seite

Anhänge

Anhang 1 Ermittlung der Kostenquoten zum Grundfall
Rdnr. 111 (§ 92 Abs. 1 ZPO) 259

Anhang 2 Ermittlung der Kostenquoten zum Fall
Rdnr. 117 260

Anhang 3 Ermittlung der Kostenquoten zum Fall
Rdnr. 123 261

Anhang 4 Muster Rechenblatt zur Kostenentscheidung..... 262

Literaturverzeichnis................................ 263
Stichwortverzeichnis............................... 265

Abkürzungsverzeichnis

§§ ohne Zusatz beziehen sich auf die ZPO

a.A.	am Anfang
a.a.O.	am angegebenen Ort
a.E.	am Ende
Abs.	Absatz
AktG	Aktiengesetz
ArbGG	Arbeitsgerichtsgesetz
BAG	Bundesarbeitsgericht
BGBl	Bundesgesetzblatt
BayVerfGH	Bayerischer Verfassungsgerichtshof
BGB	Bürgerliches Gesetzbuch
BGH	Bundesgerichtshof
BSHG	Bundessozialhilfegesetz
BRAGO	Bundesgebührenordnung für Rechtsanwälte
BT-Dr	Bundestagsdrucksache
BVerfG	Bundesverfassungsgericht
DRiG	Deutsches Richtergesetz
DRiZ	Deutsche Richterzeitung
EGMR	Europäischer Gerichtshof für Menschenrechte
EGZPO	Einführungsgesetz zur Zivilprozessordnung
EStG	Einkommensteuergesetz
FamRZ	Zeitschrift für Familienrecht
FGG	Gesetz über die Angelegenheiten der freiwilligen Gerichtsbarkeit
GBO	Grundbuchordnung
GG	Grundgesetz
ggf.	gegebenenfalls
GKG	Gerichtskostengesetz
GmbHG	Gesetz betreffend die Gesellschaften mit beschränkter Haftung
GVG	Gerichtsverfassungsgesetz
GvKostG	Gesetz über Kosten der Gerichtsvollzieher
GWB	Gesetz gegen Wettbewerbsbeschränkungen
HGB	Handelsgesetzbuch
JVEG	Justizverwaltungsentschädigungsgesetz
KVGKG	Kostenverzeichnis zum GKG
KVGvKostG	Kostenverzeichnis zum GvKostG
KWG	Kreditwesengesetz

Abkürzungsverzeichnis

MarkenG	Markengesetz
MDR	Monatsschrift für Deutsches Recht
NJW	Neue Juristische Wochenschrift
NJW-RR	NJW Rechtsprechungs-Report Zivilrecht
OLG	Oberlandesgericht
RVG	Rechtsanwaltsvergütungsgesetz
S.	Satz
s.	siehe
s. a.	siehe auch
StVG	Straßenverkehrsgesetz
StVO	Straßenverkehrsordnung
s. u.	siehe unten
UKlaG	Gesetz über Unterlassungsklagen …
UmwG	Umwandlungsgesetz
UStG	Umsatzsteuergesetz
VerbrKrG	Verbraucherkreditgesetz
VV	Vergütungsverzeichnis zum RVG
VVG	Versicherungsvertragsgesetz
ZPO	Zivilprozessordnung
ZuSEG	Gesetz über die Entschädigung von Zeugen und Sachverständigen

KAPITEL I
Urteilsfindung

Die Relationstechnik – Denk- und Arbeitsmethode des Zivilrichters – ist dem 1
Leser dieses Buches geläufig. Deshalb werden hier nur ihre wichtigsten Eckpunkte in Erinnerung gerufen: Sie bilden den Rahmen für eine vertiefende Betrachtung prozessrechtlicher Einzelthemen, deren Verkennung oder Falschbehandlung erfahrungsgemäß immer wieder Fehler im Urteil zur Folge hat.

Ernsthafte Probleme um Sachentscheidungsvoraussetzungen müssen im Zivilurteil nur sehr selten gelöst werden. Sie verdienen daher in diesem Buch mit einer Ausnahme (Urkundenprozess) keine Erörterung. Zur relationstechnischen Behandlung der Sachentscheidungsvoraussetzungen, insbesondere bei doppelrelevanten Tatsachen (Koinzidenz), wird verwiesen auf *Balzer*, Beweisaufnahme und Beweiswürdigung im Zivilprozess, Rdnr. 29 bis 40, ferner auf *Balzer*, Die Darlegung der Prozessführungsbefugnis, NJW 1992, 2721 ff.

1. Der Klageantrag und seine Überprüfung

Im Mittelpunkt des Zivilprozesses stehen die Anträge der Parteien. Die Anträge – primär der Klageantrag, sodann der Gegenantrag – sind das A und O 2
des Prozesses. Beim Antrag setzt die Denkarbeit des Richters an, und die Bescheidung des Antrags ist das Ziel seiner Arbeit. Deshalb gilt die erste Sorge des Richters der Erfassung und nötigenfalls der Klarstellung des Antrags. Für solche Klarstellung sind vor und notfalls in der mündlichen Verhandlung die Mittel der §§ 139, 273 Abs. 2 Nr. 1 einzusetzen.

Eine Klarstellung oder Korrektur kann deshalb nötig werden, weil der Antrag dem an sich erkennbaren oder dem vermutlichen Rechtsschutzziel der Partei nicht gerecht wird. So ist es nicht ungewöhnlich, dass ein Anwalt, sobald auf einer Parteiseite mehrere Personen beteiligt sind, unüberlegt von Gesamtgläubigern oder Gesamtschuldnern spricht. Ein Ehemann hat ein Auto, das zum Hausrat gehört, an einen Dritten verkauft und übergeben. Der Anwalt der Ehefrau, die den Mitbesitz wiedererlangen will, verklagt in ihrem Namen den Dritten unter Hinweis auf § 1369 BGB auf Herausgabe des Fahrzeugs an die Eheleute *„als Gesamtgläubiger"*. Nach einem Urteil dieses Inhalts wird der Dritte frei, wenn er das Auto an den Ehemann allein herausgibt (§ 420 BGB). Gerade dies wollte die Ehefrau vermeiden. Ihr Antrag hätte auf

Urteilsfindung

Herausgabe an sie und ihren Ehemann gemeinschaftlich lauten müssen. Ein anderer Anwalt verlangt die Verurteilung von zwei Nachbarn „als *Gesamtschuldnern*", das Betreten seines Gartens zu unterlassen. Abgesehen davon, dass die Voraussetzungen für eine Gesamtschuld nach § 421 BGB fehlen, würde eine antragsgemäße Verurteilung der Nachbarn bedeuten, dass, wenn einer von ihnen das Verbot beachtet, der andere weiterhin den Garten betreten darf (§ 422 Abs. 1 S. 1 BGB).

3 Ein Kläger klagt mit dem Antrage,

die Zwangsvollstreckung für unzulässig zu erklären.

Hier bleibt offen, ob die Zwangsvollstreckung aus einem bestimmten Titel (§ 767) oder in einen bestimmten Gegenstand (§ 771) unterbunden werden soll. Dies wird sich allerdings unschwer aus der Klagebegründung ableiten lassen. Dann wird es genügen, das wirkliche Rechtsschutzziel in den Klageantrag hineinzudeuten; er kann und sollte dann in der vervollständigten Fassung in den Urteilstatbestand übernommen werden, auch wenn mit den Parteien darüber nicht diskutiert worden ist.

4 Ein anderer Kläger hat zunächst 20.000 € nebst Zinsen eingeklagt. Danach hat der Beklagte zweimal 2.000 € gezahlt. Der Kläger beschränkt sich nunmehr auf den Antrag,

den Beklagten zu verurteilen, an ihn 20.000 € nebst 5 % Zinsen seit dem 30.11.2005 zu zahlen abzüglich am 1.6.2006 und am 3.8.2006 jeweils gezahlter 2.000 €.

Was ist nun mit dem Teil der ursprünglichen rechtshängig gewordenen Klageforderung, um den der Kläger seinen Klageantrag eingeschränkt hat? Eine Klagerücknahme und einen Verzicht will er vermutlich nicht erklären, denn dann müssten ihm zwangsläufig die entsprechenden Kosten auferlegt werden (§§ 269, 91). Im Zweifel will der Kläger den Rechtsstreit im Umfang der Teilzahlungen für erledigt erklären, damit er über § 91a eine ihm günstige Kostenentscheidung erreichen kann. Die Erledigungserklärung ist aber eine auf Beendigung der Rechtshängigkeit abzielende Prozesshandlung, welche unmissverständlich sein sollte. Nun könnte der Richter in seinem Urteil dem Kläger – und auch dem Beklagten? – im Wege der Auslegung oder Umdeutung eine Erledigungserklärung zuschreiben. Das erfordert einigen Begründungsaufwand. Diesen kann der Richter sich ersparen und zugleich Klarheit bewirken, indem er Erledigungserklärungen der Parteien ins Verhandlungsprotokoll aufnimmt.

5 Ein Kläger, der nach dem Eintritt der Rechtshängigkeit die Klagesumme erhalten hat, erklärt den Rechtsstreit für erledigt. Der Beklagte beharrt auf seinem Antrag, die Klage abzuweisen. Die Erledigungserklärung des Klägers ist

also einseitig geblieben und damit als solche wirkungslos. Eine Beendigung der Rechtshängigkeit (des ursprünglichen Klageantrags) unter Kostenbelastung des Gegners könnte er durch das Substitut des gerichtlichen Erledigungsausspruchs erreichen. Das erforderte einen regelrechten, auf prozessuale Gestaltung gerichteten Antrag (vgl. Rdnr. 190). Wenn der Kläger einen solchen Antrag unterlässt, muss das Gericht ihn anregen; andernfalls nötigt es sich selber Begründungsaufwand im Urteil auf.

Es gibt Anträge, in denen ist das Rechtsschutzziel eindeutig enthalten, sie formulieren sogar die angestrebte Rechtsfolge genauso wie das Gesetz – und sind dennoch korrekturbedürftig. Der Grund dafür liegt häufig im Vollstreckungsrecht. Derjenige, zu dessen Gunsten eine Geldsumme gemäß § 372 BGB hinterlegt ist, schuldet dem wahren Berechtigten gemäß § 812 BGB „die Herausgabe des Erlangten". Erlangt hat der falsche Gläubiger im Rahmen des Hinterlegungsverhältnisses eine Rechtsposition, die ihn befähigt, die Auszahlung des Betrages an den Berechtigten zu blockieren. Die Blockade kann überwunden werden durch ein Urteil, das die nach § 13 HinterlO nötige Zustimmung des Beklagten an den Kläger ersetzt. Folglich muss der Klageantrag statt einer „Herausgabe der Rechtsposition" eine Verurteilung des Beklagten anstreben, 6

> gegenüber der Hinterlegungsstelle des Amtsgerichts X zu erklären, dass er der Auszahlung des zugunsten der Parteien hinterlegten Betrages von 23.473,21 € nebst Zinsen an den Kläger zustimme.

Ein Grundstückskäufer verklagt den Verkäufer darauf, ihm das Eigentum an einem näher bezeichneten Grundstück zu verschaffen. Wenn er sich bei seinem Antrag an den Wortlaut des § 433 Abs. 1 S. 1 BGB hält, nützt ihm ein entsprechender Titel nichts. Zum Eigentumsübergang bedarf es gemäß § 873 Abs. 1 BGB der Einigung der Beteiligten über den Übergang des Eigentums (Auflassung) und der Eintragung des Eigentumsübergangs im Grundbuch; letztere erfordert wiederum außer einem Antrag die Einwilligung des Betroffenen (§§ 13 Abs. 1, 19 GBO) – hier des Beklagten. Also muss das Gericht auf den Klageantrag hinwirken, 7

> den Beklagten zu verurteilen, zu erklären, dass er mit dem Übergang des Eigentums an dem Grundstück x auf den Kläger einverstanden sei, und die Eintragung des Klägers als neuen Eigentümers zu bewilligen.

Mit einem für vorläufig vollstreckbar erklärten Urteil dieses Inhalts kann der Kläger sofort die Eintragung einer Vormerkung erreichen (§§ 895 ZPO, 885 Abs. 1 S. 1 BGB) und nach Eintritt der Rechtskraft die Umschreibung des Grundstücks auf sich (§ 894), wenn er seine notariell beurkundete Auflassungserklärung mitliefert.

Urteilsfindung

2. Schlüssigkeit des Klagevortrags

8 Klagevortrag ist das, was in den Schriftsätzen des Klägers steht, ferner der Inhalt der Beklagtenschriftsätze, soweit der Kläger ihn nicht bestreitet. Darüberhinaus macht sich eine Partei stillschweigend hilfsweise zu eigen, was die Beweisaufnahme zu ihren Gunsten ergeben hat (BGH NJW 1991, 1541; 2001, 2177).

Das Mindeste, was ein Kläger dem Richter zu bieten hat, ist ein Klagevorbringen, das schlüssig ist. Es müssen also unter die Norm oder Normen, die die Anspruchsgrundlage bilden, die vom Kläger vorgetragenen Tatsachen subsumiert werden können. Fehlt eine Tatsache, so ist der Klagevortrag für die entsprechende Norm unschlüssig, so dass ein materieller Anspruch aus dieser Norm entfällt. Das gesetzliche Modell der Schlüssigkeitsprüfung steht in § 331 Abs. 2: Soweit das tatsächliche mündliche Vorbringen des Klägers den Klageantrag rechtfertigt, ist nach dem Klageantrag zu erkennen; soweit dies nicht der Fall ist, ist die Klage abzuweisen.

An dieser Stelle sei an die Notwendigkeit erinnert, Tatsachenbehauptungen und Rechtsausführungen zu unterscheiden. Für die Schlüssigkeit des Klagevortrags (oder Einredevorbringens) kommt es allein auf Tatsachen an. Tatsachenbehauptungen müssen überdies rechtzeitig vorgelegt werden; sie können wegen Verspätung zurückgewiesen werden. Rechtsausführungen darf die Partei risikolos jederzeit beibringen, selbst nach Schluss der mündlichen Verhandlung.

Die Anforderungen, die an die Schlüssigkeit des Klagevortrages für eine bestimmte Norm zu stellen sind, werden oft verkannt. Hierfür sind fünf Grundfälle bemerkenswert.

2.1 Normative Tatbestandsmerkmale

9 Viele Gesetzesnormen enthalten Merkmale, die als solche keine Tatsachen sind, sondern das Ergebnis einer rechtlichen Wertung. Man nennt sie auch unbestimmte Rechtsbegriffe. Hierzu zählen die Fahrlässigkeit, die Sittenwidrigkeit, die Unverzüglichkeit, Arglist, die Wahrscheinlichkeit der Gewinnerwartung (§ 252 BGB), die grobe Unbilligkeit, der Mutwillen (§ 1579 Nr. 4 BGB), die Gröblichkeit der Pflichtverletzung (§ 1579 Nr. 5 BGB), der Verstoß gegen Treu und Glauben usw. Ein Kläger genügt seiner Darlegungslast nicht, wenn er derartige unbestimmte Rechtsbegriffe vorträgt. Er mag sie zwar erläuternd verwenden, aber er muss diejenigen Umstände hinzufügen, aus denen die entsprechende Wertung gezogen werden kann. Fehlt es an solchen Umständen oder reichen sie für die dem Kläger günstige Wertung nicht aus, so ist sein Vorbringen wiederum unschlüssig.

10 In gleicher Weise ist ein Vortrag unzulänglich, der sich mit der Angabe eines Sammelbegriffs begnügt. Zu substantiieren ist z.B. die Behauptung, dem

Kläger sei aus dem Unfallereignis ein Schaden in Höhe von 34.127 € entstanden: Schadensverlauf, Körperverletzung, Heilungskosten, dauernde körperliche Beeinträchtigung (Schmerzensgeld), Sachschaden, Reparaturkosten. All das muss im einzelnen dargelegt werden, wenn die Leistungsklage Erfolg haben soll.

2.2 Der Vorwurf der Widersprüchlichkeit des Klagevortrags

Häufig wird das Vorbringen einer Partei als unbeachtlich beiseite geschoben mit der Begründung, es sei in sich widersprüchlich. Der Vorwurf erweist sich oft als voreilig. Er taucht vor allem bei zwei Gestaltungen auf.

11

2.2.1 Widerspruch zwischen Haupt- und Hilfstatsachen

Haupttatsachen nennt man solche, die den abstrakten Normtatbestand unmittelbar ausfüllen. Haupttatsachen sind auch diejenigen, die ein normatives Tatbestandsmerkmal ausfüllen. Hilfstatsachen sind alle übrigen Tatsachen, denen die Funktion beigemessen wird, den Schluss auf die Haupttatsache zu ermöglichen oder zu sichern. Sie sind ihrem Wesen nach also Beweisanzeichen (Indizien). Sie können, wenn sie ihrerseits unstreitig sind, eine förmliche Beweisaufnahme ersparen, allerdings nicht eine Beweisaufnahme zu dem Gegenbeweisantrag der anderen Partei. Indizien können ebensogut – das ist ihre lebendigste Funktion – in die Würdigung förmlich erhobenen Beweises einfließen, diese letztlich sogar entscheidend bestimmen. Hilfstatsachen sind in der Regel unentbehrlich, wenn es um innere Tatsachen geht; diese können ohne äußere Indiztatsachen beweismäßig nicht erschlossen werden, wenn sie nicht ausnahmsweise in dem Wissen oder Wollen einer Auskunftsperson (Zeuge, vernommene Partei) bestehen.

12

Ein Kläger hat Haupttatsachen vorgetragen, die, für sich genommen, schlüssig sind. Er hat dann – vielleicht in anderem Zusammenhang – Hilfstatsachen vorgebracht, die mit den vorgebrachten Haupttatsachen nicht vereinbar sind. Eine Klägerin verlangt vom Beklagten Schadensersatz, weil er ihr teures Abendkleid, das er chemisch reinigen sollte, verdorben habe; es sei nun fleckig und verfärbt. An anderer Stelle schildert sie, dass sie das Kleid nach der „Reinigung" bei einem Ball getragen habe. Das eine verträgt sich nicht mit dem anderen. Damit lässt sich jedoch eine Zurückweisung des Sachvortrages wegen Widersprüchlichkeit nicht begründen. Für die Subsumtion (und später für die Beweisbedürftigkeit) kommt es nur auf die Haupttatsachen (Beschädigung des Kleides) an. Füllen sie die Norm aus, ist der Vortrag schlüssig. Entgegenstehende Indizien können nur im späteren Stadium der Beweiswürdigung relevant werden. Bleibt das schlüssige Hauptvorbringen unbestritten, kommt es gar nicht zu einer Beweisbedürftigkeit, dann sind die entgegenstehenden Hilfstatsachen überhaupt nicht zu beachten.

13

Urteilsfindung

2.2.2 Wechsel des Parteivortrags. Einander widersprechende Haupttatsachen

14 Einen zweiten beachtlichen Widerspruch machen manche aus, wenn der Kläger einen bestimmten Vorgang in einem Schriftsatz anders darstellt, als er ihn in einem früheren Schriftsatz, insbesondere in der Klageschrift, geschildert hatte. Hier sind vorab die Fälle auszuscheiden, in denen der Kläger zwischen den Versionen seines Vortrags eine Rangfolge herstellt, indem er ihn in Hauptvorbringen und Hilfsvorbringen unterteilt: Der Kläger macht sich einen Sachverhalt, mit dessen Vortrag der Beklagte sich verteidigt hatte, hilfsweise zu eigen, weil seine Klage – so hofft er – auch danach Erfolg hat. Das ist nach einhelliger Ansicht zulässig.

15 Wenn eine derartige Rangfestlegung fehlt, bedeutet eine Vortragsänderung immer noch nicht unbedingt Widersprüchlichkeit in sich. Zwar gilt der Grundsatz der Einheitlichkeit der mündlichen Verhandlung, auf deren Schluss es für die Würdigung des Parteivortrags ankommt, so dass zwischen alten und neuen Schriftsätzen zunächst kein Rangunterschied besteht. Andererseits ist aber der Mensch und jede Partei ein lernendes Wesen, und man darf niemandem zum Vorwurf machen, dass er im Laufe eines Prozesses andere, vielleicht bessere Einsichten gewinnt. Deshalb kann man in der Änderung eines schriftsätzlichen Parteivorbringens durchaus eine Entwicklung zum Wahren hin sehen, zumal wenn eine zwischenzeitliche Beweisaufnahme der Partei neue Erkenntnisse vermitteln konnte. Dann gilt als in der mündlichen Verhandlung vorgetragen nur die letzte Version, weil sie dem maßgeblichen Verhandlungsschluss eben näher liegt, während davon abweichendes älteres Schriftgut als korrigiert anzusehen ist. Allerdings kann der Wechsel im Parteivortrag auch darauf beruhen, dass – zumal in einem Jahre währenden Prozess – der Anwalt am Ende nicht mehr weiss, was er am Anfang behauptet hat. Sollte das Gericht in der Entwicklung des schriftsätzlichen Vortrags Widersprüchlichkeit sehen, so muss es die Partei darauf hinweisen, vielleicht im Termin erörtern. Nur wenn sie dann den Widerspruch bestehen lässt – dies wird kaum jemals zutreffen –, kann man erwägen, ob man den Vortrag nicht als widersprüchlich zurückweisen muss (BGH NJW-RR 1987, 1469). Allerdings ist § 290 zu beachten: War die erste Version bereits in mündlicher Verhandlung – ausdrücklich, zu Protokoll oder durch Bezugnahme auf einen Schriftsatz – im Sinne des § 288 zugestanden, dann erfordert die Distanzierung davon den Beweis der Unrichtigkeit und des Irrtums darüber.

2.3 Der Vorwurf von Substantiierungsmängeln

16 Spötter sprechen von der „Substantiierungsschere", wenn einer Partei Vorbringen abgeschnitten wird, weil es nicht genügend „substantiiert" sei, d.h.:

nicht ausführlich genug. Aus diesem Bereich sollen vier Problemstellen erörtert werden.

2.3.1 Individualisierung des Streitgegenstands

Gemäß § 253 Abs. 2 Nr. 2 muss die Klageschrift enthalten „die bestimmte Angabe des Gegenstandes und des Grundes des erhobenen Anspruchs". Der Streitgegenstand muss so genau individualisiert sein, dass er von anderen abgegrenzt wird. Das geschieht in erster Linie durch einen – meist durch die Klagebegründung zu ergänzenden – Klageantrag, der „den Rahmen der gerichtlichen Entscheidungsbefugnis (§ 308 ZPO) absteckt, Inhalt und Umfang der materiellen Rechtskraft der begehrten Entscheidung (§ 322 ZPO) erkennen lässt, das Risiko eines Unterliegens des Klägers nicht durch vermeidbare Ungenauigkeit auf den Beklagten abwälzt und schließlich eine Zwangsvollstreckung aus dem Urteil ohne eine Fortsetzung des Streits im Vollstreckungsverfahren erwarten lässt" (BGH NJW 1999, 954). Probleme gibt es in diesem Bereich selten. Eine erste Individualisierung ist bereits durch die Person der Parteien vorgegeben. Bei einer Klage aus Verkehrsunfall kommen Ort und Zeit des Geschehens hinzu, bei einer Klage aus schriftlichem Vertrag dessen Datum. Ist der Vertrag nur mündlich geschlossen, kann das Datum ungewiss sein; dann müssten, falls die Parteien nicht nur durch diesen einen Vorfall verbunden sind, Angaben über Ort, ungefähre Zeit oder sonstige Modalitäten des Vertragsschlusses hinzutreten. Stehen die Parteien in ständiger Geschäftsbeziehung, aus der immer wieder gleichartige Verträge hervorgehen, ist die Individualisierung besonders wichtig; in aller Regel genügt aber die Angabe von Datum und Nummer der Bestellung oder der Auftragsbestätigung, notfalls auch nur der Rechnung.

17

Im Folgenden wird unterstellt, dass die Voraussetzungen des § 253 Abs. 2 Nr. 2 erfüllt sind.

2.3.2 Fehlen von Haupttatsachen und Auslegung

Bevor man eine Partei der Unschlüssigkeit oder Unsubstantiiertheit ihres Vortrags zeiht, muss man prüfen, ob sich nicht durch eine verständige Auslegung des Vortrags die Lücke unschwer schließen lässt. Wenn jemand den Preis „für eine Warenlieferung" einklagt, dann will er ohne Zweifel die Tatbestandsmerkmale eines Kaufvertrags behaupten. In der Schilderung einer unerlaubten Handlung steckt selbstredend die Behauptung von Verschuldensmerkmalen. Der verunfallte Kläger, der von sich behauptet, er habe bei der Einfahrt in die Kreuzung „grün" gehabt, will damit auch behaupten, der Beklagte habe „rot" gehabt. Viele Rechtsbegriffe haben einen ganz bestimmten tatsächlichen Inhalt, der dem Rechtsverkehr geläufig ist (BGH NJW 1998, 2058, 2060), z.B. erben oder schenken. Die Anführung solcher Begriffe ist als Tatsachenbe-

18

25

hauptung zu akzeptieren. Es ist ein Unding, dem Kläger, der behauptet, Geld geschenkt bekommen zu haben, vorzuhalten, er habe die Willenserklärung des Gebers nicht substantiiert genug vorgetragen (so das OLG in dem Fall BGH NJW 1999, 2887). Die Partei, die sich als „Hausbesitzer" bezeichnet, will selbstverständlich ihr Eigentum am Grundstück behaupten. Das Vorbringen eines ein Entgelt für die Gebrauchsüberlassung fordernden „Kostümverleih"-Unternehmers ist nicht deshalb unschlüssig, weil er vorträgt, er habe dem Beklagten ein Kostüm „verliehen": Hier muss sogar gegen den tatsächlichen Inhalt des Rechtsbegriffs ausgelegt werden. Gäbe es in Fällen wie den angeführten auch nur den leisesten Zweifel, so müsste das Gericht, bevor es die Partei „hängen lässt", nach § 139 verfahren. Das muss es auch dann tun, wenn der rechtliche Begriff verschiedene Facetten hat (z.B. „Fahrlässigkeit"), so dass man seiner Verwendung durch die Partei keine bestimmte Tatsachenbehauptung entnehmen kann.

19 Eine Besonderheit gilt für Schadensersatzansprüche. Ihre Zurückweisung wegen Unzulänglichkeit des Vortrags zur Höhe (oder der Beweisanträge) ist unzulässig, soweit das Gericht gemäß § 287 Abs. 1 einen Mindestschaden schätzen kann (BGH NJW 1999, 954).

2.3.3 Fehlen von Begleitumständen

20 Die „Substantiierungsschere" wird oft mit der Begründung angesetzt, dass um das Gebäude der normausfüllenden Haupttatsachen herum der Vortrag von Begleitumständen oder Umfeldtatsachen unzulänglich sei. Zitat:

> *„Es wäre erforderlich gewesen, den Abschluss der Vereinbarung unter Angabe der Beteiligten und des Orts und Zeitpunkts näher zu konkretisieren. Allein das Anbieten eines Zeugen hierzu kann den erforderlichen Vortrag nicht ersetzen. Die Vernehmung der Zeugin hätte sich als Ausforschung dargestellt."*

Solches Vorgehen erspart eine Beweisaufnahme, ist aber falsch. Es gehört nicht zum Inhalt der im einzelnen vorgetragenen klagebegründenden Vereinbarung, wann, wo und in Gegenwart welcher Personen sie getroffen worden ist. Das alles liegt neben der Klagegrundlage. Wenn, wie oben dargelegt, ein Vorbringen alle maßgeblichen Haupttatsachen enthält, also schlüssig ist, dann muss im Bestreitensfalle darüber Beweis erhoben werden, auch wenn es „aus den Fingern gesogen" erscheint. Wenn dann ein Zeuge Ort, Zeit und Begleitumstände der Vereinbarung nicht schildern kann, dann mag diese Detailarmut gegen die Glaubhaftigkeit seiner Aussage sprechen. Aber das ist kein Problem der Schlüssigkeit. Diese beiden Ebenen – Schlüssigkeit und Glaubhaftigkeit (Plausibilität) – werden häufig miteinander verwechselt.

Demgemäß ist auch die von Meyke (NJW 2000, 2230) vertretene Ansicht zurückzuweisen, Parteivorbringen müsse einer „Plausibilitätskontrolle" unterzogen werden und standhalten, bevor die dafür angetretenen Beweis erhoben werden könnten. Das Gericht soll damit vor Beweisaufnahmen geschützt werden, die wenig aussichtsreich erscheinen. Der BGH hält mit Recht dagegen, bei der Zurückweisung eines Beweismittels sei „größte Zurückhaltung geboten"; es müsse „jede Möglichkeit ausgeschlossen sein, dass der übergangene Beweisantrag Sachdienliches ergeben könnte" (NJW 2004, 767).

Substantiierung wird gelegentlich auch mit der Begründung gefordert, der Beklagte müsse sich doch ordentlich verteidigen können, – einer Erwägung, die das Urteil BGH NJW 1987, 1142 angeführt hat. „Substantiierung" heißt jedoch: Substanz liefern, und was Substanz ist, kann sich nur aus der Norm, der Anspruchsgrundlage ergeben.

Ein Gericht, das anders argumentiert, setzt sich über die richtige und inzwischen gefestigte Rechtsprechung des BGH hinweg, die seit Jahren Sätze wie diese wiederholt: *21*

> „Eine Substantiierungpflicht dient nicht dazu, zur Förderung der Wahrheitsermittlung und/oder zur Prozessbeschleunigung den Gegner in die Lage zu versetzen, sich möglichst eingehend auf Behauptungen einzulassen ... Ihr Umfang hat sich vielmehr am Zweck der Darlegung zu orientieren. Nach ständiger Rechtsprechung genügt ein Anspruchsteller seiner Substantiierungspflicht deshalb bereits mit der Behauptung von Tatsachen, die in Verbindung mit einem Rechtssatz geeignet sind, das geltend gemachte Recht als entstanden erscheinen zu lassen. Die Angabe näherer Einzelheiten ist nur dann erforderlich, wenn diese, insbesondere im Hinblick auf das Vorbringen des Gegners, für die Rechtsfolgen von Bedeutung sind ..." (NJW 1999, 2887; in Fortsetzung von BGH NJW 1962, 1394; 1984, 2888; 1991, 2707; 1992, 2427; 1992, 3106; 1995, 323; 1996, 1826; 2000, 3286).

Mit der Einschränkung am Ende sind die Fälle gemeint, in denen ein Klagevortrag infolge der Einlassung des Gegners unklar oder unschlüssig wird, so dass der Kläger, dessen Vortrag zunächst ausreichte, nachlegen muss (BGH NJW 1962, 1394; 1991, 2707). Das kann man am besten durch Beispiele erklären:

Ein Autohändler verklagt eine gewerbliche Kundin auf Zahlung von 10.000 € aus dem Verkauf eines PKW GOLF. Die Beklagte erwidert, sie habe an dem in der Klageschrift angegebenen Tage zwei Wagen dieses Typs von der Klägerin gekauft; der eine habe nur 8.000 € gekostet und sei bereits bezahlt, der andere habe 8.700 € kosten sollen, sei aber wegen erheblicher Mängel zurückgegeben worden. Daraufhin muss der Kläger seinen Vortrag ergän- *22*

Urteilsfindung

zen und, zumal wenn er den Verkauf zweier Fahrzeuge zugesteht, das Fahrzeug, dessen Bezahlung er einklagt, individualisieren (in letzterem Fall wohl auch im Hinblick auf § 253 Abs. 2 Nr. 2 ZPO).

23 Ein anderer Kläger hat die Beklagte auf Bezahlung einer gebuchten, aber nicht angetretenen Urlaubsreise verklagt. Die Beklagte gibt an, sie sei bei Vertragsschluss minderjährig gewesen. Dann muss der Kläger zusätzlich z.B. die Volljährigkeit der Beklagten darlegen oder die Zustimmung des gesetzlichen Vertreters oder der Beklagten, falls sie jetzt volljährig ist (§ 108 BGB).

24 Ein Kaufmann klagt den Saldo aus einem Kontokorrent ein. Die Anführung des ausgewiesenen Saldos genügt zunächst. Bestreitet aber der Beklagte den Saldo oder einzelne davon erfasste Forderungen, dann „wird der Vortrag des Klägers zum Saldo unklar und lässt den Schluss auf die Entstehung des geltend gemachten Anspruchs nicht mehr zu" (BGH NJW 1991, 2908).

25 Ein Kläger klagt aus einer privatschriftlichen Urkunde, die man in seinem Sinne auslegen kann. Der Beklagte verteidigt sich, indem er Umstände vorträgt, die eine andere Auslegung der Urkunde nahelegen. Dann muss der Kläger Stellung nehmen, seinen Vortrag verbessern und weiter substantiieren.

26 Nach misslungener Operation behauptet die Patientin, wenn sie – was nicht geschehen war – über das Risiko des Eingriffs aufgeklärt worden wäre, hätte sie davon abgesehen. Der Arzt bestreitet dies. Nach BGH NJW 2005, 1364 soll die Patientin gehalten sein, ihre Hypothese plausibel zu machen.

2.3.4 Ausforschungsbeweis

27 Alle reden vom Ausforschungsbeweis, aber eigentlich gibt es ihn gar nicht. Man versteht darunter den Fall, dass im Sachvortrag einer Partei Behauptungen fehlen, die für die Schlüssigkeit ihres Vortrages notwendig sind und die sie erst aus einer von ihr beantragten Beweisaufnahme – Zeugenvernehmung oder Sachverständigengutachten – gewinnen will (BGH NJW 2000, 1364). Es geht also gar nicht um Beweisrecht, sondern um die Schlüssigkeit oder Vollständigkeit des Parteivortrags. Wenn es daran fehlt, kann sich die Frage der Zurückweisung eines Beweisantrags als „Ausforschungsbeweis" gar nicht stellen.

Tatsächlich wird unter dem falschen Motto „Ausforschungsbeweis" immer häufiger Parteivorbringen prozessrechtswidrig zurückgewiesen, und zwar unter zwei Konstellationen.

Vermutungen als Vortragsgrundlage

28 Bei der ersten Konstellation ist das Vorbringen zwar vollständig und ausreichend substantiiert, aber erkennbar oder zugestandenermaßen nur auf Vermutungen aufgebaut. Solange eine Partei nicht wider ihr besseres Wissen vor-

trägt – aber wie will man das in der Schlüssigkeitsprüfung festmachen? –, hat es den Richter nicht zu interessieren, auf welchen Erkenntnisquellen ihr Sachvortrag beruht. Nur die wenigsten Umstände, die eine Partei im Prozess vorträgt, beruhen auf ihrer eigenen Wahrnehmung. Sie muss sich darauf verlassen dürfen, was Dritte ihr erzählt haben, und sie darf Kenntnislücken schließen, indem sie das einfügt, was nach ihrer Auffassung der normale Gang der Dinge gewesen sein muss. Bei fast allen inneren Tatsachen kann eine Partei gar nicht anders verfahren, als aus äußeren Umständen unter Berücksichtigung ihrer persönlichen Erfahrungen zu folgern und zu vermuten. An keiner Stelle verlangt das Prozessgesetz von der Partei die Darlegung, wie sie zu ihrer Tatsachenbehauptung gekommen ist, was deren Grundlage ist. Infolgedessen kann es der Partei schlechterdings auch nicht schaden, wenn sie freimütig das Selbstverständliche einräumt, nämlich dass die eine oder andere Behauptung auf Vermutungen basiere. Ihr zugehöriger Beweisantritt hat dann mit Ausforschungsbeweis nichts zu tun (BGH NJW 1986, 246; 1995, 1160; 2000, 2812). Was eine Partei klipp und klar behauptet, kann nicht mehr Gegenstand einer Ausforschung sein.

Unwahrscheinlichkeit des Vortrags

Schließlich trifft man auf den Zurückweisungsgrund „Ausforschungsbeweis", wenn eine Partei – meist vermutete – Umstände behauptet, die gänzlich unwahrscheinlich sind. Auch das ist kein Grund, ein Vorbringen (oder einen zugehörigen Beweisantrag) als unzulässig anzusehen. Es kommt immer nur auf die Schlüssigkeit des Vortrags an; Umstände, die an der Richtigkeit des Vortrags zweifeln lassen, sind irrelevant, wenn der Vortrag unstreitig ist; andernfalls sind sie bei der Beweiswürdigung zu berücksichtigen. Die Erwägungen zu Rdnr. 20 treffen auch hier zu.

2.3.5 Behauptungen „ins Blaue hinein" oder „aufs Geratewohl"

Auch dieser „Zurückweisungsgrund", dem zuvor behandelten sehr ähnlich, ist überaus beliebt; der Bundesgerichtshof muss sich regelmäßig mit ihm befassen und ihm seine Definition entgegensetzen. Danach kann nur verworfen werden

> „eine Behauptung, die aus der Luft gegriffen ist und sich deshalb als Rechtsmissbrauch darstellt", als „Willkür", eine Behauptung, die „jeglicher tatsächlicher Anhaltspunkte" entbehrt

(BGH NJW 1991, 2707; 1992, 3106; 1995, 1958; 2001, 2327 u. v. a.). Soweit ersichtlich, hat bisher kein einziges Urteil des Bundesgerichtshofs das Vorliegen dieser Voraussetzungen bejaht; regelmäßig hat er die „Behauptung ins Blaue hinein" als Mittel zur Abwendung einer Beweisaufnahme entlarvt.

Deshalb sollte man dieses Institut ebenso vergessen wie den damit verwandten „Ausforschungsbeweis".

Wohlgemerkt: Hier ist nur von positiven Behauptungen die Rede. Negative Tatsachen („ohne rechtlichen Grund") kann man naturgemäß immer nur „ins Blaue hinein" behaupten.

2.4 Folgerungen

31 Ist das Tatsachenvorbringen für die zuerst geprüfte Anspruchsgrundlage nicht schlüssig, muss man es an einer anderen Anspruchsgrundlage messen, soweit vorhanden. Bleibt das Vorbringen für alle in Betracht kommenden Anspruchsgrundlagen unschlüssig, ist die Klage ohne weiteres abzuweisen.

Soweit für eine Anspruchsgrundlage schlüssig vorgetragen worden ist, hat der Richter sich dem Vorbringen des Beklagten zuzuwenden.

3. Die Einlassungen des Beklagten (Erheblichkeitsprüfung)

32 Gemäß § 138 Abs. 2 hat der Beklagte sich zu den Behauptungen des Klägers zu erklären. Dafür gibt § 138 drei Varianten vor:
– Der Beklagte kann das Klagevorbringen zugestehen (§ 138 Abs. 3).
– Er kann sich dazu mit Nichtwissen erklären (vgl. § 138 Abs. 4).
– Schließlich kann er den Klagevortrag bestreiten (§ 138 Abs. 3).

Soweit er schweigt, gilt sein Verhalten als Zugeständnis (§ 138 Abs. 3).

Außerhalb des § 138 – also an den Behauptungen des Klägers vorbei – kann der Beklagte sich endlich durch Einreden verteidigen (s. Rdnr. 61 ff.).

So wie im vorigen Abschnitt dem Kläger die Rolle des Behauptenden übertragen wurde, dessen Vorbringen auf Schlüssigkeit hin zu untersuchen ist, wird im Folgenden die Rolle des Bestreitenden allein dem Beklagten zugewiesen. Das vereinfacht die Darstellung. Die Rollen können aber genau umgekehrt verteilt sein, nämlich bei Einreden (Rdnr. 61 ff.).

3.1 Die Verteidigungsmittel des § 138

33 Soweit der Beklagte dem Kläger ein Zugeständnis verweigert, ist seine Verteidigung darauf zu überprüfen, ob sie erheblich ist. Sie ist erheblich, soweit bei einer Tilgung des nicht zugestandenen Klagevortrags die Klage abgewiesen werden müsste. In diesem Falle nötigt die Verteidigung des Beklagten den Kläger grundsätzlich zum Beweis.

3.1.1 Die Erklärung mit Nichtwissen

Die Erklärung mit Nichtwissen, in § 138 Abs. 4 nur beiläufig erwähnt, ist die schwächste Form, in der ein Beklagter das Zugeständnis verweigern kann. Sie bietet sich an, wenn es weder um seine eigenen Handlungen geht, noch um einen Gegenstand seiner eigenen Wahrnehmung und er keinen Grund sieht, den Klagevortrag unstreitig zu stellen. Dass die Erklärung mit Nichtwissen, falls in zulässiger Weise abgegeben, den Kläger zum Beweise nötigt (Furtner S. 400), wird in § 138 zwar nicht ausdrücklich gesagt, doch wird dies, soweit ersichtlich, von niemandem bezweifelt. In der Wirkung – aber eben nur in der Wirkung – steht sie einem Bestreiten gleich (Stein-Jonas/Leipold Rdnr. 46). Dies meint wohl auch der BGH (NJW 1989, 162), wenn er unter Zitierung von Leipold und Thomas/Putzo (s.u.) die Erklärung mit Nichtwissen „eine besondere Form des Bestreitens" nennt.

34

In der Praxis – leider auch in BGH-Urteilen – begegnet einem das „Bestreiten mit Nichtwissen". Damit werden – auf verhängnisvolle Weise (s. Rdnr. 50) – zwei Verteidigungsformen miteinander vermengt, die nach dem klaren Wortlaut des § 138 verschieden sind (so auch Baumbach/Hartmann § 138 Rdnr. 45; Stein-Jonas/Leipold, § 138 Rdnr. 46; Thomas/Putzo/Reichold § 138 Rdnr. 19). „Bestreiten mit Nichtwissen" – eigentlich müsste es heißen „Bestreiten wegen Nichtwissens" – ist deshalb schon begrifflich falsch oder zumindest ungenau und irreführend. In aller Regel ist mit diesem Ausdruck ein einfaches Bestreiten gemeint, das der Ausführlichkeit entbehrt, weil der Beklagte den Sachverhalt – nach seinen Angaben – nicht kennt.

Die Erklärung mit Nichtwissen ist gemäß § 138 Abs. 4 schlechthin unzulässig und damit als Zugeständnis zu werten, wenn es – wie der Kläger behauptet (Baumbach/Hartmann § 138 Rdnr. 50, 51; Stein-Jonas/Leipold § 138 Rdnr. 47; Thomas/Putzo/Reichold § 138 Rdnr. 20) – um eine eigene Handlung des Beklagten oder um einen Gegenstand seiner eigenen Wahrnehmung geht. Die Vorschrift will verhindern, dass sich jemand, dessen eigenes Handeln und Erleben zur Debatte steht, durch eine schwammige Erklärung einfach aus der Affaire ziehen kann. Hartmann (Baumbach/Hartmann § 138 Rdnr. 45) deutet die Vorschrift sinnvoll mit einem Bibelzitat: „Eure Rede aber sei: Ja, ja; nein, nein. Was darüber ist, das ist vom Übel" (Matth. 5, 37).

35

Reichold (Thomas/Putzo/Reichold § 138 Rdnr. 20; ähnlich MüKo/Peters § 138 Rdnr. 27 – „teleologische Reduktion" – und Musielak/Stadler § 138 Rdnr. 16f.) meint, die Erklärung mit Nichtwissen zu – nach dem gegnerischen Vortrag – eigenen Handlungen oder Wahrnehmungen sei dem Beklagten ausnahmsweise erlaubt, wenn er „nach der Lebenserfahrung glaubhaft macht, sich an gewisse Vorgänge nicht mehr erinnern zu können (BGH NJW 95, 130)" oder wenn er gewissen Erkundigungspflichten nachgekommen sei. Das ist abzulehnen. Der Wortlaut des § 138 Abs. 4 ist eindeutig: Zu der Behauptung, man habe diese oder jene Handlung begangen oder Wahrnehmung gemacht, darf man sich niemals mit Nichtwissen erklären (Rosenberg/Schwab/Gottwald, 16. Aufl. § 111 Rdnr. 24; Zöller/Greger § 138 Rdnr. 14). Richtig ist vielmehr, dass der Beklagte, statt sich mit Nichtwissen zu erklären, immer auch bestreiten kann (Rdnr. 38). Dabei stellt sich dann die ganz andere Frage (s. Rdnr. 49 ff.), ob man dem unwissenden Beklagten, der keinerlei Erkundigungen eingezogen hat, ein einfaches Bestreiten abnehmen darf; nur mit dem Thema „Bestreiten mit Nichtwissen" befasst sich auch die von Reichold zitierte Stelle aus der BGH-Rechtsprechung.

36 Was das Merkmal „eigene Handlung" und „Gegenstand der eigenen Wahrnehmung" betrifft, so kommt es bei minderjährigen oder juristischen Personen auf das Handeln und Wahrnehmen ihres gegenwärtigen gesetzlichen Vertreters an (BGH NJW 1999, 53; Stein-Jonas/Leipold, § 138 Rdnr. 48; Zöller/Greger, § 138 Rdnr. 15). Manche BGH-Urteile beziehen in den Kreis der relevanten Personen unter Statuierung einer „Erkundigungspflicht" (es könnte sich ohnehin nur um eine Obliegenheit handeln) auch diejenigen ein, die, ohne gesetzliche Vertreter zu sein, unter Anleitung, Aufsicht oder Verantwortung der Partei tätig geworden sind (BGH a.a.O. m.w.N.). Das ist schon aus praktischen Gründen sehr bedenklich (vgl. Rdnr. 55) und sollte aus dogmatischen Gründen verworfen werden, weil man damit „dem § 138 IV ZPO einen über seinen Wortlaut hinausgehenden Regelungsgehalt beigemessen hat" (BGH NJW 1990, 453, 454; ablehnend auch MüKo/Peters § 138 Rdnr. 29; abwägend Stein-Jonas/Leipold § 139 Rdnr. 48).

37 Die Bedeutung des § 138 Abs. 4, so wie die Vorschrift im Gesetz steht, ist gering. Stimmt die Behauptung des Klägers, der Beklagte sei an dem maßgeblichen Geschehen beteiligt gewesen, auch nach dessen Erinnerung, so wird der Beklagte sich in aller Regel nicht mit Nichtwissen erklären. Er wird vielmehr das Geschehen, wenn er es nicht zugestehen muss, so schildern, wie es ihm günstig ist; er wird auf den Klagevortrag mit einer ausführlichen Gegendarstellung antworten, die im Vorgriff auf die Beweiswürdigung seine Version plausibler erscheinen lässt als den Klagevortrag. Stimmt die Behauptung über die Beteiligung des Beklagten objektiv nicht, dann wird er mit Entrüstung bestreiten. Interessant ist der zwischen den beiden Extremen liegende Fall:

38 Es kann die Behauptung des Klägers über die Beteiligung des Beklagten ebenso zutreffen wie die Überzeugung des Beklagten, von alledem nichts zu wissen: Er mag sogar seine aktive oder nur beobachtende Beteiligung an dem Geschehen einräumen und dennoch von den relevanten Tatsachen keine Kenntnis (mehr) haben. Sogar eigene Handlungen lässt der Mensch oft nicht in sein Bewusstsein dringen, weil er sie routinemäßig und mechanisch vornimmt. Der Mensch ist auch vergesslich. Die Leistung seines Gehirns besteht zum großen

Teil darin, dass es Bewusstgewordenes wieder ausscheidet, weil es nicht für behaltenswert erachtet wird. Wer schon kann heute berichten, was er vor drei oder dreißig Tagen zu Mittag gegessen hat? Wer kann aus dem Gedächtnis die Kontonummer angeben, die er bei der Begleichung der letzten Schornsteinfegerrechnung in den Überweisungsträger eingesetzt hat? Es könnte in beiden Fällen um Handlungen und Wahrnehmungen eines Beklagten gehen. Dennoch wäre ihm, käme es im Prozess auf sie an, eine Erklärung mit Nichtwissen verboten. Er befindet sich in einem Dilemma. Für ein Zugeständnis sieht er keinen Grund. Also zwingt § 138 Abs. 4 ihn, zu bestreiten (Stein-Jonas/Leipold § 138 Rdnr. 49; Rosenberg/Schwab/Gottwald, 15. Aufl. § 65 VII Nr. 4; Zöller/Greger 23. Aufl. § 138 Rdnr. 14). § 138 Abs. 4 verbietet schließlich nur die Erklärung mit Nichtwissen, nicht aber das Bestreiten. Dieses erlaubte Bestreiten kann naturgemäß nur ein einfaches sein, denn die näheren Einzelheiten seines Handelns oder Erlebens hat der Beklagte ja nicht wahrgenommen oder vergessen.

Das alles gilt sogar auch dann, wenn der Beklagte an dem Geschehen handelnd oder beobachtend beteiligt gewesen ist und dies auch genau weiss und nichts vergessen hat. In der Kommentarliteratur stößt man immer wieder auf eine Verknüpfung des § 138 Abs. 4 mit dem die Wahrheitspflicht normierenden Abs. 1 (z.B. bei Musielak/Stadler § 138 Rdnr. 16f.): Was nicht sein darf, das nicht sein kann ... Mit prozessromantischen Vorstellungen oder Ratschlägen für Anwälte ist aber dem Richter nicht geholfen. Er steht vor der Frage, ob er auf einen bestimmten Beklagtenvortrag hin Beweis erheben soll oder nicht. Hat der Beklagte bestritten, dann muss der Richter Beweis erheben, und er kann nicht erst erforschen, ob der Beklagte redlich prozessiert und das Abstreiten seiner Beteiligung erlaubt war. Darüber kann er sich ein Bild erst machen, wenn er die Beweisaufnahme abgeschlossen hat.

3.1.2 Das Bestreiten

Beim Bestreiten als der absoluten Form der Negation setzen viele die Subtantiierungsschere noch rigoroser an als beim Klagevortrag. *39*

Zunächst muss man unterscheiden zwischen den mehreren Bestreitensformen.

3.1.2.1 Bestreitensformen

Vollständige Erklärung

Gemäß § 138 Abs. 1 und 2 haben die Parteien sich über die vom Gegner behaupteten Tatsachen vollständig zu erklären. Für den Beklagten heißt das nicht, er solle sein gesamtes Wissen über den Fall preisgeben. Für ihn bedeutet es nur: Seine Stellungnahme soll sich auf alle Behauptungen des Klägers *40*

Urteilsfindung

erstrecken. Der Umfang des dem Beklagten obliegenden Vortrags wird definiert durch den Umfang des Klagevortrags. Sofern der Beklagte in seiner Erwiderung Lücken lässt, gelten sie als Zugeständnis (§ 138 Abs. 3).

Einfaches und ausführliches Bestreiten

41 Das einfache Bestreiten besteht in der bloßen Negation des Klagevortrags. Die Negation kann auch durch schlüssiges Verhalten erklärt werden (§ 138 Abs. 3). Der Richter muss die Schriftsätze des Beklagten eben verständig lesen und auslegen, notfalls muss er ihn in der mündlichen Verhandlung fragen, was er denn meint. Einfaches Bestreiten findet sich oft in Pauschalformeln, deren Zulässigkeit umstritten ist (s. Rdnr. 44).

Ausführliches Bestreiten besteht in einer die Negation ausweitenden Gegendarstellung.

Substantiiertes Bestreiten

42 Was „substantiiertes" oder besser: „substantiierendes" Bestreiten bedeutet, ist, soweit ersichtlich, nirgends einigermaßen verbindlich definiert. Jedenfalls sollte man es nicht gleichsetzen mit dem bloßen Antworten auf zusätzlichen Klagevortrag, das zunächst nicht mehr bedeutet als die Erfüllung des Vollständigkeitsgebots nach § 138 Abs. 1 und 2.

Substantiiertes Bestreiten ist mehr als eine bloße Negation, ist also ausführliches Bestreiten. Im Anschluss an die Darlegungen zur Substantiierung des Klagevortrags (Rdnr. 20f.) sollte darunter verstanden werden eine Gegendarstellung, die, über die Negation hinausgehend, eine Haupttatsache betrifft. Ein Kläger behauptet, der Beklagten im Rahmen eines Sukzessivlieferungsvertrages 375 Stück Dioden ausgeliefert zu haben, und verlangt dafür den Kaufpreis. Die Beklagte bestreitet den behaupteten Umfang der Lieferung (einfaches Bestreiten). Sie gibt den Lieferumfang mit 234 Stück an (Substantiierung). Der Kläger verlangt Schadensersatz von der Beklagten, die ihn mit ihrem Auto angefahren hat. Er behauptet, sie sei, als er die Straße betreten habe, noch 300 m entfernt gewesen. Sie erwidert, das treffe nicht zu (einfaches Bestreiten), ihre Entfernung habe nur 50 m betragen (Substantiierung).

43 Eine weitere Form ausführlichen Bestreitens findet sich außerhalb der Beantwortung schlüssigen Haupttatsachenvortrags im Bereich der Indiztatsachen. Ein verständiger Kläger wird, wenn möglich, von vornherein Hilfstatsachen ausbreiten, die die Beweisführung ermöglichen oder zumindest stützen sollen. Auch hierzu soll der Beklagte sich gemäß § 138 Abs. 2 erklären. In diesem Zusammenhang kann der Beklagte ein eigenes, vom Klagevortrag abweichendes Indiziengebäude aufbauen. Verlangen kann man es von ihm nicht.

Die Einlassungen des Beklagten (Erheblichkeitsprüfung)

3.1.2.2 Unzulässiges Zurückweisen bestreitenden Vorbringens
Pauschalformeln

Ein kritischer Punkt in der Prozesspraxis ist das Pauschalbestreiten. *44*

Im Grundfall – etwa bei einer Klage aus Verkehrsunfall – beschränkt sich die gesamte Verteidigung des Beklagten auf den einen Satz:

„Das Klagevorbringen wird insgesamt bestritten."

Hier ist kein Grund ersichtlich, wieso das Pauschalbestreiten nicht gelten sollte. Die absolute Bestreitensformel lässt weder über die Tatsache des Bestreitens noch über seinen Umfang einen Zweifel aufkommen: Alles ist bestritten. Im Zeitalter der Rationalisierung aller Arbeitsabläufe sollte von einem Anwalt auch nicht gefordert werden, er solle alle Sätze der Klageschrift mit einer Negation verbunden wiederholen („Der Beklagte ist nicht Halter eines PKW Marke „Corolla". Der Beklagte war bei dem Unfall, den der Kläger schildert, nicht beteiligt. Der Kläger ist nicht auf die Kreuzung gefahren ...").

Die übliche Pauschalformel will nur einen Teil des Klagevortrags erfassen. An den Anfang oder das Ende der Klagebeantwortung gesetzt, lautet sie meist so:

„Das nicht berührte Vorbringen des Klägers wird bestritten". Oder:

„Die Behauptungen des Klägers werden bestritten, soweit sie nicht zugestanden werden."

Die herrschende Praxis, unterstützt durch die einhellige Ansicht in der Kommentar- und Sekundärliteratur, hält das a priori für unzulässig und unbeachtlich. Dagegen sind Bedenken erlaubt. Man muss den Bestreitensvorgang in zwei Stufen betrachten. Der Richter hat sich zunächst zu fragen: „Hat der Beklagte überhaupt bestritten?" Wenn diese Frage zu bejahen ist, stellt sich die weitere Frage: „Ist das Bestreiten zulässig, oder ist es mangels nötiger Substantiierung zurückzuweisen?" Die Pauschalformel spielt nur in der ersten Stufe eine Rolle. Für diese erste Stufe ist allgemein anerkannt, dass ein Bestreiten konkludent erfolgen darf. Das folgt aus § 138 Abs. 3. Die Vorschrift macht dem Richter zur Aufgabe und mutet ihm zu, durch Auslegung zu ermitteln, ob in dem Vorbringen einer Partei ein Bestreiten steckt. Er soll prüfen, ob die Absicht zu bestreiten „aus den übrigen" (also aus den kein ausdrückliches Bestreiten darstellenden) „Erklärungen der Partei hervorgeht". Mit einer Pauschalformel wird sogar ausdrücklich bestritten. Dann muss man hier, will man sich nicht in einen Wertungswiderspruch begeben, dem Auslegungsgebot des § 138 Abs. 3 erst recht folgen. Also muss der Richter die Tragweite der Pauschalformel ausloten. Er muss aussortieren, welcher Teil des Klagevorbringens von der Erwiderung des Beklagten nicht ausdrücklich

„berührt" worden oder zugestanden ist, und diesen Teil dann als bestritten ansehen. Das ist im Regelfall gar nicht schwer. Meist wird der Beklagte sich zum eingeklagten Hauptanspruch eingehend äußern, ihn „berühren", so dass die erstgenannte Pauschalformel hierfür nicht gilt; seiner Erwiderung wird auch eindeutig zu entnehmen sein, was er zugestehen will. Die Pauschalformel trifft also eher die Komplexe, die der Beklagte überhaupt nicht gestreift hat. Dann müssen hier die Überlegungen zum Grundfall (s.o.) in gleicher Weise gelten.

Typisch ist die Bestreitensformel gegenüber dem Klagevortrag zum Zinsanspruch: Der Kläger behauptet, er nehme seit dem Tage x mindestens in Höhe der Klageforderung Bankkredit zu 12 % Zinsen in Anspruch. Der Beklagte gibt hierzu keine besondere Erklärung ab. Es ist schwer einzusehen, wieso seine Pauschalbestreitensformel diesen Komplex nicht erfassen soll. Wiederum ist zu fragen, ob man von einem Anwalt wirklich fordern darf, dass er alle Behauptungen des Klägers, die er bestreiten will, spiegelbildlich – d.h. mit einer Negation versehen – wiederholt. Die Pauschalformel pauschal und unbesehen zurückzuweisen, sollte um so schwerer fallen, als sich etwaige Zweifel in Bezug auf ihre Tragweite im Verhandlungstermin ganz einfach beheben ließen.

45 Für die Wirkung der Pauschalformel ist es gleichgültig, ob sie in den Schriftsätzen dem Gegenvorbringen räumlich und zeitlich vorausgeht, also gleichsam „auf Verdacht und vorsorglich" geschrieben wird oder erst, nachdem das Gegenvorbringen auf dem Tisch liegt. Nach dem herrschenden Mündlichkeitsprinzip ist alles, was die Parteien geschrieben haben, zu projizieren auf den Schluss der Verhandlung, wie unter Rdnr. 48 dargelegt wird.

46 Unzulässig ist indessen diese Pauschalformel:

„Das Klagevorbringen wird bestritten, soweit es dem Beklagten nicht günstig ist."

Die Tragweite der Formel lässt sich nicht mehr „aus den Erklärungen der Partei" (§ 138 Abs. 3) ermitteln, sie setzt vielmehr eine Rechtsprüfung voraus.

Fehlen von Begleitumständen und Umfeldtatsachen

47 Ungeachtet der ständigen BGH-Rechtsprechung stößt man immer wieder auf Urteile, die das gesamte Bestreitensvorbringen des Beklagten zurückweisen, weil er es an der Schilderung von Begleitumständen habe fehlen lassen. Das ist unzulässig aus den Erwägungen, die oben unter Rdnr. 20 und 29 angestellt wurden. Wenn schon der Kläger nicht mehr beizubringen braucht als die anspruchsbegründenden Haupttatsachen, dann kann das Vorbringen des Beklagten nicht mangelhaft sein, wenn er zu allen Haupttatsachenbehauptungen des Klägers – zugestehend oder bestreitend – Stellung nimmt. Auf Plausibilität kommt es erst bei der Beweiswürdigung an.

Die Einlassungen des Beklagten (Erheblichkeitsprüfung)

„Überholtes" Bestreiten

Gelegentlich trifft man auf Fälle wie diesen: In der Klageschrift ist der Sachvortrag dürftig. Der Beklagte bestreitet ihn in der Klagebeantwortung, und zwar sowohl pauschal als auch im einzelnen. Daraufhin ergänzt der Kläger seinen Vortrag. Nach diesen Schriftsätzen wird mündlich verhandelt. Im Urteil wird der in der Replikschrift ergänzte Klagevortrag als unstreitig behandelt mit der Begründung:

48

> *„Nachdem der Kläger sein Vorbringen substantiiert hat, ist der Beklagte dem nicht mehr entgegengetreten."*

Das ist in dieser Form unrichtig, weil es den Grundsatz der mündlichen Verhandlung verletzt. Maßgeblich ist, was an ihrem Ende durch Bezugnahme auf die vorbereitenden Schriftsätze vorgetragen ist. Auf diesen Zeitpunkt ist aller Vortrag zu projizieren. Deshalb sind alle Schriftsätze ebenbürtig und die Zeitfolge, in der sie erstellt sind, unerheblich. Demnach ergreift das Bestreiten, das in der Klagebeantwortung angekündigt wurde, im Zweifel auch den Vortrag, der in der Replikschrift nachgeliefert wurde. Zumindest bedarf es vor der Verneinung eines Bestreitens der in § 138 Abs. 3 gebotenen Prüfung, ob die Absicht des Beklagten zu bestreiten nicht aus seinen übrigen Erklärungen hervorgeht. Letztlich ist aber auch das nur ein Notbehelf: Der Richter hätte in der Verhandlung den Beklagten fragen müssen, wie er sich zu dem neuen Klagevortrag verhält.

Eigene Handlungen oder Wahrnehmungen des Beklagten

Wie ein Bestreiten des Beklagten in Bezug auf dessen eigene Handlungen und Gegenstände seiner Wahrnehmungen behandelt werden soll, ist überaus problematisch. Die in der Rechtsprechung und Literatur gegebenen Antworten sind sehr zahlreich.

49

Man muss einen Klagevortrag, der dem Beklagten eine aktive oder wahrnehmende Beteiligung an dem maßgeblichen Vorgang zuschreibt, in zwei Schichten zerlegen. Die erste umschließt die Frage, ob bei dem Vorgang der Beklagte überhaupt gehandelt hat bzw. eine Wahrnehmung hat treffen können (Grundsachverhalt). Die zweite Schicht öffnet sich, wenn feststeht, dass der Beklagte an dem maßgeblichen Geschehen an sich beteiligt war (rechtlich relevanter Sachverhalt).

Beteiligung des Beklagten „an sich"

Schon bei der Feststellung des Grundsachverhalts – also einer Beteiligung des Beklagten an sich – geraten viele Gerichte auf Irrwege. In dem verständlichen Bestreben, Beweisaufnahmen zu vermeiden, suchen sie eine Sanktion, die es ihnen erlaubt, Bestreitensvortrag als unzulässig anzusehen. Im Gesetz gibt es

50

nur eine Sanktion dieser Art, nämlich die des § 138 Abs. 4. Sie ordnet die Unzulässigkeit der Erklärung mit Nichtwissen an. Es bedarf nur eines kleinen semantischen Kunstgriffs – der als solcher den meisten allerdings nicht mehr bewusst zu sein scheint –, um § 138 Abs. 4 so zu lesen:

> *Ein Bestreiten* mit Nichtwissen ist nur über Tatsachen zulässig, die weder eigene Handlungen der Partei noch Gegenstand ihrer eigenen Wahrnehmung gewesen sind.

Oder folgerichtig umgekehrt:

> *Ein Bestreiten mit Nichtwissen ist unzulässig, wenn es sich um eigene Handlungen der Partei oder um einen Gegenstand ihrer eigenen Wahrnehmung handelt.*

Ein „Bestreiten mit Nichtwissen" kann immer nur ein einfaches Bestreiten sein; deshalb lautet die Endfassung der These so:

> *Ein einfaches Bestreiten ist unzulässig, wenn es sich um eigene Handlungen der Partei oder um einen Gegenstand ihrer eigenen Wahrnehmung handelt."*

In der Tat stützen sich viele Urteile bei der Verwerfung einfachen Bestreitens schon des Grundsachverhalts direkt und ohne Umschweife auf § 138 Abs. 4. Dazu zwei Zitate, wobei anzumerken ist, dass der Autor des ersten Zitates die Einlassung „Bürgschaftsvertrag nicht bekannt" zutreffend als ein Bestreiten des Vertragsschlusses deutet:

> „Soweit die Beklagte vorgetragen hat, dass ihr von einer Bürgschaft über 60.000 DM nichts bekannt sei, ist dies unbeachtlich. *Dieses Bestreiten kommt einem Bestreiten mit Nichtwissen gleich, was im vorliegenden Fall aber gemäß § 138 Abs. 4 ZPO unzulässig ist, da der Abschluss des Bürgschaftsvertrages eine eigene Handlung der Beklagten darstellt.*"

> *„Dieser Vortrag des Klägers ist von der Beklagten als zugestanden anzusehen, obwohl sie den Umstand, dass der Bagger ... herausgegeben wurde, mit Nichtwissen bestreitet. Allerdings ist gemäß § 138 Abs. 4 ZPO eine solche Erklärung mit Nichtwissen im vorliegenden Fall unzulässig, da es sich bei dem bestrittenen Vorgang um einen Vorgang handelt, der sich in ihrem Verantwortungsbereich abgespielt hat ..."*

Die Unzulässigkeit dieses „Arguments" liegt auf der Hand. In § 138 Abs. 4 steht nichts von „Bestreiten", sondern etwas ganz anderes; die Institute „Erklärung mit Nichtwissen" und „Bestreiten", die die beiden Zitate miteinander vermischen, sind nicht identisch (Rdnr. 32 und 34). Die Vorschrift verbietet gerade nicht das Bestreiten, auch nicht das „Bestreiten mit Nichtwissen", sondern nur die Erklärung mit Nichtwissen. Die zitierten Richter verhängen ge-

Die Einlassungen des Beklagten (Erheblichkeitsprüfung)

gen die Beklagten die schwere Sanktion der Gehörverweigerung contra legem. Sie stellen sich nicht einmal die Frage, wie die Beklagten denn überhaupt sollen „substantiieren" können, wenn sie – was ihnen ja nicht widerlegt ist – von dem Abschluss des Bürgschaftsvertrages bzw. von der Herausgabe des Baggers keine Ahnung hatten. Im Fall des § 138 Abs. 4 kann die Sanktion „unzulässig" allein auf die einseitige Beteiligungsbehauptung eines Klägers hin deshalb ausgesprochen werden, weil der Beklagte sich risikolos in das Bestreiten retten kann. Beim Bestreiten hingegen gibt es solchen Ausweg nicht, es geht ums Ganze. Deshalb muss, falls man aus der Beteiligung des Beklagten überhaupt eine Substantiierungspflicht herleiten will, zunächst der Voraussetzungstatbestand „Beteiligung" unstreitig oder erwiesen sein, bevor man die Sanktion „Bestreiten unzulässig" in Erwägung zieht.

Um für die Feststellung des Grundsachverhalts Beweisbedürftigkeit des Klagevorbringens auszulösen, genügt dem Beklagten also stets einfaches Bestreiten. Ein Beklagter, dem die Verursachung eines Verkehrsunfalls vorgeworfen wird, braucht sein einfaches und umfassendes Bestreiten seiner Unfallbeteiligung nicht zu „substantiieren". Man darf von ihm auch keine Erklärung erwarten, wo er sich denn zu der vom Kläger behaupteten Unfallzeit aufgehalten habe. Denn das liegt völlig außerhalb der Anspruchsgrundlage, hat also mit „Substanz" überhaupt nichts zu tun. Außerdem geht es den Kläger und das Gericht nichts an.

Handlungen und Wahrnehmungen des beteiligten Beklagten

Die Probleme verschärfen sich, wenn feststeht, dass der Beklagte an dem relevanten Geschehen handelnd oder wahrnehmend beteiligt war: Der Beklagte räumt ein, in den streitbefangenen Unfall verwickelt gewesen zu sein, bestreitet aber das übrige Klagevorbringen mit einem Satz pauschal. Muss er den Klagevortrag durch eine detaillierte Unfallschilderung beantworten? Muss er das auch tun, wenn feststeht oder naheliegt, er habe bei dem Unfall eine retrograde Amnesie davongetragen? Kann man also den gesamten Klagevortrag als unbestritten ansehen und den Beklagten ohne Beweisaufnahme verurteilen? Muss der Warenkäufer, dem der Kläger sukzessiv 375 Dioden ausgeliefert haben will, bei seinem Bestreiten dieser Menge den richtigen Lieferumfang (220 Dioden) angeben, andernfalls er ohne Beweisaufnahme zur Bezahlung von 375 Stück verurteilt wird, oder kann er durch einfaches Bestreiten der Klagebehauptung eine Beweisaufnahme erzwingen?

51

Eine direkte Anwendung des § 138 Abs. 4 ist nicht möglich (Rdnr. 50).

52

Auch eine entsprechende Anwendung des § 138 Abs. 4 ist nicht angezeigt. Der Sinn und Zweck der Vorschrift erschöpft sich darin, dem Beklagten in Bezug auf ihm vom Kläger zugeschriebene Handlungen und Wahrnehmungen

Urteilsfindung

ein „Jein" zu untersagen: Er soll mit Ja oder Nein antworten. Darüber, wie das Nein auszusehen hat, sagt die Vorschrift überhaupt nichts.

53 So ließe sich eine Obliegenheit des Beklagten, von ihm Erlebtes ausführlich zu schildern, anstatt den Kläger aufs Beweisen zu verweisen, nur aus einer allgemeinen Prozessförderungspflicht ableiten. Dagegen bestehen grundsätzliche Bedenken. Es kann nicht die allgemeine Verpflichtung des Beklagten sein, dem Kläger für seinen Prozess die Waffen und sich selbst ans Messer zu liefern (vgl. BGH NJW 1990, 3151; 1992, 1817; Rosenberg/Schwab/Gottwald § 108 Rdnr. 8). Dazu kann er nur in bestimmten Ausnahmefällen gehalten sein (s. Rdnr. 57–60). Zuzustimmen ist deshalb der in BGH NJW 1999, 1404, 1405 dargelegten Ansicht. In jenem Fall hatte die Käuferin einer Anwaltspraxis vom Verkäufer Schadensersatz verlangt, weil in den Praxiseinnahmen, die er bei der Vertragsverhandlung angegeben hatte, Fremdgelder enthalten gewesen seien. Diesen Vortrag hatte der Beklagte einfach bestritten, obwohl er über die richtigen Zahlen informiert war. Das OLG hatte wie das LG das Bestreiten als „unsubstantiiert" angesehen und der Klage ohne Beweisaufnahme stattgegeben. Der BGH hat das Berufungsurteil aufgehoben und ausgeführt:

> „Die Anforderungen an die Substantiierunglast des Bestreitenden hängen davon ab, wie substantiiert der darlegungspflichtige Gegner – hier die Klägerin – vorgetragen hat (st. Rspr. ...). In der Regel genügt gegenüber einer Tatsachenbehauptung des darlegungspflichtigen Klägers das einfache Bestreiten des Beklagten (BGH, NJW 1993, 1782 ... BGH, NJW 1995, 3311 ...). Ob und inwieweit die nicht darlegungsbelastete Partei ihren Sachvortrag substantiieren muss, lässt sich nur aus dem Wechselspiel von Vortrag und Gegenvortrag bestimmen, wobei die Ergänzung und Aufgliederung des Sachvortrags bei hinreichendem Gegenvortrag immer zunächst Sache der darlegungs- und beweispflichtigen Partei ist (... BGH, NJW 1993, 3196 ...). Eine darüber hinausgehende Substantiierungslast trifft die nicht beweisbelastete Partei nur ausnahmsweise ...

Die ersten Sätze meinen „Substantiierung" offensichtlich nicht in dem oben (Rdnr. 42) beschriebenen engen Sinne, sondern betreffen nur das Vollständigkeitsgebot des § 138 Abs. 1 und 2: Der Beklagte soll sich zu allen Behauptungen des Klägers irgendwie äußern. Zieht der Kläger vor, so muss der Beklagte nachziehen, aber grundsätzlich braucht der Beklagte nicht vorauszueilen. Will er bestreiten, genügt die einfache Form. Mehr als einfaches Bestreiten obliegt ihm nur ausnahmsweise (s. Rdnr. 58–61).

54 Die Auffassung, die aus einer in der Vergangenheit liegenden Handlung oder Wahrnehmung des Beklagten eine aktuelle Prozessförderungspflicht ableitet, darf sich auf Treu und Glauben schon deshalb nicht berufen, weil sie

vom Beklagten oft Unmögliches verlangt (und ihn, wenn er es nicht leistet, rigoros mit einem Prozessverlust bestraft). Die Frage, ob er denn überhaupt imstande war, die relevanten Umstände in sein Bewusstsein aufzunehmen und, falls er sie aufgenommen hat, auch unverfälscht zu behalten, diese Frage wird allzu oft überhaupt nicht gestellt. So erscheint manches tatrichterliche Urteil pharisäerhaft, wenn es dem Beklagten Vergesslichkeit nicht zubilligt und es nicht respektiert, dass er sein Bestreiten in eine einfache Form kleidet, weil er Mutmaßungen scheut und dem Vorwurf der Unwahrhaftigkeit ausweichen will. Andererseits kann man richterlichen Zorn über eine Partei gut verstehen, die sich einer leichten Klärung des Sachverhalts bockig widersetzt. Hiergegen wirkt eine Befragung der Partei persönlich oft Wunder. In vielen Fällen kann eine großzügige Anwendung des unter Rdnr. 61 beschriebenen Instituts helfen.

Die Schwachstellen rigoroser Substantiierungsforderung sind natürlich nicht unerkannt. So vertreten manche die These, der Beklagte dürfe sich durchaus auf Vergessen berufen, er müsse es nur glaubhaft machen (so BGH NJW 1995, 130; Baumbach/Hartmann § 138 Rdnr. 56; Müko/Peters § 138 Rdnr. 27; AK-Schmidt § 138 Rdnr. 73). Diese Auffassung ist abzulehnen. Sie kann ohnehin eine Substantiierungspflicht des Beklagten nicht rechtfertigen, sie will nur die daraus erwachsenden Unzuträglichkeiten mildern. Dabei verlangt sie Glaubhaftmachung für etwas, das bei den meisten Menschen die Regel ist. Und wie soll die Glaubhaftmachung geschehen? Wird sie durchgeführt, dann läuft das auf eine Verdoppelung der Beweisaufnahme hinaus: Zuerst wird eine kleine Beweisaufnahme veranstaltet zum Thema „Vergessen" und dann eine große zum Thema „Klagevortrag" – ein Eiertanz. 55

Viele Autoren (z.B. BGH NJW 1995, 130; Baumbach/Hartmann § 138 Rdnr. 55; Müko/Peters a.a.O. und AK/Schmidt a.a.O.; extrem: Lange NJW 1990, 3233ff.) wollen dem Beklagten, der sich auf Unwissen beruft, eine Erkundigung auferlegen. Auch das ist abzulehnen, und zwar aus den im vorigen Absatz genannten Gründen. Die Annahme einer „Erkundigungspflicht" erforderte ein Zwischenverfahren – mit Beweisaufnahme? – zur Klärung der Frage, ob denn der Beklagte vor Abgabe seiner Bestreitenserklärung auch brav Erkundigungen – bei wem? – eingezogen hat (eine solche Beweisaufnahme fordert Lange a.a.O. S. 3239). Eine „Erkundigungspflicht" des Beklagten wird von der überwiegenden Rechtsprechung des BGH zumindest mit großen Fragezeichen versehen (BGH 1986, 3199; 1990, 453). Solche Erkundigungspflicht, deren Erfüllung der anderen Seite Substanz liefern soll, widerspricht dem „Grundsatz, dass keine Partei gehalten ist, dem Gegner für seinen Prozesssieg das Material zu verschaffen, über das er nicht schon von sich aus verfügt" (BGH NJW 1990, 3151; 1997, 128; Rosenberg/Schwab/Gottwald, § 108 Rdnr. 8). 56

Urteilsfindung

Bei der Diskussion um Wahrheitspflicht, Vollständigkeitspflicht und Erkundigungspflicht werden oft zwei Fragestellungen durcheinandergebracht. Die eine lautet: Wie benimmt sich ein redlicher Beklagter und wie soll ein Anwalt seinen Prozess führen? Die andere lautet: Was hat ein Richter zu tun, der keiner Partei hinter die Stirn schauen kann, der sie der Nachlässigkeit oder Unredlichkeit allenfalls verdächtigen kann und der vor der Entscheidung steht, ob er Beweis erheben muss?

3.1.2.3 Zusammenfassung der Grundsätze und Ausnahmen

Grundsätze

57 Die zu § 138 bisher erzielten Ergebnisse lassen sich wie folgt zusammenfassen.

1.
Die Erklärung mit Nichtwissen (§ 138 Abs. 4) und das Bestreiten (§ 138 Abs. 3) sind zwei selbständige Formen der Verteidigung, mit denen der Beklagte die Beweisbedürftigkeit des Klagevortrags auslösen kann. Die Mischform des „Bestreiten mit Nichtwissen" kennt das Gesetz nicht.

2.
Eine Erklärung mit Nichtwissen ist schlechthin unzulässig in Bezug auf Vorgänge, von denen der Kläger behauptet, sie seien Handlungen des Beklagten oder Gegenstand seiner eigenen Wahrnehmung gewesen. Soweit der Beklagte dies nicht bestreitet, gilt der Klagevortrag als zugestanden (§ 138 Abs. 3).

3.
Grundsätzlich ist bereits einfaches Bestreiten erheblich. Das gilt auch in Bezug auf die Behauptung des Klägers, bestimmte Umstände seien Handlungen des Beklagten oder Gegenstand seiner Wahrnehmung gewesen. Es gilt sogar für Vorgänge, von denen feststeht, dass der Beklagten an ihnen handelnd oder wahrnehmend beteiligt war. Der Beklagte braucht dann nicht zu erklären, aus welchem Grunde er bestreitet: ob er dem Gegner keine Waffen liefern will, ob er das Geschehen nicht zuverlässig wahrgenommen oder Wahrgenommene vergessen hat oder ob er ohne Erfolg Erkundigungen einzuholen versucht hat. Zu solchen ist er nicht verpflichtet, zumal wenn sie darauf hinauslaufen, dem Kläger Angriffsmaterial zu beschaffen.

4.
Der Richter hat bei der Erheblichkeitsprüfung und Ermittlung der Beweisbedürftigkeit nicht zu erforschen, ob der Beklagte redlich prozessiert oder ob er wider besseres Wissen bestreitet. Solche Fragen lassen sich erst nach Durchführung der Beweisaufnahme beantworten.

Ausnahmen: Nötige Substantiierung des Bestreitens

Eine echte Substantiierung des Bestreitens, also einen über die einfache Negation hinausgehenden Vortrag verlangt die durch die Rechtsprechung des BGH geprägte herrschende Meinung bei drei Fallgestaltungen. Bei ihnen spricht der BGH zuweilen von „sekundärer Darlegungslast" (BGH NJW 1999, 714). Dieser Ausdruck verwischt die notwendige Unterscheidung von Darlegen und Bestreiten. Vorzuziehen ist der Begriff „Erschwerung der Bestreitenslast". 58

Negative Tatsachen

Die erste Situation ist dadurch gekennzeichnet, dass die Anspruchsgrundlage und der klagebegründende Sachverhalt eine negative Tatsache enthalten. Eine solche Tatsache kann ein Kläger nicht beweisen: negativa non sunt probanda. Wenn hingegen der Beklagte eine negative Tatsache negiert (bestreitet), behauptet er damit positiv etwas anderes. Somit muss der Beklagte, will er die Negativtatsache bestreiten, deren Behauptung einen positiven Umstand entgegensetzen; diesen muss dann der Kläger widerlegen. Bestreitet der Beklagte das Negativum nur einfach, so ist seine Verteidigung unerheblich, das Negativum nicht beweisbedürftig. Klassisches Beispiel ist das Fehlen eines rechtlichen Grundes in § 812 BGB. Der Kläger braucht nur den Mangel des rechtlichen Grundes zu behaupten. Der Beklagte muss, will er den Kläger zum Beweise zwingen, den Grund angeben, der die Vermögensverschiebung gerechtfertigt haben soll. Auf diesen Grund beschränkt sich die Beweislast; wenn der Kläger ihn ausschließen kann, hat er den Mangel des Rechtsgrundes bewiesen. 59

Negative Tatsachen begegnen einem häufig, sie werden nur nicht immer erkannt: das Fehlen einer Anrechnungsbestimmung bei § 366 Abs. 2 BGB; das Fehlen einer vom Besteller behaupteten Preisabsprache nach § 632 Abs. 1 BGB; das Unterlassen einer vertraglich geschuldeten Belehrung oder Aufklärung (BGH NJW 1987, 1322; 1995, 2842); die Unrichtigkeit ehrverletzender Äußerungen (BVerfG NJW 1980, 2070; BGH NJW 1975, 1882); die Bösgläubigkeit des § 932 BGB; die Unfähigkeit, sich selbst zu unterhalten, nach § 1602 Abs. 1 BGB; die Kreditunwürdigkeit der GmbH nach § 32a GmbHG (BGH NJW 1998, 1143); die Nichtbenutzung einer Marke nach § 49 Abs. 1 S. 1 MarkenG. Wer die tatsächliche Grundlage für eine Gesamtwürdigung liefern muss – z.B. für die Sittenwidrigkeit nach § 138 BGB oder für die Vergütungserwartung nach § 632 Abs. 1 BGB –, der behauptet inzidenter, der von ihm vorgetragene Sachverhalt sei vollständig, es gebe keine sonstigen relevanten Umstände. Der Beklagte, der dies bestreiten will, muss dem Klagevortrag positive Umstände entgegensetzen, die der Kläger dann widerlegen muss (BAG NJW 1988, 438 für wichtigen Kündigungsgrund). Entsprechendes gilt für die Auslegung von Willenserklärungen (BGH NJW 1999, 1702; zu Urkunden s. Rdnr. 63).

Anscheinsbeweis – Tatsächliche Vermutungen

60 Die zweite Grundsituation ergibt sich in dem Bereich, der im allgemeinen mit „Anscheinsbeweis" oder „prima-facie-Beweis" umschrieben wird. Das sind die Fälle, in denen es für einen tatsächlichen oder hypothetischen Kausalverlauf eine gewisse Typizität gibt, einen Erfahrungssatz. Hat der Kläger einen solchen „Anscheinsbeweis" auf seiner Seite, so genügt dem Beklagten einfaches Bestreiten nicht mehr. Er muss vielmehr, will er den Kläger zum Vollbeweis zwingen, einen Alternativsachverhalt darlegen und notfalls beweisen, der, wenn er vorlag, den Geschehensablauf in eine andere Richtung lenken konnte. (Ob er es getan hat, braucht der Beklagte nicht zu beweisen, denn dann wäre die Beweislast schon umgekehrt). Da der sog. Anscheinsbeweis bereits Anforderungen an die Ausführlichkeit des Bestreitens stellt, also nicht erst im Beweisverfahren relevant wird, spricht man besser von tatsächlichen Vermutungen (nicht zu verwechseln mit der Tatsachenvermutung nach § 292).

Die alte Streitfrage, ob die Grundsätze des Anscheinsbeweises auch dann gelten, wenn das Geschehen durch Willensbetätigungen eines Beteiligten bestimmt oder mitbestimmt wurde oder werden konnte, ist nach wie vor ungeklärt. Der Mensch ist ein Individuum und in seinem Handeln und Wollen unberechenbar. Deshalb fällt es schwer, seinen Entschließungen eine Typizität zuzuschreiben; man sollte in diesem Bereich eher mit mutiger Auswertung dichter Indizien arbeiten als mit dem Anscheinsbeweis (so z.B. BGH NJW 1962, 31; 1968, 2139; 1978, 2154, 2156; 1996, 1051; 2001, 78; abwägend BGH NJW 1993, 3259; 1997, 2171; a.A. BGH NJW 1986, 1244; 1987, 831; 1991, 1732; 1994, 3295, 3298; 1995, 3261; 2004, 3623).

Wissensvorsprung des Bestreitenden

61 Die dritte Grundsituation ist nach der Rechtsprechung des BGH (z.B. NJW 1990, 3351; 1999, 1404) dann gegeben, wenn die darlegungspflichtige Partei außerhalb des von ihr vorzutragenden Geschehensablaufs steht und deshalb die maßgeblichen Tatsachen nicht kennt, während der Gegner über die notwendige Kenntnis verfügt oder sie sich leicht verschaffen kann und wenn ihm die Mitteilung seiner Kenntnis zumutbar ist. In diesem Fall ist sein Bestreiten nur dann ausreichend, wenn er seinem Gegner den maßgeblichen Sachverhalt offenbart. Die „Zumutbarkeit setzt stets besondere Anknüpfungspunkte voraus" (BGH NJW 1997, 128 mit vielen Beispielen). Das kann vor allem eine schadensersatzrechtliche Verbindung der Parteien sein. Zumutbar ist dem Beklagten eine Substantiierung auch dann, wenn er ohnehin kraft Gesetzes oder

Vertrages dem Gegner zur Auskunft verpflichtet ist. Dies trifft z.B. zu auf den Unterhaltsschuldner (§§ 1361 Abs. 4 S. 4, 1605 BGB) oder denjenigen, der als Geschäftsbesorger (§ 675 BGB) oder Beauftragter gehandelt hat (§ 666 BGB). Hierher zählen auch die Auskunftspflichten nach §§ 19 MarkenG, 101a UrhG, 14a GeschmMG. In einem Fall ist die vom BGH entwickelte Rechtsfigur Gesetz geworden: § 20 Abs. 5 GWB. (Aus dem Gesichtspunkt der „Beweisnähe" gesteht die Entscheidung BGH NJW 2004, 3181 dem an sich Darlegungsbelasteten sogar eine Einschränkung der Beweisführungslast zu.)

3.2 Einreden

Der Begriff der Einrede wird hier in seiner traditionellen prozessualen Bedeutung gebraucht, wie sie in § 146 ZPO (und in den Begriffen Arglisteinrede und Bereicherungseinrede) noch erhalten, in anderen Vorschriften (z.B. § 282 Abs. 1) indes verwässert worden ist. Sie umfasst also sowohl die Einwendungen als auch die Einreden des materiellen Rechts, denn für die Prozesspraxis ist die Unterscheidung sinnlos: Alles was die Parteien vorgetragen haben, ist im Prozess von Amts wegen zu berücksichtigen, und was nicht vorgetragen ist, wird nicht beachtet. Das gilt für die Anfechtungserklärung („Einwendung") in gleicher Weise wie für die Berufung auf Verjährung („Einrede").

62

Die Einrede ist die Geltendmachung eines Gegenrechts gegenüber einem Anspruch, die aus einer selbständigen Einredenorm (Einredetatbestand) hergeleitet wird. Der Einredetatbestand liegt neben dem klagebegründenden Sachverhalt. Die Einrede kann zu einem Bestreiten des klagebegründenden Sachverhalts, diesen nunmehr als richtig unterstellend, hinzutreten; sie kann aber auch gegenüber dem Anspruch das einzige Verteidigungsmittel darstellen. Bei der Gegeneinrede (Replik) gilt Entprechendes; sie richtet sich gegen eine Einrede. Auch gegen die Gegeneinrede ist eine Gegengegeneinrede denkbar. Beispiel für eine solche Kette: Kaufvertrag (klagebegründender Sachverhalt); Minderung (Einrede); Gewährleistungsverjährung (Gegeneinrede); Unterbrechung der Gewährleistungsverjährung (Gegengegeneinrede).

Das Verhältnis von Anspruch und Einrede zueinander oder von Einrede und Gegeneinrede zueinander ist regelmäßig das von Entstehungstatbestand und Vernichtungstatbestand oder von Regel und Ausnahme. Demgemäß sind Einredetatbestände im Gesetz meist durch Formeln wie „es sei denn, dass" eingeleitet (§ 932 Abs. 1 BGB) oder durch ein ausdrückliches oder ungeschrieben mitschwingendes „jedoch" (§ 831 Abs. 1 S. 2 BGB). Wie eine Einrede zu behandeln ist die Widerlegung einer gesetzlichen Vermutung (z.B. §§ 612 Abs. 1, 891, 1006, 1377 Abs. 1 BGB) und der Vermutung der Richtigkeit und Vollständigkeit einer Urkunde durch außerhalb ihrer selbst belegene Umstände (BGH NJW 1999, 1702).

63

64 Für die Urteilsfindung muss bei jeder Einrede genauso verfahren werden wie bei der Anspruchsgrundlage: Es muss geprüft werden, ob das Vorbringen des Beklagten für den Einredetatbestand schlüssig ist. Ist das nicht der Fall, ist die Einrede a priori unbegründet. Ist für den Einredetatbestand indessen schlüssig vorgetragen, dann ist zu untersuchen, ob der Gegner (Kläger) den Einredetatbestand in zureichender Form bestritten hat. Je nach dem Ergebnis ist die Einrede zuzuerkennen oder eine Beweiserhebung angezeigt – falls nicht die Prüfung von Gegeneinreden einen anderen Weg vorschreibt. Bei Gegeneinreden wiederholt sich der gleiche Ablauf.

65 Für den Aufbau des Urteils spielt die Unterscheidung zwischen den Gegenerklärungen des § 138 ZPO und der Einrede eine wichtige Rolle.

3.3 Gesamterheblichkeit

66 Die Gesamtverteidigung des Beklagten – also die Erklärung mit Nichtwissen, Bestreiten und Einreden – kann aus materiellen Gründen ganz oder teilweise unerheblich sein, nämlich wenn die Verteidigung nur eine von mehreren Anspruchgrundlagen berührt, während sie andere stehen lässt. Eine Beweisaufnahme ist dann unstatthaft. Das Urteil muss sich dann allein auf die zuletzt genannten Grundlagen stützen und die anderen außer Betracht lassen.

4. Tatsachenfeststellung (Beweiswürdigung)

67 Alte Spruchweisheit: Auf ein Lot Rechtsfragen kommt ein Sack Tatsachenfragen. Oft mehr als Rechtsprobleme quält den Richter die Frage, ob einer Partei, die eine bestimmte Tatsache beweisen muss, der Beweis gelungen ist.

Die Beweiswürdigung ist ein weites Feld. Deshalb wird für dieses Thema in erster Linie auf den Parallelband „Beweisaufnahme und Beweiswürdigung im Zivilprozess" verwiesen. Hier sollen nur einige Prinzipien zusammengefasst werden.

4.1 Gegenstand der Tatsachenfeststellung

68 Feststellungsbedürftig sind in erster Linie nicht zugestandene relevante Haupttatsachen, also Tatsachen, die eine Norm oder einen in der Norm vorgesehenen Rechtsbegriff unmittelbar ausfüllen (s. Rdnr. 12).

Nicht zugestandene Hilfstatsachen (Indizien) sind im Wege der Beweiswürdigung festzustellen, wenn sie indizielle Kraft haben, d.h. den Schluss auf die Haupttatsache ermöglichen oder unterstützen.

4.2 Prinzipien der Tatsachenfeststellung

69 Die wesentlichen Prinzipien sind § 286 zu entnehmen. In dieser Vorschrift steckt mehr, als man bei erstem Hinsehen annehmen möchte.

Das Gericht hat „nach freier Überzeugung zu entscheiden", ob es eine Tatsachenbehauptung für wahr hält. Es kommt also nicht auf eine absolute objektive Wahrheit an; sie zu finden, ist kein Mensch imstande. Der Richter muss nur eine persönliche Gewissheit gewinnen. Auch diese persönliche Gewissheit muss nicht absolut sein. „Der Richter darf und muss sich ... mit einem für das praktische Leben brauchbaren Grad von Gewissheit begnügen, der den Zweifeln Schweigen gebietet, ohne sie völlig auszuschließen" (BGH NJW 1970, 946, 948).

Für die richterlichen Erkenntnisquellen zieht § 286 einen denkbar weiten Rahmen. Nach Abs. 2 ist der Richter bis auf wenige Ausnahmen (sie beziehen sich durchweg auf Urkunden) an Beweisregeln nicht gebunden. Er soll (Abs. 1 S. 1) nicht nur das Ergebnis einer etwaigen (förmlichen) Beweisaufnahme berücksichtigen, sondern den gesamten Inhalt der Verhandlungen. Er kann also in die Würdigung einfließen lassen, wenn eine Partei ihr Vorbringen geändert hat, wenn sie sich einer angeordneten Parteivernehmung entzogen hat, wenn sie nach ihrer Parteivernehmung den Eid verweigert hat, wenn sie einen Zeugen nicht von seiner Pflicht zu Verschwiegenheit befreit hat, usw. Solche Umstände sind Indizien, die den Schluss auf das Vorliegen oder Nichtvorliegen einer Haupttatsache ermöglichen oder erleichtern können.

4.3 Technik der Beweiswürdigung: Beweisfragen und Beweisantworten

Die Beweiswürdigung zu einer Haupttatsache kann nur gelingen, wenn die beweisbedürftige Tatsachen in eine Beweisfrage gekleidet ist, die zu der Darlegungs- und Beweislast völlig parallel läuft: Ist die Beweisfrage zu bejahen, so ist der Beweis gelungen, die streitige Tatsache also festzustellen. Lässt sich die Beweisfrage nicht bejahen, ist der Beweis misslungen. Ob die Beweisfrage zu verneinen ist, interessiert nicht, denn schon die Nichterweislichkeit, das non liquet („es läuft nicht"), lässt den Beweislastträger verlieren.

70

Geht es um eine Hilfstatsache, so muss die Beweisfrage so formuliert sein, dass sie den Schluss auf die Haupttatsache fördert, wenn sie bejaht werden kann.

Die bei der Beweiswürdigung zur Verfügung stehenden Indizien und Ergebnisse der Beweisaufnahme lassen sich in ihrer Qualität dreiteilen: Sie können die Beweisfrage bejahen, sie können sie verneinen, oder sie können unergiebig sein.

71

Wenn eine Partei eine bestimmte Tatsache zu beweisen hat, dann ist es das Mindeste, dass sie ein bejahendes Beweismittel liefert. Folglich setzt die Beweiswürdigung bei der Frage an: Gibt es ein Beweismittel, das die Beweisfrage bejaht? Fehlt ein solches Beweismittel, so ist der Beweis schon deshalb nicht geführt. Eine Beweiswürdigung im eigentlichen Sinne erübrigt sich.

Gibt es hingegen ein bejahendes Beweismittel oder deren mehrere, welche man zusammenfassen kann, so bilden sie die Beweisbasis. Der Beweislastträger hat also die Mindestvoraussetzung erfüllt. In einem zweiten Takt ist dann zu fragen, ob die Beweisbasis tragfähig ist. Hier, in der eigentlichen Beweiswürdigung, liegt der Schwerpunkt jeder Urteilsbegründung im Tatsächlichen.

4.4 Die Tragfähigkeit bejahender Beweismittel

72 Wie intensiv die Tragfähigkeit eines bejahenden Beweismittels zu untersuchen ist, hängt von der Art des Beweismittels ab.

4.4.1 Augenscheinseinnahme

73 Eine Prüfung der Tragfähigkeit der Beweisbasis entfällt gewiss, wenn das Erkenntnismittel in der Einnahme des richterlichen Augenscheins bestand. Was der Richter – meistens zusammen mit den Parteien – an Ort und Stelle gesehen hat, hat er ins Protokoll geschrieben (§ 160 Abs. 3 Nr. 5) und den Anwesenden auch vorgelesen (§ 162). Dazu gibt es dann nichts mehr zu würdigen.

Etwas anderes scheint zu gelten, wenn das Gericht im Wege der sogenannten „Augenscheinseinnahme" Beweis erhoben hat unter Anwendung anderer Sinnesorgane als der Augen: nämlich der Ohren, der Nase, der Tastsinnes. Wenn das Urteil derartige Feststellungen verarbeiten soll, handelt es sich im allgemeinen nicht um Beweiswürdigungen im engeren Sinne, sondern um Wertungen und Abwägungen, meistens in Bezug auf Eigentumsstörungen nach §§ 1004, 906 BGB.

4.4.2 Urkundenbeweis

74 Auch der erhobene Urkundenbeweis – er kommt kaum vor, weil Urkundeninhalte unstreitig zu werden pflegen – bedarf keiner besonderen Würdigung. Das liegt daran, dass hier gesetzliche Beweisregeln (§§ 415, 416, 418) kaum Spielraum lassen.

Etwas anderes gilt, wenn das Gericht die Echtheit einer Privaturkunde durch Schriftvergleich darzustellen hat (§ 441). Hier muss man die Unterschrift unter dem Schriftstück in ihre Elemente zerlegen und analysieren, inwieweit die Elemente übereinstimmen und auf Echtheit hindeuten oder nicht übereinstimmen und damit eine Fälschung indizieren. Sollte das Gericht sich überfordert gesehen und für die Schriftvergleichung ein Sachverständigengutachten eingeholt haben, so ist dieses zu würdigen, wie unter Rdnr. 75 beschrieben.

4.4.3 Sachverständigengutachten

Ein Sachverständigengutachten macht die meiste Arbeit, bevor es Urteilsgrundlage wird. Sofort nach seinem Eingang muss das Gericht das Gutachten daraufhin prüfen, ob der Sachverhalt, von dem es ausgeht, der richtige ist und ob die Schlussfolgerungen, die es zieht, logisch und einleuchtend sind und ob die Beantwortung der Beweisfrage erschöpfend ist (vgl. im einzelnen Balzer, Beweisaufnahme, Rdnr. 222 ff.). Im übrigen kommt es darauf an, wie die Parteien zu dem Gutachten stehen. Haben sie hierzu Einwände im Sinne des § 411 Abs. 4 vorgebracht, die durch eine etwaige Ergänzung des Gutachtens oder Vernehmung des Sachverständigen nicht erledigt worden sind, so muss sich das Urteil, da es das Gutachten dennoch übernimmt, mit den unerledigten Einwänden der Partei im einzelnen auseinandersetzen. Zu den Einwänden gehört auch ein Privatgutachten, das eine Partei vorgelegt hat (vgl. BGH NJW 1996, 1597).

75

4.4.4 Amtliche Auskunft

Hat das Gericht eine amtliche Auskunft eingeholt (§ 273 Abs. 2 Nr. 2), so wird deren Inhalt fast immer unstreitig sein, und eine Beweiswürdigung entfällt. Ist hingegen die Richtigkeit der Auskunft angegriffen, so wird im allgemeinen die Auskunftsperson auch als Zeuge benannt sein, und deren Aussage wird dann an die Stelle der amtlichen Auskunft treten müssen (vgl. Balzer, Beweisaufnahme Rdnr. 309).

76

4.4.5 Aussagen von Zeugen und Parteien

Aussageimmanente Schwächen

Das zentrale Problem der Beweiswürdigung im Zivilprozess stellen die Aussagen von Zeugen und Parteien dar. Kein Richter kann einer Aussageperson hinter die Stirn schauen, aber jeder weiss, mit wie vielen Mängeln eine Aussage behaftet sein kann. Nach Bender/Nack (Seite VI) sind nur etwa 50 % aller Zeugenaussagen wahr.

77

Die schlimmste Verirrung ist die Lüge. Ein Zeuge oder eine Partei kann lügen, um sich oder einem Angehörigen, Freund, Kollegen oder Vereinskameraden zu helfen, wie er meint. Manche lügen auch, um aus dem gegenteiligen Motiv einem Ungeliebten zu schaden, sich an ihm zu rächen. Manche Lüge basiert auch nur auf Eitelkeit: auf Gefallsucht, dem Hang zur Selbstdarstellung, auf Angeberei oder Wichtigtuerei. Immerhin: Die Lüge sendet recht deutliche Signale aus (vgl. Rdnr. 82).

78

Die Aussage ehrlicher Aussagepersonen wird in erster Linie bestimmt durch ihre Fähigkeit zur Wahrnehmung. Diese Fähigkeit wird im Grunde erst durch das Interesse der Aussageperson an dem Vorgang geweckt. Falls die Wahr-

79

nehmung überhaupt einsetzt, ist sie bereits selektiv. Auf das menschliche Gehirn strömen so viele Reize ein, dass schon ihre Perzeption gefiltert werden muss und durch die Struktur der Persönlichkeit, durch deren Neigungen und Gewohnheiten auch tatsächlich gefiltert wird.

80 Auch die Speicherung des zunächst Wahrgenommenen ist wiederum selektiv. Und was gespeichert ist, unterliegt mit der Zeit dem Vergessen, bei dem einen eher, bei dem anderen später. Lücken in der Wahrnehmung und solche, die durch Vergessen entstehen, schließt der Mensch in seinem Bestreben nach Ganzheit eigenmächtig, wiederum nach seinen Anschauungen und Gewohnheiten. Sein Bild von dem Erlebten kann auch durch Suggestion beeinflusst werden, d.h. dadurch, dass der maßgebliche Vorgang in der Gemeinschaft, der die Aussageperson zugehört (Familie, Betrieb, Verein) immer wieder diskutiert wird (Suggestionsklima). Deshalb muss eine Aussage nicht falsch sein, denn die Diskussion in der Gemeinschaft kann das Ergebnis durchaus der Wahrheit näherbringen. Von Suggestionsmöglichkeiten geht aber jedenfalls ein Warnsignal aus.

Kriterien für die Glaubhaftigkeitsprüfung

81 So wie die Aussagepsychologie Schwächen jeder Zeugenaussage bloßlegt, so hat sie auch gewisse Kriterien herausgearbeitet, mit denen man die Aussage von Parteien und Zeugen bewerten kann. Diese Kriterien können positiv oder negativ sein, je nach dem, ob sie auf die Glaubwürdigkeit der Person bzw. Glaubhaftigkeit der Aussage hindeuten (diese Begriffe muss man voneinander trennen) oder auf das Gegenteil.

Negative Kriterien

82 Relativ klar sind die Lügensignale. Der Zeuge, der das Gericht mit einem ganz bestimmten Ergebnis belügen will, berichtet nicht Erlebtes, sondern Erfundenes. Er mag es sich selbst zurechtgelegt haben, oder es mag ihm ein Dritter eingetrichtert haben. Jedenfalls merkt man der Geschichte an, dass sie nicht erlebt ist. Sie enthält keine Details, die Begleitumstände sind wenige. Komplikationen, die die Geschichte vom Ziel ablenken, kommen nicht vor. Die Struktur ist schlicht. Die Geschichte muss so einfach und gradlinig sein, dass der Zeuge sie behalten kann und nicht befürchten muss, sich bei Verhör oder Wiederholung in Widersprüche zu verwickeln. Die Angst vor Entdeckung bringt den Zeugen dazu, in übertriebener Form seine Ehrlichkeit hervorzuheben, und wenn man Zweifel daran durchblicken lässt, reagiert er entrüstet. Setzt man ihn im Verhör bohrenden Fragen aus, welche der Richter sich bei der Vorbereitung der Beweisaufnahme ausgedacht und zurechtgelegt haben muss, so nimmt der Zeuge gern Denkpausen für sich in Anspruch. Manche Lügen kann man sogar an körperlichen Reaktionen des Zeugen able-

sen. Vielleicht wird er rot, oder seine Stimme beginnt zu zittern, seine Zunge wird belegt und trocken. Auf keinen Fall aber kann man aus solchen Erscheinungen allein den Vorwurf der Lüge ableiten. Immer muss für solches Verhalten des Zeugen ein plausibles Motiv erkennbar sein. Deshalb muss sich jede Zeugenvernehmung ausführlich den Beziehungen des Zeugen zur Partei oder zu anderen implizierten Personen widmen, wie § 395 Abs. 2 es vorschreibt. Im übrigen muss man stets im Auge behalten, dass die Lüge sich unter Umständen nur auf einen kleinen Ausschnitt der Aussage bezieht, weil dieser der Aussageperson oder einer ihr nahe stehenden Person (Partei) schaden könnte, während die Aussage im Kernbereich, um den es dem Gericht geht, richtig sein kann.

Auch eine einseitige Parteinahme spricht dafür, dass der Zeuge sich nicht von der Wahrheit leiten lässt.

Andere Negativkriterien gelten sowohl für den Zeugen, der lügen will, als auch für den gutwilligen Zeugen. So spricht es gegen die Glaubhaftigkeit der Aussage, wenn diese in sich widersprüchlich ist. Das lässt sich nur damit erklären, dass der Zeuge bewusst oder unbewusst Mängel in seinem Wissen überbrückt hat, ohne die Konsequenzen zu erfassen.

Ähnlich ist es zu würdigen, wenn eine Aussage einem Dritten ein unsinniges Verhalten zuschreibt, das der Zeuge nicht plausibel erklären kann. Es spricht auch gegen die Aussage, wenn sie sich mit Tatsachen, die durch überlegene Beweismittel (Einnahme des Augenscheins, Urkunden, Sachverständigengutachten) gesichert sind, nicht vereinbaren lässt. Bedenken muss man auch gegenüber einem Zeugen hegen, der nur auf die ihm in der Ladung mitgeteilte Beweisfrage antwortet, ohne irgendwelche Begleitumstände schildern zu können (Detailarmut). Umgekehrt macht aber auch ein Zeuge misstrauisch, der sich nach seiner Aussage an Einzelheiten erinnern zu können behauptet, die in seinem Umfeld gewöhnlich und alltäglich sind und tausendfach vorkommen. Das gleiche gilt für einen Zeugen, der mit zahlreichen Einzelheiten aus der Vorgeschichte des Geschehens aufwartet, bei der er zur Aufmerksamkeit und Wahrnehmung noch überhaupt keinen Anlass hatte; zu denken ist an den Beifahrer, der schon vor Beginn der kritischen Verkehrssituation das Verhalten des Fahrers genau beobachtet haben will. Ein Zeuge, der zwar zur Sache ausgesagt hat, dann aber den Eid verweigert, verdient gewiss Skepsis. Die Aussage, der im Kernbereich durch einen anderen Zeugen widersprochen wird, kann als Beweisbasis nicht tragfähig sein, wenn die andere Aussage ihrerseits nichts gegen sich hat. Andererseits ist es bedenklich, wenn die Aussagen mehrerer Zeugen bis ins Detail hinein übereinstimmen: Das legt eine Verabredung nahe, wenngleich der Gegenstand der Verabredung nicht unbedingt die Unwahrheit sein muss.

Urteilsfindung

Wenn eine oder mehrere (notwendigerweise im Kernbereich einander entsprechende) Zeugenaussagen deutliche Negativkriterien aufweisen, dann kann auf sie ein Urteil wohl nicht gestützt werden.

84 Problematischer ist der Fall, wenn gegen die Aussagen kein Negativkriterium ins Feld geführt werden kann. Dann stellt sich das Problem, ob man unter diesen Umständen die Aussagen einfach als richtig hinnehmen muss, wie es die Praxis weitgehend tut, ohne dass die höchstrichterliche Rechtsprechung es beanstandet (vgl. Balzer, Beweisaufnahme Rdnr. 324; BGH NJW 1999, 2746, 2748). Es wird damit so getan, als bringe jeder Zeuge gleichsam die Vermutung der Glaubwürdigkeit mit sich, so dass das Gericht ihm das Gegenteil nachzuweisen hätte. Dagegen sind ernsthafte Bedenken erhoben worden, so von Bender/Nack (Rdnr. 300) und Reinecke (MDR 1986, 630ff.). In der Tat ist es delikat, die Verurteilung einer Partei auf die Aussage eines einzelnen Zeugen zu stützen, wenn dieser Zeuge zwar nichts gegen sich hat, aber auch nicht ein einziges Element mit sich bringt, das einen bereit macht, ihm zu glauben. Der Zeuge muss überzeugen. Deshalb genügt für die Akzeptanz seiner Aussage nicht nur das Fehlen negativer Kriterien, sondern es müssen auch positive Kriterien feststellbar sein. Die Ansicht von Bender/Nack (a.a.O.), es müssten zumindest drei Positivkriterien gegeben sein, darunter Detailreichtum, erscheint jedoch bedenklich. Es führt im Zivilprozess in die Nähe des Beweisregelverbots nach § 286 Abs. 2

Positive Kriterien

85 Die Suche mancher Urteile nach positiven Gründen für die Glaubwürdigkeit eines Zeugen oder die Glaubhaftigkeit seiner Aussage ist also an sich zu begrüßen, zumindest wenn die Beweisbasis sehr schmal ist, also z.B. aus der Aussage nur eines einzigen Zeugen besteht. Aber nicht alle Begründungen sind wirklich einwandfrei; manche sind formelhaft, manche sogar unhaltbar. Meistens beruhen sie auf der Umkehrung eines Negativkriteriums in ein positives. Detailarmut ist ein negatives Kriterium, aber der Umkehrschluss ist bedenklich:

„Der Zeuge hat den Sachverhalt lebendig und anschaulich geschildert."

Ob ein Zeuge zu Beginn seiner Vernehmung zur Sache seine Geschichte lebendig und anschaulich darstellen kann, ist in erster Linie eine Frage seines Temperamentes und seiner Veranlagung. Nicht jeder kann das; mancher ist verschlossen und braucht gutes Zureden, um aus sich herauszugehen. Das hat aber mit Wahrhaftigkeit nichts zu tun. Brauchbar ist von den genannten Kriterien höchstens, dass am Ende, vielleicht nach längerem Verhör, eine Geschichte herausgekommen ist, die in sich stimmig ist, bei der alles zusammenpasst.

Ein anderes häufig gelesenes Argument lautet:

"Die Aussage ist in sich klar und widerspruchsfrei."

Auch das ist so nicht überzeugend. Widersprüchlichkeit einer Aussage spricht gegen ihre Richtigkeit, aber Widerspruchsfreiheit nicht für sie. Gerade der präparierte Lügner wird seine Aussage von Unklarheiten und Widersprüchen freihalten. Wenn der Richter die Lügensignale nicht kennt und nicht beachtet, ist er von der Klarheit und Widerspruchsfreiheit der aus freien Stücken erzählten Aussage begeistert, und hakt gar nicht mehr nach, verschont den Zeugen mit dem Verhör, fühlt ihm nicht mehr auf den Zahn.

Eine andere Stanze lautet

"Die Aussagen, die der Zeuge bei der Polizei, vor dem Schöffengericht und vor dem Landgericht gemacht hat, sind identisch bis in alle Einzelheiten."

Solche Konstanz der Aussagen zeichnet wiederum den Lügner aus, der sich einmal ein einfaches Konzept zurechtgelegt hat und dieses, eben weil es einfach strukturiert ist, unverändert wiederholen kann. In Wirklichkeit wäre es normaler, wenn die Erinnerung des Zeugen mit der Zeit abbaut. Die authentischste Schilderung wird er immer ereignisnah von sich geben, etwa am Unfallort gegenüber dem Polizeibeamten zu einem Zeitpunkt, wo der Eindruck noch frisch war, wo er noch nicht kombiniert hat, nichts vergessen hat und von niemanden beeinflusst worden ist. Der Rückgriff auf eine solche geschehensnahe Aussage nach § 286 ist viel wertvoller als Aussagekonstanz über viele Jahre hinweg.

Wenn zwei Zeugen vernommen worden sind, dann liest man gelegentlich folgende Beweiswürdigung:

"Die Aussagen der beiden Zeugen stimmen bis ins Detail vollkommen miteinander überein."

Auch hier ist nur das Gegenteil richtig: Widersprüchlichkeit zweier Aussagen im Kernbereich macht sie beide unverwertbar. Es ist gerade die vollkommene Übereinstimmung bis in die Einzelheiten ein starkes Kennzeichen für die Verabredung der Aussagen. Aussagen, die auf eigenem Erleben und auf eigenen Erinnerungen beruhen, müssen sich eigentlich im Randbereich voneinander unterscheiden, weil in diesem Bereich die subjektiven Fähigkeiten und Einstellungen jedes Zeugen zur Geltung kommen.

Die Positivkriterien sind insgesamt etwas diffiziler. Vor allem sind sie aber ebenso wie die negativen Kriterien nur Anzeichen, Signale, Fingerzeige, die als einzelne wenig bewirken und vielleicht nur zusammen mit dem persönlichen Eindruck, den die Partei bei der Vernehmung hinterlässt, den Richter in seiner Überzeugung festigen können.

86

Positiv zu werten ist gewiss, wenn die Aussageperson eine individuelle Geschichtserzählung liefert, die darauf schließen lässt, der Zeuge habe das Geschilderte selbst erlebt. Diesen Eindruck vermag die Schilderung von Details verstärken, etwa der Reaktionen der beteiligten Personen oder der persönlichen Empfindungen der Zeugen.

Während der Lügner zielstrebig auf sein Ergebnis hinsteuert, scheut der aufrechte Zeuge nicht die Darstellung von Komplikationen im Geschehensablauf, falls es solche gegeben hat. Ganz unverdächtig ist der Zeuge, der das Geschehen überhaupt nicht verstanden hat.

Natürlich soll die glaubhafte Aussage keine Widersprüche in sich enthalten, sondern homogen und stimmig sein, insbesondere auch mit gesicherten Tatsachen harmonieren, die der Richter überlegenen Beweismitteln oder dem Vortrag der Parteien entnommen hat.

Besteht die Beweisbasis aus mehreren Aussagen, so hebt es ihre Glaubhaftigkeit, wenn sie im Kernbereich übereinstimmen (andernfalls ist die Beweisbasis nicht tragfähig). In Einzelheiten dürfen und sollten Aussagen, die im Kernbereich übereinstimmen, jedoch voneinander divergieren; das deutet darauf hin, dass jeder wirklich das geschildert hat, was er erlebt und behalten hat, denn Erleben und Behalten wird auch von der Subjektivität des Zeugen geprägt.

Der aufrichtige Zeuge verträgt Kritik und räumt Erinnerungsfehler ein, und es macht ihm nichts aus, die Frage nach Einzelheiten damit zu beantworten, er habe sie vergessen. Es zeichnet ihn aus, dass er zur Mitarbeit bereit erscheint, sich um sein Erinnern bemüht und, wenn bei seiner Vernehmung ein offenes Klima herrscht, seinerseits Offenheit und Selbstsicherheit zeigt.

Zur Vertiefung empfehlen sich das umfangreiche Werk „Tatsachenfeststellung vor Gericht" von Bender/Nack, das allerdings auch den Strafprozess im Auge hat, sowie „Beweis und Beweiswürdigung" von Schneider, ferner die kompaktere Zusammenstellung des Autors „Beweisaufnahme und Beweiswürdigung im Zivilprozess".

5. Die Kostenentscheidung

5.1 Gegenstand der Kostentscheidung

87 Die Praxis spricht von Kostenentscheidung immer dann, wenn das Gericht einen Ausspruch über die Kosten des Rechtsstreits trifft. Das gilt auch dann, wenn das Gericht gar nichts zu entscheiden hat, sondern nur eine bereits kraft Gesetzes eingetretene Rechtsfolge in Worte fassen soll, damit eine Kostengrundentscheidung entsteht, auf deren Grundlage ein Kostenfestsetzungsbeschluss ergehen kann (§§ 103 f.).

Die Kostenentscheidung

Gegenstand der Kostenentscheidung sind ausschließlich Kostenerstattungsansprüche bzw. Kostenerstattungsschulden der am Prozess beteiligten Parteien und Nebenintervenienten (Streithelfer) gegeneinander. Gegenstand der Kostenerstattung sind die Kosten, die eine Partei zur Führung des Rechtsstreits aufgewendet hat, „soweit sie zur zweckentsprechenden Rechtsverfolgung oder Rechtsverteidigung notwendig waren" (vgl. § 91 Abs. 1 S. 1). Das sind zunächst die Gerichtskosten, die an die Gerichtskasse gezahlt werden mussten: beim Instanzkläger vor allem die von ihm geleisteten Vorschüsse auf die Gerichtsgebühren (vgl. § 12 GKG), bei beiden Parteien die Vorschüsse auf die Auslagen des Gerichts z.B. für Zeugen und Sachverständige. Hinzu kommen bei beiden Parteien ihre außergerichtlichen Kosten: ihre Anwaltskosten, Reisekosten, u.s.w. (abweichend § 12a ArbGG).

88

Lautet eine Kostenentscheidung z.B.,

„Die Kosten des Rechtsstreits fallen der Beklagten zur Last.",

dann bedeutet dies zweierlei:

Positiv:

Der Kläger kann von der Beklagten die Erstattung derjenigen gerichtlichen und außergerichtlichen Kosten verlangen, die er für die Führung des Prozesses bisher aufwenden musste und noch aufwenden muss.

Negativ:

Die Beklagte hat gegen den Kläger keinen Erstattungsanspruch, sondern muss die von ihr aufgewendeten Kosten selber tragen.

Trotz wechselseitiger Verquickung ist das Kostenerstattungsrecht vom Honorar- und Gebührenrecht streng zu unterscheiden: Die Kostenentscheidung hat keinerlei Einfluss auf die Forderungen des Rechtsanwalts gegen seinen Mandanten aus Anwaltsvertrag, wie sie im RVG geregelt sind. Die Kostenentscheidung berührt auch nicht einen entstandenen Anspruch der Justizkasse auf Zahlung von Kosten (Gebühren und Auslagen) gegen den Kostenschuldner. Die Kostenentscheidung setzt das Bestehen solcher Verbindlichkeiten voraus. Wenn also die Kosten des Rechtsstreits dem Beklagten aufgegeben werden, bleibt die Gerichtskostenschuld des Klägers aus § 22 GKG bestehen. Allerdings müssen bei einigen Kostentscheidungen die entstandenen Honorare und Gebühren betrachtet werden, damit die Quote, mit der die eine und die andere Partei zu belasten ist, ermittelt werden kann (Rdnr. 110 – 129). Auch kann die Kostenentscheidung des Richters der Gerichtskasse einen zusätzlichen Kostenschuldner (Zweitschuldner) bescheren, nämlich wenn die Kostenentscheidung zu Lasten einer Partei geht, die nicht ohnehin als Antragstellerin in der Instanz Kostenschuldner nach § 22 GKG ist (s. § 29 Nr. 1 GKG: „ferner"). Dies ist aber nur eine Nebenfolge der Kostenentscheidung; die Ge-

89

richtskasse soll den Endschuldner der Kosten direkt angehen können, damit der ein Kostenfestsetzungsverfahren auslösende Umweg über den Instanzveranlasser vermieden wird.

90 Wenn ein Gericht nach § 21 GKG oder Nr. 1811 KVGKG die Nichterhebung oder Ermäßigung von Gebühren anordnet, trifft es keine prozessrechtliche Kostenentscheidung, sondern erlässt einen gebührenrechtlichen Verwaltungsakt gegenüber dem Justizfiskus (Gerichtskasse).

91 Über die Kostenerstattungsansprüche bzw. -schulden befindet die Kostenentscheidung nur dem Grunde nach. Die Höhe wird im Kostenfestsetzungsverfahren nach §§ 103ff. festgelegt. Erst dadurch entsteht ein effektiv vollstreckbarer Kostentitel.

5.2 Der Grundsatz der Einheitlichkeit der Kostenentscheidung

92 Dieser Grundsatz besagt, dass über die Kostenerstattungspflicht erst entschieden werden kann, wenn die Rechtshängigkeit für alle Streitgegenstandsteile beendet wird (Furtner S. 17). Er ist aus dem Kostenrecht zu erklären, das vom Prinzip der Pauschalgebühren beherrscht wird.

Im ersten Rechtszug wird normalerweise (Ausnahme: Ehesachen und Folgesachen, Nr. 1310 KVGKG) eine dreifache Gerichtsgebühr erhoben, die das gesamte Verfahren vom Eingang des Antrags bis zum Urteil abdeckt (Nr. 1210 KVGKG). Die Gebühr lässt sich also nicht zerhacken, z.B. in einen bis zur Teilklagerücknahme entstandenen und einen danach bis zum Schluss der Verhandlung entstandenen Teil. Ebenso wenig kann man die Gerichtsgebühr aufgliedern in eine solche für die Klage und eine solche für die Widerklage, denn die Gebühr beruht auf einem einheitlichen Wert, der sich durch Zusammenrechnung der Werte von Klage und Widerklage ergibt (§ 45 Abs. 1 Satz 1 GKG). Es gibt auch keine „beim unzuständigen Gericht entstandene Kosten"; diese bilden vielmehr mit den bei zuständigen Gericht erwachsenen Kosten eine Einheit (vgl. § 281 Abs. 3; § 17b Abs. 2 GVG). Ebensowenig kann man die Kosten, die bei demselben Gericht vor und nach Aufhebung seines Urteils und Zurückverweisung entstehen, aufteilen in solche des ersten Durchgangs und solche des zweiten Durchgangs (vgl. § 37 GKG).

Ähnlich verhält es sich mit den Gerichtsgebühren in der Berufungsinstanz. Hier wird für das Verfahren im allgemeinen eine Gebühr mit dem Faktor 4 erhoben (Nr. 1220 KVGKG).

Auch die Vergütungen der Anwälte sind weitgehend pauschaliert. Nach Vorb. (2) und (6) vor VV 3100 deckt die Verfahrensgebühr das Betreiben des Geschäfts einschließlich der Information, egal wie lange der Prozess dauert und sogar nach einer Zurückverweisung. Nach § 15 Abs. 2 S. 1 RVG gibt es die Terminsgebühr nur einmal unabhängig von der Anzahl der Termine, in die eine mündliche Verhandlung sich zerlegt.

Von dem Grundsatz der Einheitlichkeit der Kostenentscheidung, der insbesondere einer Kostenentscheidung im Teilurteil entgegensteht, gibt es scheinbare Ausnahmen. Scheidet durch ein Teilurteil eine Partei vollständig aus dem Prozess aus, so ist im Verhältnis zu ihr die Rechtshängigkeit in der Instanz beendet. Dann kann über die Erstattung derjenigen Kosten entschieden werden, die durch den Fortgang des Rechtsstreits unter den übrigen Parteien nicht mehr berührt werden können. Das sind die außergerichtlichen Kosten des Ausscheidenden. – In ähnlicher Weise kann sogar in einem Zwischenurteil über Kosten entschieden werden, nämlich über die des Zeugen, der in einem Zwischenstreit über sein Zeugnisverweigerungsrecht obsiegt (§ 387). 93

Die Rechtshängigkeit des Hauptanspruchs, die bei der Kostenentscheidung beendet sein oder werden muss, kann in vier Formen erlöschen: durch Erledigungserklärung, durch Vergleich, durch Klagerücknahme oder durch Urteil. Demgemäß gibt es für die Kostenentscheidung vier Grundsituationen. 94

5.3 Kostenentscheidung nach Erledigungserklärung (§ 91 a)

Erklären die Parteien den Rechtsstreit in der Hauptsache für erledigt oder hat der Beklagte einer Erledigungserklärung des Klägers nicht innerhalb der Notfrist von zwei Wochen widersprochen, so ist von Amts wegen über die Kosten durch Beschluss zu entscheiden (§ 91a); eines Antrages der Parteien bedarf es nicht (§ 308 Abs. 2). Es handelt sich um eine echte Kostenentscheidung, denn erst durch sie wird – im Unterschied zu § 516 Abs. 3 – die Kostentragungspflicht begründet 95

Die Kostenentscheidung ist nach billigem Ermessen zu treffen. Dabei ist „der bisherige Sach- und Streitstand" zu berücksichtigen; eine weitere Sachaufklärung, insbesondere eine Erweiterung des Streitstoffes in der Hauptsache oder gar eine Beweisaufnahme sind damit untersagt. In erster Linie wird darauf abgestellt, welche Partei voraussichtlich obsiegt hätte, wenn der Umstand, der die Erledigungserklärungen veranlasst hat, nicht eingetreten wäre. Lässt sich eine solche Hypothese nicht aufstellen, so ist in der Regel eine Kostenaufhebung billig.

Furtner (S. 23) empfiehlt generell, in dem Kostenbeschluss ein etwa vorausgegangenes Urteil (Versäumnisurteil; in der Berufungsinstanz: angefochtenes Urteil) „formell aufzuheben". Indessen ist nach h.M. nach Erledigungserklärungen der Parteien § 269 Abs. 3 S. 1 entsprechend anzuwenden. Danach wird ein vorausgegangenes nicht rechtskräftiges Urteil kraft Gesetzes wirkungslos; dazu bedarf es also keines Gestaltungsakts wie der Aufhebung. Die Wirkungslosigkeit ist in einem Beschluss lediglich festzustellen, und dies auch nur auf Antrag. Furtners Vorschlag ist allenfalls für den Fall erwägenswert, in dem die Parteien, nachdem das Vorbehaltsurteil unanfechtbar geworden ist, den Rechtsstreit im Nachverfahren für erledigt erklären; dann könnte man die Aufhebung aus § 302 Abs. 4 S. 2 herleiten. Man kann aber ebensogut bei der entsprechenden Anwendung des § 269 Abs. 3 S. 1 und Abs. 4 verbleiben, denn das Vorbehaltsurteil ist nur formell unanfechtbar, der materiellen Rechtskraft nicht fähig und auflösend bedingt.

5.4 Kostenentscheidung nach Vergleich

96 Üblicherweise enthält ein Vergleich auch eine Regelung über die Kosten des Rechtsstreits und des Vergleichs. Schweigt der Vergleich über diesen Punkt, gelten die Kosten gemäß § 98 als gegeneinander aufgehoben: Jede Partei trägt ihre außergerichtlichen Kosten, die Gerichtskosten werden hälftig geteilt.

Zu einer Kostenentscheidung kommt es, wenn nur ein Teil-Vergleich geschlossen wurde und später ein Urteil ergeht (vgl. „Resturteil", Rdnr. 196–199).

Die gesetzliche Kostenfolge des § 98 gilt im übrigen nur, „wenn nicht die Parteien ein anderes vereinbart haben". In einem Vergleich über die gesamte Hauptsache können die Parteien den Kostenpunkt ausdrücklich aussparen und darüber nach seinem Ermessen das Gericht entscheiden lassen. Das geht aber nur auf dem Weg über die Erledigungserklärung. Der Vergleich sollte dann als „Teilvergleich über die Hauptsache" bezeichnet werden, damit die gesetzliche Kostenfolge des § 98 abgewendet wird, und am Ende die Erledigungserklärung der Parteien enthalten. Ist der Vergleich vorgelesen und genehmigt und unwiderruflich, dann wird damit und zugleich durch die Erledigungserklärungen die Rechtshängigkeit in der Hauptsache beendet. Dann ist der Weg frei für eine Entscheidung nach § 91a.

5.5 Kostenentscheidung nach Zurücknahmen (§§ 269 Abs. 3, 516 Abs. 3)

97 Nimmt der Kläger die Klage zurück, so entsteht automatisch seine Verpflichtung, die Kosten des Rechtsstreites zu tragen, soweit nicht bereits rechtskräftig über sie erkannt ist oder sie aus einem anderen Grunde dem Beklagten aufzuerlegen sind (§ 269 Abs. 3). Der erste Ausnahmefall kann dann eintreten, wenn bereits durch ein früheres Teilurteil eine Entscheidung zu Gunsten oder zu Lasten des Ausgeschiedenen ergangen ist. Im zweiten Fall ist an die Kostenfolge des § 344 gedacht (vgl. BGH NJW 2004, 2309).

Nun hilft die gesetzliche Kostentragungspflicht des Klägers dem Beklagten nicht weiter; für die Kostenfestsetzung benötigt er gemäß § 103 einen zur Zwangsvollstreckung geeigneten Titel. Diesen muss das Gericht ihm nach

Die Kostenentscheidung

§ 269 Abs. 4 auf Antrag gewähren. Dabei hat es nicht etwa die Kosten dem Kläger aufzuerlegen (Gestaltung), sondern nur seine Kostentragungspflicht „auszusprechen" (Feststellung). Dasselbe gilt übrigens für das Wirkungsloswerden eines vor der Klagerücknahme etwa schon erlassenen Urteils; dieses ist nicht für wirkungslos „zu erklären" – das wäre ein Gestaltungstenor –, die Wirkungslosigkeit ist vielmehr nur festzustellen. Es empfiehlt sich folgende Fassung:

> „Das am 12. Februar 2007 verkündete Versäumnisurteil des erkennenden Gerichts ist wirkungslos. Der Kläger ist verpflichtet, die Kosten des Rechtsstreits zu tragen mit Ausnahme derjenigen, die durch die Säumnis des Beklagten im Termin vom 8. Januar 2007 entstanden sind; diese fallen dem Beklagten zur Last."

Diese Ausführungen beschreiben die Rechtslage, die bis zum 31. 12. 2001 uneingeschränkt gegolten hat. Die ZPO-Novelle hat nun in § 269 Abs. 3 Satz 3 eingefügt, dass der Automatismus der Kostentragungspflicht des Klägers dann nicht gilt, wenn bei der Rücknahme der Anlass zur Einreichung der Klage vor dem Eintritt ihrer Rechtshängigkeit – also u. U. auch schon vor Einreichung der Klageschrift – weggefallen war und die Rücknahme darauf unverzüglich erfolgt; über die Kosten soll dann in einer dem § 91a nachgebildeten Weise nach billigem Ermessen entschieden werden, und zwar auch dann, wenn die Klage gar nicht zugestellt worden ist. Diese Regelung ist dogmatisch überaus bedenklich. In dem vorhergehenden Satz des § 269 Abs. 3 steht nach wie vor der Automatismus: „Der Kläger ist verpflichtet, die Kosten zu tragen." Wenn davon nun ein Teil der Klagerücknahmen auszunehmen ist und hierfür eine Tatsachen- und Rechtsprüfung erforderlich ist – was war der Klageanlass, wann ist er weggefallen und ist die Rücknahme daraufhin erklärt worden? –, so ist eigentlich der ganze Automatismus dahin. Zu fällen ist nunmehr eine echte Kostenentscheidung, vor welcher der Beklagte anzuhören ist. Man wird aber § 269 Abs. 3 S. 2 in der gewohnten Form stets dann noch dann anwenden können, wenn der Klageanlass und dessen Wegfall vom Kläger nicht umschrieben werden oder wenn offensichtlich ist, dass der Anlass erst nach Eintritt der Rechtshängigkeit entfallen ist. Da die Regelung übrigens im Mahnverfahren kein Pendant hat, könnte sie viele Gläubiger dazu ermuntern, das Mahnverfahren zu meiden und sogleich den Klageweg zu beschreiten.

98

Dem § 269 Abs. 3 S. 2 Entsprechendes gilt gemäß § 516 Abs. 3, wenn die Berufung zurückgenommen wird: Kostenfolge und Verlust des Rechtsmittels treten kraft Gesetzes ein, sind also nicht erst durch „Erklären" herbeizuführen, erst recht nicht durch ein Erklären „für verlustig", wie es, altmodisch und umständlich gedrechselt, in manchen angestaubten Formularen heißt (siehe Rdnr. 206). Tenorierungsvorschlag:

99

"Der Kläger hat sein am 19. 2. 2007 eingelegtes Rechtsmittel verloren und ist verpflichtet, die durch das Rechtsmittel entstandenen Kosten zu tragen."

Anders als bei § 269 Abs. 4 ergeht dieser Beschluss von Amts wegen ohne Antrag (§ 516 Abs. 3).

5.6 Kostenentscheidung im erstinstanzlichen Urteil

100 Gemäß § 308 Abs. 2 muss das Gericht bei Vollbeendigung der Rechtshängigkeit über die Verpflichtung, die Kosten zu tragen – besser: Kosten zu erstatten –, von Amts wegen befinden. Dabei sind die unten erörterten Normen anzuwenden. Soweit die Rechtshängigkeit für Teile des ursprünglichen Streitgegenstands schon vorher beendet worden ist (Teilerledigungserklärung, Teilvergleich, Teilklagerücknahme), sind die oben behandelten Kostennormen einzubeziehen (gemischte Kostenentscheidung). (Vgl. auch Rdnr. 196–188: „Resturteil")

5.6.1 § 91 ZPO

101 Dies ist die Grundnorm für das Kostenerstattungsrecht. Sie setzt voraus, dass eine Klägerpartei vorhanden ist und eine Beklagtenpartei und dass die eine von ihnen voll obsiegt, die andere voll unterliegt. Dann ist die Kostenentscheidung ganz einfach: Der Unterliegende hat dem Obsiegenden dessen Kosten zu ersetzen. Welche Kosten zu erstatten sind, wird dann im Kostenfestsetzungsverfahren ermittelt und tituliert.

5.6.2 § 93 ZPO

102 Die Kosten des Rechtsstreits sind gemäß § 93 dem Kläger trotz seines Obsiegens aufzuerlegen, wenn der Beklagte zur Klageerhebung keine Veranlassung gegeben und das Anerkenntnis sofort erklärt hat. „Sofort" bedeutet, falls verhandelt wird: bei Beginn der mündlichen Verhandlung. Wenn der Beklagte sich vorher in Schriftsätzen gegen die Klage gewehrt hat, steht das der „Sofortigkeit" nicht entgegen. Allerdings wird er es dann sehr schwer haben, dem Gericht beizubringen, dass er zur Klageerhebung keinen Anlass gesetzt habe.

103 Das Gerichtskostengesetz belohnt Anerkenntnisurteile (nicht: Versäumnisurteile) ohne Tatbestand und Entscheidungsgründe, indem es für den Fall ihres Erlasses im ersten Rechtszug die dreifache Verfahrensgebühr auf das Einfache reduziert (Nr. 1211 KVGKG). In der Berufungsinstanz wird die vierfache Verfahrensgebühr auf die Hälfte ermäßigt (Nr. 1222 KVGKG).

5.6.3 § 92 Abs. 1 ZPO
Kostenaufhebung

Mit dieser Vorschrift beginnen die Probleme. Wenn von zwei Parteien jede teils obsiegt und teils unterliegt, so sollen die Kosten entweder gegeneinander aufgehoben oder verhältnismäßig geteilt werden. Die Kostenaufhebung wird zuerst genannt. Daraus kann man schließen, dass sie den Grundsatz darstellt.   *104*

Kostenaufhebung bedeutet, dass die Gerichtskosten – bei zwei Parteiseiten – hälftig geteilt werden und dass ihre außergerichtlichen Kosten jede Partei selber trägt.

Letzteres hat den großen Vorteil, dass ein notorischer Zankapfel, der immer wieder zu Streit, kleinlichen Vorhalten und Beschwerden führt, aus dem Festsetzungsverfahren von vorne herein ausgeschlossen bleibt; dort werden dann nach der im Urteil vorgegebenen Quote nur noch die Gerichtskosten verteilt, was unproblematisch zu sein pflegt. Nun gibt es viele Richter, die meinen, sie müssten akribisch genau vorgehen und noch genauer rechnen als Adam Riese. Heraus kommt dann eine Kostenentscheidung, nach der die eine Partei 5/11 zu tragen hat und die andere 6/11. Damit wird eine Möglichkeit verschenkt, das Kostenfestsetzungsverfahren erheblich zu vereinfachen und Rechtsmitteln den Boden zu entziehen. Wenn sich eine Quote von 4/9 zu 5/9 ergibt, dann mag man von der Kostenaufhebung vielleicht noch absehen, aber jenseits dieser Zahlen, etwa bei einem Verhältnis von 45 zu 55, sollte man die Aufhebung wählen.

Sind die Obsiegensanteile der beiden Parteien etwa gleich groß, muss man sich allerdings überlegen, ob man es bei der Kostenaufhebung belässt oder zur verhältnismäßigen Teilung übergeht, also jeder der Partei die Hälfte auferlegt. Die Ergebnisse können sehr verschieden sein.   *105*

Ein Kläger, wohnhaft in Berlin, verklagt den in München residierenden Beklagten dortselbst auf Schadensersatz. Der Kläger führt den Prozess durch einen Münchner Anwalt mit Hilfe eines in Berlin sitzenden Korrespondenzanwalts. Dessen Kosten – zumindest in Höhe der Kosten für Informationsreisen zum Münchner Anwalt – sind gemäß § 91 erstattungsfähig. Der Kläger obsiegt zur Hälfte. Kostenaufhebung würde jetzt bedeuten, dass der Kläger seine gesamten außergerichtlichen Kosten ohne Ausgleich selber tragen müsste, also auch seine Mehrkosten, die deshalb entstanden sind, weil sein Wohnsitz und der Prozessort weit auseinander liegen. Das wäre grob unbillig. Deshalb müssen in einem solchen Fall, in dem eine Partei unvermeidbar wesentlich höhere Kosten aufzuwenden hatte als die andere, auch die außergerichtlichen Kosten hälftig geteilt und damit einem Ausgleich im Kostenfestsetzungsverfahren zugeführt werden.

106 Ein anderer anwaltlich vertretener Kläger verlangt die Verurteilung des Beklagten zur Zahlung von 9.500 €. Der Beklagte verzichtet auf anwaltliche Hilfe. Er besorgt sich einen BGB-Text, macht sich kundig, verfasst die Schriftsätze selbst und vertritt seinen Standpunkt in der mündlichen Verhandlung geschickt. So wird er zur Zahlung von nur 4.200 € verurteilt. Eine hälftige Kostenteilung hätte jetzt zur Folge, dass er dem Kläger die Hälfte von dessen Anwaltskosten zu erstatten hätte, während er selber keine nennenswerten Kosten aufgewendet hat, die er gegenrechnen könnte. So würde dem Beklagten der Vorteil, den er durch sein Bemühen und die Einsparung von Anwaltskosten gewinnen wollte, wieder aus der Hand geschlagen, zumindest zur Hälfte. Folglich müssen die Kosten gegeneinander aufgehoben werden.

Kostenquotierungen: Prozentzahlen? Brüche?

107 Für die Umschreibung der Kostenquote nach § 92 Abs. 1 verwendete man früher durchweg Bruchzahlen: 1/2, 2/3, 5/6. Seit der Richter über elektronische Rechner verfügt, trifft man immer häufiger auf Kostenentscheidungen, die Prozentzahlen verwenden, bis hin zu „37,7 %". Solche Erbsenzählerei ist wider den Geist des Gesetzes. Die Kostennormen streben einfache Lösungen mit abgerundeten Zahlen an. Das fängt schon bei der Gegenstandsbewertung an. Mietzinsen und wiederkehrende Leistungen werden mit Pauschbeträgen angesetzt (§§ 41 f. GKG), Nebenforderungen (unter anderem Zinsen und Kosten) sollen unter den Tisch fallen (§ 43 Abs. 1 GKG), und in Grenzfällen soll über den Daumen des § 3 ZPO gepeilt werden (§ 48 Abs. 1 GKG). In gleicher Weise großzügig verfahren die Normen zur Kostenentscheidung: Wenn jede Partei teils obsiegt, teils unterliegt, so sind die Kosten gegeneinander aufzuheben; das ist der in § 92 Abs. 1 Satz 1 normierte Grundsatz. Streitgenossen haften grundsätzlich nach Kopfteilen; nur „bei erheblicher Verschiedenheit der Beteiligung" kann die Beteiligung zum Maßstab genommen werden (§ 100 Abs. 1 und 2). In Ehesachen wird der Grundsatz der Kostenaufhebung verstärkt (§ 93a). Das Messen mit langer Elle gebietet schließlich auch § 92 Abs. 2: Geringe Zuvielforderungen sind zu vernachlässigen. Bei Prozessen, bei denen das Ermessen eines Richters oder eines Sachverständigen den Ausschlag gibt, soll es nicht einmal mehr auf die Verursachung besonderer Kosten ankommen.

108 Die Kostenquotierung nach Prozentsätzen täuscht im übrigen oft eine Genauigkeit vor, die in Wirklichkeit gar nicht besteht. Wenn man der Rechnung auf den Grund geht, stellt man fest, dass der Autor den Prozentsatz allein danach bestimmt, zu welchem Anteil die Parteien mit der Hauptforderung obsiegen und unterliegen. Dann ist das Ergebnis schon deshalb falsch, weil man noch gar nicht abschätzen kann, wieviele Zinsen das Urteil zuspricht, denn das hängt von dem noch ungewissen Zeitpunkt ab, zu dem die Hauptforderung beglichen wird. Ganz falsch ist eine solche Kostenquotierung, wenn dem Kläger auch noch einiges von seiner Zinsforderung abgezwackt wird. Vollends unpraktisch, wenn nicht unbrauchbar ist die allein an einer Unterliegensquote orientierte Prozentrechnung, wenn eine Kostenentscheidung nach der Baumbach'schen Formel durch Zuordnung der einzelnen Kostenmassen ermittelt werden muss (Rdnr. 110ff.).

Es ist also unbedingt die Verwendung von Bruchzahlen zu empfehlen (a.A. Herr, DRiZ 1989, 87, der bei den Prozentzahlen, die ihm der Rechner auswirft, nur die Dezimalstellen wegrundet, andererseits aber eine „Scheingenauigkeit" ablehnt: S. 88 und 92). Brüche mit großem Nenner (z.B. 9/20: 11/20), sollte man möglichst nicht verwenden, sondern mit niedrigeren Nennern arbeiten. Hohe Nennerzahlen lassen sich aber oft nicht vermeiden, wenn mehr als zwei Parteien am Rechtsstreit beteiligt sind (vgl. Rdnr. 123–129 und Anhang 3). Manchmal kann man die Zuteilung von Minimalquoten ersetzen durch eine Entscheidung wie diese: „Der Beklagte zu 4 hat zu seinen außergerichtlichen Kosten 400 € beizutragen."

Ausgangspunkt auch für eine Bruchzahl, die der Unterliegensquote nur ungefähr entspricht, ist allerdings ein präziser Bruch, in dem z.B. die Verurteilungssumme den Zähler und die Klagesumme den Nenner bildet. Wenn der Beklagte auf 38.700,34 € verklagt war und mit 14.396,20 € unterliegt, lautet der Bruch nach Tilgung der letzten vier Ziffern 143/387. Um nun diesen Bruch auf eine gröbere Zahl herunterzukürzen, benutzt man am besten das Excel-Programm (Format/Zellen/Zahlen/Bruch/Zweistellig oder Einstellig). Es wirft für diesen Fall den Bruch 17/64 oder 3/8 aus. Man muss darauf achten, dass die Summe der Brüche 1/1 ergibt, nicht mehr und nicht weniger, sonst wird die Kostenentscheidung falsch. Nötigenfalls muss man den einen oder anderen Bruch aufrauen oder abschleifen.

Kostentrennung

Von der Quotierung müssen ausgenommen werden die gegenständlich umschriebenen Kostenmassen, deren Auferlegung nicht vom Obsiegen in der Hauptsache abhängt (Kostentrennung; Furtner S. 17). Es sind dies die Mehrkosten nach Verweisung (§ 281 Abs. 3 S. 2; § 17b Abs. 2 S. 2 GVG); die Kosten, die durch die Säumnis im Rechtsstreit (§ 344) oder durch die Versäumung rechtzeitigen Widerspruchs im Mahnverfahren entstanden sind (§§ 700 Abs. 1, 344). Von der Quotierung können (nicht: müssen) ausgenommen werden die durch ein erfolgloses Angriffs- oder Verteidigungsmittel verursachten Kosten (§ 96). Wenn in den genannten Vorschriften von einem Obsiegen der betroffenen Partei die Rede ist, so wird damit kein Obsiegen in vollem Umfang gefordert.

109

Urteilsfindung

Ermittlung der Kostenquote

110 § 92 Abs. 1 ordnet verhältnismäßige Teilung an, sagt aber nicht, welche Größen miteinander ins Verhältnis zu setzten sind. Gewiss ist es richtig, bei dem Gegenstand des Streites anzusetzen und das Klageverlangen mit dem Klageerfolg zu vergleichen. Das ist der übliche Weg.

Wenn man es dabei belässt, kann das aber zu schweren Fehlern führen. Neben dem Unterliegensprinzip wird das Kostenerstattungsrecht auch von dem Grundsatz beherrscht, dass jede Partei ihren Prozess möglichst sparsam führen muss und einen von ihr verursachen Mehraufwand, der vermeidbar gewesen wäre, nicht auf den Gegner abwälzen darf („Schusseligkeitsprinzip"). Dieser Grundsatz kommt z.B. in §§ 91 Abs. 2, 96, 281 Abs. 3 ZPO, 17b Abs. 2 S. 2 GVG, 344 ZPO zum Ausdruck. Es gibt auch im Recht der Gerichts- und Anwaltsgebühren Vorschriften, wonach die eine Art zu prozessieren aufwändiger ist als die andere (vgl. z.B. VV 3105). Dann muss es die Kostenquotierung beeinflussen, wenn der Streitgegenstandsteil, mit dem die eine Partei unterliegt, billiger zu erledigen war als der Teil, mit dem die andere Partei unterliegt. Das gilt erst recht, wenn den Prozess mehr als zwei Parteien führen und ihre Beteiligungen verschieden sind (§ 100 Abs. 2). Der Richter muss also die Gebührenvorschriften im Auge behalten, die auf die Streitgegenstandsteile – falls sie kein gemeinsames Schicksal hatten – anzuwenden sind. Das Aufschnüren der Kostenpakete, deren Erstattung die Kostenentscheidung dem Grunde nach regelt, ist das Geheimnis der Methode, die als „Baumbach'sche Formel" bekannt geworden ist.

111 Grundfall: Ein Kläger klagt 120.000 € ein. Der Beklagte, der zur Klage Veranlassung gegeben hat, erkennt zu Beginn des ersten Verhandlungstermins 80.000 € an. Insoweit ergeht ein Teilanerkenntnisurteil. Im übrigen beantragt er Klageabweisung. Tatsächlich wird die Klage wegen der restlichen 40.000 € abgewiesen. Beide Parteien haben Anwälte.

Stellte man nur auf die beiderseitige Unterliegensquote ab, müssten die Kosten des Rechtsstreits zu 1/3 dem Kläger Beklagten und zu 2/3 dem Beklagten auferlegt werden. Das ist gewiss nicht richtig. Der Beklagte wollte Kosten sparen und hat deshalb so bald wie möglich anerkannt. Bei einer Quote 2:1 würde ihm die Prämie, die ihm das Gesetz für den Fall des Anerkenntnisses verspricht, vorenthalten. Man muss also die Gebührenpakete aufschnüren. Für die weitere Rechnung hat sich ein Kontoschema bewährt, das für diesen Fall im Anhang 1 zu finden ist und für zwei folgende Beispielsfälle in Anhang 2 und 3 fortentwickelt wird. Im Anhang 4 folgt ein Blankoformular. Die „Herr'sche Sacktheorie" (DRiZ 1989, 87) erscheint nicht einfacher als das Kontoschema, führt aber zu gleichen Ergebnissen.

Die Kostenentscheidung

Im einzelnen:

Nach Nr. 1211 KVGKG ermäßigt sich die an sich fällige Dreifachgebühr auf eine einfache Gebühr, wenn durch Anerkenntnisurteil entschieden wird. Im Beispielsfall bezieht sich das Anerkenntnis zwar nur auf einen Teil des Streitgegenstandes, nämlich 2/3. Hier hilft jedoch § 36 Abs. 3 GKG weiter: Sind für Teile des Streitgegenstandes verschiedene Gebührensätze anzuwenden, so sind die Gebühren für die Teile besonders zu berechnen. Die sich danach ergebenden Gebührenteile sind dann derjenigen Partei zuzuschreiben, die unterliegt. Für einen Wert von 80.000 € ist eine einfache Gebühr in Höhe von 656 € entstanden, die zu Lasten des Beklagten zu verbuchen ist. In Höhe von weiteren 40.000 € sind drei Gebühren zu je 398 € entstanden, insgesamt 1.194 €, die zu Lasten des unterliegenden Klägers gehen. Also trägt von den Gerichtskosten der Kläger 2/3 und der Beklagte 1/3.

112

Während sich früher die Verhandlungsgebühr des Anwalts im Anerkentnisverfahren nach § 33 Abs. 1 S. 1 BRAGO ermäßigte, bleibt hier die neue Terrminsgebühr mit dem Faktor 1,2 erhalten. Demnach ist neben der Verfahrensgebühr (1.860,30 €) auch die Terminsgebühr (1.717,20 €) dem Kläger zu 1/3 und dem Beklagten zu 2/3 aufzuerlegen. Die Quote ist hier also genau umgekehrt wie bei den Gerichtsgebühren.

113

Das Ergebnis lautete demnach so: Die Gerichtskosten sind zu 2/3 dem Kläger und zu 1/3 dem Beklagten aufzugeben; die außergerichtlichen Kosten tragen der Kläger zu 1/3 und der Beklagte zu 2/3.

Allerdings kann man hier die Quote für Gerichtskosten und außergerichtliche Kosten auch vereinheitlichen (Einheitsquote). Als Summen stehen dann auf dem Konto des Klägers 3.578 €, auf dem des Beklagten 5.425 €. Es ergibt sich also eine einheitliche Gesamtquote von 2/5 (Kläger) zu 3/5 (Beklagter).

114

Bei einer solchen Berechnung geht es nur um die Kostenquoten, nicht um die Ermittlung der wahren Kostenbelastung der Parteien, die erst bei der Höhe der Sicherheitsleistungen interessant werden kann. Deshalb kann man bei den Gerichtskosten mit den bloßen Gebühren arbeiten und etwa hinzukommende geringfügige Auslagen (z.B. Schreibauslagen) vernachlässigen. Das gleiche gilt für die Anwaltskosten: Die proportional anfallende Umsatzsteuer und die sonstigen Auslagen, die der Anwalt nach VV 7000 liquidieren kann, können hier außer Betracht bleiben.

115

Wie der erste Beispielsfall zeigt, geschieht Kostenunrecht am ehesten dann, wenn die Prozessvorfälle nicht für alle Teile des Streitgegenstandes gleich sind. Die Unterschiede können sich aus kostenprivilegierten Ereignissen wie Klagerücknahme, Anerkenntnis, Verzicht oder (bei den Anwaltskosten) Erledigungserklärung ergeben. Umgekehrt können einzelne Streitwertteile auch besondere Kostenbelastungen erzeugt haben. Paradebeispiel sind die Beweis-

116

Urteilsfindung

aufnahmekosten, die sich nur auf einen Teil des Streitgegenstands beziehen. Auch hier begnügen sich Gerichte immer wieder damit, nur die Obsiegens- und Unterliegensteile miteinander ins Verhältnis zu setzen und dabei § 96 ZPO zu übergehen. Dafür steht folgendes Beispiel.

117 Fall: Ein Bauunternehmer klagt vom Besteller eine Vergütung in Höhe von 39.000 € ein. Der Besteller verweigert die Zahlung in Hinblick auf eine von ihm erklärte Primäraufrechnung wegen verschiedener Baumängel. Das Gericht verurteilt den Beklagten zur Zahlung von 29.000 € und weist die Klage in Höhe von 10.000 € ab. Begründung: Mängel im Werte von 10.000 € seien vom Beklagten nicht schlüssig vorgetragen. Weitere Mängel im Werte von 19.000 € habe die – mit einem Aufwand von 592 € – durchgeführte Zeugenvernehmung nicht bestätigt. Jedoch habe das für die übrigen Mängelrügen im Werte von 10.000 € gegen ein Honorar von 4.320 € eingeholte Sachverständigengutachten die Berechtigung dieser Mängelrügen ergeben.

Eine Orientierung der Kostenentscheidung allein an den Unterliegensquoten würde hier den Kläger mit 1/4 und den Beklagten mit 3/4 belasten. Bei Anwendung von Prozentzahlen käme man zu 26 % und 74 %. Dieses Ergebnis wäre nicht richtig, der Kläger würde begünstigt. Nach der Musterrechnung in Anhang 2 lauten die Quoten auf 3:1 (Gerichtskosten) und 1:3 (außergerichtliche Kosten) oder bei einer Einheitsquote auf 1:1. Nur bei Herausnehmen und gesonderter Verteilung der Beweiskosten (§ 96) käme man – wegen der übrigen Kosten – zu einer Einheitsquote von 1:3.

5.6.4 § 92 Abs. 2 Nr. 1 ZPO

118 Nach § 92 Abs. 2 Nr. 1 soll eine Partei trotz einer Zuvielforderung von einer Kostenbelastung verschont bleiben, eine Kostenquotierung also unterbleiben, wenn die Zuvielforderung verhältnismäßig geringfügig war und keine oder nur geringfügige Mehrkosten veranlasst hat (neues Recht). Zuviel fordernd kann auch der Beklagte sein, nämlich indem er „zuviel Klageabweisung" verlangt.

Die Beurteilung, was im Sinne des § 92 Abs. 2 „geringfügig" ist, fällt nicht immer leicht. Zuzustimmen ist der These von Baumbach/Hartmann, der die Grenze bei 10 % des strittigen Betrages zieht (§ 92 Rdnr. 49). Auch hier gelangt man aber zu unrichtigen Ergebnissen, wenn man der Einfachheit halber die Unterliegensquote allein von der Hauptsumme abliest.

119 Fall: Ein Kläger verlangt vom Beklagten 20.000 € nebst 10 % Zinsen seit dem 1.2.2002. Das am 30.6.2006 verkündete Urteil spricht ihm 19.000 € nebst 4 % Zinsen seit dem 1.4.2002 zu, weist die weitergehende Klage ab und erlegt alle Kosten dem Beklagten auf.

Unterstellt man, dass der Beklagte einen Monat nach Urteilsverkündung zahlt, dann errechnet sich zwischen Fordern und Bekommen folgender Unterschied.

Die Kostenentscheidung

Forderung:	Hauptsumme		20.000 €
	10 % Zinsen aus 20.000 € für 4 ½ Jahre		9.000 €
	Summe		29.000 €
Bekommen:	Hauptsumme	19.000 €	
	4 % für 4 ½ Jahre	3.420 €	
	Summe	22.420 €	22.420 €
Die Zuvielforderung beträgt also			6.580 €,

also mehr als 20 % der eingeklagten Forderung. Dieser Betrag ist keineswegs geringfügig! Die Kosten sollten zu 1/5 dem Kläger auferlegt werden. Rigorosität in diesem Punkt ist vielleicht ein gutes Mittel, unüberlegten horrenden Zinsforderungen entgegenzuwirken.

Umgekehrt kann man leicht die Geringfügigkeit einer Zuvielforderung im Sinn des § 92 Abs. 2 verkennen.

Fall: Eine Klägerin verlangt vom Beklagten monatlichen Unterhalt von 850 €, und zwar für einen Zeitraum, der zwei Monate vor Einreichung der Klage begonnen hat. Das Gericht gibt der Klage für die Zeit von der Klageeinreichung an statt und weist die Forderungen auf Rückstand ab.

Der Streitwert beträgt gemäß §§ 42 Abs. 1 S. 1, Abs 5 S. 1 GKG 850 x 12 = 10.200 + 1.700 = 11.900 €. Die Zuvielforderung (Rückstand) hat deshalb keine Kosten verursacht, sie lag innerhalb des Streitwertrahmens 10.000/ 13.000 €. Es kommt also für die Anwendung es § 92 Abs. 2 allein darauf an, ob die Zuvielforderung von 1.700 € geringfügig war. Setzt man sie ins Verhältnis zu dem Jahresbetrag nach § 42 Abs. 1 GKG, ist die Frage gewiss zu verneinen, denn der Rückstand macht dann ungefähr 15 % aus. Die Bezugsgröße stimmt aber nicht. Der Jahresbetrag nach § 42 Abs. 1 S. 1 GKG bedeutet nur ein Kostenprivileg des Unterhaltsgläubigers. Für die Frage der Geringfügigkeit kommt es indessen auf das effektive Gewicht des Titels an. Man muss also abschätzen, wie lange der Titel auf laufenden Unterhalt in die Zukunft wirken wird. Hat zum Beispiel die klagende Ehefrau keine Chance mehr auf dem Arbeitsmarkt, so dass der Titel vermutlich 20 Jahre „halten" wird, dann liegt die Geringfügigkeit auf der Hand. Sie ergibt sich aber auch schon dann, wenn man der Klägerin die Aufnahme einer Berufstätigkeit und damit eine Aufgabe ihres Unterhaltsanspruches in zwei oder drei Jahren zutraut.

5.6.5 § 92 Abs. 2 Nr. 2 ZPO

Diese Vorschrift greift u.a. dann ein, wenn die Höhe einer Forderung (nicht der Grund) von der Festsetzung durch richterliches Ermessen oder einem Sachverständigengutachten abhängt; in diesen Fällen kommt es nicht darauf an, ob die durch die Zuvielforderung verursachten Kosten geringfügig sind.

Klassisches Beispiel ist die Klage auf Schmerzensgeldzahlung. Voraussetzung für die Kostenbegünstigung ist allerdings, dass die vom Kläger gelieferte Tatsachengrundlage wahrhaftig ist und dass er bei der in § 61 GKG geforderten Angabe den Streitwert nicht ohne Augenmaß in die Höhe getrieben hat, indem er entweder das Schmerzensgeld im Antrag zu hoch beziffert oder bei unbeziffertem Antrag in der Klagebegründung seine Erwartung allzu hoch geschraubt hat (vergl. Baumbach/Hartmann § 92 Rdnr. 52f.).

5.6.6 § 100 ZPO: Beteiligung von mehr als zwei Parteien am Rechtsstreit

122 Grundfall: Ein Kläger verlangt 2.000 € von zwei Beklagten als Gesamtschuldnern. Er obsiegt nur gegenüber dem Beklagten zu 1), seine Klage gegen den Beklagten zu 2) wird abgewiesen.

Der Streitwert beträgt – so die einhellige Meinung – 2.000 €, denn der Kläger will nur einmal 2.000 € gezahlt bekommen (§§ 48 Abs. 1 GKG, 3 ZPO). Mit dem Betrag von 2.000 € kann man hier aber nicht rechnen, denn sonst gelangte man zu dem paradoxen Ergebnis, derselbe Betrag von 2.000 € sei sowohl zuerkannt als auch abgewiesen worden. Der Kläger hat zwei Prozessrechtsverhältnisse begründet. Er will gegen jeden der beiden Beklagten einen Titel über 2.000 € erreichen. Darauf kommt es für die Kostenentscheidung an. Den allein gebührenrechtlich definierten „Streitwert" von insgesamt 2.000 € muss man also ersetzen durch einen anderen Begriff, den man „Wertzahl" nennen könnte. Dann ergibt sich diese Überlegung: Der Kläger unterliegt mit der Wertzahl 2.000 und der Beklagte zu 1) unterliegt mit der Wertzahl 2.000. Folglich müssen sie die Gerichtskosten je zur Hälfte tragen. Das gleiche gilt für die außergerichtlichen Kosten des Klägers. Da der Beklagte zu 1) mit seiner Wertzahl voll unterliegt, muss er seine außergerichtlichen Kosten selber übernehmen. Im Verhältnis des Beklagten zu 2) zum Kläger unterliegt dieser voll. Also muss der Kläger dem Beklagten zu 2) dessen außergerichtliche Kosten erstatten.

123 Die hohe Kunst der Kostenentscheidung ist gefordert, wenn gemäß § 100 Abs. 1 und 2 mehrere Personen für die Kosten haften, die Kostenschuldner gemäß § 92 Abs. 1 auf beiden Seiten vertreten sind, ihre Beteiligung erhebliche Unterschiede aufweist und gar noch auf einzelne Streitwertteile verschiedene Kostenvorschriften anzuwenden sind. Diese Schwierigkeiten lassen sich nur mit einer Fortentwicklung des oben eingeführten Schemas meistern.

Fall: Nach einem Verkehrsunfall verlangt der Kläger (Fahrzeughalter und Eigentümer) vom Beklagten zu 1) (Fahrzeughalter und Eigentümer) und vom Beklagten zu 2) (Fahrer) als Gesamtschuldnern 15.000 € Sachschadensersatz. Vom Beklagten zu 2) fordert er außerdem 20.000 € Schmerzensgeld; der Anspruch ist ihm von seinem Fahrer, dem späteren Widerbeklagten zu 2), abgetreten. Der Beklagte zu 1) erhebt Wider-

Die Kostenentscheidung

klage gegen den Kläger = Widerbeklagten zu 1), dessen Fahrer (Widerbeklagten zu 2) und seinen Versicherer, den Widerbeklagten zu 3) auf Zahlung von 30.000 € Sachschadensersatz. Nach Zustellung der Klage zahlt die Versicherung an den Beklagten zu 1) 20.000 €. Insoweit erklären die Parteien vor der mündlichen Verhandlung den Rechtsstreit in der Hauptsache für erledigt. Über die verbliebenen Ansprüche wird mündlich verhandelt, und es wird zum Grund (Hergang des Verkehrsunfalls) Beweis erhoben durch Zeugenvernehmung. Wegen des Schmerzensgeldanspruchs des gegen den Beklagten zu 2) wird ein ärztliches Gutachten eingeholt, das 4.000 € kostet. Das Urteil spricht dem Kläger gegenüber den Beklagten zu 1) und 2) als Gesamtschuldnern 10.000 € zu, während es 5.000 € abweist. Der Schmerzensgeldanspruch gegen den Beklagten zu 2) wird voll zuerkannt. Die Widerklage wird in der verbliebenen Höhe abgewiesen.

Beide Parteiseiten haben nur einen Anwalt.

Die Berechnung ergibt sich aus dem Anhang 3. Dort und bei der folgenden Erläuterung. wird unterstellt, dass die Widerklage in dem Umfang, wie sie für erledigt erklärt worden ist, begründet war und die Kosten insoweit den Widerbeklagten zur Last fallen.

Gerichtskosten: Anders als bei Klagerücknahme, Anerkenntnis und Verzicht hat die Erledigungserklärung, wenn auch insoweit über die Kosten entschieden wird, auf die Gerichtskosten keinen Einfluss (Nr. 1211 KVGKG).

124

Der einheitliche Wert für die Gerichtskosten beträgt 65.000 €, wovon auf die Klage gegen die Beklagten als Gesamtschuldner 15.000 €, gegen den Zweitbeklagten als Alleinschuldner 20.000 € und gegen die drei Widerbeklagten als Gesamtschuldner 30.000 € entfallen. Nach allgemeiner Auffassung ist bei der Bewertung der Gesamtschuldnerschaft die Forderung nur einmal anzusetzen, also nicht mit der Anzahl der Gesamtschuldner zu multiplizieren. Für die Aufteilung der Kosten ist dies aber nicht richtig, wie unter Rdnr. 122 erläutert. Die Wertzahl beträgt 140.000 € (15.000 + 15.000 + 20.000 + 30.000 + 30.000 + 30.000). Der Kläger unterliegt mit (5.000 + 5.000 + 20.000 =) 30.000, der Widerbeklagte zu 2) mit 20.000, der Widerbeklagte zu 3) ebenfalls mit 20.000, der Beklagte zu 1) mit (10.000 + 10.000 + 10.000 + 10.000 =) 40.000, der Beklagte zu 2) schließlich mit 20.000 € (Schmerzensgeld). Ihm kann man außerdem die Kosten des Gutachtens gesondert aufgeben (Kostentrennung nach § 96).

Außergerichtliche Kosten des Klägers: Hier muss man die Quoten zunächst für jede der beiden Gebühren ermitteln, in Honorarbeträge umrechnen und dann eine Gesamtquote bilden.

125

Verfahrensgebühr (VV 3101):
Die Gebühr ist nach einem Streitwert von 15.000 + 20.000 + 30.000 = 65.000 € entstanden. Die Beklagten sind jedoch in Höhe von 15.000 € als Gesamtschuldner verklagt. Deshalb ist die Quotierung nach den Wertzahlen

Urteilsfindung

15.000 + 15.000 + 20.000 + 30.000 = 80.000 zu ermitteln. Der Kläger unterliegt mit (5.000 + 5.000 + 20.000 =) 30.000 oder 3/8, der Beklagte zu 1) mit 10.000 + 10.000 =) 20.000 = 2/8 und der Beklagte zu 2) mit 30.000 = 3/8.

Terminsgebühr (VV 3104):
Da der Rechtsstreit wegen 20.000 € für erledigt erklärt war, ist eine Verhandlungsgebühr nur nach einem Streitwert von 45.000 € entstanden. Die Wertzahlen machen (15.000 + 15.000 + 20.000 + 10.000 =) 60.000 aus. Der Kläger unterliegt mit (5.000 + 5.000 =) 10.000 = 1/6, der Beklagte zu 1) mit (10.000 + 10.000 =) 20.000 = 1/3 und der Zweitbeklagte mit 30.000 = ½

126 **Außergerichtliche Kosten des Widerbeklagten zu 2):** Er ist anfangs mit einem Wert von 30.000 € beteiligt gewesen, wovon er gemäß § 91a 2/3 selber tragen muss. Das letzte Drittel aus der Verfahrensgebühr und die Terminsgebühr, diese nach einem Wert von restlichen 10.000 € (Stufenstreitwert), müssen dem Beklagten zu 1) angeschrieben werden.

Die Widerbeklagte zu 3 ist ebenso zu stellen wie der Widerbeklagte zu 2.

127 **Außergerichtliche Kosten des Beklagten zu 1):** Der Beklagte zu 1) stand als Gesamtschuldner in einem Prozessrechtsverhältnis zum Kläger (eingeklagt 15.000 €) und als Gläubiger einer Widerklagesumme von anfangs 30.000 € in einem Prozessrechtsverhältnis zu dem Kläger und den Widerbeklagten zu 2) und 3). Für die Zeit bis zur Erledigungserklärung betragen die Wertzahlen 15.000 + 30.000 + 30.000 + 30.000 = 105.000. Der Kläger unterliegt hierbei mit (5.000 + 20.000 =) 25.000, die Widerbeklagten zu 2) und 3) gemäß § 91a mit je 20.000 €, der Beklagte zu 1) selber mit (10.000 + 10.000 + 10.000 + 10.000 =) 40.000 €. Die sich hieraus ergebenden Quoten von 25/105 (= 5/21), 20/105 (= 4/21) und 40/105 (= 8/21) sind auf die Verfahrensgebühr des Anwalts des Beklagten zu 1) zu beziehen, die nach einem Wert von 45.000 € in Höhe von 974 € entstanden ist.

Nach der Erledigungserklärung, die den Streitwert für die Widerklage auf 10.000 € vermindert und an Wertzahlen (3 x 20.000 =) 60.000 € ausgeschieden hat, blieb für Verhandlung noch eine Wertzahl von 45.000 übrig, davon sind 5.000 € als Unterliegensbetrag dem Kläger anzuschreiben (Klageabweisung), während 10.000 € (Verurteilung) und 30.000 € (Abweisung seiner Widerklage), insgesamt 40.000 € zu Lasten des Beklagten zu 1) selber zu verbuchen sind. Das ergibt Quotienten von 1/9 und 8/9. Der Kostenwert ist derweil von 45.000 € auf 25.000 € gesunken (Stufenstreitwert), was eine Terminsgebühr von 686 € ergibt. Auf sie sind die genannten Quotienten zu beziehen.

128 **Außergerichtliche Kosten des Beklagten zu 2):** Der Beklagte zu 2) stand in einem Prozessrechtsverhältnis nur zum Kläger. An ihn sollte er 35.000 € zahlen. Mit 5.000 € unterliegt der Kläger, während der Beklagte zu 1) mit dem Rest von 30.000 € unterliegt. Dies gibt eine Quote von 1/7 zu 6/7. Da an

diesem Verhältnis nur zwei Personen beteiligt sind und der Streitwert sich nicht geändert hat, braucht nicht weiter gerechnet zu werden: Die Quote von 1/7 zu 6/7 liegt auf der Hand.

Für die Formulierung der Kostenentscheidung empfiehlt es sich, von den Personen auszugehen. Dem Kläger, der in jeder Sparte beteiligt ist, kann dann am Ende der ganze Rest auferlegt werden kann. Vorschlag: *129*

> Die Widerbeklagten haben jeder 1/7 der Gerichtsgebühren, 3/7 der eigenen außergerichtlichen Kosten und 1/10 der außergerichtlichen Kosten des Beklagten zu 1) zu tragen.
>
> Der Beklagte zu 1) hat 2/7 der Gerichtsgebühren, 3/5 seiner eigenen außergerichtlichen Kosten und die außergerichtlichen Kosten des Klägers zu 1/4 und die der Widerbeklagten zu 2) und 3) zu je 4/7 zu tragen.
>
> Dem Beklagten zu 2) fallen 3/14 der Gerichtsgebühren, die Kosten des medizinischen Gutachtens vom 19. Juli 2006 und seine eigenen außergerichtlichen Kosten zu 6/7 und die des Klägers zu 1/2 zur Last.
>
> Die übrigen Kosten des Rechtsstreits sind vom Kläger zu tragen.

Bei der Verteilung der außergerichtlichen Kosten spielt es keine Rolle, ob sich die parallel kämpfenden Parteien mit einem gemeinsamen Anwalt begnügen (was für diesen die Gebühr um 0,3 oder 30 % pro Zusatzperson bis zu 2 Gebühren erhöht) oder jede einen eigenen Anwalt nehmen. Für die Kostenverteilung ist zu unterstellen, dass jede Partei einen eigenen Anwalt hat. Ist das nicht der Fall, haftet jeder Mandant dem Anwalt gesamtschuldnerisch für die volle Gebühr nach Wert, den die Tätigkeit des Anwalts für ihn hatte (§ 7 Abs. 2 RVG). Im Stadium der Kostenentscheidung ist noch offen und kann nicht vorhergesagt werden, welche der von demselben Anwalt vertretenen Parteien, soweit sie gesamtschuldnerisch haften, den Anwalt mit welchem Betrag honoriert.

5.6.7 § 344 ZPO

Wenn eine Partei, die säumig war, am Ende ganz oder teilweise obsiegt, hat sie die durch ihre Säumnis verursachten Kosten im vollen Umfang zu tragen. Da die Kosten durch ein einmaliges Ereignis definiert sind, ist für sie eine Kostentrennung möglich. Zur Tenorierung s. Rdnr. 230. *130*

Für den ersten Rechtszug hält das Gerichtskostengesetz im Versäumnisverfahren keine Vergünstigung bereit, insbesondere keine Minderung der dreifachen Verfahrensgebühr (Nr. 1211 und 1222 KVGKG). Der erstinstanzliche Anwalt, der das Versäumnisurteil erwirkt, verdient dafür eine 0,5 Terminsgebühr (VV 3105). Wenn Einspruch eingelegt und darüber verhandelt wird, bekommt er noch eine 0,7 Terminsgebühr hinzu (VV 3104), insgesamt also

Urteilsfindung

eine 1,2 Terminsgebühr. Mit dieser Neuregelung wird die altrechtliche 0,5 Verhandlungsgebühr, die bei einer Verhandlung über den Einspruch zu der dort anfallenden vollen Verhandlungsgebühr ohne Anrechnung hinzukam (§§ 33 Abs. 1, 38 Abs. 2 BRAGO), abgeschafft. Damit ist § 344 ZPO weitgehend gegenstandslos geworden. Die halbe Verhandlungsgebühr aus dem Versäumnisverfahren war früher der Hauptposten bei den in § 344 angesprochenen Mehrkosten.

5.7 Kostenentscheidung im Berufungsurteil

131 Auch für das Berufungsgericht gelten die allgemeinen Kostennormen, die oben behandelt wurden. Es trifft seine Entscheidung für jede Instanz gesondert, also für den ersten Rechtszug, für den Berufungsrechtszug und – falls es nach Zurückverweisung durch den BGH entscheidet – auch für die Revisionsinstanz, soweit der BGH nicht schon selbst entschieden hat.

Wenn das Berufungsurteil die Berufung zurückweist, also das angefochtene Urteil voll bestätigt, umfasst dies auch dessen Kostenentscheidung (anders: die Vollstreckbarkeitserklärung, s. Rdnr. 148). Das Berufungsgericht braucht dann nur noch über die übrigen Kosten – das sind in der Regel nur die Kosten des zweiten Rechtszuges – zu entscheiden. Das geschieht nach § 97.

Falls das Berufungsgericht das angefochtene Urteil ganz oder teilweise abändert, muss es über die Kostenerstattungsansprüche gemäß §§ 91ff. von Grund auf neu befinden, und zwar unter Einbeziehung auch der Prozessteile, die in zweiter Instanz nicht angefallen waren (Grundsatz der Einheitlichkeit der Kostenentscheidung). Es kann und muss sogar in die erstinstanzliche Kostenentscheidung in Bezug auf ausgeschiedene, also am Berufungsverfahren gar nicht mehr beteiligte Parteien oder Nebenintervenienten eingreifen, darf dies allerdings nicht zu deren Nachteil tun.

Soweit es für die Kostenentscheidung auf ein Obsiegen und Unterliegen ankommt, ist auf die durch das Berufungsurteil erkannte Rechtslage abzustellen. Das gilt ausnahmsweise nicht, wenn der Berufungskläger obsiegt aufgrund eines neuen Vorbringens, das er schon im ersten Rechtszuge geltend zu machen imstande war (§ 97 Abs. 2).

6. Vorläufige Vollstreckbarkeit

6.1 Geltungsbereich

132 Ein Urteil für vorläufig vollstreckbar erklären heißt, dem Gläubiger in dem Urteil erlauben, aus dem Urteil zu vollstrecken, obwohl es noch nicht rechtskräftig ist. Von diesem Thema nicht berührt werden folglich Urteile, die mit ihrer Verkündung rechtskräftig werden. Das sind an sich nur noch die Revisionsurteile. Manche ordnen ihnen auch die Berufungsurteile zu, die einen Arrest oder eine einstweilige Verfügung ablehnen oder aufheben, weil hier eine Revision schlechthin ausgeschlossen ist (§ 542 Abs. 2). Dagegen ist nichts einzuwenden. (Zu positiven Urteilen in jenen Verfahren vgl. Rdnr. 136.)

Schlechthin nimmt § 704 Abs. 2 die Urteile in Ehe- und Kindschaftssachen von der vorläufigen Vollstreckbarkeit aus, und zwar auch die Kostenentscheidung. Es ist also falsch, wenn man in Ehescheidungsurteilen liest, sie seien *„wegen der Kosten vorläufig vollstreckbar"*. Ein Verbundurteil wird jedoch für die Zeit nach Eintritt der Rechtskraft der Scheidung (vgl. § 629d) für vorläufig vollstreckbar erklärt, soweit es Unterhalt oder Zugewinnausgleich zuerkennt.

Nicht rechtskräftige Urteile der Arbeitsgerichte sind kraft Gesetzes vorläufig vollstreckbar, bedürfen also keiner entsprechenden Erklärung (§ 62 Abs. 1 S. 1 ArbGG).

6.2 Unerlaubte Einschränkungen der Vollstreckbarkeitserklärung

Unrichtig ist es, die Vollstreckbarkeitserklärung aus der Erwägung zu unterlassen, die für Urteile der vorliegenden Art an sich gegebene Anfechtbarkeit sei für den besonderen Fall zu verneinen, z.B. weil der dafür nötige Beschwerdewert (§ 511 Abs. 2 Nr. 1) nicht erreicht werden könne. Das ist contra legem, weil für diesen Fall das Gesetz in § 713 eine anders lautende Anordnung getroffen hat: Ist gegen das Urteil ein Rechtsmittel unzweifelhaft nicht gegeben, so soll nicht die Vollstreckbarkeitserklärung unterbleiben, sondern lediglich ein Ausspruch über die Abwendungsbefugnis des Schuldners.

133

Eine Vollstreckbarkeitserklärung vermisst man oft in Urteilen nach § 538, und in Urteilen, die eine Feststellung oder Gestaltung enthalten, die Abgabe einer Willenserklärung aufgeben oder die Klage abweisen, trifft man häufig auf verkürzte Vollstreckbarkeitserklärungen:

134

„Das Urteil ist *wegen der Kosten* vorläufig vollstreckbar."

Das ist eine der Gelegenheiten, bei denen man dem Richter zurufen möchte, er solle gehorchen und nicht nachdenken. In den §§ 708ff. findet sich nicht eine einzige Stelle, die eine Beschränkung der Vollstreckbarkeitserklärung auf den Teil eines Urteils erlaubte. Immer ist, wenn überhaupt, das Endurteil schlechthin für vollstreckbar zu erklären, und der Richter soll nicht fragen, ob denn eine Vollstreckung überhaupt möglich ist. Dass der Gesetzgeber eine Beschränkung der Vollstreckbarkeitserklärung auf den Kostenpunkt auch bei den Urteilen der oben genannten Art nicht gewollt hat, lässt sich anhand der Gesetzestexte nachweisen:

Urteilsfindung

§ 708 Nr. 11 befiehlt die Vollstreckbarkeitserklärung des Urteils im Ganzen und ohne Einschränkung gerade auch für solche Urteile, bei denen „nur die Entscheidung über die Kosten vollstreckbar ist". Unter § 708 Nr. 1 fällt zweifellos ein Teilurteil, das auf Grund eines Verzichts die Klage abweist, indessen keine Kostenentscheidung enthält. § 775 Nr. 1 erwähnt die vollstreckbare Entscheidung, mit der ein Urteil aufgehoben wird (vgl. § 538), und das Gestaltungsurteil, mit dem die Zwangsvollstreckung für unzulässig erklärt worden ist. § 895 spricht von einem vorläufig vollstreckbaren Urteil, das den Schuldner zur Abgabe einer Willenserklärung verurteilt. Der Richter indessen, der das Urteil nur „wegen der Kostenentscheidung" für vorläufig vollstreckbar erklärt, verwehrt in seinem Ungehorsam dem Gläubiger die Eintragung einer Vormerkung in das Grundbuch oder Register. § 16 Abs. 1 HGB schließlich knüpft Rechtswirkungen an ein vorläufig vollstreckbares Feststellungsurteil, nämlich die Möglichkeit einer Eintragung ins Handelsregister.

6.3 Vollstreckbarkeit gegen Sicherheitsleistung

135 Das in §§ 708 bis 711 niedergelegte System der Vollstreckbarkeitserklärung ist auf den ersten Blick verwirrend, weil es in § 708 mit Ausnahmen vom Grundsatz beginnt. Der Grundsatz steht in § 709. Danach sind „andere Urteile" für gegen Sicherheitsleistung vorläufig vollstreckbar zu erklären. Die vorher in § 708 aufgeführten Urteile erweisen sich bei näherem Hinsehen als Privilegierungen des Vollstreckungsgläubigers: Er soll vorläufig vollstrecken können, ohne vorher Sicherheit geleistet zu haben.

6.4 Vollstreckbarkeit ohne Sicherheitsleistung des Gläubigers: § 708 ZPO

6.4.1 Gläubigerprivilegierung

136 Die Gründe für die Privilegierung der Gläubiger nach § 708 sind vielfältig:

Die Schuldner aus Verzicht-, Anerkenntnis- und Versäumnisurteilen sind nicht schutzwürdig (§ 708 Nr. 1 bis 3).

Urteile, die im Urkunden-, Wechsel- oder Scheckprozess ergehen, können ihren Zweck nur erfüllen, wenn sie ohne Umstände sofort vollstreckt werden können (§ 708 Nr. 4). Das gleiche muss gelten, wenn solche Urteile im Nachverfahren für berechtigt erklärt werden (§ 708 Nr. 5).

Ein Urteil, das einen Arrest oder eine einstweilige Verfügung erlässt, ist als eine vorweggenommene Zwangsvollstreckungsmaßnahme aus sich heraus ohne weiteres vollziehbar (vollstreckbar), ohne dass es dafür einer Vollstreckbarkeitserklärung bedürfte. Es wäre im Umkehrfall unbillig und mit dem Prinzip der Waffengleichheit nicht vereinbar, dürfte der unterlegene Antragsteller von dem von seinem Gegner mehr an Vollstreckungssicherheit verlangen als er selber hätte leisten müssen (§ 708 Nr. 6).

Mietstreitigkeiten drängen ihrer Natur nach auf schnellen und einfachen Vollzug (§ 708 Nr. 7). Wohnraum soll nicht ungenutzt leer stehen. Eingebrachte Sachen sollen möglichst bald dem zugeführt werden, dem sie gebühren. Den Mieterschutz besorgt § 721 besonders.

Ein Unterhaltsgläubiger kann auf laufenden Unterhalt nicht warten. Außerdem hat er nichts, sonst hätte er ja keinen Unterhaltstitel erreicht. Bei ihm die vorläufige Vollstreckung von einer Sicherheitsleistung abhängig zu machen hieße, ihm die vorläufige Vollstreckung völlig zu verwehren: § 708 Nr. 8. Ähnliche Interessen hat der Gläubiger einer Rente wegen Körperverletzung etc.

Dass Urteile, die Besitzschutz gewähren, vom Gläubiger ohne Hindernisse müssen vollstreckt werden können, folgt aus der Natur der Ansprüche aus §§ 861, 862, 1004 BGB (§ 708 Nr. 9)

Ein Berufungsurteil hat nach der Vorstellung des Gesetzgebers einen höheren Grad an Richtigkeit und Endgültigkeit als ein solches der ersten Instanz. Immerhin haben bis zu seinem Erlass mehr Richter als bisher darüber nachgedacht, was rechtens sei (§ 708 Nr. 10). Diese Vorschrift gilt allerdings nur für Urteile in vermögensrechtlichen Streitigkeiten. Andere Berufungsurteile, z.B. auf dem Gebiet des Ehrenschutzes, können unter § 709 oder § 708 Nr. 1, 2, 3, und 6 zu subsumieren sein.

§ 708 Nr. 11 enthält schließlich in vermögensrechtlichen Streitigkeiten eine Privilegierung des Gläubigers von Bagatellbeträgen: Im Falle einer Urteilsaufhebung wäre der Schaden aus einer vorläufigen Vollstreckung zu gering, als dass eine Sicherheitsleistung des Gläubigers nötig wäre („Luschenprivileg"). Das Privileg hat zwei Gestaltungen zur Grundlage. Entweder das Urteil enthält in der Hauptsache eine Verurteilung des Schuldners zu einer Leistung; dann kommt es darauf an, dass der Wert des Verurteilungsgegenstandes 1.250 € nicht übersteigt. Oder das Urteil enthält in der Hauptsache überhaupt keine Verurteilung – sondern eine Feststellung, Gestaltung oder Klageabweisung oder gar keinen Spruch zur Hauptsache –, wohl aber eine Kostenentscheidung, anhand derer (über das Festsetzungsverfahren) nicht mehr als 1.500 € beigetrieben werden können. An dieser Stelle hat der Richter ausnahmsweise zu prüfen, inwieweit das Urteil tatsächlich eine Vollstreckung ermöglicht (was für die Vollstreckbarkeitserklärung als solche irrelevant ist, s. Rdnr. 134).

137

6.4.2 Abwendungsbefugnis des Schuldners

138 Die Privilegierung der Gläubiger, die ihre Vorzugsstellung nicht aus Anerkenntnis, Verzicht oder Säumnis des Schuldners herleiten (§ 708 Nr. 1–3), also der Gläubiger nach § 708 Nr. 4–11 ist indessen eingeschränkt durch § 711. Danach ist dem Schuldner im Urteil zu gestatten, die sicherheitslose Zwangsvollstreckung dadurch abzuwenden, dass er dem Gläubiger Sicherheit leistet oder – wenn das Urteil auf Herausgabe lautet – die herauszugebende Sache hinterlegt. Dagegen kann dann der Gläubiger einschreiten und seinerseits eine Sicherheit leisten. Diese Sicherheit des Gläubigers ist dann stärker; immerhin hat er ja schon einen Vollstreckungstitel auf seiner Seite. So versetzt sich der zunächst privilegierte Gläubiger in die Grundposition des § 709. Auch diese Abwehrmaßnahme des Gläubigers ist in dem Urteil vorzusehen, wenn nicht § 713 eingreift.

139 § 713 verbietet einen Schutz des Schuldners insbesondere nach § 711, wenn gegen das Urteil ein Rechtsmittel unzweifelhaft nicht gegeben ist. Dies trifft für erstinstanzliche Urteile zu, bei denen der Wert der Beschwer bei beiden Parteien 600 € nicht übersteigt, so dass auch der Wert des Beschwerdegegenstandes diesen Betrag logischerweise nicht übersteigen kann, und wenn das erstinstanzliche Gericht die Berufung auch nicht zugelassen hat (§ 511).

Beim Oberlandesgericht, bei dem § 713 bisher „zu Hause" war, weil bei ihm nicht revisible Urteile die Regel waren, hat sich durch die ZPO-Reform viel geändert. Das gilt noch mehr für das Landgericht, dessen Berufungsurteile bisher schlechthin nicht revisibel waren. Die Revision hängt nunmehr davon ab, ob die Revision zugelassen wird. Über die Zulassung entscheidet zwar in erster Linie das Berufungsgericht selber, notfalls aber – auf Beschwerde hin – der Bundesgerichtshof (§§ 543f.). Kein Berufungsgericht wird in seinem Urteil die Voraussage wagen, der Bundesgerichtshof werde die Revision „unzweifelhaft" nicht zulassen, es sei denn, die einstweilen noch (bis zum 31.12.2011) geltende Wertsperre von 20.000 € greift ein (vgl. § 26 Nr. 8 EGZPO). Jedenfalls nach dem 31.12.2011 werden sämtliche Urteile der Berufungsgerichte mit einem Schuldnerschutz nach § 711 zu versehen sein.

6.5 Höhe der Sicherheitsleistung des Gläubigers nach §§ 709, 711

140 Die Sicherheitsleistung des Gläubigers soll die Ausgleichsforderung abdecken, die dem Schuldner entsteht, wenn der Gläubiger voreilig aus einem Urteil vollstreckt, das sich im weiteren Verlauf des Prozesses als unrichtig erweist. Außer im Fall des § 708 Nr. 10 (Berufungsurteile außer Versäumnisurteil) erwirbt dann der Schuldner einen Schadensersatzanspruch nach § 717 Abs. 2, im Fall des § 708 Nr. 10 einen Bereicherungsanspruch nach § 717 Abs. 3.

6.5.1 Höhe der Sicherheitsleistung bei Geldforderungen

Wie bei Sicherheitsleistungen üblich, muss ihre Höhe an dem „Katastrophenfall" ausgerichtet werden, dem „worst case". Es ist also bei Geldforderungen zu unterstellen, dass der Gläubiger sich nicht mit einer bloßen Sicherungsvollstreckung nach § 720a begnügt, welche er immer ohne Sicherheitsleistung durchsetzen kann, sondern den Titel voll ausreizt. Der abzudeckende Mindestschaden besteht dann in denjenigen Beträgen, die der Gläubiger auf Grund des vorläufig vollstreckbaren Titels beitreiben kann. Wenn ein Schuldner am 30.5.2007 zur Zahlung von 20.000 € nebst 5 % Zinsen seit dem 1.7.2001 verurteilt wird, dann kann ohne weiteres wegen folgender Beträge vollstreckt werden:

141

Hauptsumme	20.000 €
5 % Zinsen für 6 Jahre	6.000 €
Gerichtskosten (Wert 22.000 €)	864 €
Auslagen für ein Sachverständigengutachten	2.000 €
2,5 Anwaltsgebühren (VV 3100, 3104)	1.615 €
Auslagenpauschale (VV 7001)	20 €
Umsatzsteuer	311 €
Zwischensumme	30.810 €
0,3 Vollstreckungsgebühr (Wert 35.000 €) (VV 3309)	249 €
Auslagenpauschale (VV 7001)	20 €
Umsatzsteuer	51 €
Gerichtsvollzieherkosten (§§ 10ff. GvKostG, KVGvKostG)	200 €
Summe	31.330 €

Schon nach dem ersten Vollstreckungsversuch hat sich der beizutreibende Betrag auf über 31.000 € entwickelt. Die Summe steigt weiter, wenn der Gerichtsvollzieher bei dem Schuldner keine pfändbare Habe vorfindet, wenn der Schuldner zur Abgabe der eidesstattlichen Versicherung gebracht werden muss, wenn einer oder mehrere Pfändungs- und Überweisungsbeschlüsse ergehen müssen usw. Für jede Vollstreckungsmaßnahme entstehen bei dem Anwalt die Gebühren und Auslagen nach VV 3309, 7001 neu. Gerichtskosten kommen hinzu (Nr. 2110 KVGKG). Zum Vollstreckungsschaden gehört schließlich auch der Aufwand, der für die Vorbereitung und Durchsetzung des Schadensersatzanspruchs anfällt.

Darüber hinaus kann sich der potentielle Schaden auf das Doppelte des beizutreibenden Betrages erhöhen, nämlich wenn die Verwertung nur die Hälfte des gewöhnlichen Verkaufswertes erbringt (§ 817a Abs. 1 und 3). Nun ist das ein extremer Katastrophenfall, aber man sollte die Möglichkeit, dass es dazu

Urteilsfindung

kommt, nicht aus dem Auge verlieren. Man muss aus all dem den Schluss ziehen, dass man bei der Festsetzung der Sicherheitsleistung jedenfalls nicht zimperlich sein darf.

142 Zu den Errungenschaften der ZPO-Reform von 2001 gehört gewiss der neue § 709 Abs. 1 S. 2. Danach braucht man bei Geldforderungen die Sicherheitsleistung nicht mehr auszurechnen, sondern darf ihre Höhe durch ein Verhältnis zu dem jeweils beizutreibenden Betrag bestimmen. Das erspart nicht nur dem Richter Rechnerei, sondern entbindet den Gläubiger – im Gegensatz zur bisherigen Rechtslage – davon, den im Urteil für den Katastrophenfall ausgeworfenen Betrag auch dann zu leisten, wenn er nur einen Teilbetrag beitreiben will. Manche Gerichte haben schon in der Vergangenheit die jetzt legalisierte Form der Sicherheitsbestimmung gewählt und einen Betrag von 110 % des jeweils zu vollstreckenden Betrages eingesetzt. Das erscheint für den Regelfall sachgerecht. Prozesskosten und Vollstreckungskosten brauchen nicht mehr besonders berücksichtigt zu werden, weil sie schon Teil des beizutreibenden Betrages sind (§§ 104, 788). Abzusichern ist dann nur noch der Vollstreckungsfolgeschaden: die Mehrkosten für den Ersatz einer durch die Vollstreckung abgegangenen Sache; den vollstreckten Zinsanspruch übersteigende Kreditzinsen, die im Zusammenhang mit der Vollstreckung nötig wurden; Beratungskosten etc.

Die vorstehenden Überlegungen dürften auch für gemischte Urteile gelten, d.h. wenn von dem Tenor nur die Kostenentscheidung, nicht aber der Hauptausspruch auf eine Geldzahlung gerichtet ist. Dann muss man aber darauf achten, dass man nicht die erforderliche Vollstreckbarkeit hinsichtlich des Urteilsteils, der nicht die Zahlung einer Geldsumme aufgibt, unter den Tisch fallen lässt. Die Vollstreckbarkeitserklärung wird deshalb zu splitten sein:

> Das Urteil ist gegen Sicherheitsleistung in Höhe von 14.000 € vorläufig vollstreckbar, die Kostenentscheidung jedoch gegen Sicherheitsleistung in Höhe von 110 % des jeweils beizutreibenden Betrages.

Ist aus dem Hauptausspruch des Urteils eine effektive Vollstreckung nicht zu erwarten (z.B. bei Klageabweisung oder Verurteilung nach § 894), so kann man tenorieren:

> Das Urteil ist vorläufig vollstreckbar, hinsichtlich der Kostenentscheidung jedoch nur gegen Sicherheitsleistung in Höhe von 110 % des jeweils beizutreibenden Betrages.

6.5.2 Höhe der Sicherheitsleistung bei sonstigen Titeln

143 Wenn der Titel in der Hauptsache keine Geldforderung, sondern eine andere Leistung zuerkennt oder auf Feststellung oder Gestaltung lautet, dann ist die

Phantasie des Richters gefragt. Er muss sich ausmalen, welche Nachteile eine vorläufige Vollstreckung dem Schuldner bringen und welchen Aufwand die Wiederherstellung des früheren Zustands bedingen könnte. Ist ein Pachtobjekt zu räumen und herauszugeben, dann sind die Mehrkosten für die Nutzung eines anderen Objekts und die Umzugskosten zu veranschlagen. Die Herausgabe oder Hinterlegung einer beweglichen Sache kann genauso schädlich sein wie die Versteigerung einer Sache zwecks Befriedigung einer Geldforderung. Die Verurteilung zur Abgabe einer Willenserklärung kann grundsätzlich keinen Vollstreckungsschaden nach sich ziehen, weil die Urteilswirkung erst mit der Rechtskraft des Urteils eintritt (§ 894). Aber wenn der Schuldner zur Abgabe einer Auflassungserklärung verurteilt ist und deshalb eine Vormerkung eingetragen wird (§ 895), dann kann es ihm schaden, dass er über das Grundstück nicht mehr frei verfügen kann. Der Geschäftsführer, dessen Abberufung gemäß § 16 HGB ins Handelsregister eingetragen ist, wird oft in seinem beruflichen Fortkommen geschädigt sein.

Zur Notwendigkeit, den Vollstreckbarkeitsspruch aufzusplitten, vgl. Rdnr. 142.

6.6 Höhe der Sicherheitsleistung des Schuldners

Die Sicherheit, die der zur Abwendung befugte Schuldner leisten kann, soll diejenigen Schäden abdecken, die dem Gläubiger – insbesondere bei nachfolgender Insolvenz des Schuldners – daraus entstehen können, dass er von der Vollstreckung einstweilen Abstand nimmt. In aller Regel sind diese Schäden viel geringer einzuschätzen als diejenigen, die nach § 709 abzudecken sind: Jene können sich vor allem durch eine Zwangsversteigerung summieren, welche hier gerade vermieden wird. Die Praxis macht allerdings keinen Unterschied. Man sollte ihn aber doch ins Auge fassen, etwa wenn man mit Rücksicht auf § 817a die Sicherheitsleistung des Gläubigers besonders hoch angesetzt hat. 144

Im übrigen kann die Sicherheitsleistung des Schuldners, bei dem wegen einer Geldforderung zu vollstrecken ist, ebenfalls durch ein Verhältnis zu der beitreibbaren Summe bestimmt werden (§ 711 Abs. 1 S. 2). Es kann auch eine Aufspaltung der Abwendungsbefugnis nötig werden, etwa wenn sowohl die Herausgabe einer Sache ansteht (die durch Hinterlegung abgewendet wird) als auch eine Kostenvollstreckung.

6.7 Art der Sicherheitsleistung

Im Urteil ist nicht eine Sicherheitsleistung „von x €" anzuordnen, sondern „in Höhe von x €". Durch „in Höhe" wird ausgedrückt, dass nur der Wert der Sicherheitsleistung bestimmt wird, nicht aber die Art. 145

Urteilsfindung

Diese ergibt sich aus § 108. In ihrer Neufassung umfasst die Vorschrift jetzt außer Geld und Wertpapieren auch die Bankbürgschaft. Deshalb soll der Richter die Bankbürgschaft im Urteil nicht mehr erwähnen; wer es dennoch tut, schreibt Überflüssiges und verrät, dass er die Änderungen der ZPO nicht zur Kenntnis genommen hat.

Früher wie heute überflüssig ist die Anführung einer „Sparkassenbürgschaft", denn auch die Bürgschaft einer Sparkasse ist ein Bankgeschäft (§ 1 Abs. 1 S. 2 Nr. 8 KWG).

Ist eine Bank oder Sparkasse Partei, so wird man deren Bürgschaft wohl ausschließen müssen.

Wie bisher braucht sich das Gericht über die Art der Sicherheitsleistung nur zu äußern, wenn eine Sicherheitsleistung gewünscht wird, die § 108 Abs. 1 S. 2 nicht vorsieht. Das kann auch nach Erlass des Urteils geschehen, denn das Verfahren nach § 108 Abs. 1 S. 1 ist an sich ein Beschlussverfahren.

6.8 Vollstreckbarkeitserklärung bei gemischten Entscheidungen

146 Die verschiedenen Varianten der §§ 708f. können in demselben Tenor zusammentreffen: Er kann z.B. ein Teilanerkenntnisurteil oder Teilversäumnisurteil und daneben ein kontradiktorisches Schlussurteil enthalten (Rdnr. 177). Dann ist auch der Vollstreckungstenor aufzuteilen. Der eine Teil ist ohne Sicherheitsleistung für vollstreckbar zu erklären, der andere gegen Sicherheitsleistung oder ohne Sicherheitsleistung mit Abwendungsbefugnis.

6.9 Vollstreckbarkeitserklärung bei gebrochenen Entscheidungen

147 Obsiegen nach dem Urteil in der Hauptsache oder im Kostenpunkt beide oder mehr Parteien, dann kann jede von ihnen unabhängig vom Vorgehen der anderen vollstrecken. Es entstehen also zwei oder mehr Vollstreckungsverhältnisse. Jedes von ihnen muss nach den oben dargelegten Regeln gestaltet werden. Dabei ist eine Saldierung – etwa im Hinblick auf eine Kostenentscheidung nach § 92 Abs. 1 – nicht zulässig, denn der Richter kann nicht voraussehen, ob die Parteien eine Kostenausgleichung nach § 106 beantragen oder bewusst unterlassen oder versäumen (vgl. § 106 Abs. 2)

6.10 Vollstreckbarkeitserklärung im Berufungsurteil

148 Der Vollstreckbarkeitserklärung im Berufungsurteil ist allein auf dieses zu beziehen und nicht (auch) auf das erstinstanzliche Urteil. Dessen Vollstreckbarkeitserklärung tritt nur insoweit außer Kraft, als es in der Hauptsache abgeändert oder aufgehoben wird (§ 717 Abs. 1).

Dies gilt aber nur für die Vollstreckbarkeitserklärung als solche, nicht für das Sicherheitenregime. Hierfür ist insgesamt – also auch mit Wirkung für den nicht geänderten oder aufgehobenen Teil des erstinstanzlichen Urteils – § 708 Nr. 10 maßgeblich; sonst hätte diese Vorschrift wenig Sinn (vgl. Baumbach/Hartmann, § 708 Rdnr. 12; Zöller/Herget, § 708 Rdnr. 12). Bestätigt z.B. ein Berufungsurteil ein Urteil, in dem dem Beklagten die Zahlung von 120.000 € nebst Zinsen und Kosten aufgegeben worden ist, dann ist für die Sicherheitsleistung nach § 711 die Summe aus 120.000 € nebst Zinsen und den Kosten beider Rechtszüge zugrundezulegen. Im übrigen können § 708 Nr. 10 und § 708 Nr. 1 und 2 miteinander konkurrieren. Für das Sicherheitenregime ist dann auch § 708 Nr. 1 oder 2 anzuwenden mit der Folge, dass die Abwendungsbefugnis nach § 711 entfällt (arg.: § 717 Abs. 3 S. 1).

KAPITEL II
Die Abfassung des Urteils

1. Die Überschrift
1.1 Beispiel
AMTSGERICHT TETEROW *149*

Im Namen des Volkes

Urteil

Die Überschrift beginnt also mit der Bezeichnung der Gerichtsbehörde.

Gemäß § 311 Abs. 1 ergeht das Urteil „im Namen des Volkes". Demgemäß soll diese Legitimation des Gerichtes als nächster Teil der Überschrift über dem Urteil stehen.

1.2 Die Kennzeichnung als Urteil
Die Überschrift über dem Urteil endet gewöhnlich mit dem Titel „Urteil". Damit wird das Erkenntnis abgegrenzt von anderen richterlichen Maßnahmen, insbesondere vom Beschluss, der im übrigen den gleichen Inhalt haben kann wie ein Urteil. Mit der Bezeichnung des Spruchs als Urteil werden zugleich die Art des dagegen denkbaren Rechtsmittels festgelegt (Meistbegünstigungsgrundsatz) sowie die dafür notwendigen Formen und Fristen und sonstigen Formalien (Ausnahme: das Zwischenurteil über die Zeugnisverweigerung, das mit der sofortigen Beschwerde anzufechten ist, § 387 Abs. 3; ferner findet gemäß § 99 Abs. 2 die Beschwerde statt gegen eine Kostenentscheidung nach § 93).

1.3 Differenzierung nach Urteilsarten
1.3.1 Die Urteilsarten unter prozessrechtlichen Gesichtspunkten
Kontradiktorische und nichtkontradiktorische Urteile

Kontradiktorisch sind Urteile, in denen das Gericht dem Antrag einer verhandelnden Partei nicht stattgibt, ihm also widerspricht. Das sind in erster Linie die Urteile, die aufgrund einer streitigen mündlichen Verhandlung ergehen. Dazu zählt aber auch das Urteil, das gegen die allein erschienene und einseitig verhandelnde Partei erlassen wird (§ 331 Abs. 2 Halbs. 2). *150*

Die Abfassung des Urteils

Nichtkontradiktorisch sind die übrigen Urteile: Anerkenntnis-, Versäumnis- und Verzichtsurteil. Ihnen ist immanent, dass die Klage zulässig ist. Ist das nicht der Fall, etwa weil ein unbehebbarer Mangel vorliegt oder ein heilbarer Mangel vom Kläger nicht abgestellt worden ist, so ist die Klage als unzulässig abzuweisen. Das ist stets ein kontradiktorisches Urteil, denn damit widerspricht das Gericht dem Kläger, der ein Anerkenntnis- oder Versäumnisurteil erreichen wollte, bzw. dem Beklagten, der eine der materiellen Rechtskraft fähige Klageabweisung anstrebte.

Den nichtkontradiktorischen Urteilen ist gemeinsam, dass sie grundsätzlich (Ausnahmen: Rdnr. 247) weder einen Tatbestand noch Entscheidungsgründe aufzuweisen brauchen (§ 313 b Abs. 1). Sie müssen aber in der Überschrift als Anerkenntnis-, Verzichts- bzw. Versäumnisurteil bezeichnet werden.

Endurteil – Zwischenurteil

151 Unter einem Endurteil versteht man ein solches, das für seine Instanz den von ihm betroffenen Teil des Rechtsstreits (Teilurteil) oder den gesamten Rechtsstreit abschließt. Es ist nicht zu verwechseln mit dem Schlussurteil. Das (nach einem Teilurteil ergehende) Schlussurteil ist ein Endurteil, aber nicht jedes Endurteil ist ein Schlussurteil.

Das Endurteil ist vollstreckbar (§ 704) und mit der Berufung bzw. Revision anfechtbar (§§ 511, 542).

Zwischenurteile erledigen einen Zwischenstreit, z.B. über die Zeugnisverweigerung, oder bejahen einen Anspruch dem Grunde nach (Grundurteil, § 304). Das Zwischenurteil ist kein Endurteil. Beim Grundurteil wird, damit es – seinem Zweck entsprechend – angefochten werden kann, die Qualität eines Endurteils fingiert (§ 304 Abs. 2).

Teilurteil – Schlussurteil

152 § 301 gestattet, über einen von mehreren Ansprüchen, über den Teil eines Anspruchs oder, wenn Klage und Widerklage erhoben sind, über Klage oder Widerklage vorab zu entscheiden, soweit ein solcher Teil „zur Endentscheidung reif" ist. Man kann auch mehrere Teilurteile nacheinander erlassen. Den jeweiligen Rest, in der Regel auch die gesamten Prozesskosten, erledigt dann das Schlussurteil. Beide, das Teilurteil und das Schlussurteil, sind Endurteile.

Die Empfehlung Furtners, auch die letzten Urteile im Einspruchsverfahren oder Nachverfahren „Schlussurteil" (statt „Endurteil") zu nennen (S. 278 f., 296 ff.), hat sich nicht durchgesetzt.

Die Überschrift

Vorbehaltsurteil – Urteil im Nachverfahren (Nachurteil)

Das Wesen des Vorbehaltsurteils besteht darin, dass es zu Gunsten des Klägers entscheidet und dabei bestimmte Verteidigungsmittel des Beklagten unberücksichtigt lässt; über sie wird dann im Nachverfahren entschieden. Bei dem Ausgesparten handelt es sich entweder um die Aufrechnung des Beklagten mit inkonnexen Forderungen (§ 302) oder um die Verteidigung des Beklagten in Urkunden- und Wechselprozessen, die er mit den dort zulässigen Beweismitteln (Urkunden und Parteivernehmung) nicht hat zur Geltung bringen können (§ 595 Abs. 2). (vgl. dazu im einzelnen Rdnr. 206 ff.). Über sie wird dann in einem Urteil entschieden, für das die ZPO keinen Namen bereithält. Furtner (S. 296 ff.), Baubach/Hartmann (§ 302 Rdnr. 15) und Musielak (in MüKo § 302 Rdnr. 14) nennen es „Schlussurteil"; aber dieser Begriff ist eigentlich für das Urteil reserviert, dem ein Teilurteil vorausgegangen ist. Bei Zöller/Vollkommer (§ 302 Rdnr. 12) und Rosenberg/Schwab/Gottwald (§ 59 Rdnr. 84) wird der Ausdruck „Endurteil" verwandt; aber der ist zur Unterscheidung vom Vorbehaltsurteil gewiss untauglich, denn das Vorbehaltsurteil ist in Bezug auf Rechtsmittel und Vollstreckbarkeit ebenfalls als Endurteil anzusehen (§ 302 Abs. 3). Vorzuziehen ist die überkommene Bezeichnung „Läuterungsurteil" oder „Nachurteil" oder „Urteil im Nachverfahren".

153

Die in §§ 305, 305a ZPO genannten Urteile „unter dem Vorbehalt der beschränkten Haftung" sind keine Vorbehaltsurteile, weil über die hier genannten Einreden des Beklagten kein Nachverfahren vor demselben Gericht stattfindet. Sie werden vielmehr im Vollstreckungsverfahren geltend gemacht (§§ 780, 786a).

1.3.2 Differenzierende Urteilskennzeichnungen im einzelnen

Dass die Bezeichnung des Spruchs als „Urteil" weiter zu differenzieren sei, schreibt das Gesetz nur für Versäumnisurteile, Anerkenntnisurteile und Verzichtsurteile vor (§ 313b Abs. 1 S. 2). Es empfiehlt sich aber dringend, auch in den übrigen Fällen die Urteilsbezeichnung zu differenzieren, wenn es sich um ein Grundurteil oder sonstiges Zwischenurteil, ein Teilurteil, ein Schlussurteil oder ein Vorbehaltsurteil handelt, wenn also das Urteil vom Normalfall abweicht. Im Urkunden- und Wechselprozess schreibt man am besten immer „Urteil im Urkundenprozess", „Urteil im Wechselprozess" oder „Urteil im Scheckprozess", und zwar sowohl beim Vorbehaltsurteil als auch bei der Klageabweisung im Urkundenverfahren, um klarzustellen, dass hier die Besonderheiten der Prozessart zu beachten sind. Im Nachverfahren kann man den Spruch „Urteil im Nachverfahren" oder „Nachurteil" nennen.

154

Fehlt in der Überschrift eine Differenzierung, dann handelt es sich um ein gewöhnliches Urteil, also ein in dieser Instanz einmaliges Endurteil im ordentlichen Verfahren. In Süddeutschland schreibt man auch in solchen Fällen gern den Titel „Endurteil", wie von Furtner (S. 278 ff., 295 ff.) empfohlen. Im Norden tut man das nicht, ein Urteil, das nicht als Zwischenurteil bezeichnet ist, wird hier automatisch als Endurteil angesehen.

155 Probleme können sich ergeben, wenn verschiedene Urteilsarten zu kombinieren sind. Wenn nur über einen Teil des Urteilsgegenstandes wegen Säumnis (Nichtverhandelns) oder auf Grund eines Anerkenntnisses entschieden wird, so muss das gemäß § 313b Abs. 1 deutlich gemacht werden. Da sich diese Vorschrift allerdings nur auf einen Teil dieses Urteils bezieht, ist die Überschrift „Teil-Versäumnisurteil" bzw. „Teil-Anerkenntnisurteil" unerlässlich. Wie aber bezeichnet man den kontradiktorisch entschiedenen Rest? „Endurteil" besagt gar nichts, denn das trifft auch für das Versäumnisurteil bzw. Anerkenntnisurteil zu. „Schlussurteil" passt auch nicht, denn der Begriff setzt voraus, dass ein Teilurteil vorausgegangen ist, was hier wegen der Einheitlichkeit der Entscheidung nicht zutrifft. So hat sich für diesen Fall die Überschrift „Teilanerkenntnisurteil und Urteil" oder „Teilversäumnisurteil und Urteil" eingebürgert.

2. Das Parteienrubrum

2.1 Bezeichnung der Parteien (§ 313 Abs. 1 Nr. 1)

156 Wie genau die Parteien im Rubrum bezeichnet werden sollen, schreibt § 313 Abs. 1 Nr. 1 nicht vor. Man muss deshalb § 130 Nr. 1 zu Rate ziehen. Wenn darin den Parteien vorgeschrieben wird, in welcher Ausführlichkeit sie sich und den Gegner vorstellen sollen, so geschieht dies mit Sicherheit auch im Hinblick auf das Urteil. Auch hier sind also die Parteien (und ihre gesetzlichen Vertreter) zu bezeichnen nach Namen, Stand oder Gewerbe, Wohnort und Parteistellung. Mit „Stand" ist nicht der Familienstand gemeint, sondern der Beruf; dies ergibt sich aus der Verbindung mit „Gewerbe". Die Berufe der Parteien findet man in Urteilen immer seltener; dafür werden die Berufe häufig im Tatbestand angegeben. So hat der Gesetzgeber sich das nicht vorgestellt.

Handelsgesellschaften sind mit ihrer Firma aufzuführen. Bei der Gesellschaft bürgerlichen Rechts, die nach der weitgehend anerkannten Rechtsprechung des BGH (NJW 2001, 1056) im Außenverkehr rechtsfähig und parteifähig ist, genügt die Angabe des Namens, unter dem sie im Rechtsverkehr auftritt; es empfiehlt sich, zur Identifizierung die Namen der Personen hinzuzusetzen, die derzeit ihre Gesellschafter sind („zur Zeit bestehend aus den Gesellschaftern A, B und C") (Wertenbruch, NJW 2002, 324, 326).

2.2 Bezeichnung des gesetzlichen Vertreters

Auch der gesetzliche Vertreter der Partei und des Nebenintervenienten ist nach dem Wortlaut des § 130 Nr. 1 nach Namen, Stand und Gewerbe und Wohnort zu bezeichnen. Der überwiegende Teil der Praxis bezieht das allerdings nur auf die Parteien selbst. Das ist ein Mangel im Hinblick auf §§ 170 Abs. 2, 177 f., wonach für Gesellschaften, Vereine u.s.w. an ihren Geschäftsführer, Vorstand u.s.w. in dessen Wohnung zugestellt werden kann.

157

Unsinnig ist bei der GmbH der Hinweis „vertreten durch den Geschäftsführer". Damit wird nur abgeschrieben, was in § 35 Abs. 1 GmbHG steht. Für das Urteil kommt es darauf an, wer für die GmbH den Prozess geführt hat, ob er der richtige, nötigenfalls durch einen Beschluss nach § 46 Nr. 8 GmbHG bestellte Vertreter war, ob also die GmbH prozessfähig war, wem das Urteil zugestellt werden muss (falls die GmbH keinen Anwalt hatte), wem ein Gesuch nach § 11 RVG zuzustellen ist und wem ein Pfändungs- und Überweisungsbeschluss (§ 829 Abs. 2 S. 2). Die Vertreter sind also namentlich anzugeben und nach Möglichkeit mit ihrer vollständigen Wohnadresse.

158

Entsprechendes gilt für die Geschäftsführer von OHG, KG und BGB-Gesellschaft und die Vorstände von Vereinen, ferner für die Gesellschafter einer GmbH und die Mitglieder eines Aufsichtsrats in den Fällen des § 46 Nr. 8 GmbHG bzw. 112 AktG.

Bei Aktiengesellschaften begegnet man oft der Beschreibung: „vertreten durch den Vorstand, *dieser vertreten* durch den Vorstandsvorsitzenden X." Auch das ist falsch. Grundsätzlich herrscht bei der Aktiengesellschaft Gesamtvertretung (§ 78 Abs. 1, Abs. 2 S. 1 AktG); dann sind im Rubrum sämtliche Vorstandsmitglieder anzuführen. Nach § 313 Abs. 1 Nr. 1 sind gesetzliche Vertreter anzuführen, aber der Vorstand einer Aktiengesellschaft kann keinen gesetzlichen Vertreter haben (§ 76 Abs. 3 S. 1 AktG). Ist also eines von mehreren Vorstandsmitgliedern kraft Satzung (§ 78 Abs. 1, Abs. 2 S. 1 AktG) zur Einzelvertretung befugt, dann ist es nicht gesetzlicher Vertreter des Vorstands, sondern der Gesellschaft. Hat aufgrund satzungsmäßiger Erlaubnis der Vorstand ein einzelnes Mitglied zur Alleinvertretung ermächtigt, dann vertritt es wiederum nur die Gesellschaft und niemals den Vorstand.

159

2.3 Angabe der Prozessrollen

Auf die Namensangaben folgt die Bezeichnung der Rollen, die die Genannten im Prozess spielen. Als Parteirollen kommen normalerweise in Frage: Kläger, Beklagter, Widerkläger, Widerbeklagter, Berufungskläger, Berufungsbeklagter, Anschlussberufungskläger, Anschlussberufungsbeklagter, Nebenintervenient (Streithelfer).

160

161 In Ehesachen sind die Parteien grundsätzlich (vgl. §§ 614, 632) und in Kindschaftssachen immer (§ vgl. 641h) Kläger und Beklagter. Das gleiche gilt für Klagen auf Kindesunterhalt (§ 642). Die Verwendung der Begriffe „Antragsteller" und Antragsgegner" schreibt das Gesetz vor für alle Scheidungs- und Folgesachen (§ 622 Abs. 3), wobei Folgesache (§ 623 Abs. 1 S. 1) auch eine nach § 628 abgekoppelte ist. Antragsteller und Antragsgegner sind die Parteien auch im Verfahren der einstweiligen Anordnung (vgl. § 620a). Einen „Widerantragsteller" und „Widerantragsgegner" gibt es nicht; bei gegenläufigen Anträgen heißen beide Parteien zugleich „Antragsteller und Antragsgegner".

Für den Berufungsrechtszug hat das Gesetz den Parteien, die in erster Instanz Antragsteller und Antragsgegner hießen, keine Sonderbezeichnung zugedacht, es gibt dort immer nur den Berufungskläger und Berufungsbeklagten. Baumbach/Hartmann schlägt die Bezeichnungen „Berufungsführer" und „Berufungsgegner" vor (§ 622 Rdnr. 6).

162 Im Verfahren über Arrest und einstweilige Verfügung spricht das Gesetz von der „Partei, die den Arrest (bzw. die Anordnung) erwirkt hat" und ihrem „Gegner" (z.B. § 922, 945) oder von „Gläubiger" und „Schuldner" (z.B. §§ 918, 923, 929, 930, 931, 932). Davon sind für das Rubrum nur „Gläubiger" und „Schuldner" brauchbar. Auch die Bezeichnungen „Antragsteller" und „Antragsgegner" sind nicht zu beanstanden, wohl aber „Arrestkläger" und „Arrestbeklagter": Diese Ausdrücke deuten auf ein Erkenntnisverfahren hin, während es sich hier um ein Verfahren des 8. Buches „Zwangsvollstreckung" handelt. Im zweiten Rechtszug gibt es allerdings nur den Berufungskläger und -beklagten.

163 Ob man die Parteirollen dekliniert, also auf der Klägerseite den Genitiv verwendet und auf der Beklagtenseite den Akkusativ, ist Geschmackssache. Der Duden erlaubt es, eine Apposition im Nominativ zu halten, auch wenn das regierende Hauptwort dekliniert ist.

2.4 Bezeichnung der Prozessbevollmächtigten

164 Für den Vertreter einer Partei im Prozess hält das Gesetz (§§ 313 Abs. 1 Nr. 1) nur einen Ausdruck bereit: der Prozessbevollmächtigte. Das gilt für sämtliche Verfahren der ZPO, insbesondere auch für das Verfahren über Prozesskostenhilfe und in der Zwangsvollstreckung einschließlich Arrest oder einstweilige Verfügung (vgl. §§ 81, 176).

Tritt für eine Partei ein Anwalt aus einer Sozietät auf, dann ist ohne weiteres anzunehmen, dass alle Sozietätsmitglieder Prozessbevollmächtigte sind. Sie alle aufzuführen war früher nur in Ausnahmefällen umständlich und zeitraubend. Seit aber viele Anwaltssozietäten überörtlich organisiert sind und das

Lokalitätsprinzip gefallen ist, zwingt einen § 313 Abs. 1 Nr. 1 eigentlich, an die 50 oder 100 Anwälte als Prozessbevollmächtigte anzuführen. Dem Rat, mit der Aufgabe des Lokalitätsprinzips zugleich § 313 Abs. 1 Nr. 1 dahin einzuschränken, dass die Nennung eines Sozietätsmitglieds genüge, ist der Gesetzgeber nicht gefolgt. So kann man dem Urteilsverfasser nur empfehlen, sich bei überörtlichen Sozietäten oder bei örtlichen Großsozietäten über den Gesetzeswortlaut hinwegzusetzen und nur ein oder wenige Sozietätsmitglieder aufzuführen. Viele Sozietäten haben das Dilemma begriffen und richten sich darauf ein: Zum Prozessbevollmächtigten bestellt sich dann nur einer der Anwälte oder eine kleinere, genau bezeichnete Auswahl als Alleinkämpfer.

Man kann es dem Urteilsverfasser überlassen, ob er die Bezeichnung der Prozessbevollmächtigten und der Parteirollen von den Namen durch eine Parenthese abtrennt oder durch ein Komma. Bei der Mehrheit der Urteile erscheinen wohl die Parteirollen nach einem Komma, die Prozessbevollmächtigten hingegen in einer Parenthese. 165

2.5 Nebenintervenienten (Streithelfer)

Sie hat § 313 Abs. 1 Nr. 1 glatt vergessen. Dabei haben sie eine überaus starke Rechtsstellung im Prozess, und das Urteil ergeht auch mit einiger Wirkung für oder gegen sie (§§ 66–68, 74). Im Rubrum wird der Nebenintervenient bzw. der Streithelfer als Anhang zu derjenigen Partei aufgeführt, die er unterstützt (Furtner S. 5). 166

Ein Streitverkündungsempfänger (zum Begriff vgl. Rdnr. 447), der dem Prozess nicht beitritt, ist an diesem nicht beteiligt und gehört nicht ins Rubrum.

2.6 Ordnung des Parteienrubrums

Eine gute Übung ist es, auf jeder Parteiseite, wenn dort mehrere Personen agieren, die Parteien durchzunumerieren. Die Numerierung ist fortzuführen und nicht etwa neu anzusetzen, wenn auf einen Kläger ein Widerbeklagter folgt, der nicht zugleich Kläger ist. Entsprechendes gilt für die Seite der Beklagten. Diese einheitliche Durchnumerierung hat ihren guten Sinn: Man kann dann im weiteren Verlauf der Urteils, wenn man eine einzelne Partei von mehreren meint, diese mit „Kläger zu 2" oder „Widerbeklagter zu 3" bezeichnen. Das „zu 1", „zu 2", „zu 3" bezieht sich eben auf die Nummer, die die Partei im Rubrum führt. Jede Nummer kommt auf einer Parteiseite nur einmal vor. Etwa beim ersten Widerbeklagten eine neue Nummernreihe anzufangen, führt später zu vermeidbarer Verwirrung. 167

Die Bezeichnung der Parteirollen kann man auch bei einer Vielzahl von Parteien zusammenfassen, also nach Aufführung aller Kläger einmal für alle schreiben „Kläger" oder bei Bedarf „Kläger und Widerbeklagte". In gleicher Weise kann man verfahren, wenn mehrere Parteien sich einen Anwalt teilen.

168 In neuerer Zeit breitet sich eine Übung aus, die der allgemeinen Tendenz, überflüssige Schreibarbeit zu ersparen, zuwiderläuft. Da wird also geschrieben:

In dem Rechtsstreit

1. der Hausfrau Elisabeth Müller …,

Klägerin zu 1,

2. des Handelsvertreters Rolf Müller …,

Klägers zu 2,

3. des Kaufmanns Hubert Meier …,

Klägers zu 3,

4. des Kraftfahrers Heinrich Schmidts …,

Klägers zu 4,

Es ist wenig sinnvoll, für einen Kläger, dem gerade der Ordnungsnummer 1 zugeteilt worden ist, hinzuzusetzen, dass er die Ordnungsnummer 1 führt.

2.7 Klammerverfügung

169 Das Schreiben eines Rubrums ist lästig. Die Arbeit erspart sich mancher Richter, indem er eine „Klammerverfügung" schreibt: Er versieht in den Schriftsätzen der Parteien oder in einem vorangegangenen Urteil Parteidaten – zuweilen sogar einen mit dem Urteilstenor übereinstimmenden Antrag – mit einer Klammer und schreibt als Anweisung an die Geschäftsstelle in das Original des Urteils dort, wohin das Rubrum gehört: „einrücken wie GA 1f. und 17, soweit < >". Darin liegt ein Verstoß gegen § 313 Abs. 1 Nr. 1 und 4 ZPO, weil das von der Geschäftsstelle Eingerückte von der Unterschrift des Richters nicht mehr gedeckt ist (BGH NJW 2003, 3136 zu einer einstweiligen Beschlussverfügung). Ein „offenkundiger schwerer Rechtsfehler", welcher zur Nichtigkeit der Entscheidung führen würde, soll aber nicht vorliegen. Gelangt eine so zustandegekommener Titel – seine Ausfertigung – in den Rechtsverkehr, so soll er aus Gründen der Rechtssicherheit zur Zwangsvollstreckung geeignet sein (BGH a.a.O.).

3. Die Bezeichnung des Gerichts

170 Wie unter Rdnr. 149 ausgeführt, beginnt die Überschrift über dem Urteil mit der Angabe des Gerichts. Sie im Rubrum zu wiederholen, ist überflüssig. Hier muss nur das erscheinen, was noch fehlt. Beim Landgericht ist die Kammer

(Zivilkammer, Kammer für Handelssachen) zu nennen, beim Amtsgericht gegebenenfalls das Familiengericht, nicht allerdings die Abteilung: Abteilungen hat nur die Geschäftsstelle, nicht das Gericht (a. A. Baumbach § 313 Rdnr. 9). Hat eine Kammer als Kartellgericht entschieden, dann ist dies hinzusetzen, weil andernfalls die Zuständigkeit des Kartellsenats beim Oberlandesgericht zweifelhaft ist (vgl. §§ 91, 87 Abs. 1 GWB).

4. Die Namen der erkennenden Richter

Bei Urteilen ist es Übung, die Namen der erkennenden Richter ins Rubrum zu setzen. Zwingend ist das allerdings nicht, sie könnten auch – wie es bei Beschlüssen die Regel ist – am Ende über den Unterschriften erscheinen. Anzugeben sind nur die Namen derjenigen Richter, die an der Entscheidung mitgewirkt haben, die also an dem Verhandlungstermin teilgenommen haben, auf den hin das Urteil ergeht. Andere Richter, die bei früheren Verhandlungsterminen beteiligt waren, gehören nicht ins Rubrum.

171

Nach § 19a DRiG führt der Richter im Dienst eine Amtsbezeichnung bzw. Bezeichnung. Diese ist seinem Namen hinzuzusetzen, schon damit die Parteien die Ordnungsmäßigkeit der Besetzung (§§ 28f. DRiG) überprüfen können. Nicht hingegen gehört in das Rubrum, in welcher Funktion die Richter an der mündlichen Verhandlung teilgenommen haben. Es ist also unwichtig und uninteressant ohnehin, wenn ein Gericht schreibt:

„... durch die Richterin am Landgericht Abels *als Vorsitzende* und die Richter am Landgericht Häberlin und Illhäusern *als Beisitzer*".

5. Der Tag des Verhandlungsschlusses

Das Urteil enthält gemäß § 313 Abs. 1 Nr. 3 „den Tag, an dem die mündliche Verhandlung geschlossen worden ist". Mit dieser Fassung, die der Vereinfachungsnovelle von 1976 entstammt, wollte der Gesetzgeber einem weit verbreiteten Verfahrensfehler entgegenwirken. Mehr noch als heute bestand damals die mündliche Verhandlung aus mehreren Terminen, dessen letzter zum Beispiel der 4. 12. 1975 gewesen sein mag. Im Urteil hieß es dann, es ergehe „auf die mündliche Verhandlung vom 4. 12. 1975". Das war falsch, denn nach dem Prinzip der Einheitlichkeit der mündlichen Verhandlung gab es keine Verhandlung „vom 4. 12. 1975", sondern vom 3. 5. 1975, 20. 6. 1975 und 4. 12. 1975. Das alles ins Urteil zu schreiben ist zum einen umständlich und zeitraubend, zum anderen auch rechtlich unnötig. Denn entscheidend ist immer und in jeder Hinsicht der Tag, an dem die mündliche Verhandlung endet. Auf ihn stellt § 323 Abs. 2 ab ebenso wie § 767 Abs. 2. Die Verbesserung, die der Gesetzgeber von 1976 sich erhofft hatte, ist weitgehend nicht eingetreten. Nach wie vor liest man in Urteilen, dass sie „auf die mündliche

172

Die Abfassung des Urteils

Verhandlung vom Tag X" ergehen, selbst wenn sich die mündliche Verhandlung auf mehre Termine erstreckt hatte.

Man schreibt also nach mehrtägiger Verhandlung:

„... auf die am 21.12.2006 geschlossene mündliche Verhandlung" oder

„... auf die mündliche Verhandlung, die am 21.12.2006 geschlossen worden ist," oder

„... auf den Verhandlungstermin vom 21.12.2006".

Natürlich kann man sich den ganzen Umstand ersparen und so wie gewohnt von der „mündlichen Verhandlung vom 21.12.2006" reden, wenn es nur diesen einen Verhandlungstermin gegeben hat.

Im übrigen wird wegen der Fassung des Urteilseingangs und weiterer Fehler, die hier vorkommen, auf das Entscheidungsmuster unter Rdnr. 452 und die zugehörigen Fußnoten verwiesen,

6. Der Urteilstenor – Formulierung, Zusammenhänge, Fehlerquellen

173 In diesem Abschnitt werden über die Bemerkungen unter Rdnr. 150 – 163 hinaus einige Urteilsarten erläutert sowie die Kostenentscheidung und der Ausspruch über die vorläufige Vollstreckbarkeit im allgemeinen. Das geschieht in alphabetischer Reihenfolge.

6.1 Anerkenntnisurteil

6.1.1 Das Anerkenntnis

174 Gegenstand des Anerkenntnisses ist der prozessuale Anspruch des Klägers, wie er durch den Klageantrag definiert wird. Es kann sich auf einen Teil des Anspruchs beschränken, muss insoweit aber dem Antrag entsprechen. Deshalb stellt es kein Anerkenntnis dar, wenn der Beklagte eine durch unbeschränkten Antrag geforderte Leistung nur „Zug um Zug" erbringen will. Ein Anerkenntnisurteil kann daraufhin nur ergehen, wenn der Kläger seinen Antrag auf eine Zug um Zug zu erbringende Leistung einschränkt; andernfalls muss kontradiktorisch verhandelt und entschieden werden.

175 Das Anerkenntnisurteil ergeht – vorausgesetzt, die Klage ist zulässig – allein aufgrund des Anerkenntnisses. Eine Sachprüfung des Klageanspruchs ist unzulässig. Das Anerkenntnisurteil ist also selbst dann zu erlassen, wenn der Klagevortrag unschlüssig ist oder eine durchgeführte Beweisaufnahme die materiellrechtliche Unbegründetheit des Anspruchs ergeben hat.

176 Wenngleich die Neufassung des § 307 ein nur schriftsätzliches Anerkenntnis genügen lässt, damit – von Amts wegen – ein Anerkenntnisurteil ergehen

kann, wird das Anerkenntnis häufig, insbesondere auf eine Empfehlung des Gerichts hin, nur in der mündlichen Verhandlung erklärt. Die Erklärung muss an sich protokolliert werden (§ 160 Abs. 3 Nr. 1). Außerdem muss das Protokoll insoweit dem Beklagten vorgelesen oder zur Durchsicht vorgelegt werden, und er muss es genehmigen, und beides ist im Protokoll zu vermerken (§ 162 Abs. 1). Ist die Protokollierung unterblieben, dann ist ein dennoch erlassenes Anerkenntnisurteil nicht deshalb unwirksam; der Beweis des Anerkenntnisses kann dann im Berufungsverfahren anders als durch die Protokollurkunde geführt werden (BGH NJW 1984,1466), etwa durch Zeugenvernehmung der Beteiligten. Steht zwar das Anerkenntnis im Protokoll, nicht aber der Bekanntgabe- und Genehmigungsvermerk nach § 162 Abs. 1 S. 3, dann leidet es an einem Mangel im Sinne des § 419 ZPO; das Gericht, das über das Vorhandensein des Anerkenntnisses zu befinden hat, wird in der Regel das Protokoll als Beweisurkunde verwerfen. Es liefert dann statt eines Vollbeweises nach § 415 nur ein Indiz.

Im schriftlichen Vorverfahren nach § 276 wird das Anerkenntnis immer schriftsätzlich erklärt, und das Anerkenntnisurteil ergeht stets ohne mündliche Verhandlung und ohne Verkündung nur schriftlich. Im schriftlichen Verfahren nach § 128 Abs. 2 und 3 gilt das gleiche mit einer Ausnahme: Das Urteil muss in einem dazu anzuberaumenden Termin verkündet werden (§ 128 Abs. 2 S. 2 und Abs. 3 S. 2).

6.1.2 Tenorierung

Wird ein Beklagter ausschließlich auf sein Anerkenntnis hin verurteilt, so ist im Tenor der Zusatz, der Beklagte werde *„seinem Anerkenntnis gemäß"* verurteilt, ..." überflüssig, denn das ergibt sich schon aus der obligatorischen Überschrift des Urteils. Wird hingegen der Beklagte in demselben Urteil sowohl auf sein Anerkenntnis hin als auch kontradiktorisch verurteilt, dann muss der Tenor die beiden Verurteilungen auseinanderhalten, denn die Regeln, denen sie in puncto Vollstreckbarkeit und Anfechtung unterliegen, sind verschieden. Hier muss der Anerkenntnisteil als solcher markiert werden:

177

1. Der Beklagte wird seinem Anerkenntnis gemäß verurteilt, an die Klägerin 20.000 € nebst 5 % Zinsen seit dem 7. August 2006 zu zahlen.

2. Der Beklagte wird ferner verurteilt, an die Klägerin weitere 17.390,- € nebst 5 % Zinsen seit dem 7. August 2006 zu zahlen.

3. Die Kosten des Rechtsstreits fallen dem Beklagten zur Last.

4. Das Urteil ist zu 1. vorläufig vollstreckbar. Das Urteil ist zu 2. und 3. gegen Sicherheitsleistung in Höhe von 30.000,- € vorläufig vollstreckbar.

Die Abfassung des Urteils

Bei dem Vorschlag unter Nr. 4 Satz 2 werden die Kosten – da sich eine Kostentrennung nicht durchführen lässt (Rdnr. 109) – dem Regime des kontradiktorischen Urteilssteils unterworfen. Man könnte die Sicherheitsleistung auch auf 110 % des jeweils zu vollstreckenden Betrages bestimmen. Zur Überschrift vgl. Rdnr. 155.

178 Eine herrliche, aber selten benutzte Vereinfachung erlaubt § 313b Abs. 2. Danach kann man nichtkontradiktorische Urteile unter Weglassen fast aller Schreibarbeit in der Weise abfassen, dass man auf die Klageschrift (Vorder- oder Rückseite des den Antrag enthaltenden Blattes) oder auf ein mit ihr fest zu verbindendes Blatt nur den Tenor schreibt und die Urteilskennzeichnung (z.B. „Versäumnisurteil") hinzufügt. Angaben zum Rubrum sind nur nötig, soweit das der Klageschrift zu berichtigen oder zu ergänzen ist. Stimmt das Rubrum der Klageschrift und wird nach dem Klageantrag erkannt und enthält dieser auch einen richtigen Antrag zu Kosten und Vollstreckbarkeit, dann genügt sogar ein bloßer Stempelaufdruck, z.B.:

„Anerkenntnisurteil. Erkannt nach Klageantrag"

oder, falls dort die Anträge zu den Nebenentscheidungen fehlten,

„Anerkenntnisurteil. Erkannt nach Klageantrag. Die Kosten hat der Beklagte zu tragen. Vorläufig vollstreckbar.

In gleicher Weise kann man nach einem Mahnverfahren mit dem Mahnbescheid umgehen (§ 697 Abs. 5). Der Vermerk oder Stempelaufdruck ist vom Richter zu unterschreiben; fertig. Die Herstellung von Urteilsausfertigungen mit vollem Rubrum und den übrigen Angaben nach § 313 Abs. 1 Nr. 1 bis 4 erledigt die Geschäftsstelle.

6.1.3 Anerkenntnisurteil in der Berufungsinstanz

179 Hierzu gibt es keine Besonderheit, wenn der Kläger die Berufung eingelegt hat und der Beklagte den Berufungsantrag anerkennt: Es wird nach Maßgabe des Berufungsantrages tenoriert.

Ein Anerkenntnis ist aber auch im Umkehrfall denkbar: Der Beklagte hat die Berufung eingelegt, und der Kläger erkennt den Berufungsantrag an, der auf Abänderung des angefochtenen Urteils und Klageabweisung gerichtet ist. Man kann das Anerkenntnis des Klägers als solches entgegennehmen und protokollieren. Wenn aber ein Kläger freiwillig die Abweisung seiner Klage auf sich nimmt, ist das in Wahrheit ein Klageverzicht nach § 306. Egal ob der Beklagte (Berufungskläger) nun ein Anerkenntnis- oder ein Verzichtsurteil oder gar nichts beantragt, wird das Berufungsgericht ein auf Klageabweisung lautendes Verzichtsurteil erlassen und dieses auch so überschreiben (§ 313b Abs. 1 S. 2).

6.2 Berufungsurteil

Das Berufungsurteil kann viererlei Inhalt haben: *180*

Soweit das Rechtsmittel unzulässig ist, wird es verworfen; das kann auch durch Beschluss geschehen (§ 522).

Leidet das Verfahren bzw. das Urteil der ersten Instanz an einem wesentlichen Mangel im Sinne des § 538 Abs. 2 Nr. 1 und 7 und ist eine weitere Verhandlung nötig, so lautet das Urteil – bei Nr. 1 nur auf Antrag – auf Aufhebung des erstinstanzlichen Urteils – evtl. auch des Verfahrens – und Zurückverweisung der Sache an das Gericht des ersten Rechtszuges. Das gleiche gilt auf Antrag, wenn das angefochtene Urteil einen Einspruch als unzulässig verworfen hat (Nr. 2) oder nur über die Zulässigkeit der Klage entschieden hat (Nr. 3) oder ein zweites Versäumnisurteil erlassen hat, das unrichtig ist (nur in diesem Fall kann eine „weitere Verhandlung erforderlich" sein) (Nr. 6), ferner, wenn eine Klage unrichtig als unbegründet abgewiesen ist und das Berufungsgericht ein Grundurteil an die Stelle setzt (weil es zur Höhe nicht sofort durchentscheiden kann) (Nr. 4). Ohne Aufhebung des erstinstanzlichen Urteils und Verfahrens, sondern im Gegenteil aufgrund seiner Bestätigung (der gegenteilige Wortlaut des § 538 Abs. 2 in Satz 1 beruht offenbar auf einem Redaktionsversehen) ist die Sache zurückzuverweisen, wenn ein Grundurteil oder ein im Urkunden- und Wechselprozess ergangenes Vorbehaltsurteil bestätigt wird (a.a.O. Nr. 4 und 5).   *181*

Soweit das Rechtsmittel unbegründet ist, wird es zurückgewiesen. Auch hierfür reicht ein – allerdings einstimmiger – Beschluss aus (§ 522 Abs. 2).   *182*

Soweit das Rechtsmittel begründet ist und keine Zurückverweisung veranlasst, wird das angefochtene Urteil abgeändert (vgl. § 528 Abs. 2). So bleiben dem Kläger Vollstreckungsränge, die er aufgrund des angefochtenen Urteils etwa schon begründet hat, im Umfang des zusprechenden Berufungsurteils erhalten.   *183*

Furtner (S. 510 ff.) tenoriert Berufungsurteile, soweit sie eine angefochtene Entscheidung nicht fortgelten lassen, sondern ersetzen, so:

„*Das Endurteil des Amtsgerichts München vom ... wird aufgehoben.*
Die Klage wird abgewiesen ...

„*Das Endurteil des Amtsgerichts München vom ... wird aufgehoben.*
Der Beklagte wird verurteilt, ..."

Er stützt sich dabei auf die Formulierungen in §§ 775 Nr. 1, 868 Abs. 1 und 895. (Man könnte § 564 hinzufügen.) Sein Vorschlag hat sich nicht allgemein durchgesetzt. Die herrschende Praxis fasst unter „Abänderung" auch den ersetzenden Teil des Berufungsurteils und reserviert den terminus „Aufhebung" für die Fälle des § 538. Diese begriffliche Unterscheidung dient der Klarheit. Die herrschende Praxis kann sich auch auf die Wortwahl in § 528 S. 2 n.F. (§ 536 a.F.) und in § 717 Abs. 1 stützen. Vor allem § 528 steht dem Berufungsverfahren näher als die von Furtner herangezogenen Vorschriften aus dem Zwangsvollstreckungsrecht, für die es allein auf den nicht mehr geltenden Teil eines abgeänderten Urteils ankommt.

Beispiele für Berufungsurteile (ohne Vollstreckbarkeitserklärung):

184 „Auf die Berufung der Beklagten wird das am 4. Juli 2006 verkündete Teilurteil des Landgerichts Hagen aufgehoben. Die Sache wird zur erneuten Verhandlung und Entscheidung – auch über die Kosten des Berufungsverfahrens – an das Landgericht zurückverwiesen …"

„Die Berufung der Beklagten gegen das am 28. März 2007 verkündete Urteil des Landgerichts Magdeburg wird zurückgewiesen. Die Kosten des Berufung fallen der Beklagten zur Last …"

„Auf die Berufung der Beklagten wird das Urteil des Amtsgerichts Flensburg vom 2. April 2007 abgeändert. Die Klage wird abgewiesen. Die Kosten beider Rechtszüge hat die Klägerin zu tragen …"

„Auf die Berufung des Beklagten wird unter Zurückweisung seines weitergehenden Rechtsmittels das am 3. April 2007 verkündete Urteil des Landgerichts Hamburg teilweise abgeändert und wie folgt neugefasst.

Das Versäumnisurteil des Landgerichts wird in Höhe von 34.345,17 € nebst Zinsen in Höhe von 8 Prozentpunkten über dem Basiszinssatz seit dem 1. Januar 2004 aufrechterhalten. Im übrigen werden das Versäumnisurteil aufgehoben und die Klage abgewiesen.

Der Beklagte trägt die durch die Versäumung des Termins vom 23. Juli 2006 verursachten Kosten. Die übrigen Kosten des ersten Rechtszuges werden gegeneinander aufgehoben …"

Zur Bezeichnung des erstinstanzlichen Urteils ist die Angabe des Aktenzeichens überflüssig; es steht bereits auf dem ersten Blatt des Urteils.

185 Eine Neufassung des erstinstanzlichen Urteils ist dann zu empfehlen, wenn es wie im letzten Beispielsfall der Klarheit dient: Die Rechtslage ist in einem einzigen Urteil umfassend dargestellt. Würde man nur die Abänderung des angefochtenen Urteils in den Tenor aufnehmen („Das Urteil das Landgerichts … wird abgeändert. Das Versäumnisurteil … wird aufgehoben und die Klage wird abgewiesen, soweit es mehr als 34.345,17 € … zuerkannt hat …"), so ergäbe sich der beitreibbare Betrag nur aus der Kombination des angefochtenen Urteils und des Berufungsurteils. Eine Neufassung bietet sich aus derselben Erwägung an, wenn auf die Berufung des Klägers die Urteilssumme erhöht wird.

Nach einer Abänderung des angefochtenen Urteils liest man gelegentlich die Formulierung *186*

„Die Kosten *des Rechtsstreits beider Rechtszüge* fallen der Beklagten zur Last."

Abgesehen davon, dass die Rechtszüge keinen Rechtsstreit haben: „Die Kosten des Rechtsstreits ..." oder „Die Kosten beider Rechtszüge ..." genügt vollauf.

Schwierig kann die Tenorierung des Berufungsurteils werden, wenn im zweiten Rechtszug die Parteien einen Teil des Streitgegenstands durch Teilklagerücknahme, Teilerledigungserklärung oder Teilvergleich erledigt haben. Hierzu wird auf Rdnr. 203–206 („Resturteil") verwiesen. *187*

Die Nichtzulassung der Revision ist keine in der ZPO vorgesehene Entscheidung und gehört deshalb nicht in den Tenor. Über die in § 540 Abs. 1 Nr. 2 vorgesehenen Begründungselemente hinaus mag das Urteil am Ende kurz angeben, warum die Revision nicht zugelassen wird, zumal wenn die Zulassung nicht nur routinemäßig, sondern mit Gründen beantragt war. *188*

Zum Ausspruch über Zulassung der Revision vgl. Rdnr. 245.

6.3 Duldungsurteil

Der klassische Duldungstitel – derjenige auf Duldung der Zwangsvollstreckung in ein Grundstück nach § 1147 BGB – ist nahezu ausgestorben, weil Kreditgeber sich einen Unterwerfungstitel nach § 794 Abs. 1 Nr. 5 zu besorgen pflegen. Die verbliebenen Duldungstitel müssen besonders sorgfältig formuliert werden, ihre Wirkung dauert oft Jahrzehnte, und der Kreis der Betroffenen, z. B. Nachbarn, ist oft sehr streitanfällig. Die Handlung, die der Beklagte dulden soll, muss so genau wie möglich festgelegt werden. Modell ist § 917 Abs. 1 S. 2 BGB. Danach ist der Notweg nach seiner Richtung zu bestimmen, und zwar verbal oder durch eine Geländekarte mit Einzeichnung, die Teil des Tenors werden muss. Auch der Umfang des Benutzungsrechts ist erforderlichenfalls festzulegen; es müssen z. B. die Daten – Größe, Gewicht – derjenigen Fahrzeuge bestimmt werden, die außer Fußgängern und Radfahrern den Notweg sollen befahren dürfen. *189*

Für die Androhung von Ordnungsmitteln nach § 890 wird auf Rdnr. 212 verwiesen.

6.4 Erledigungsurteil

6.4.1 Ausgangssituation

Schließt sich der Beklagte der Erledigungserklärung des Klägers nicht an, z. B. indem er innerhalb der gem. § 91a Abs. 2 gesetzten Notfrist wider- *190* spricht, so ist die Erledigungserklärung als solche wertlos. Sie muss aber umgedeutet werden in einen Antrag an das Gericht, die Erledigung des Rechtsstreits durch Urteil auszusprechen (Schellhammer Rdnr. 403); natürlich kann und sollte der Kläger dem Richter die Umdeutung durch die Formulierung eines entsprechenden Antrags ersparen. Der Beklagte wird seinen Antrag auf Klageabweisung aufrechterhalten.

In diesem Fall bleibt Hauptsache der bisherige Streitgegenstand, also der ursprüngliche Klageantrag. Beide Parteien streben an, dass dessen Rechtshängigkeit durch Urteil beendet und damit der Weg für eine Kostenentscheidung frei werde. Nach dem neuen Antrag des Klägers soll das durch ein Urteil geschehen, das seiner Natur nach ein prozessuales Gestaltungsurteil ist (so Müko/Lindacher § 91a Rdnr. 97 und wohl auch Baumbach/Hartmann § 91a Rdnr. 175), also kein Feststellungsurteil. Feststellen kann man nämlich nur, was schon ist, während hier das vom Kläger beantragte Urteil die Beendigung der Rechtshängigkeit – die Erledigung des Rechtsstreits und nicht nur des Streits – erst herbeiführen soll. Nach dem Antrag des Beklagten soll die Rechtshängigkeit der ursprünglichen Klage durch deren Abweisung beendet werden.

6.4.2 Erledigungsausspruch durch Urteil

191 Für das Erledigungsurteil bedarf es einer Definition der Erledigung, unter die der Sachverhalt subsumiert werden kann: Eine Erledigung ist auszusprechen, wenn die Klage ursprünglich zulässig und begründet war und erst durch ein nachträglich eingetretenes Ereignis gegenstandslos geworden ist; dabei kommt es bei einer Aufrechnung auf die Aufrechnungserklärung, nicht die Aufrechnungslage an (BGH NJW 2003, 3134). Ob diese Voraussetzungen vorliegen, ist nötigenfalls durch Beweisaufnahme zu klären.

Ist im Sinne der Definition die Klage gegenstandslos geworden, dann ist es bedenklich zu tenorieren:

„*Es wird festgestellt*, dass der Rechtsstreit in der Hauptsache erledigt ist."

Dem Charakter eines Gestaltungsurteils entsprechen eher diese Formen:

„Der Rechtsstreit wird in der Hauptsache für erledigt erklärt" oder (schlechter):

„Der Rechtsstreit ist in der Hauptsache erledigt."

6.4.3 Klageabweisung

192 Sind die Voraussetzungen für eine gerichtliche Erledigungserklärung nicht erfüllt, weil die Klage unzulässig oder unbegründet war, so wird die (ursprüngliche) Klage abgewiesen. Dies entspricht der Lehre Rosenbergs (bis in die 15. Auflage: Rosenberg/Schwab/Gottwald § 132 III. 3.d) und der ständigen Rechtsprechung des Bundesgerichtshofs (BGH NJW 1961, 1210; 1963, 48; 1982, 767; 1989, 2885, 2886; 1990, 2682; ebenso Baumbach/Hartmann § 91a Rdnr. 169f., 172, 175, 181; Furtner S. 356; Musielak/Wolst § 91a Rdnr. 42; Schellhammer Rdnr. 406; Thomas/Putzo/Hüßtege § 91a Rdnr. 35). Diese Lösung erscheint dogmatisch einleuchtend, und es erstaunt, dass von manchen weiterhin die sog. Klageänderungstheorie vertreten wird (z.B. Zöller/Vollkommer § 91a Rdnr. 45). Danach soll die Abweisung lediglich den neuen Antrag des Klägers betreffen, denn sein ursprünglicher Antrag sei im Wege der Klageänderung untergegangen. Abgesehen davon, dass eine Klageänderung nicht unbedingt den ursprünglichen Antrag konsumieren muss, sondern auch in einer Erweiterung des bisherigen und fortgeltenden Antrags bestehen kann: Hätte der Erledigungsantrag des Klägers seine ursprüngliche Klage bereits ersetzt, so hätte sein Antrag, die Erledigung auszusprechen, gar keinen Gegenstand mehr. In Wirklichkeit ist der neue Antrag nur prozessualer Natur und dem ursprünglichen Sachantrag aufgepfropft.

6.4.4 Zwischenurteil

War die Klage ursprünglich zulässig und begründet, fehlt es aber an einem erledigenden Ereignis, dann ist die Nichterledigung durch Zwischenurteil festzustellen (Rosenberg/Schwab/Gottwald, 16. Aufl. § 130 Rdnr. 40). Der Kläger wird danach seinen rechtshängig gebliebenen Sachantrag verlesen. *193*

6.5 Feststellungsurteil

Feststellungsurteile stellen die Echtheit oder Unechtheit einer Urkunde fest oder das Bestehen oder Nichtbestehen eines Rechtsverhältnisses (§ 256). Das Rechtsverhältnis kann auch ein solches zwischen Dritten oder zwischen einer Partei und einem Dritten sein. *194*

Feststellungsurteile werden meist nach diesem Muster tenoriert:

„... für Recht erkannt:
Es wird festgestellt, dass der von den Parteien am 12. April 2007 geschlossene Kaufvertrag nichtig ist."

Dabei wird dieselbe Aussage verdoppelt. Eleganter ist diese Formulierung:

„... für Recht erkannt:
Der Kaufvertrag der Parteien vom 12. April 2007 ist nichtig."

6.6 Gestaltungsurteile

Gestaltungsurteile schaffen, ändern oder beenden ein Rechtsverhältnis, z.B. Mietverhältnis (§ 308a), Gesellschaft, Ehe, Versorgungsanwartschaft. Gegenstand der Gestaltung kann auch ein Prozessrechtsverhältnis sein. Klassisches Beispiel ist das Urteil zur Vollstreckungsgegenklage (§ 767; Rdnr. 232–235). *195*

Hierher gehört auch die urteilsmäßige Erklärung eines Rechtsstreits für erledigt (vgl. Rdnr. 191).

Für den Tenor kommen die verschiedensten Fassungen in Betracht, je nachdem, welche Vorschrift die Rechtsgrundlage bietet. Beispiele:

§ 131 Abs. 1 Nr. 4 HGB: „Die Beklagte wird aufgelöst."

§ 127 HGB: „Der Beklagten wird die Macht, die Klägerin zu vertreten, entzogen."

§ 1465 BGB: „Die am ... vor dem Standesbeamten in ... unter Heiratsregister-Nr. x geschlossene Ehe der Parteien wird geschieden."

§ 1671 BGB: „Die elterliche Sorge für das Kind Ewald der Parteien wird der Antragstellerin übertragen."

§ 323 ZPO: „Das Unterhaltsurteil des ... vom ... wird wie folgt abgeändert ..."

§ 767 ZPO: „Die Zwangsvollstreckung aus dem Urteil des ... vom ... wird für unzulässig erklärt."

6.7 Grundurteil

196 Das Grundurteil hat zur zwingenden Voraussetzung, dass eine Forderung nach Grund und Höhe streitig ist (§ 304). Das hat seinen guten Sinn: Die Aufspaltung eines Prozesses in ein Grundverfahren und ein Höheverfahren soll es den Parteien ermöglichen, die Auffassung des Erstgerichts zum Anspruchsgrund zunächst dem Erkenntnis der Rechtsmittelrichter zu unterwerfen, bevor es sich der Aufklärung zur Höhe widmet. Diese Erwägungen sind gegenstandslos, wenn der Grund gar nicht streitig ist oder wenn die Höhe nicht streitig ist.

Demgemäß setzt ein Grundurteil eine Klage auf Leistung von Geld oder vertretbaren Sachen voraus. Es ist ausgeschlossen bei einer unbezifferten Feststellungsklage (BGH NJW 2000, 1572).

197 Ein Grundurteil ist ferner dann unzulässig, wenn für denselben Anspruch oder für zusammenhängende Ansprüche der Streit über den Grund nicht völlig geklärt wird und deshalb zu befürchten ist, es könnten Entscheidungen ergehen, die einander widersprechen. Der Richter, der ein Grundurteil erlässt, muss sich vorstellen, dass er morgen versetzt wird und sein Nachfolger im Dezernat notorisch andere Rechtsansichten vertritt als er selber. (An die Stelle des Nachfolgers kann man sich auch ein Rechtsmittelgericht denken.) Nur wenn der Erstrichter dennoch nicht befürchten muss, in derselben Sache könnten Teilentscheidungen einander widersprechen, darf er ein Grundurteil erlassen.

Die beschworene Gefahr besteht nicht, wenn zu einem einheitlichen Klageanspruch erkannt wird:

Die Klage ist dem Grunde nach gerechtfertigt.

Indessen ist – z.B. im Schadensersatzprozess – unzulässig der Tenor:

Die Klage ist dem Grunde nach zur Hälfte gerechtfertigt.

Im Bereich der nicht mit entschiedenen Hälfte kann es zu einem widerstreitenden Erkenntnis kommen. Dieser Gefahr muss der Richter begegnen, indem er die andere Hälfte seinem Nachfolger entzieht und durch ein Teil-Endurteil mitentscheidet (vgl. BGH NJW 2000, 3424; Zöller/Vollkommer § 304 Rdnr. 18):

Die Klage ist dem Grunde nach zur Hälfte gerechtfertigt.
In Höhe von 30.000 € nebst 4 % Zinsen seit dem 3. 7. 2006 wird die Klage abgewiesen.

Wenn ein Zahlungsanspruch mit einer Inzidentfeststellungsklage verbunden wird, dann darf nicht entschieden werden:

Der Zahlungsanspruch ist dem Grunde nach gerechtfertigt.

Es müsste schon zugleich der Feststellungsklage stattgegeben werden.

Die Problematik ist beim Grundurteil die gleiche wie beim Teilurteil; hier hat der Gesetzgeber in § 301 Abs. 1 S. 2 eine klare Regelung getroffen (s. Rdnr. 208f.). Auf die umfangreiche Rechtsprechung des BGH sei verwiesen: BGH NJW 1993, 1641; 1997, 1709; 2000, 1405; 2000, 1572; 2001, 78; 2001, 155).

6.8 Kostenentscheidung im allgemeinen

Die kürzeste Form der Kostenentscheidung steckt in dem in den Haupttenor eingefügten Wörtchen „kostenpflichtig". Zu empfehlen ist dies nicht, jedenfalls wenn es zu sprachlichem Unsinn gedeiht und außerdem der Kostenträger unbenannt bleibt:

„Die Klage wird *kostenpflichtig* abgewiesen."

Eine Klage kann nicht „pflichtig" sein, Kosten zu tragen; das kann nur eine Person. Wenn man also schon an „pflichtig" hängt, müsste man schreiben:

„Der Kläger wird mit seiner Klage kostenpflichtig abgewiesen."

Aber dann hat man gegenüber einer Aufteilung in Hauptausspruch und Kostenausspruch fast nichts gewonnen.

Für einen selbständigen Kostenausspruch bieten sich verschiedene Formulierungen an. Nicht so gut ist die Formulierung

„Der Beklagte hat die Kosten des Rechtsstreits zu tragen."

198

In diesem Satz ist Satzgegenstand der Beklagte und Satzaussage, dass er (außer einem schweren Schicksal auch noch) die Kosten zu tragen habe. Es soll im Urteil aber keine Auskunft über den Beklagten gegeben werden (Was hat der Beklagte zu tragen? Die Kosten des Rechtsstreits !), sondern über die Kosten des Rechtsstreits. Sie sollten möglichst Satzgegenstand werden. Satzaussage ist dann, wem die Kosten zur Last fallen. Zumindest gehört diese Aussage nach deutscher Sprachlehre als betonter Teil an das Ende des Satzes.

Für einige Fälle, in denen das Gericht bei dem Kostenausspruch einen Ermessensspielraum hat, aber auch sonst verwendet das Gesetz den Begriff „auferlegen", z.B. in §§ 92 Abs. 2 und 93 b, 93 d, 96, 97 Abs. 2, 281 Abs. 3 und § 344. Demgemäß kann man formulieren:

„Die Kosten des Rechtsstreits werden zu 1/3 dem Kläger und zu 2/3 dem Beklagten auferlegt."

Das klingt allerdings ein wenig autoritär und verdient den Vorzug nur, wenn der Richter einen Entscheidungsspielraum hat.

Das Zwangsläufige der Kostenverteilung drückt am ehesten diese dem § 91 Abs. 1 S. 1 ähnliche Formulierung aus:

„Die Kosten des Rechtsstreits sind vom Beklagten zu tragen." Oder

„Die Kosten des Rechtsstreits hat der Beklagte zu tragen."

Am gefälligsten erscheint indessen die Formulierung, die sich in §§ 92 Abs. 1 S. 2, 93 und 97 Abs. 1 findet:

„Die Kosten des Rechtsstreits fallen dem Beklagten zur Last."

Bei umfangreichen Kostenentscheidungen wird man die vorgeschlagenen Formulierungen nebeneinander gebrauchen können.

Es stellt sich außerdem die Frage, wie man eine vielschichtige Kostenentscheidung aufbaut. Man kann zum einen nach Kostenarten sortieren:

„Die Kosten des ersten Rechtszuges fallen zu 1/3 dem Kläger und zu 2/3 dem Beklagten zur Last mit Ausnahme der Kosten des Beweisverfahrens; diese werden dem Beklagten auferlegt. Die Gerichtskosten des zweiten Rechtszuges tragen der Kläger zu 3/7 und die Beklagte zu 4/7; die außergerichtlichen Kosten der Berufung werden gegeneinander aufgehoben."

Man kann aber auch an die Person der Kostenträger anknüpfen. Das hat den Vorteil, dass man einem der Kostenträger am Ende „die übrigen Kosten" aufgeben kann:

„1/3 der Kosten des ersten Rechtszuges mit Ausnahme der Kosten des Beweisverfahrens und aus dem zweiten Rechtszuge 3/7 der Gerichtskosten und die eigenen außergerichtlichen Kosten sind vom Kläger zu tragen. Die übrigen Kosten des Rechtsstreits fallen dem Beklagten zur Last."

6.9 Leistungsurteile

Leistungsurteile sind meist auf Zahlung an den Kläger oder einen Dritten (Freistellung) gerichtet, die Leistung kann aber auch in der Abgabe einer Willenserklärung (Rdnr. 241) bestehen oder in der Duldung einer Handlung (Rdnr. 189) oder in einem Unterlassen (Rdnr. 210).

199

Leistungsurteile pflegen mit den Wörtern zu beginnen: „Der Beklagte wird verurteilt ...". Eigentlich ist das überzogen, nachdem bereits unmittelbar vorher der Passus stand: „... hat das Gericht ... für Recht erkannt". Früher hat man deshalb Leistungsurteile so beginnen lassen: „Der Beklagte hat an den Kläger 2000 Reichsmark zu zahlen". Aber heute würde man mit einer solchen altmodischen Formulierung Verwunderung auslösen und die Frage, ob es sich um ein Leistungsurteil oder um ein Feststellungsurteil handele.

Zahlungsurteile sind am leichtesten zu tenorieren: Der Beklagte wird verurteilt, an den Kläger 2500 € oder 3000 US Dollar zu zahlen. Furtner (S. 113ff.) formuliert allenthalben: „... DM zu *bezahlen*"; aber bezahlt wird der Kaufgegenstand, der Preis wird **ge**zahlt.

200

Einen typischen Fehler beim Zahlungsurteil zeigt dieses Beispiel.

201

Fall: Ein Kläger hat mit seiner 2007 eingereichten Klage beantragt, den Beklagten zur Zahlung von 200.000 $ nebst 10 % Zinsen seit dem 1. Januar 2006 abzüglich am 30. Juni 2006 gezahlter 50.000 $ und am 31.12 2006 gezahlter 50.000 $ zu verurteilen.

Der Richter findet das umständlich und fängt an zu rechnen: Er zieht die zwei geleisteten Raten von jeweils 50.000 $ einfach ab und verurteilt den Beklagten zur Zahlung von 100.000 $ nebst 10 % Zinsen seit dem 1.1.2006. Damit bleibt er hinter dem Antrag zurück und hinter dem, was dem Kläger zusteht. Die umständlich erscheinende Antragsformulierung hat § 367 Abs. 1 BGB im Sinn. Der Kläger will erreichen, dass die Teilzahlungen gemäß dieser Vorschrift zunächst auf die jeweils aufgelaufenen Zinsen angerechnet werden und erst mit dem Restbetrag auf die Hauptsumme. Der voreilige Richter indes hat dem Kläger per 31.12.2006 eigenmächtig 8.000 $ vorenthalten, ohne es zu merken und ohne es zu tenorieren. Er hätte besser daran getan, den Klageantrag ins Urteil zu übernehmen, falls die Ausgangsforderung mit 200.000 $ nebst Zinsen seit dem 1.1.2006 zutraf, und die Berechnung der am Ende beizutreibenden Summe, wie üblich, dem Gerichtsvollzieher überlassen.

Furtner hält es in manchen Fällen für angebracht, insbesondere im Leistungsurteil den Gegenstand des Streites erkennen zu lassen. So empfiehlt er (S. 118) bei Urteilen auf Schadensersatz wegen einer vorsätzlichen unerlaub-

202

Die Abfassung des Urteils

ten Handlung eben diesen Verurteilungsgrund in den Tenor aufzunehmen, und zwar mit Rücksicht auf das Gläubigerprivileg in § 850f Abs. 2. Die herrschende Praxis folgt dem nicht, und zwar aus gutem Grunde: Der unehrenhafte Verurteilungsgrund braucht nicht jedem erkennbar zu sein, und der, den es interessiert, kann ihn den Entscheidungsgründen entnehmen (vgl. Baumbach/Hartmann § 850f Rdnr. 10 f.). Es sollte der Tenor auch nicht ausweisen, dass die Verurteilung zur Zahlung auf der Minderung eines bestimmten Vertragspreises beruht (so aber Furtner S. 124).

Hingegen ist es sinnvoll, wenn auch nicht unbedingt nötig, bei einer Klageabweisung mangels Fälligkeit diesen Grund schon im Tenor mitzuteilen (BGH NJW 2005, 3638; s. auch Rdnr. 233):

„Die Klage wird als zur Zeit unbegründet abgewiesen."

6.10 Resturteil

Definition

203 Der Ausdruck Resturteil ist ungebräuchlich. Er meint Urteile in Rechtsstreiten, in denen ein Teil des ursprünglichen Streitgegenstands nicht – wie beim Schlussurteil – durch ein Teilurteil abgeschichtet worden ist, sondern durch eine Prozesshandlung der Parteien: Teilklagerücknahme, Teilerledigungserklärung und Teilvergleich.

Einfluss der Abschichtung auf den Tenor zur Hauptsache

Erster Rechtszug

204 Auf den Tenor zur Hauptsache hat eine Abschichtung durch die Parteien grundsätzlich keinen Einfluss. Auch soweit die Restklage abgewiesen wird, genügt im ersten Rechtszug der Tenor:

„Die Klage wird abgewiesen."

Der Zusatz *„soweit die Klägerin die Klage nicht zurückgenommen hat"* ist überflüssig, denn im Umfang der Teilrücknahme gibt es keine Klage mehr, ist die Rechtshängigkeit ex tunc erloschen (§ 269 Abs. 3 S. 1). Das gleiche gilt für eine Teilerledigungserklärung, die ebenfalls – mit Wirkung ex nunc – die Rechtshängigkeit des erledigten Anspruchsteils enden lässt (BGH NJW 1999, 1336). Eine entsprechende Wirkung hat auch der Teilvergleich.

Zweiter Rechtszug

205 Auch im zweiten Rechtszug hat eine Abschichtung, die schon im ersten Rechtszug geschehen ist, auf den Hauptsachetenor keinen Einfluss.

Wird allerdings vom Kläger und Berufungsbeklagten die Klage im zweiten Rechtszug teilweise zurückgenommen (oder teilweise für erledigt erklärt oder verglichen), so kann das den Hauptsachetenor durchaus beeinflussen. Hat die Berufung des Beklagten keinen Erfolg, so mag man sich mit einer schlichten Zurückweisung seines Rechtsmittel begnügen. Um Klarheit zu schaffen, empfiehlt es sich indessen, den Beklagten und Berufungskläger zu einem Antrag nach § 269 Abs. 4 zu veranlassen. Dann kann man tenorieren:

„Das am 15. Mai 2006 verkündete Urteil des Amtsgerichts Berchtesgaden ist wirkungslos, soweit der Beklagte zur Zahlung von mehr als 1.000 € nebst 11 % Zinsen seit dem 2. Juni 2005 verurteilt worden ist. Im übrigen wird die Berufung des Beklagten gegen dieses Urteil zurückgewiesen."

Hat die Berufung des Beklagten aber Erfolg, so wird das angefochtene Urteil nicht mehr allein auf die Berufung des Beklagten hin abgeändert und insgesamt neugefasst, weil es im Umfang der Teilklagerücknahme oder Teilerledigungserklärung kraft Gesetzes wirkungslos geworden ist (§ 269 Abs. 3 S. 1, der nach h.M. für die Erledigungserklärung entsprechend gilt).

Tenorierungsvorschläge:

„Auf die Berufung des Beklagten werden das Urteil des Amtsgerichts Berchtesgaden vom 15. Mai 2006, soweit die Parteien den Rechtsstreit nicht für erledigt erklärt haben, abgeändert und die Klage abgewiesen.

Falls ein Antrag nach § 269 Abs. 4 gestellt worden ist und die Berufung des Beklagten teilweise Erfolg hat:

„Das am 15. Mai 2006 verkündete Urteil des Amtsgerichts Berchtesgaden ist wirkungslos, soweit der Beklagte zur Zahlung von mehr als 1.000 € nebst 11 % Zinsen seit dem 2. Juni 2005 verurteilt worden ist.

Im übrigen wird unter Zurückweisung des weitergehenden Rechtsmittel des Beklagten das Urteil abgeändert und wie folgt neu gefasst. Der Beklagte wird verurteilt, an die Klägerin 600 € nebst 11 % Zinsen seit dem 2. Juni 2005 zu zahlen. Die weitergehende Klage wird abgewiesen."

Dem Berufungskläger, der sein Rechtsmittel zurücknimmt, geht dieses kraft Gesetzes verloren; das ist – ebenso wie die Kostenfolge – von Amts wegen durch Beschluss auszusprechen (§ 516 Abs. 3). Die gängige Formulierung, der Berufungskläger werde „seines am ... eingelegten Rechtsmittels für verlustig erklärt", ist nicht nur gedrechselt, altmodisch und gesetzesfern, sondern auch falsch. Der Ausspruch ist nämlich kein Gestaltungsakt, welcher durch die Formulierung „erklären für ..." gekennzeichnet wird, sondern nur die Feststellung eines schon kraft Gesetzes eingetretenen Zustandes. Ist Berufungskläger der Beklagte, mag man tenorieren:

„Der Beklagte hat sein am ... eingelegtes Rechtsmittel verloren und ist verpflichtet, die durch das Rechtsmittel verursachten Kosten zu tragen."

Wird die Berufung nur teilweise zurückgenommen, so wird man in aller Regel den Ausspruch über den Verlust des Rechtsmittels in das Urteil übernehmen; für die Kostenfolge ist das sogar zwingend (Einheitlichkeit der Kostenentscheidung, Rdnr. 92f.). Tenorierungsvorschlag:

„Auf die Berufung des Klägers wird das angefochtene Urteil teilweise abgeändert. Der Beklagte wird verurteilt, an den Kläger 14.000 € nebst Zinsen in Höhe von 5 Prozentpunkten über dem Basiszinssatz seit dem 14. Februar 2006 zu zahlen. Sein weitergehendes Rechtsmittel vom 3. Juni 2007 hat der Kläger verloren."

Kostenentscheidung im Resturteil

207   Die Kostenentscheidung in allen Resturteilen ist eine gemischte (vgl. Rdnr. 100). Ist in dem Urteil nur noch über die Kosten zu entscheiden, kann es ohne mündliche Verhandlung ergehen (§ 128 Abs. 2).

6.11 Teilurteil

208   Ein Teilurteil darf – und dagegen wird sehr häufig verstoßen – nur dann erlassen werden, wenn es durch die Entscheidung über den Rest nicht mehr tangiert werden kann und die Gefahr widersprüchlicher Entscheidungen ausgeschlossen ist (BGH NJW 2001, 155; 2004, 1452). Die Problematik ist hier die gleiche wie beim Grundurteil. Deshalb wird auf Rdnr. 197 und die dort angegebene Rechtsprechung verwiesen. Dem Anliegen, widersprüchliche Entscheidungen zu vermeiden, entspricht jetzt § 301 Abs. 1 S. 2: „Über einen Teil eines einheitlichen Anspruchs, der nach Grund und Höhe streitig ist, kann durch Teilurteil nur entschieden werden, wenn zugleich ein Grundurteil über den Rest des Anspruchs ergeht." So kann nicht eine Forderung zu 50 % zuerkannt werden, wenn das Gericht meint, in dieser Höhe werde der Kläger mindestens obsiegen; es ist nämlich nicht auszuschließen, dass später, wenn es um den Restbetrag geht, das Gericht in anderer Besetzung oder das Rechtsmittelgericht schon den Grund des Anspruchs verneint, und dann gibt es über die nämliche Forderung zwei Urteile, die sich nicht miteinander vereinbaren lassen. Wenn aus demselben Schadensereignis mehrere Einzelansprüche erwachsen – z.B. auf Ersatz von Sachschaden, Verdienstausfall und Heilungskosten, auf Schmerzensgeld –, kann man nicht einen von ihnen durch Teilurteil ohne Grundurteil über den Rest zuerkennen. Wohl dürfte die isolierte Abweisung eines Anspruchsteils z.B. mangels Kausalzusammenhangs zulässig sein, wenn auch wenig sinnvoll (s. Rdnr. 209).

Vermutlich weil unzulässige Teilurteile in den letzten Jahren überhand genommen haben, führt die ZPO-Novelle von 2001 die Unzulässigkeit des Teilurteils nunmehr als absoluten Aufhebungsgrund ein, und zwar als einzigen (§ 538 Abs. 2 S. 1 Nr. 7, S. 3).

Selbst zulässige Teilurteile sind selten zweckmäßig. Manche Gerichte scheinen Teilurteile allein zu dem Zweck zu erlassen, den umfangreichen Fall ins Rechtsmittel und damit vom Tisch zu bekommen. So mutet es als Missbrauch des § 301 an, wenn ein Erstgericht eine Klage teilweise abweist, also niemandem einen Titel gewährt, nicht einmal mehr einen Kostentitel. Ein klageabweisendes Teilurteil erscheint nur dann tolerabel, wenn damit einer von mehreren Beklagten aus dem Prozess ausscheidet; dessen außergerichtliche Kosten können und müssen dann dem Kläger schon im Teilurteil auferlegt werden.

209

Auch einen Anspruch zuerkennende Teilurteile können wenig sinnvoll sein, z.B. wenn sie nur Minimalforderungen zuerkennen, die gerade die Berufungssumme erreichen. Mit Prozessökonomie hat das nichts zu tun. Wirtschaftlicher wäre es, wenn das Erstgericht einen Fall, in dem es einmal „drin ist", zuende bearbeitet und sich nicht selber der Gefahr aussetzt, sich in den zwischenzeitlich vergessenen Komplex wieder einarbeiten zu müssen, wenn die Sache nach Monaten oder Jahren aus der Rechtsmittelinstanz zurückkehrt.

6.12 Unterlassungsurteil

Das Unterlassungsurteil ist ein Leistungsurteil. Deshalb kann man tenorieren:

210

„Der Beklagte wird verurteilt, die Behauptung zu unterlassen, ..."

Einfacher und üblich ist die Version

„Dem Beklagten wird verboten, zu behaupten, ..." oder

„Dem Beklagten wird untersagt, zu behaupten, ...".

Ähnlich wie Duldungstitel beinhaltet auch das Unterlassungsurteil eine oft weitreichende Gestaltung künftiger Verhältnisse. Deshalb kommt es hier in besonderem Maße auf Ausführlichkeit und Genauigkeit an. Vor allem muss das Verbot konkret gefasst sein. Es genügt also keinesfalls – eine darauf gerichtete Klage wäre unzulässig –, eine Handlung zu verbieten, wie sie im Gesetz abstrakt formuliert ist, etwa (vgl. §§ 823 Abs. 2 BGB, 185 StGB):

211

„Der Beklagten wird verboten, die Klägerin zu beleidigen."

Stattdessen ist eine bestimmte Handlung zu verbieten. Leitet sich die Begehungsgefahr aus einer Vortat ab (Wiederholungsgefahr), dann nimmt man am besten eben diese Vortat in den Tenor auf:

„Der Beklagten wird verboten, gegenüber der Klägerin und Dritten zu äußern, die Klägerin sei eine Schlampe."

Um den Umfang des Verbotes genau zu beschreiben, wird in Sachen des unlauteren Wettbewerbs zum Beispiel dem Tenor eine Ablichtung derjenigen Werbeaussage (z.B. Zeitungsanzeige) eingefügt, die zu wiederholen dem

Die Abfassung des Urteils

Beklagten untersagt wird. In Patentsachen wird das verletzte Patent im Tenor oft seitenlang beschrieben. In Geschmacksmustersachen pflegt man in den Urteilstenor gern Farbphotos der geschützten Muster oder Modelle einzukleben. Eine weitgehende Spezifizierung des Tenors fordert auch § 9 UKlaG.

Die Zuspitzung des Tenors auf eine genau umschriebene Handlung verkürzt den Rechtsschutz des Klägers nicht, lässt dem Beklagten jedenfalls kein Schlupfloch. Der Schutzumfang des Unterlassungstitels erstreckt sich nämlich auf alle Verletzungshandlungen, die der Verkehr als gleichwertig ansieht und bei denen die Abweichungen den Kern der Verletzungshandlung unberührt lassen (sog. Kerntheorie; vgl. z.B. Baumbach/Hartmann § 890 Rdnr. 4, Zöller/Stöber § 890 Rdnr. 3a). Mit „Schlampe" wird also zugleich die Titulierung „liederliches Weibsstück" verboten. Deshalb ist es überflüssig – wenn auch nicht schädlich –, einem Behauptungsverbot hinzuzusetzen, die Behauptung dürfe „auch nicht sinngemäß" aufgestellt werden.

Über den Schutzumfang eines Unterlassungstitels kann es nach der Kerntheorie leicht zum Streit kommen. Ob eine bestimmte Verhaltensweise gegen das Urteil verstößt, ist im Vollstreckungsverfahren zu klären. Der Gesetzgeber hat aber in weiser Voraussicht zum Vollstreckungsorgan das Prozessgericht gemacht (§ 890 Abs. 1). Für die Auslegung des Tenors, für die Definition des Schutzumfangs ist niemand so kompetent wie das Prozessgericht.

212 Vollstreckt werden Urteile auf Unterlassung durch Verhängung eines Ordnungsmittels, das dem Schuldner angedroht worden sein muss. Die Androhung kann bereits in dem Urteil enthalten sein (§ 890 Abs. 1 S. 2). In der Regel geschieht das auch. Dann stößt man meist auf eine Formulierung wie diese:

> „Der Beklagte wird *bei Meidung eines Ordnungsgeldes* von bis zu 250.000 €, ersatzweise Ordnungshaft bis zu 6 Monaten Dauer, *verurteilt*, zu unterlassen, …"

Das klingt altertümlich und verstaubt. Der schlichte Bürger, zur Unterlassung einer ehrenrührigen Behauptung verurteilt, liest „bei Meidung" und hält die Justiz für abständig. Davon abgesehen, ist der zitierte Tenor auch sachlich falsch. Wenn man schon „bei Meidung" schreibt, dann muss man es in den richtigen Satzteil bringen: Es wird nicht der Beklagte *„bei Meidung" verurteilt*, sondern er soll etwas „bei Meidung" von Ordnungsmitteln unterlassen. Man sollte überhaupt den guten Gesetzeswortlaut nicht durch eine schlechte Formulierung ersetzen und diese auch noch falsch platzieren. Klarer und eindrucksvoller schreibt man:

> „Für jeden Fall der Zuwiderhandlung werden dem Beklagten ein Ordnungsgeld … und Ordnungshaft … angedroht."

Bei der Androhung muss es „und" heißen und nicht „*oder*", denn angedroht werden beide Ordnungsmittel.

6.13 Urkunden- und Wechselurteile

Kaum ein Prozessgebiet ist so schillernd wie der Urkunden- und Wechselprozess (dem der Scheckprozess entspricht). Es sind mehrere Urteilsformen möglich.   213

Ist das Klagevorbringen, wie es sich aus Schriftsatz und Urkunde ergibt, nicht schlüssig – die Forderung nicht fällig oder der Vertrag sittenwidrig –, dann wird die Klage, weil unbegründet, abgewiesen (§ 597 Abs. 1). Die Eigenschaft des Verfahrens als Urkundenprozess wirkt sich nicht aus.   214

Der Urkundenprozess hat gemäß § 592 zur besonderen Sachentscheidungsvoraussetzung, dass der Kläger die sämtlichen zur Begründung des Klageanspruchs erforderlichen Tatsachen durch Urkunden belegt, die der Klageschrift oder einem vorbereitenden Schriftsatz in Urschrift oder Abschrift beigefügt sein müssen. Ausgenommen davon sind die Echtheit der Urkunde, bei einem Inhaberpapier der Besitz des Klägers an der Urkunde (der Besitz wird spätestens im Termin durch Vorlage des Originals bewiesen), im Wechsel- und Scheckprozess die Vorlage der Urkunde zur Zahlung (der Beweis kann durch Parteivernehmung geführt werden), die die Nebenforderungen begründenden Tatsachen (die nur glaubhaft zu machen sind, § 605) und die Gegeneinredetatsachen. Unnötig sind Urkunden auch, soweit Tatsachen offenkundig sind oder wenn der Beklagte den Anspruch anerkennt.   215

Das Fehlen einer nötigen Urkunde kann durch ein gemäß § 331 Abs. 1 unterstelltes Zugeständnis des säumigen Beklagten nicht ersetzt werden (so ausdrücklich § 597 Abs. 2), weil es sich um eine besondere Sachentscheidungsvoraussetzung handelt. Folgerichtig kann den Vorlegungsmangel auch ein Nichtbestreiten durch den verhandelnden Beklagten nicht heilen (so MüKo/Braun § 592 Rdnr. 13f. mit beachtlichen Argumenten). Das wird allerdings von der h.M. und BGH NJW 1974, 1199 anders gesehen.

Die Urkunden brauchen die klagebegründenden Tatsachen nicht unmittelbar auszuweisen; es genügt, dass sich mit ihnen ein Indizienbeweis aufbauen lässt (§ 592; BGH NJW 1985, 2953).

Fehlt es an einer zum Beweise nötigen Urkunde, dann wird – Schlüssigkeit des Klagevortrags unterstellt – gemäß § 597 Abs. 2

    die Klage als in der gewählten Prozessart unstatthaft abgewiesen.

Bevor es abweist, muss das Gericht den Kläger allerdings auf den Mangel hinweisen und ihm Gelegenheit geben, die gewählte Prozessart aufzugeben und ins normale Verfahren überzugehen (§ 597 Abs. 2).

Die Abfassung des Urteils

216 Sind bei Schlüssigkeit des Klagevortrags die Urkunden vollständig, bestreitet der Beklagte die Echtheit der Urkunde und kann der Kläger sie nicht mit den zulässigen Mitteln (Urkundenbeweis und Parteivernehmung) beweisen, muss er, wenn er nicht ins ordentliche Verfahren übergeht, wiederum in der gewählten Prozessart abgewiesen werden.

217 Im Regelfall ist aber der Urkundeprozess statthaft, und der Streit der Parteien geht um Einreden des Beklagten. Ist sein Einredevorbringen unschlüssig, wird er im Urkundenprozess verurteilt. Dagegen gibt es nur die Berufung.

Ist das Einredevorbringen des Beklagten aber schlüssig und kann er den Beweis mit den im Urkundenprozess zugelassenen Mitteln führen, wird der Kläger, der keine Gegeneinreden hat, abgewiesen, wie wenn sein Vortrag unschlüssig wäre. Er kann dann in die Berufung gehen.

Kann der Beklagte sein schlüssiges Einredevorbringen nicht mit den zulässigen Mitteln beweisen, so kommt es zum Vorbehaltsurteil:

„Der Beklagte wird verurteilt, an den Kläger ... zu zahlen ... Kosten ... vollstreckbar ... Dem Beklagten bleibt die Ausführung seiner Rechte vorbehalten."

Das geschieht dann im Nachverfahren. Hier ist die Feststellung der zur Schlüssigkeit nötigen Umstände, ohne deren Vorliegen das Vorbehaltsurteil nicht ergehen konnte, bindend; dazu zählt nicht die Urkundenechtheit (s. Rdnr. 215), deren Prüfung deshalb im Nachverfahren nachgeholt werden kann (BGH NJW 2004, 1159). Zu dem Urteil im Nachverfahren vgl. im übrigen Rdnr. 153 und 236.

6.14 Versäumnisurteil

6.14.1 Versäumnisurteil im Hauptverfahren

218 Nach dem Grundmodell in §§ 330ff. kann ein Versäumnisurteil gegen jede der beiden Parteien ergehen. Mindestvoraussetzung ist immer, dass die Klage zulässig ist und dass die säumige Partei ordnungsgemäß geladen war, sofern eine Ladung nicht gemäß § 218 entbehrlich war. Außerdem ist immer der Prozessantrag des Erschienenen nötig, dass durch Versäumnisurteil entschieden werden solle. Darin liegt ein Unterschied zum Anerkenntnisverfahren.

Begriff der Säumnis

Fernbleiben

219 Unter Versäumnis versteht das Gesetz in erster Linie das Nichterscheinen der Partei und eines Vertreters in einem zur mündlichen Verhandlung bestimmten Termin (§§ 330, 331 Abs. 1 S. 1, 332). Das ist im Versäumnisverfahren der Regelfall.

Nichtverhandeln

Dem Fernbleiben vom Termin ist gleichgestellt das Nichtverhandeln der erschienenen Partei „in dem Termin" (§ 333). Wann eine Partei „nicht verhandelt", ist nicht unproblematisch. Gemäß § 137 Abs. 1 wird die mündliche Verhandlung dadurch eingeleitet, dass die Parteien ihre Anträge stellen. Darin steckt Zweierlei: Die Antragstellung ist essentiale der Verhandlung; vor Antragstellung gibt es keine Verhandlung, nur eine Erörterung (Begriff aus §§ 136 Abs. 4 und 139 Abs. 1). Andererseits erschöpft sich die Verhandlung nicht in der Antragstellung; hinzukommen muss ein Beitrag der Partei zur Sache; dieser Beitrag liegt allerdings in der Regel in einer mit der Antragstellung verbundenen stillschweigenden Bezugnahme auf die Schriftsätze (§ 137 Abs. 3). Auf dieser Grundlage muss man für die einzelnen Terminsarten unterscheiden:

220

Stellt eine Partei erstmalig einen Antrag und unterlässt die Gegenpartei einen Antrag (und auch ein Anerkenntnis), so ist sie ohne weiteres säumig. Stellt sie indes einen Gegenantrag und nimmt sie auch zur Sache Stellung – stillschweigend oder ausdrücklich –, dann kann sie nicht als säumig angesehen werden. Dieser Konsequenz, kann die Partei nicht ausweichen. Man erlebt immer wieder, dass eine Partei, nachdem die Sachverhandlung oder Beweisaufnahme ihr die Unzulänglichkeit ihres Vortrags gezeigt hat, „in die Säumnis flüchten" will, um Zeit und einen neuen Termin zu gewinnen, bis zu dem sie ihren Vortrag verbessern will. Der Anwalt sagt dann: „Ich trete nicht mehr auf." Solches Vorgehen hilft ihm jedoch nicht, wenn er sich nach vorangegangener Antragstellung „in dem Termin" bereits irgendwie zur Sache geäußert hat (BGH NJW 1974, 2322). Die Partei hat dann nun einmal verhandelt und kann dies nicht ungeschehen machen. Es muss also grundsätzlich ein kontradiktorisches Urteil ergehen. Allerdings ist an dieser Stelle eine Warnung angebracht. Beruht das Bestreben der Gegenpartei, einen neuen Termin zu erreichen, auf der Erkenntnis von durch die Verhandlung hervorgetretenen Gesichtspunkten, auf die das Gericht nach § 139 Abs. 3 rechtzeitig vor dem Termin hätte hinweisen müssen, so darf auf solche Gesichtspunkte das Urteil nicht gestützt werden (§ 139 Abs. 2). Die Verhandlung ist also nötigenfalls zu vertagen (§ 227 Abs. 1 S. 1).

221

Sind die Anträge einmal gestellt, so brauchen sie in einem Folgetermin nicht wiederholt zu werden: Grundsatz der Einheitlichkeit der mündlichen Verhandlung. Wird also in einem Folgetermin von einer Partei kein Antrag mehr gestellt, so liegt darin noch kein Nichtverhandeln im Sinne des § 333. Dann kann es nur darauf ankommen, ob sie stillschweigend oder ausdrücklich zur Sache vorträgt. Hat sie das getan, dann kann sie auch hier durch die Erklärung, sie wolle nicht mehr auftreten, nachträglich keine Säumnis mehr herbeiführen. Um mit einer nicht erschienenen Partei gleichgestellt zu wer-

222

den, müsste sie eine derartige Erklärung sogleich zu Beginn des Termins abgeben – „heute sage ich kein Wort mehr!" – und dann schweigen (vgl. Zöller/Herget § 333 Rdnr. 1; str.).

Säumnisfolgen

223   Ist der ordentlich geladene Kläger säumig, so ergeht gegen ihn Versäumnisurteil allein aufgrund seiner Säumnis (§ 330). Das gleiche gilt für den Berufungskläger (§ 539 Abs. 1).

Ist hingegen der Beklagte säumig, so darf gegen ihn Versäumnisurteil nur ergehen, wenn die Klage zulässig und das Klagevorbringen schlüssig ist (§ 331 Abs. 2; Urbild der Schlüssigkeitsprüfung). Dabei dürfen nur diejenigen Anträge und Klagebehauptungen berücksichtigt werden, die dem Beklagten rechtzeitig mittels Schriftsatzes mitgeteilt waren (§ 335 Nr. 3). Entsprechendes gilt wiederum für den Rechtsmittelbeklagten (§ 539 Abs. 2).

Die erschienene Partei kann statt eines Versäumnisurteils auch ein Urteil nach Lage der Akten beantragen, falls in einem früheren Termin schon einmal verhandelt worden ist und die Sache spruchreif erscheint (§§ 331a, 251a Abs. 2). Dann ist Urteilsgrundlage der Akteninhalt: die beiderseitigen Schriftsätze nebst Urkunden und die Verhandlungs- und Beweisaufnahmeprotokolle. Das Urteil beendet die Instanz, es gibt also keinen Einspruch, sondern nur die Berufung. Vor Überraschungen wird die nicht erschienene Partei, welche zunächst nur mit einem Versäumnisurteil rechnen musste, durch die Regularien des § 251a Abs. 2 geschützt. Das Urteil kann auch zum Nachteil der erschienenen Partei ergehen. Zuvor müsste das Gericht sie jedoch auf diese Gefahr hinweisen (§ 139). Aus diesen Gründen sich Urteile nach § 331a sehr selten geworden.

Sind beide Parteien säumig, darf u. U. ebenfalls ein Urteil nach Lage der Akten ergehen (§ 251a Abs. 1).

224   Ist bei Säumnis des Beklagten die Klage unzulässig und ist der Mangel unbehebbar (andernfalls ist zu vertagen, § 335 Abs. 1 Nr. 1, Abs. 2), so wird die Klage als unzulässig abgewiesen. Wenn sich bei der Sachprüfung der Klagevortrag als unschlüssig erweist, wird die Klage wegen Unbegründetheit abgewiesen. In beiden Fällen handelt es sich um ein kontradiktorisches Urteil. Es ergeht, ohne dass der – nicht erschienene oder nicht verhandelnde – Beklagte die Klageabweisung beantragt hat. Es ist nicht mit dem Einspruch, sondern nur mit der Berufung anzufechten (vgl. BGH NJW 2001, 2095). Meist wird es „unechtes Versäumnisurteil" genannt. Diesen Ausdruck sollte man jedoch aus dem juristischen Wortschatz tilgen, er ist in sich widersprüchlich und irreführend. Ein „unechtes Versäumnisurteil" ist eben kein Versäumnisurteil so wie „unechtes Gold" kein Gold ist.

6.14.2 Versäumnisurteil im schriftlichen Vorverfahren

Hier kann ein Versäumnisurteil nur gegen den Beklagten ergehen. Es ist also immer eine Schlüssigkeitsprüfung nötig. Wie auch sonst muss der Kläger einen entsprechenden Prozessantrag stellen; das kann er schon in der Klageschrift tun (§ 331 Abs. 3 S. 2). Die Säumnisfolgen treten ein, wenn der Beklagte nach ordentlicher Fristsetzung nebst Belehrung über die Versäumnisfolgen (§ 276 Abs. 1 S. 2, Abs. 2) keine Verteidigungsbereitschaft anzeigt und dies auch nicht bis zur Hinausgabe des Urteils an die Geschäftsstelle nachholt (§ 331 Abs. 3).

225

Das Urteil ergeht „auf Antrag ohne mündliche Verhandlung". In der Vorauflage wurde im Anschluss an Baumbach/Hartmann (58. Aufl., § 331 Rdnr. 24) die Auffassung vertreten, das Urteil dürfe – bei Unzulässigkeit der Klage oder Unschlüssigkeit des Klagevortrags – kontradiktorisch auch gegen den Kläger ergehen. Die Neufassung des § 331 Abs. 3 lässt dies in S. 3 nur für eine Nebenentscheidung zu und dies auch nur, wenn das Gericht den Kläger vorher gewarnt hat.

6.14.3 Einspruchsverfahren

Unzulässiger Einspruch

Gegen das Versäumnisurteil ist grundsätzlich nicht die Berufung, sondern der Einspruch gegeben. Er muss binnen zwei Wochen nach Urteilszustellung eingelegt werden. Wenn der Einspruch – z.B. wegen Fristversäumung – nicht zulässig ist,

226

wird der Einspruch als unzulässig verworfen

(§ 341 Abs. 1 S. 2). Entsprechendes gilt für den Vollstreckungsbescheid, welcher dem Versäumnisurteil gleichsteht (§ 700 Abs. 1).

Erneute Säumnis

Wenn der Säumige in dem auf den Einspruch hin anberaumten Verhandlungstermin nicht erscheint, ergeht gegen ihn auf Antrag das sog. zweite Versäumnisurteil (§ 345). Dessen Erlass steht es nicht entgegen, wenn nach dem Einspruch und vor diesem Verhandlungstermin eine Vertagung stattgefunden hat, wohl aber, wenn zwischen Einspruch und der zweiten Säumnis verhandelt worden ist.

227

Gemäß § 700 Abs. 1 steht der Vollstreckungsbescheid einem Versäumnisurteil gleich. Deshalb ergeht ein zweites Versäumnisurteil im technischen Sinne, wenn der Beklagte in dem Termin nicht erscheint, der auf seinen Einspruch gegen den Vollstreckungsbescheid anberaumt worden ist.

Das zweite Versäumnisurteil wird gemäß § 345 – ähnlich wie bei Unzulässigkeit des Einspruchs nach § 341 – so tenoriert:

„Der Einspruch des Beklagten gegen das Versäumnisurteil vom 16. April 2007 wird verworfen."

Gegen das zweite Versäumnisurteil gibt es keinen Einspruch mehr (§ 345), sondern nur die Berufung. Diese kann nur darauf gestützt werden, dass ein Fall der Säumnis nicht vorgelegen habe (§ 514 Abs. 2).

Beiderseitige Verhandlung über den Einspruch

228 Ist der Einspruch zulässig und verhandelt der Einsprechende, so gilt folgendes: Durch den Einspruch gegen das Versäumnisurteil bzw. den Vollstreckungsbescheid wird der Rechtsstreit zwar in die Lage zurückversetzt, in der er sich vor Eintritt der Versäumnis befand (§ 342). Das bedeutet aber nicht, dass mit dem Einspruch die Versäumnisentscheidung annulliert werde. Soweit sich das endgültige Erkenntnis mit dem Versäumnisurteil deckt, ist dieses vielmehr aufrechtzuerhalten (§ 343 Satz 1). Auf diese Weise bleibt dem Gläubiger ein Rang, den er mit einer Vollstreckung aus dem Versäumnisurteil erlangt hat, erhalten.

229 Gegen § 343 wird gelegentlich verstoßen, wenn ein Kläger ein Versäumnisurteil erreicht hat, die Klage nach Einlegung des Einspruchs erweitert und auch insoweit obsiegt. Man darf dann nach einem Versäumnisurteil etwa über 5000 € nicht tenorieren:

„*Unter Aufhebung des Versäumnisurteils* wird der Beklagte zur Zahlung von 6000 € verurteilt."

Es muss vielmehr heißen:

„Das Versäumnisurteil vom 16. April 2007 wird aufrechterhalten. Der Beklagte wird verurteilt, an den Kläger weitere 1000 € zu zahlen."

Oder:

„Unter Aufrechterhaltung und Einbeziehung des Versäumnisurteils ... wird der Beklagte verurteilt, an den Kläger 6000 € zu zahlen."

Natürlich darf das Versäumnisurteil auch nicht dann insgesamt aufgehoben werden, wenn es sich auf den Einspruch hin nur zum Teil als gerechtfertigt erweist. Es ist dann zu tenorieren:

„Das Versäumnisurteil ... wird in Höhe von 3000 € nebst 4 % Zinsen ... aufrecht erhalten. Im übrigen werden das Versäumnisurteil aufgehoben und die Klage abgewiesen."

Wenn der Säumige am Ende zumindest mit einem Teil obsiegt, so dass 230
Kosten dem Gegner aufzuerlegen sind, so sind die durch die Säumnis entstandenen Mehrkosten nach § 344 auszugrenzen; es ist dann zu tenorieren:

„Die Kosten des Rechtsstreites werden gegeneinander aufgehoben mit Ausnahme derjenigen Kosten, die durch die Säumnis des Klägers im Termin vom 14. Februar 2007 entstanden sind; diese hat der Kläger allein zu tragen."

Nach einem Vollstreckungsbescheid:

„Die Kosten des Rechtsstreits fallen dem Kläger zur Last mit Ausnahme der Kosten, die durch die Versäumung rechtzeitigen Widerspruchs gegen den Mahnbescheid entstanden sind; diese hat der Beklagte zu tragen."

Nicht so gut ist die Formulierung:

„Der Kläger hat die *Kosten seiner Säumnis* zu tragen."

Die Säumnis hat nämlich nichts gekostet. Ebenso unrichtig ist es, dem Säumigen

„die *durch den Erlass des Vollstreckungsbescheids entstandenen Kosten*"

aufzuerlegen (so OLG Düsseldorf FamRZ 1997, 1159). Auch der Vollstreckungsbescheid hat keine Kosten verursacht.

6.15 Verzichtsurteil

Das Verzichtsurteil (§ 306) kommt selten vor. Es bietet sich an, wenn ein Kläger 231
nach Beginn der mündlichen Verhandlung seinen Anspruch nicht mehr weiterverfolgen will, der Beklagte aber seine gemäß § 269 Abs. 1 nötige Einwilligung verweigert, weil er eine Neuauflage des Prozesses befürchtet. Dieses Problem kann der Kläger lösen, indem er in der mündlichen Verhandlung zu Protokoll (§§ 160 Abs. 2 Nr. 1, 162) den Verzicht auf den Anspruch erklärt. Das hat für sich noch keinerlei Wirkung auf den Klageanspruch. Aber stellt daraufhin der Beklagte einen entsprechenden Prozessantrag, so ergeht das Verzichtsurteil mit dem Tenor

„Die Klage wird abgewiesen".

Das Verzichtsurteil ist das Spiegelbild zum Anerkenntnisurteil. Deshalb gelten hier die Ausführungen zum Anerkenntnisurteil entsprechend mit zwei Ausnahmen: Für das schriftliche Vorverfahren nach § 276 ist ein Verzichtsurteil nicht vorgesehen (der Kläger kann ja seine Klage bis zum Beginn der Verhandlung jederzeit zurücknehmen), und es gibt auch keine dem § 93 ähnliche Kostenvorschrift.

Zum Verzicht in Form eines Anerkenntnisses im Berufungsverfahren wird auf Rdnr. 179 verwiesen.

6.16 Vollstreckungsabwehrurteil

232 Ein Beklagter hat sich gegenüber einem Bauträger in notarieller Urkunde der sofortigen Zwangsvollstreckung wegen eines Betrages von 100.000 € unterworfen. 80.000 € sind bereits gezahlt. Der Bauträger will von seiner – insgesamt fälligen – Restforderung von 20.000 € einen weiteren Teilbetrag von 10.000 € beitreiben. Der Kläger hat primär gegen den Teilbetrag von 10.000 €, im übrigen gegen den Restbetrag mit einer Forderung in Höhe von 11.000 € aufgerechnet. Aus Anlass der konkreten Vollstreckungseinleitung klagt er mit dem Antrage,

„die Zwangsvollstreckung aus der vollstreckbaren Urkunde URNr. 234/00 des Notars Dr. Gebhard in Lübeck vom 12. Februar 2007 für unzulässig zu erklären."

Das ist zwar, bezogen auf den Klageanlass, richtig, aber so darf das Urteil, falls der Kläger Recht hat, nicht tenorieren. Es würde dann nämlich dem Beklagten die Beitreibung der restlichen 10.000 € verbieten, obwohl er diesen Betrag (noch) gar nicht beitreiben will. Also muss man tenorieren:

„Die Zwangsvollstreckung aus der vollstreckbaren Urkunde URNr. 234/00 des Notars Dr. Gebhardt aus Lübeck vom 12. Februar 2007 wird für unzulässig erklärt, soweit 10.000 € beigetrieben werden sollen."

Diese Tenorierung lässt dem Beklagten die Beitreibung der restlichen 10.000 € offen, ohne über deren Rechtmäßigkeit schon zu entscheiden.

233 Falls ein Betrag, der beigetrieben werden soll, noch nicht fällig ist, kann wiederum die Zwangsvollstreckung nicht schlechthin für unzulässig erklärt werden. Es müsste vielmehr auf entsprechenden Antrag entschieden werden (s. auch Rdnr. 202):

„Die Zwangsvollstreckung ... ist derzeit unzulässig."

234 Ist die Vollstreckung wegen eines Betrages von z.B. 13.000 € nebst Zinsen etwa aufgrund einer Aufrechnung mit einer älteren Forderung über 7.500 € teilweise ungerechtfertigt, könnte tenoriert werden:

„Die Zwangsvollstreckung ... wird für unzulässig erklärt, soweit mehr als 5.500 € nebst Zinsen ... beigetrieben werden sollen."

235 Abwehrklagen nach § 767 werden regelmäßig mit einem Einstellungsantrag nach § 769 verbunden. Der daraufhin ergehende Beschluss lautet meistens so:

„Die Zwangsvollstreckung aus der notariellen Urkunde URNr. 234/00 des Notars Dr. Gebhard aus Lübeck vom 12.2.2007 *wird einstweilen eingestellt.*"

Dieser Tenor ist nicht richtig. Nicht das Prozessgericht stellt die Zwangsvollstreckung ein, sondern das Vollstreckungsorgan: der Gerichtsvollzieher, das Vollstreckungsgericht, das Grundbuchamt. Das ergibt sich z.B. aus § 775. Demgemäß hat das Prozessgericht

„anzuordnen, dass die Zwangsvollstreckung einstweilen eingestellt werde".

So steht es in allen einschlägigen Einstellungsvorschriften: §§ 707 Abs. 1 S. 1, 719 Abs. 2, 769. Die gängige Formulierung ist nur dann richtig, wenn ausnahmsweise das Prozessgericht selbst das Vollstreckungsorgan ist (§§ 888, 890).

Den Befehl an das Vollstreckungsorgan kann das Prozessgericht kürzer fassen:

„Die Zwangsvollstreckung aus der notariellen Urkunde ... ist einstweilen einzustellen."

6.17 Vorbehaltsurteil und Nachverfahren

Das Vorbehaltsurteil nach § 302 kann man so formulieren: *236*

„Der Beklagte wird verurteilt, der Klägerin ... zu zahlen. Im übrigen wird die Klage abgewiesen. Die Entscheidung über die vom Beklagten erklärte Aufrechnung bleibt vorbehalten"

Obsiegt der Kläger im Nachverfahren, so kann das Nachurteil lauten:

„Das Vorbehaltsurteil vom ... wird aufrecht erhalten. Der Vorbehalt fällt weg."

Unterliegt der Kläger, tenoriert man:

„Das Vorbehaltsurteil vom ... wird aufgehoben. Die Klage wird abgewiesen."

Im übrigen wird auf Rdnr. 153 und 217 verwiesen.

6.18 Vollstreckbarkeitserklärung im allgemeinen

Manchmal werden diese Präpositionen verwechselt: Das Urteil ist vorläufig *237* vollstreckbar „gegen Sicherheitsleistung", während die vorläufige Vollstreckung abgewendet wird „durch Sicherheitsleistung".

Die Formulierung „Sicherheitsleistung von X €" ist zu eng. Dadurch wird, *238* vom Urteilsverfasser meist ungewollt, die Sicherheitsleistung auf die Hinterlegung von Geld beschränkt. Nach § 108 Abs. 1 sind, wenn das Gericht nichts anderes anordnet, als Sicherheit auch mündelsichere Wertpapiere oder eine Bankbürgschaft zulässig. „Bankbürgschaft" im Rechtssinne sind auch die Bürgschaften der Sparkassen (§ 1 Abs. 1 Nr. 8 KWG). Es empfiehlt sich also, Sicherheitsleistung „in Höhe von X €" anzuordnen.

239 Die Abwendungsbefugnis des Schuldners kleidet mancher Richter in die Fassung:

> *„Dem Beklagten wird nachgelassen,* die Vollstreckung durch Sicherheitsleistung in Höhe von X € abzuwenden, wenn nicht der Kläger vor Beginn der Vollstreckung, Sicherheit in gleicher Höhe leistet."

Auch diese Formulierung weicht von einem schönen und klaren Gesetzeswortlaut ohne Not ab. Nach dem Gesetz muss es schlicht heißen:

> „Der Beklagte darf die Vollstreckung ... abwenden, wenn nicht der Gläubiger vor der Vollstreckung Sicherheit ... leistet."

240 Lautet das Urteil, wie üblich, auf Zahlung einer Geldsumme, dann ist nicht zu tenorieren, dass der Schuldner die Vollstreckung durch Sicherheitsleistung *„oder Hinterlegung"* abwenden dürfe. Die normale Sicherheitsleistung des § 108 besteht ja bereits in dieser Hinterlegung (von Bargeld oder Wertpapieren). Wenn § 711 trotzdem die Hinterlegung besonders erwähnt, so ist das kein Versehen. Die Vorschrift meint vielmehr nur diejenigen Fälle, in denen der Schuldner eine Sache herauszugeben hat; diese soll er hinterlegen dürfen.

6.19 Urteil auf Abgabe einer Willenserklärung

241 Die Problematik der richtigen Tenorierung ist schon unter Rdnr. 6 f. angesprochen; darauf wird verwiesen. Zur Vertiefung noch ein Beispiel.

Ein Taxifahrer beantragt,

> die verklagte Taxigenossenschaft zu verurteilen, *mit ihm einen Vertrag über den Funkvermittlungsdienst der Beklagten abzuschließen.*

Ein Urteil, das diesen Text in den Tenor übernimmt, ist nichts wert. Der Kläger hat auf richterlichen Hinweis hin nunmehr ein Vertragsmuster vorgelegt, das 17 Seiten umfasst.

Der Tenor muss lauten:

> „Die Beklagte wird verurteilt, den folgenden Vertragsantrag des Klägers anzunehmen: ..."

Hinter dem Wort „anzunehmen:" ist der gesamte Vertragstext im Tenor wiederzugeben; bei den heutigen technischen Möglichkeiten der Fotokopie macht das keine Schwierigkeiten. Statt dessen kann man auch an der genannten Stelle des Tenors auf die „Anlage zu diesem Urteil" verweisen; die Urteilsanlage mit dem Vertragstext, den die Beklagte annehmen soll, muss dann aber fest mit dem Urteil verbunden sein. Elegant ist diese Lösung nicht. Sie ist auch mit der Gefahr verbunden, dass die Geschäftstelle bei der Herstellung der vollstreckbaren Ausfertigung die Anlage übersieht und nicht als Urteilsbestandteil beiheftet.

Müssen nach der vom Gericht vorzunehmenden Rechtsprüfung einige der vom Kläger angetragenen Klauseln von der Beklagten nicht angenommen werden, so müssen sie aus dem Vertragstext entfernt werden (was in den Entscheidungsgründen zu rechtfertigen ist). Im Tenor wird dann „die Klage im übrigen abgewiesen."

6.20 Zinsausspruch

Man trifft immer wieder auf Urteile, in denen „4 % Zinsen ab Rechtshängigkeit" zuerkannt werden. Abgesehen davon, dass die Rechtshängigkeit kein Ereignis ist, mit welchem man einen Zeitablauf beginnen lassen könnte (das Gesetz spricht richtig vom „Eintritt der Rechtshängigkeit"), kann der Kläger mit einem solchen Zinsurteil nichts anfangen: Der Gerichtsvollzieher wird die Zinsen nicht berechnen können. Der Richter muss sich also schon die Mühe machen, den Tag, an dem die Rechtshängigkeit eingetreten ist, aus den Akten herauszusuchen und in sein Urteil einzusetzen.

242

Oft wird zwischen Prozent und Prozentpunkten nicht unterschieden. Der gesetzliche Zinssatz (§ 288 Abs. 1 BGB) liegt 5 Prozentpunkte über dem Basiszinssatz; bei einem Basiszinssatz von 3 % sind das im Ergebnis 8 %. Unrichtig ist dann die Zuerkennung von

„*5 % Zinsen über dem Basiszinssatz*",

denn das wären insgesamt nur 5,25 %. Wiederum hält man sich besser an den Gesetzeswortlaut (§ 288 Abs. 1 S. 2 BGB) und erkennt zu

„Zinsen in Höhe von 5 Prozentpunkten über dem Basiszinssatz".

Den Basiszinssatz braucht man nicht wie in § 288 Abs. 1 BGB näher zu umschreiben: Jeder, insbesondere der Gerichtsvollzieher, weiß, was damit gemeint ist.

Nicht richtig ist es, den zur Zeit der Urteilsverkündung veröffentlichen Basiszinssatz – z.B. 2,25 % – zu ermitteln, 5 Prozentpunkte aufzuschlagen und dann *7,25 % Zinsen* zuzuerkennen. Nach § 288 Abs. 1 S. 2 BGB stehen dem Gläubiger Zinsen in Höhe von 5 Prozentpunkten über dem jeweiligen Basiszinssatz zu. Deshalb muss auch das Urteil Zinsen in gleitender Höhe zuerkennen. Dadurch wird das Urteil nicht unbestimmt, denn der jeweilige Basiszins wird amtlich veröffentlicht und wird vom Gerichtsvollzieher laufend beobachtet.

Selbstverständlich sind mit Zinsansprüchen immer Jahreszinsen gemeint, wie sich unschwer aus der Nennung eines Verzinsungsbeginns ergibt.

6.21 Urteile auf Leistung „Zug um Zug"

243 Die Geltendmachung eines Zurückbehaltungsrechts durch den Beklagten und seine Einrede des nicht erfüllten Vertrages führt, so sie begründet sind, zu seiner Verurteilung „Zug um Zug" (§§ 274 Abs. 1, 322 BGB). Das Leistungsverweigerungsrecht wird oft nur en passant im Fließtext der Klageerwiderung ausgeübt. Genau genommen, bedarf es aber eines Antrages. Soll dieser Antrag nach § 253 Abs. 2 Nr. 2 bestimmt genug sein, so muss die Beschreibung der Gegenleistung so genau sein, dass sie zum Gegenstand einer Leistungsklage gemacht werden könnte (BGH NJW 1993, 324, 325). Das gilt erst recht für das Urteil. Das Vollstreckungsorgan muss bei der Vollstreckung des Titels unschwer feststellen können, ob die Gegenleistung, die es für den Gläubiger dem Schuldner anbietet, dem Urteil entspricht (vgl. § 756). Deshalb müssen dort die Gegenstände des Zurückbehaltungsrechts so genau bezeichnet sein, als wären sie selber unmittelbarer Gegenstand der Zwangsvollstreckung. Eine Kammer für Handelssachen verurteilt die Beklagte,

„an die Klägerin 98.360 € nebst Zinsen in Höhe von 8 Prozentpunkten über dem Basiszinssatz seit dem 3. 4. 2007 zu zahlen Zug um Zug gegen Auslieferung und Übereignung von 140t feuerverzinktem Spaltband *gemäß der Auftragsbestätigung vom 3. 2. 2006.*"

Dieses Urteil ist nicht vollstreckungsfähig (vgl. BGH a.a.O.). Die Gegenleistung ist im Urteil nicht definiert. Ihre Beschreibung befindet sich in irgendeinem Schriftstück außerhalb des Urteilsspruchs, das dem Vollstreckungsorgan nicht zugänglich ist. Das Gericht hätte entweder der Auftragsbestätigung eine nähere Warenumschreibung entnehmen und diese in den Tenor setzen oder eine Kopie der Auftragsbestätigung, soweit sie die Waren beschreibt, als fest verbundene Anlage zum Urteil nehmen müssen.

Das Problem stellt sich allerdings nicht, wenn das Gericht die Verurteilung zur Leistung Zug um Zug mit einer Feststellung des Annahmeverzuges der Beklagten verbindet, falls die Klägerin dies (spontan oder auf hilfreichen Hinweis hin) beantragt: Dann ergibt sich die Erfüllung der Vollstreckungsvoraussetzung schon aus dem Urteil (vgl. § 756); eine solche Feststellung drängt sich im zitierten Fall schon deshalb auf, weil der Gerichtsvollzieher nur ungern mit sechs Lastwagen voll Spaltband zur Vollstreckung vorfahren wird.

244 Ein auf Zugewinnausgleich verklagter Ehemann möchte in erster Linie nicht zahlen, jedenfalls aber nicht, ohne dass seine Ehefrau ihm seinen PKW sowie seine Briefmarkensammlung herausgibt und ein Collier übereignet, das er ihr unter der – nicht erfüllten – Bedingung ehelicher Treue geschenkt hat. Er beantragt also,

die Klage abzuweisen,
hilfsweise, der Klage nur Zug um Zug stattzugeben.

Auch mit diesem Antrag ist nichts anzufangen, er kann im Urteil so nicht beschieden werden. Es kann auch nicht Aufgabe des Gerichts sein, sich aus den Schriftsätzen des Beklagten die Gegenstände zusammenzustellen und zu identifizieren, die er erlangen will. Sein Hilfsantrag, den das Gericht gemäß § 139 anregen muss, sollte also etwa so lauten:

> ... hilfsweise, der Klage nur stattzugeben Zug um Zug gegen
>
> > Herausgabe des PKW Mercedes Benz, Fahrgestellnummer DB 12345678;
> >
> > Herausgabe der Briefmarkensammlung „West-Berlin ab 1948", befindlich in einem rotledernen Album;
> >
> > Herausgabe eines Colliers aus Rotgold 18 ct mit ca. 12 Smaragden und einem Brillanten von ca. 0,8 ct und die Erklärung der Klägerin, dass sie mit dem Übergang des Eigentums an diesem Collier auf den Beklagten einverstanden sei.

6.22 Zulassung von Rechtsmitteln

Unter den in § 511 Abs. 4 genannten Gesichtspunkten (grundsätzliche Bedeutung der Sache, Rechtsfortbildung, Einheitlichkeit der Rechtsprechung) lässt das erstinstanzliche Gericht die Berufung zu, wenn der Wert der Beschwer (Differenz zwischen Antrag und Urteil) nicht mehr als 600 € beträgt. (Andernfalls ist die Berufung zulässig, wenn der Wert des Beschwerdegegenstandes – Differenz zwischen Urteil und Rechtsmittelantrag – 600 € übersteigt.) Diese Zulassung ist von großer Bedeutung: Von ihr hängt die Rechtsmittelfähigkeit des „kleinen" Urteils ab, und das Berufungsgericht ist an sie gebunden. Die Zulassung ist „in dem Urteil" auszusprechen. Sie gehört demnach in den Tenor. Zwingend ist das allerdings nicht, ebenso wie eine Einschränkung der tenorierten Zulassung (s.u.) in den Entscheidungsgründen stehen kann (BGH NJW 1995, 1955). In der Praxis wird manchmal die Frage der Zulassung überhaupt erst am Ende der Rechtsausführungen an der Stelle angesprochen, an der diese – wenn überhaupt – erörtert wird. Das erspart ein wenig Schreibaufwand.

Für die Revisionszulassung im Berufungsurteil gilt Entsprechendes, nur dass hier der Wert der Beschwer keine Rolle spielt.

Die Rechtsmittelzulassung muss nicht das gesamte Urteil betreffen; sie kann vielmehr auf einen Teil beschränkt werden. Indessen kann man die Zulassung nicht auf einzelne Anspruchsgrundlagen beschränken, sondern nur auf tatsächlich und rechtlich selbständige Teile des Gesamtstreitstoffs, Teile, die Gegenstand eines Teilurteils oder eines eingeschränkten Rechtsmittels sein könnten (BGH NJW 2005, 664 für die Revision).

7. Urteilsrechtfertigung: Tatbestand und Entscheidungsgründe

7.1 Entbehrlichkeit

7.1.1 Nichtkontradiktorische Urteile

246 Tatbestand und Entscheidungsgründe sind in allen Instanzen immer entbehrlich beim Verzichtsurteil und grundsätzlich entbehrlich beim Anerkenntnis- und Versäumnisurteil. Bei diesen beiden ist eine Urteilsrechtfertigung ausnahmsweise erforderlich, wenn das Urteil im Ausland geltend gemacht werden soll; fehlt sie, so läuft das Urteil Gefahr, im Ausland nicht anerkannt zu werden. Ist dieser Gesichtspunkt übersehen worden oder stellt er sich erst später heraus, ist das Urteil nachträglich zu vervollständigen (313 b Abs. 3).

Zu im Gesetz nicht erwähnten Ausnahmen von der Begründungsfreiheit vgl. Rdnr. 247.

247 Wenn nach § 313a das Gericht auf eine Urteilsrechtfertigung verzichten darf, heißt das nicht, dass es davon auch Gebrauch machen muss. Dem Richter ist es nicht verboten, ein Versäumnisurteil gegen den Beklagten mit einer Begründung zu versehen. Das ist zweckmäßig, wenn sich vermuten lässt, dass damit der Beklagte (Berufungsbeklagte), der im Termin eine Verhandlung verweigert hat, von einem Einspruch abgehalten wird, etwa wenn der Sachverhalt unbestreitbar erscheint und der Beklagte die eingeklagte Leistung aufgrund einer unrichtigen Rechtsansicht verweigern will. Eine kurze Begründung kann dem Richter auch ein nobile officium sein, wenn er von dem Beklagten darum gebeten wird, wie es im Falle des § 333 gelegentlich vorkommt.

Letztlich steht es im Ermessen des Gerichts, ob es das nichtkontradiktorische Urteil rechtfertigt (MüKo/Musielak § 313b Rdnr. 4; Stein-Jonas/Leipold 313b Rdnr. 7). Der Ermessensspielraum kann sogar ganz entfallen. So ist eine Vorenthaltung der Entscheidungsgrundlagen bedenklich, wenn ein Beklagter und Berufungskläger mit mehreren primären oder hilfsweise geltend gemachten Aufrechnungen operiert: Das Versäumnisurteil, das das Gericht ihm nach Rechtsprüfung erteilt, müsste erkennen lassen, ob und inwieweit das Urteil zur Aufrechnung gestellte Gegenforderungen konsumiert. Über die Fälle des § 313a Abs. 4 hinaus muss auch ein Anerkenntnis- oder Versäumnisurteil über künftig wiederkehrende Leistungen (Unterhalt) die Berechnungsgrundlagen enthalten, welche im Falle einer späteren Abänderungsklage feststellbar sein müssen (Maurer FamRZ 1989, 455).

Die Ermäßigung der Gerichtsgebühren von 3 auf 1 (Nr. 1211 KVGKG), von 4 auf 2 (Nr. 1222 KVGKG), von 2 auf 0,5 (Nr. 1310 KVGKG) und von 3 auf 1 (Nr. 1322 KVGKG) gilt auch dann, wenn das Urteil eine anfängliche oder später hinzugefügte Begründung enthält.

7.1.2 Kontradiktorische Urteile

Tatbestand und Tatsachenfeststellungen nach § 540 sowie Entscheidungsgründe sind beim kontradiktorischen Urteil entbehrlich, wenn es in dem Termin, in dem die Verhandlung geschlossen wurde, verkündet wird („Stuhlurteil") und beide Parteien oder, wenn nur eine von ihnen anfechten kann, diese Partei auf ein Rechtsmittel verzichtet haben oder binnen einer Woche nach Verhandlungsschluss verzichten (§ 313a Abs. 2 und 3). Das Gerichtskostengesetz belohnt die Parteien durch eine Gebührenermäßigung, wie wenn ein Anerkenntnisurteil ergangen wäre (s.o.). Mit einem Hinweis auf diesen Kostenvorteil, der manchen nicht bekannt ist, kann der Richter oft einen Verzicht der Parteien auf eine Begründung erreichen und sich damit Arbeit ersparen. *248*

Von der Entbehrlichkeit gibt es einige Ausnahmen: Auslandbezug, Ehesachen außer Scheidung, Kindschaftssachen, Unterhaltssachen u.ä. (vgl. § 313a Abs. 4). Bei nachträglicher Begründung wegen Auslandsbezugs bleibt der Kostenvorteil nach Nr. 1211 KVGKG erhalten.

Von einem Tatbestand (bzw. Tatsachenfeststellungen nach § 540) kann das Gericht absehen, wenn gegen das Urteil ein Rechtsmittel unzweifelhaft nicht zulässig ist (§§ 313a Abs. 1, 540 Abs. 2). Das trifft zu für ein erstinstanzliches Urteil, das keine der Parteien mit mehr als 600 € beschwert und eine Berufung nicht zulässt (§ 511 Abs. 2, 4), ferner für ein Berufungsurteil im Verfahren über Arrest und einstweilige Verfügung (§ 542 Abs. 2). Es trifft grundsätzlich nicht zu auf die übrigen Berufungsurteile der Oberlandesgerichte und der Landgerichte, weil über die Anfechtbarkeit auf eine Nichtzulassungsbeschwerde hin (§ 544) letztlich der Bundesgerichtshof entscheidet und kein Berufungsgericht „unzweifelhaft" voraussehen kann, wie dessen Entscheidung ausfällt, es sei denn, in der Übergangszeit bis zum 31.12.2011 muss die Revisionszulassung durch den BGH an der Wertsperre (20.000 €) nach § 26 Nr. 8 EGZPO scheitern. *249*

Ist nach diesen Vorschriften der Tatbestand entbehrlich, dann können auch die Entscheidungsgründe weggelassen werden, wenn die Parteien auf sie verzichten oder das Gericht den wesentlichen Inhalt der Gründe ins Protokoll aufnimmt (§ 313a Abs. 1 S. 2).

Wenn nach § 495a in sog. Bagatellverfahren das Gericht billiges Ermessen walten lassen kann, so liegt darin keine Entbindung von dem rechtsstaatlichen Gebot, gerichtliche Entscheidungen angemessen zu begründen (BayVerfGH NJW 2005, 3771). *250*

Die Abfassung des Urteils

7.2 Der Tatbestand

7.2.1 Begriff

251 Mit dem „Tatbestand" ist hier nicht die Summe der Tatsachen gemeint, die an den Richter für seine Entscheidung herangetragen werden (materialer Tatbestand), sondern der äußerliche Teil des Urteils, mit dem nach dem Tenor die Rechtfertigung beginnt und auf den § 313 Abs. 1 Nr. 5 und Abs. 2 sich bezieht.

252 Nach § 313 Abs. 2 S. 2 ist der Tatbestand ein Bericht über den Sach- und Streitstand. Dieser Bericht soll enthalten (S. 1 und 2)

— die von den Parteien erhobenen Ansprüche,
— die dazu vorgebrachten Angriffs- und Verteidigungsmittel,
— die gestellten Anträge,
— wegen der Einzelheiten eine Verweisung auf Schriftsätze, Protokolle und andere Unterlagen.

7.2.2 Maxime: Darstellung dem wesentlichen Inhalt nach knapp

253 Der Sach- und Streitstand soll seinem wesentlichen Inhalt nach knapp dargestellt werden. Was wesentlich ist, muss der Richter selber herausfinden. Dabei wird er sich an dem Zweck des Tatbestands orientieren und an den Bedürfnissen der Adressaten, für die er bestimmt ist.

Für Schumann (NJW 1993, 2786) ist „der sorgfältig und umfassend erarbeitete Tatbestand die beste Selbstkontrolle des Richters darüber, ob seine Entscheidungsgründe auch wirklich ein Spiegelbild des festgestellten Streitverhältnisses sind, ob er tatsächlich über alles entschieden hat, was die Parteien vorgetragen haben". Folgerichtig nennt er die Verweisung auf den Akteninhalt eine „Unsitte". Der Richter soll also den Tatbestand in erster Linie für sich selber schreiben. Diese Auffassung ist mit Entschiedenheit abzulehnen. Sie widerspricht eindeutig dem Wortlaut und Sinn des § 313 Abs. 2. Zu seiner Selbstkontrolle benötigt der Richter auch keine kostspielige Kanzleikraft, sondern nur den Spickzettel oder Aktenauszug, welchen er sich bei der Erarbeitung der Akten anzulegen pflegt.

Gewiss ist Adressat des Tatbestandes (auch) das Rechtsmittelgericht. Das ist daraus zu folgern, dass der Tatbestand in nicht anfechtbaren Entscheidungen weggelassen werden kann. Man darf das Interesse des Rechtsmittelgerichts am Tatbestand aber nicht überbewerten. Er soll ihm nur einen ersten Überblick vermitteln. Das Berufungsgericht muss sich als Tatsacheninstanz, geleitet von den Berufungsrügen (§§ 513, 520), den Sach- und Streitstand ohnehin aus den Akten erarbeiten; es darf sich auf den Tatbestand des angefochtenen Urteils nicht verlassen, dessen Richtigkeit es ja gerade überprüfen soll.

Ein Interesse daran, dass in jedem Prozess möglichst einmal ein Tatbestand geschrieben wird, hat auch die Justiz insofern, als der Tatbestand die erhobenen Ansprüche zu bezeichnen hat (§ 313 Abs. 2). So wird festgeschrieben, über welchen Streitgegenstand das Urteil ergangen ist und inwieweit einer neuen Klage der Einwand der Rechtskraft entgegensteht. Fehlt ein Tatbestand, muss dies auch aus den alten, meist schon weggelegten Akten ermittelt werden.

Hauptadressat des Tatbestands wie des ganzen Urteils sind die Parteien (Schneider DRiZ 1974, 258). Ihnen gegenüber ist der Tatbestand der erste Teil der richterlichen Rechtfertigung. Aus ihm sollen sie entnehmen können, ob das Gericht zu dem Sachverhalt den richtigen Zugang gefunden hat, ob es ihren Vortrag richtig verstanden und den Kern ihres Streites erfasst hat. Das alles müssen sie überprüfen können, damit sie sich klar darüber werden können, ob gegen das Urteil ein Rechtsmittel eingelegt werden soll. (Aus diesem Grunde ist ihnen gegenüber das Weglassen des Tatbestands zumutbar, wenn es ohnehin kein Rechtsmittel gibt.) Um den Überprüfungszweck zu erfüllen, braucht der Tatbestand nicht alle Einzelheiten zu enthalten; die Parteien kennen diese ohnehin besser als das Gericht. Es genügt vielmehr, dass der Tatbestand den Sach- und Streitstand in großen Zügen nachzeichnet, gleichsam mit grobem Pinselstrich. Einzelheiten kann der Tatbestand um so eher übergehen und der Pauschalverweisung (Rdnr. 303ff.) überlassen, wenn sie in den Entscheidungsgründen zum Vorschein kommen, weil dort mit ihnen gearbeitet und argumentiert wird.

Im Tatbestand soll der Richter *254*

"der langen Rede kurzen Sinn mitteilen. Ein guter Tatbestand ist ein Kunstwerk."

So hat es Sattelmacher/Beyer (S. 195) formuliert, schon bevor 1976 die jetzt geltende, auf Verkürzung drängende Fassung des § 313 in Kraft war. Das Postulat gilt heute erst recht. Welche Geschichte könnte man wortreich schreiben über die Schreckensherrschaft des Dionys, über die gegen ihn angezettelte Verschwörung, über Damons Attentatsversuch und seine Entdeckung, über Damons Strafprozess, seinen Richter und das Urteil! Vorbildlich ist die geniale Verkürzung der Geschichte auf diese 39 Wörter: „Zu Dionys, dem Tyrannen schlich Damon, den Dolch im Gewande; ihn schlugen die Häscher in Bande. „Was wolltest Du mit dem Dolche, sprich?" Entgegnet ihm finster der Wüterich. – „Die Stadt vom Tyrannen befreien!" – „Das sollst du am Kreuze bereuen." (Schiller, Die Bürgschaft). Als Muster taugen auch manche Tatbestände in Urteilen des Reichsgerichts und des Bundesgerichtshofs.

Die Abfassung des Urteils

255 Im Einzelfall werden die Ansichten über das, was wesentlich ist und knapp, verschieden sein dürfen. Aber gewisse Grundsätze lassen sich aus § 313 Abs. 2 doch ableiten:

1. Der Tatbestand soll nicht mehr als die in § 313 Abs. 2 aufgezählten Elemente enthalten.
2. Der Tatbestand soll nicht alles enthalten, was die Parteien vorgetragen haben, denn sonst wäre eine Beschränkung auf das Wesentliche meist unmöglich und das Verweisungsgebot gegenstandslos.
3. Der Tatbestand braucht nicht alles zu enthalten, was in den Entscheidungsgründen verwertet wird; denn sie befassen sich (fast) immer auch mit Einzelheiten, und diese sollen der Verweisung überlassen werden.
4. Unwesentlich ist Parteivorbringen, auf das es für die Entscheidung auf keinen Fall ankommen kann.
5. Der Tatbestand braucht kein sich heraus verständliches Abbild des gesamten Lebenssachverhalts zu bieten; das folgt aus den Thesen zu 1. bis 4. (ebenso Franzki NJW 1979, 13).
6. Das Gebot, die Darstellung knapp zu halten, wird verletzt durch vermeidbare Wiederholungen.

7.2.3 Regelmäßige Gliederung des Tatbestands

256 In dem Begriff „Sach- und Streitstand" werden zwei Dinge nebeneinander gestellt. Sachstand ist der feststehende Sachverhalt, der außer Streit ist. Das ist jedenfalls das unbestrittene Tatsachenvorbringen der Parteien. Streitstand ist derjenige Prozessinhalt, der strittig ist, also die bestrittenen Tatsachenvorbringen der Parteien (Behauptungen). Ob man unstreitig erhobene Einreden, Anträge oder das äußerliche Ergebnis der Beweisaufnahme dem Sachstand oder dem Streitstand zuschlägt, ist nicht wichtig. Entscheidend ist, dass im Tatbestand dargestellt werden muss, welche der referierten Tatsachenschilderungen der Parteien unstreitig sind und welche streitig. Darüber besteht in der Literatur kein Streit.

257 Nach alter Übung ist der Tatbestand wie folgt aufzubauen vorbehaltlich gewisser Modifizierungen in Einzelheiten und in Sonderfällen (Rdnr. 371–375):

    I. Sachstand (Geschichtserzählung)
    II. Streitstand
        1. Angriff des Klägers
          a) Petitum
          b) Streitiges Klägervorbringen
          c) Antrag des Klägers

2. Verteidigung des Beklagten
   a) Antrag des Beklagten
   b) Verteidigungsvorbringen und Gegenangriffe des Beklagten
III. Verweisung auf Schriftsätze, Protokolle und andere Unterlagen
IV. Beweisergebnis

Diese Einzelteile werden im folgenden behandelt, jedoch immer im Hinblick auf das alles überwölbende Gebot, den Tatbestand „dem wesentlichen Inhalt nach knapp" darzustellen.

7.2.4 Sachstand: die Geschichtserzählung
Die Geschichtserzählung gibt den Grundsachverhalt wieder

In der sog. Geschichtserzählung entwirft das Urteil zunächst den Grundsachverhalt, das Rahmengeschehen, wie es sich aus dem unstreitigen Parteivortrag zusammensetzt. Je mehr wesentliche Tatsachen in den Grundsachverhalt eingeordnet werden können, desto besser: Umso klarer lässt sich dann der Kern des Streits herausschälen.

Das muss man allerdings nicht absolut sehen. Manchmal gehört in den Zusammenhang der Geschichtserzählung eine bestrittene Tatsache, ohne deren Erwähnung die Geschichte nicht verständlich ist. Man kann diese Einzeltatsache in die Geschichtserzählung einbinden, muss dann aber kennzeichnen, welche Partei sie behauptet und dass sie bestritten ist.

„Am Abend des 23.7.2006 bestieg gegen 23 Uhr der Kläger das Dach seines Einfamilienhauses, setzte sich dort rittlings auf den First und begann auf seiner Geige zu spielen. Nach seiner Behauptung wollte er auf diese Weise ein Gemälde nacherleben, das ihn sehr fasziniert habe. Die im Hause gegenüber wohnende Beklagte beobachtete den Vorgang … "

Umgekehrt kann es den Leser verwirren, wenn in der Geschichtserzählung eine unstreitige Tatsache auftaucht, die ohne jeden Zusammenhang ist. Eine GmbH verklagt ihren Kunden auf Bezahlung von 23 t Mischdünger. In der Geschichtserzählung heißt es nach Darstellung der Lieferbeziehung und des konkreten Geschäfts unvermittelt:

„Vom 12.8. bis zum 9.9.2006 befand sich der Prokurist der Klägerin zur Kur in Bad Mergentheim. Die Klägerin verlangt Bezahlung der Düngerlieferung …"

Die Beklagte hatte bestritten, vom Prokuristen der Klägerin am 30.8.2006 gemahnt worden zu sein: Der Prokurist sei damals in Kur gewesen. Nur dies sowie Ort und Zeit des Kuraufenthalts waren unstreitig, während alles Übrige bestritten blieb. Der kleine Ausschnitt „Kuraufenthalt" ist in der Geschichtserzählung ein Fremdkörper, er gehört nicht dahin. Es müssen also in die Geschichtserzählung nicht sämtliche unstreitigen Tatsachen aufgenommen werden. Einzeltatsachen, die hier nicht passen, sind auszusparen und – wiederum unter Kennzeichnung als unstreitig – an der Stelle in den Streitstand einzufügen, an der sie passen.

So sollte auch in Sachen verfahren werden, in denen der Kläger seinen Anspruch – z.B. auf Unterhalt – aus einem Rechenwerk ableitet, in dem einige Posten unstreitig sind. Man leitet dann das Angriffsvorbringen des Klägers mit einer rechnerischen Aufstellung der von ihm berücksichtigten Positionen ein („Der Kläger berechnet seinen Unterhalt wie folgt: ...") und fügt dann hinzu: „Hiervon sind nur die Positionen 3, 5 und 11 streitig." (s. auch Rdnr. 374).

259 Macht der Beklagte ein Gegenrecht aus einem ganz anderen Sachverhalt geltend, z.B. Aufrechnung, dann kann es sich empfehlen, eine darauf bezogene Geschichtserzählung abzuspalten und in die Wiedergabe des Beklagtenvortrags (Rdnr. 296 ff.) einzuflechten. Weitere Gestaltungsmöglichkeiten werden unter Rdnr. 372 ff. beschrieben.

260 Tote Prozessgeschichte – z.B. ein Mahnverfahren – gehört grundsätzlich nicht in die Geschichtserzählung. Wohl muss man Ereignisse schildern, die für die aktuelle Entscheidung wichtig sind, z.B. den Erlass eines Vollstreckungsbescheids oder Versäumnisurteils oder eine Teilklagerücknahme. Das berichtet man aber nicht in der Geschichtserzählung, sondern später im Zusammenhang mit der Darstellung des erhobenen Anspruchs (Rdnr. 270f.) oder der Anträge (Rdnr. 289–295).

Die Parteien benötigen keine Einführung in ihren Fall

261 Das Gebot, knapp darzustellen und Wiederholungen zu vermeiden, verletzen viele Tatbestände schon im ersten Satz, und zwar mit dem einleitenden Vorspruch, mit dem der Verfasser den Leser an den Fall heranführen will:

„Der Kläger verlangt von der Beklagten die Herausgabe diverser Möbelstücke, die sich in ihrem Besitz befinden sollen.

Die Parteien waren miteinander verheiratet ..."

Der Verfasser verwechselt den Tatbestand mit dem Aktenvortrag. Dort müssen Kollegen auf einen Fall eingestimmt werden, den sie noch nicht kennen, und sie müssen sogleich erfahren, worum es geht, damit sie den weiteren Vortrag sogleich richtig einordnen können, denn ihnen wird der Fall nur akustisch vermittelt, sie können nicht innehalten, zurückblättern, nachschauen. Beim Tatbestand ist das anders. Seine Hauptadressaten, nämlich die Parteien, kennen ihren Fall. Vielleicht empfinden sie den Richter als naiv, der einleitend so tut, als verrate er ihnen ein Geheimnis. Auch der Rechtsmittelrichter benötigt keine „Einstimmung". Er ist laut Geschäftsverteilung in aller Regel ohnehin nur für ein bestimmtes Sachgebiet zuständig, und den Gegenstand des Streites entnimmt er mit geübtem Blick dem Anfang der Klageschrift oder den Entscheidungsgründen des angefochtenen Urteils.

Was im Rubrum steht, ist nicht zu wiederholen

Das Rubrum ist Teil des Urteils. Was dort steht, ist als bekannt vorauszusetzen, wenn der Tatbestand anhebt. In einem Rubrum ist als Klägerin aufgeführt

„die Bommermann GmbH Fachverlag für Steuer- und Wirtschaftsliteratur, vertreten durch ihren Geschäftsführer Horst Bommermann".

Dann verletzt es das Gebot der Knappheit in § 313 Abs. 2, wenn der Tatbestand berichtet:

„Die Klägerin betreibt in der Rechtsform der Gesellschaft mit beschränkter Haftung einen Fachverlag für Steuer- und Wirtschaftsliteratur. Ihr Geschäftsführer ist Herr Horst Wischermann."

262

Die historische Reihenfolge ist am besten

Für den Aufbau der Geschichtserzählung gibt es einen eisernen Grundsatz, der leider oft unbeachtet bleibt: Die maßgebenden Ereignisse sind in historischer Reihenfolge wiederzugeben. Rückblenden belasten die Aufnahmefähigkeit des Lesers unnötig und erfordern außerdem – durch die Verwendung des Plusquamperfekts – einen vermeidbaren Sprachaufwand. Auch wenn es den Schreiber reizt, dort anzusetzen, wo die Dinge interessant und spannend geworden sind: Angefangen wird bei Adam und Eva. Schneider (Rdnr. 696) will von dem Grundsatz Ausnahmen zulassen, aber das von ihm angeführte Beispiel – Geschäftsunfähiger klagt aus Geschäften, bei deren Abschluss er noch gesund war – ist nicht überzeugend. Der Leser wird auch dann nicht auf die falsche Fährte gesetzt, wenn man die Schilderung der alten Geschäftsvorfälle zwar an den Anfang setzt, aber aufs Äußerste kürzt.

263

Die richtige Zeitform: Imperfekt und manchmal Perfekt

Das Tempus der Geschichtserzählung ist grundsätzlich das Imperfekt. Nach den Regeln der deutschen Sprache ist jedoch das Perfekt anzuwenden, wenn ein Vorgang zwar in der Vergangenheit liegt, jedoch unmittelbare Auswirkung auf die Gegenwart hat (Drosdowski Rdnr. 235; Reiners S. 144; Wahrig S. 103). Für das Urteil bedeutet dies: Wenn eine der Parteien vor Beginn des Prozesses ein Gestaltungsrecht (Aufrechnung, Rücktritt, Minderung, Nacherfüllungsverlangen) ausgeübt hat, dessen Wirksamkeit Gegenstand des Prozesses geworden ist, so ist zu formulieren:

264

„Der Beklagte hat die Aufrechnung erklärt mit einer Gegenforderung über 1.320 €."

Das gleiche gilt für die Prozessgeschichte:

„Der Kläger hat gegen die Beklagte ein Versäumnisurteil über 27.000 € nebst 4 % seit dem 1. 8. 2006 erwirkt."

Der Tatbestand ist keine notarielle Urkunde

265 Viele Richter meinen, sie müssten vor allem im Kernbereich vollständig und genau berichten. Dies ist ein grundlegender Irrtum. Der Richter fungiert nicht als Notar. Der Tatbestand ist keine notarielle Urkunde. Gefordert ist nach dem ausdrücklichen Befehl des Gesetzes nur die Wiedergabe des wesentlichen Inhalts. Deshalb ist es überflüssig, etwa bei einem Unfallprozess die Zulassungszeichen der beteiligten Fahrzeuge anzugeben, bei einem Rechtsstreit um Grundstücke die genauen kataster- oder grundbuchmäßigen Bezeichnungen. Wenn es auf sie ankommt, müssen sie bereits im Tenor oder im Antrag stehen. An der maßgeblichen Stelle der Geschichtserzählung spricht man dann von dem „im Urteilsspruch bezeichneten Grundstück" oder von dem im „Klageantrag bezeichneten Grundstück" oder – wenn überhaupt nur ein Grundstück in Rede steht – von „dem Grundstück". In gleicher Weise fehlerhaft ist es, in der Geschichtserzählung (wie auch bei der Darstellung des Streitstandes) umständliche Personenbezeichnungen – etwa mit einer sehr ausführlichen, gar ausländischen Firma – ständig zu wiederholen. Stattdessen sollte man eine solche Personenbezeichnung nur einmal angeben und in Klammern hinzusetzen, unter welcher vereinfachten Kurzform man sie künftig verwenden werde. Die meisten Kalenderdaten, die sich im landläufigen Tatbestand wiederfinden, sind ebenfalls entbehrlich. Überflüssigen Ballast schleppt auch ein Tatbestand, in dem eine Person, die als Zeuge vernommen worden ist, ständig als „der Zeuge X" auftritt; sogar falsch ist diese Ausdrucksweise, wenn die Person nicht einmal vernommen, sondern nur als Zeuge benannt worden ist. Wenn man schon den beteiligten Dritten Rollen zuschreibt, dann sollte es die sein, die sie in dem Lebenssachverhalt gespielt haben: „Die Taxifahrerin Schnellenkamp", „der Kellner Fischer" u.s.w.

266 Dass der Tatbestand auch im Detail vollständig und genau sein müsse, wird von manchen aus § 314 ZPO abgeleitet. Nach dieser Vorschrift erbringt der Tatbestand Beweis für das mündliche Parteivorbringen: Er beweist, dass das, was in ihm als Parteivortrag wiedergegeben ist, auch tatsächlich vorgetragen worden ist; negativ beweist der Tatbestand, dass von den Parteien nichts behauptet worden ist, was nicht aus dem Tatbestand ersichtlich ist (BGH NJW 1983, 885). Im Tatbestand wiedergegeben und aus ihm ersichtlich ist aber nicht nur das, was in ihm unmittelbar beschrieben ist, sondern auch das, was sich aus den dort in Bezug genommenen Schriftsätzen und Urkunden ergibt

(vgl. § 561 a.F.; BGH a.a.O.; Schumann NJW 1983, 2786). Die Verweisung öffnet den Zugang zu der Schriftsätzen und Protokollen als den authentischen Quellen des Parteivortrags. Folglich lässt sich aus § 314 ein Vollständigkeitsgebot für den Tatbestand im technischen Sinne nicht herleiten (vgl. auch BGH NJW 2004, 1876, 1879; 2004, 2152, 2155).

In den Tatbestand gehören keine Abschreibübungen

Früher, als Schreibkräfte noch wenig kosteten, ließen Richter im Tatbestand ganze Vertragstexte erscheinen. Gelegentlich geschieht das heute noch. Seit der Neufassung des § 313 ZPO ist das als Gesetzesverstoß anzusehen. Es kann für einen Rechtsstreit nicht ein mehrseitiger Vertrag mit all seinen Klauseln „wesentlich" sein. Dieses Prädikat kann allenfalls einer einzelnen Klausel oder deren zwei oder drei zukommen. Wenn also eine solche Klausel tatsächlich von zentraler Bedeutung ist, wenn sich alles um ihren Inhalt und ihre Auslegung dreht, so dass sie nicht mehr als „Einzelheit" im Sinne des § 313 Abs. 2 S. 2 gelten muss, und wenn der Richter sie mit eigenen Worten nicht besser darstellen kann, mag er die Einzelklausel ganz oder teilweise abschreiben oder abschreiben lassen; sie sollte dann durch Einrücken hervorgehoben werden. Im übrigen aber gilt das Verweisungsgebot. Dieses ist in der Geschichtserzählung durch eine konkrete Einzelverweisung zu erfüllen. Im Gegensatz zu der Pauschalverweisung am Ende des Tatbestandes (Rdnr. 303 ff.) bedeutet die Einzelverweisung: Der Leser soll bei der Lektüre des Tatbestandes innehalten und zunächst die Urkunde lesen, auf die konkret verwiesen worden ist, bevor er im Tatbestand weiterliest. Eine solche Einzelverweisung ist aber nur dann sinnvoll, wenn sie nicht nur unwichtige Details erschließt, für welche die Pauschalverweisung da ist, dem Leser vielmehr das Verständnis der im Tatbestand mitgeteilten wesentlichen Tatsache erleichtert werden soll.

267

Die Einzelverweisung findet man oft in einer Form, die man nur als unsinnig bezeichnen kann. Da heißt es:

268

„*Wegen der Einzelheiten des Vertrages wird auf den Kaufvertrag vom 1. Dezember 2005 verwiesen.*"

Diese Verweisung verweist auf sich selbst. Davon hat der Leser beim Rechtsmittelgericht nichts. Er will wissen, wo er den Kaufvertrag auffinden kann. Deshalb muss die Verweisung konkret lauten:

„Wegen der Einzelheiten des Vertrages wird auf Blatt 73–78 der Akten verwiesen." oder „... auf die Anlage 4 zur Klageschrift verwiesen".

Die letztgenannte Verweisungsform hat den Vorteil, dass auch die Parteien, die ja die Akten und ihre Paginierung meist nicht kennen, die Fundstelle leicht finden können.

Die Abfassung des Urteils

Für die Einzelverweisung genügt in der Regel sogar ein einfacher Klammerzusatz: „(Blatt 74 d. A.)" oder einfach „(GA 74)" oder „(Anlage 3 zur Klageschrift)". Jeder kundige Leser sieht hierin die Aufforderung, an der zitierten Fundstelle nachzulesen.

269 Wenn ein Richter nun partout meint, es müsse – vielleicht in Hinblick auf eine beabsichtigte Veröffentlichung – der Urteilstatbestand ein Vertragswerk, zum Beispiel einen Tarifvertrag oder allgemeine Geschäftsbedingungen, vollständig enthalten, so muss er diese immer noch nicht abschreiben (lassen): Er kann das Kompendium aus den Akten oder dem Original ablichten lassen und die Ablichtung als mit diesem fest zu verbindende Anlage zum Urteil nehmen oder in die fortlaufend numerierten Seiten des Urteils einfügen.

7.2.5 Die erhobenen Ansprüche

270 Mit der Darstellung der „erhobenen Ansprüche" ist die Bezeichnung des Streitgegenstands oder der Streitgegenstände gemeint. Sie ist überaus wichtig für die Eingrenzung der Tragweite des Urteils, insbesondere bei Zahlungsansprüchen, bei welchen allein der Antrag für die Identifizierung des Streitgegenstands nichts hergibt. In aller Regel – es gibt Ausnahmen – setzt man die Kennzeichnung der erhobenen Ansprüche hinter die Geschichtserzählung. Beispiele:

„Die Klägerin verlangt vom Beklagten Schadensersatz, nämlich

Ersatz entgangenen Verdienstes 14.274,20 €,

Krankenhauskosten 4.372,90 €,

Schmerzensgeld 10.000,00 €".

„Der Kläger verlangt vom Beklagten die Einzahlung seiner Stammeinlage."

„Die Klägerin verlangt von der Beklagten Unterhalt für die Monate Juli 2006 bis August 2007."

Bei Klagen auf Herausgabe, auf Abgabe einer Willenserklärung, auf Feststellung oder Gestaltung wird der Streitgegenstand in der Regel schon aus dem Antrag individualisiert. In solchen Fällen kann man sich eine vom Antrag getrennte Darstellung des erhobenen Anspruchs sparen, sie liefe auf eine unnötige Wiederholung hinaus.

271 In umfangreichen Verfahren kann es zweckmäßig sein, die Bezeichnung der erhobenen Ansprüche in die Entscheidungsgründe zu verlagern. Diese erhalten dann – wie es in Ausnahmefällen (s. Rdnr. 371–375) vorkommen darf – tatbestandliche Enklaven. Wenn die Entscheidungsgründe sich z.B. mit 15 Rechnungen oder 30 Mängeln auseinandersetzen, die dort als „Aufhänger"

jeweils bezeichnet werden müssen, dann ist es unnötig, diese 15 Rechnungen bzw. 30 Mängel im Tatbestand zu beschreiben. Es genügt:

„Der Kläger macht eine Gesamtforderung von 400.232,70 € geltend, die sich aus den in den Entscheidungsgründen aufgeführten Rechnungen ergibt." Oder:

„Der Beklagte rechnet gegen die Klageforderung auf mit einer Schadensersatzforderung, die er damit begründet, das Gebäude weise erhebliche Mängel auf. Diese werden in den Entscheidungsgründen im einzelnen bezeichnet."

Wenn hingegen die Entscheidungsgründe zu einer Würdigung der Rechnungen bzw. Mängel im einzelnen gar nicht kommen, etwa weil dort die Forderungen aus den Rechnungen wegen Verjährung oder mangels einer Abtretung an den Kläger gar nicht aufgeschlüsselt werden müssen oder weil alle Ansprüche aus den Bauwerksmängeln verjährt sind, dann müssen alle einzelnen Rechnungen, alle Mängel und alle Beträge, die gezahlt sein bzw. aufgerechnet werden sollen, aus dem Tatbestand hervorgehen. Eine Verweisung auf Schriftsätze bzw. Anlagen zu Schriftsätzen reicht insofern nicht aus: Es geht hier nicht um Einzelheiten im Sinne des § 313 Abs. 2 S. 2, sondern um ein essentiale des Tatbestands.

7.2.6 Das Angriffsvorbringen des Klägers

Definition

Auf Geschichtserzählung und petitum folgt das Angriffsvorbringen des Klägers, d.h. der Teil seines Vortrags zur Anspruchsgrundlage, der bestritten ist und in der Geschichtserzählung noch keinen Platz hatte. Der Umfang dieser Darstellung wird durch die Darlegungslast des Klägers bestimmt: Es ist hier das zu schildern, was – tatsächlich oder nach seiner Rechtsvorstellung – nötig ist, damit sein Vortrag schlüssig ist.

272

Haupttatsachen genügen

Wenn der Tatbestand nur das Wesentliche enthalten soll, gehören in die Abteilung „Streitstand" grundsätzlich nur die Haupttatsachen zu denjenigen Normen, die im Rahmen der Rechtsverfolgung bzw. Rechtsverteidigung relevant werden können.

273

Auszuscheiden sind also grundsätzlich alle Hilfstatsachen. Es ist insbesondere nicht wesentlich, wie eine Partei zu ihren Tatsachenbehauptungen gekommen ist, welche Indizien sie für wahr erscheinen lassen, wenn darin nur eine Vorwegnahme der vom Gericht zu treffenden Beweiswürdigung liegt. Hilfstatsachen sollten daher nur dann in der Streitstand aufgenommen werden, wenn ohne ihre Anfügung das Verständnis der Haupttatsachen erschwert würde.

Ebenfalls wegzulassen sind beim Streitstand die Beweisanträge der Parteien. Sie sind nicht Teil ihres bestrittenen Tatsachenvortrages, sondern unstreitig geschehene Prozesshandlungen.

Gegenstandslose Behauptungen haben im Tatbestand keinen Platz

274 Von vornherein auszuscheiden sind Tatsachenbehauptungen, die neben den Anträgen liegen, die in dem Urteil beschieden werden. Dagegen wird oft verstoßen: Ein Teilurteil berichtet über Schadensersatzforderungen, die noch gar noch spruchreif sind. Ein Schlussurteil erwähnt die Angriffs- und Verteidigungsvorbringen zu Gegenständen, die bereits im Teilurteil erledigt worden sind. In solchen Fällen wird § 313 Abs. 2 deshalb verletzt, weil das Urteil sich nicht auf den „wesentlichen Inhalt" beschränkt.

Der Tatbestand ist kein „Rechtsbestand"

275 Jeder Richter weiß zwischen Tatsachenbehauptungen der Parteien und ihrem Vortrag von Rechtsansichten zu unterscheiden. Aber es gelingt ihm nicht immer, beide voneinander zu trennen und ihnen den richtigen Platz zuzuweisen.

„Tatbestand" hat etwas mit Tatsachen zu tun. In den Tatbestand gehört grundsätzlich nur das Tatsachenvorbringen der Parteien. Die rechtlichen Erwägungen, mit denen die Parteien ihre Ziele rechtfertigen und das Gericht auf den von ihnen gewünschten Weg zu bringen versuchen, haben im Tatbestand grundsätzlich nichts zu suchen. Sie sind im Sinne des § 313 Abs. 2 ohnehin unwesentlich: Jura novit curia. Die Parteien brauchen sich durch das Weglassen ihrer Rechtsansichten im Tatbestand nicht vernachlässigt oder unverstanden zu fühlen: Die relevanten Rechtsauffassungen der Parteien kehren in den Entscheidungsgründen wieder, denn sie müssen dort verarbeitet werden.

276 Von dem Grundsatz gibt es zwei Ausnahmen (so auch Schneider, Zivilrechtsfall Rdnr. 684f.): Manche Prozesse sind im Tatsächlichen vollkommen unstreitig und drehen sich nur oder nahezu ausschließlich um eine bestimmte Rechtsfrage. Hier ist der „Streitstand" vom Tatsächlichen ins allein Rechtliche verlagert. In diesem Sonderfall können die widerstreitenden Rechtsstandpunkte der Parteien im Tatbestand einander gegenübergestellt werden, wenn auch nur „knapp ihrem wesentlichen Inhalt nach". Das ist ein nobile officium des Richters gegenüber den Parteien. Zugleich beantwortet es dem Rechtsmittelrichter seine Frage: „Worüber streiten die Parteien eigentlich?"

277 Zweiter Ausnahmefall: Ein Tatsachenvorbringen bleibt in seiner Relevanz unverständlich, wenn nicht der rechtliche Gesichtspunkt vorgegeben wird, unter dem es steht. Insbesondere ein Tatsachenvorbringen, das einen un-

bestimmten Rechtsbegriff oder ein Rechtsinstitut ausfüllen soll, bleibt in der Luft hängen, wenn nicht der rechtliche Gesichtspunkt vorangestellt wird:

„Die Klägerin hält die Bürgschaft für sittenwidrig und behauptet dazu: …"

„Der Kläger sieht in der Zahlung des Beklagten an die Gemeinschuldnerin ein kapitalersetzendes Darlehen und behauptet, …"

„Die Klägerin ist der Auffassung, die Unkenntnis der Beklagten von den wahren Eigentumsverhältnissen beruhe auf grober Fahrlässigkeit. Sie behauptet, …"

Das Gebot, Tatsachenbehauptungen und Rechtsansichten voneinander zu trennen (damit man die Rechtsansichten möglichst aussondern kann), wird von vielen missverstanden. Die Trennung wird fälschlich nur als eine räumliche vollzogen: Zunächst werden die Tatsachenbehauptungen einer Partei unter der Herrschaft des regierenden Verbs „behaupten" zusammengetragen. Dann folgen in einem neuen Absatz hinter der Einleitung „Der Kläger ist der Auffassung: …" seine gesammelten Rechtsmeinungen. Beispiel: *278*

„Die Klägerin behauptet:

Die Provisionsabrechnung der Fa. IAV sei nicht zutreffend.

Die Klägerin ist der Ansicht:

In ihrem Schreiben vom … habe die Beklagte eine uneingeschränkte Zusage auf Zahlung der 20.000,- € … erteilt, weshalb die von der Beklagten erklärte Aufrechnung ausgeschlossen sei."

Wenn schon Rechtsstandpunkte einer Partei wiedergegeben werden müssen, dann – wie oben dargestellt – zur Verdeutlichung ihres Tatsachenvortrags. Dieser Zweck wird jedoch durch eine räumliche Trennung von Behauptungen und Rechtsansichten vereitelt. Vor allen Dingen aber wird den an sich unwesentlichen, nur zur Verdeutlichung wiederzugebenden Rechtsmeinungen der Parteien ein Rang eingeräumt, der ihnen nach § 313 Abs. 2 nicht gebührt.

Das Kürzel Konjunktiv

Es gibt eine alte Konvention, die, richtig angewandt, ganz erheblich dazu beiträgt, die Darstellung des Streitstandes klar und knapp zu halten: Das der Partei zugeschriebene Verb „behaupten", dem das Behauptete in indirekter Rede im Konjunktiv folgt, bedeutet: Die Partei trägt eine Tatsache vor, die bestritten ist. (Diese Bedeutung kann allerdings durch einen besonderen Zusatz, der auf das Gegenteil hinweist, aufgehoben werden, s. Rdnr. 258.) Vor eine Kette von Tatsachenbehauptungen braucht man das regierende Verb nur einmal zu setzen: *279*

> „Der Kläger behauptet, die Putzarbeiten seien vollendet. Sie enthielten keinerlei Mängel. Auch habe der Beklagte sie abgenommen."

Es genügt nicht, in einem Satz, der Bestrittenes enthält, irgendwo den Konjunktiv vorkommen zu lassen. Wenn er (die indirekte Rede) das Bestrittene als solches kennzeichnet, dann darf der Satzteil, der das Bestrittene enthält, nicht einfach als Substantiv oder Adjektiv erscheinen, denn man kann diese Wortarten, vom Verb isoliert, nicht konjugieren und nicht in den Konjunktiv setzen. Das Bestrittene muss also im – einfachen oder erweiterten – Prädikat ausgedrückt werden. Das ist einfach, wenn das Bestrittene eine Tätigkeit ist:

> „Der Kläger behauptet, die Beklagte habe die Ware entgegengenommen."

Bei Zuständen kann man ein Hilfsverb wie „sein" hinzuziehen:

> „Der Kläger behauptet, das Fahrzeug des Unfallgegners sei grün gewesen."

Bei Zeit- oder Mengenangaben und auch sonst kann man sich eines neutralen Verbs bedienen, das das Unbestrittensein der unstreitigen Umstände nicht in Zweifel zieht und den bestrittenen Umstand als Prädikatsergänzung mit sich führt. Die unstreitigen Umstände werden durch den vorgesetzten bestimmten Artikel aus dem Bereich des Streitigen entfernt:

> „Der Kläger behauptet, **der** Unfall sei um 23.20 Uhr geschehen."

> „Der Kläger behauptet, **der vereinbarte** Kaufpreis habe 2.560,20 € betragen."

280 Beim Umgang mit dem Kürzel Konjunktiv liegt jedoch vieles im Argen. Zu einem Unfall, der sich unstreitig auf einer beampelten Kreuzung ereignet hat, heißt es im Tatbestand:

> *„Der Kläger behauptet, als er sich der Kreuzung genähert habe, sei seine Ampel grün gewesen. Der Beklagte sei ohne zu bremsen mit unverminderter Geschwindigkeit auf die Kreuzung aufgefahren."*

Wenngleich eine solche Darstellung vor dem Hintergrund des unstreitigen Grundgeschehens im allgemeinen akzeptiert wird, ist sie nicht korrekt. Sie verfehlt die Aufgabe des Tatbestands, den Sachstand vom Streitstand zu trennen und den strittigen Kern des Rechtsstreits herauszuschälen. In dem Beispielsfall ist der erste Satzteil unstreitig, nämlich dass der Kläger sich der Kreuzung angenähert hat. Das darf nicht in indirekter Rede geschildert werden. Also muss es heißen:

> „Bei Annähern an die Kreuzung habe die Ampel ihm grün gezeigt."

Beim Beklagten ist unstreitig, dass er auf die Kreuzung aufgefahren ist, auf der sich dann der Zusammenstoß ereignet hat. Strittig ist nur, ob er vorher seine Geschwindigkeit vermindert und insbesondere gebremst hat. Also muss der Satz lauten:

„Der Beklagte habe vor dem Einfahren in die Kreuzung die Geschwindigkeit nicht herabgesetzt, insbesondere nicht gebremst."

Sehr leicht kann es einem passieren, dass man das Bestrittensein eines Zustands dadurch verschleiert, das man ihn in einem verbundenen Adjektiv (Attribut) unterbringt. *281*

„Der Kläger behauptet, der *in finanzieller Bedrängnis befindliche* Zeuge Lüdke habe sich bereit erklärt, die Bürgschaft zu übernehmen."

Nun ist in diesem Fall überaus streitig, ob der Zeuge durch die Bürgschaft überfordert war. Um dies darzustellen, muss man die finanzielle Befindlichkeit des Zeugen aus dem Adjektiv erlösen und in einem Nebensatz bringen, der die Befindlichkeit in einem dem Konjunktiv zugänglichen Prädikat oder Prädikatsverband schildert:

„Der Kläger behauptet, der Zeuge Lüdke, der sich in finanzieller Bedrängnis befunden habe, sei bereit gewesen, die Bürgschaft zu übernehmen."

Oder noch schärfer:

„Der Zeuge Lüdke, obwohl er sich in finanzieller Bedrängnis befunden habe, sei bereit gewesen, die Bürgschaft zu übernehmen."

In einem unstritigen Bestellschreiben sind die bestellten Textilien nach Größen, Farben und Lieferterminen nicht näher gekennzeichnet. Die Parteien streiten darum, ob die Bestellung dennoch bindend ist, ob also das Nachschieben der genannten Daten geschäftsüblich sei. Im Urteil heißt es: *282*

„Die Klägerin behauptet: Die Bestellung vom 19.11 2005 habe geschäftsüblicherweise Größen, Farben und Liefertermine nicht enthalten."

Dieser Satzbau ist falsch, weil er als streitig hinstellt, dass Größen, Farben und Liefertermine in der Bestellung nicht aufgeführt waren. Gerade das ist aber unstreitig. Der Kern des Streites, nämlich ob das anfängliche Weglassen von Daten üblich ist, schwimmt irgendwo unauffällig als adverbiale Satzergänzung herum. Richtig ist folgender Satzbau:

„Die Klägerin behauptet, dass eine Bestellung Größen, Farbvorgaben sowie Liefertermine nicht enthält, sei geschäftsüblich."

Die Parteien streiten in demselben Prozess um die Handelsspanne, mit der die Beklagte ihre Ware vertreibt. Im Urteil heißt es:

„Die Beklagte behauptet, sie vertreibe mit Aufschlägen in Höhe von mindestens 120 % die im Streit stehenden Artikel."

Die Abfassung des Urteils

Auch dieser Satzbau ist zu verbessern. Dass die Beklagte vertreibt, ist unstreitig. Dass sie dabei einen Preisaufschlag vornimmt, ist ebenfalls unstrittig (selbstverständlich). Nur die Höhe des Aufschlags ist umstritten. Deshalb muss ein Satz gefunden werden, in dem der Prozentsatz in Verbindung mit einem neutralen Prädikatsverb erscheint:

„Die Beklagte behauptet, der Preisaufschlag, mit dem sie ihre Waren vertreibt, betrage 120 %."

Eine GmbH hat von der Klägerin ein Schiff gechartert, ohne die Charter zu bezahlen. Sie war nämlich zahlungsunfähig. Ihr Geschäftsführer ist persönlich auf Schadensersatz verklagt. Streitig ist, ob er von der Zahlungsunfähigkeit der GmbH wusste. Ein Richter schreibt:

„Die Klägerin behauptet, der Beklagte habe sie in Kenntnis der Zahlungsunfähigkeit der S. GmbH. zur Überlassung der ‚Mare Adriaticum‘ veranlasst."

Richtig muss der Satz lauten:

„Die Klägerin behauptet, der Beklagte habe bei der Überlassung der ‚Mare Adriaticum‘ die Zahlungsunfähigkeit der S. GmbH gekannt."

283 Wenn sich bestrittene Tatsachen häufen, gelingt ihre Darstellung folgerichtig nur dann, wenn man für jede von ihnen einen eigenen kurzen Satz mit eigenem Konjunktiv-Prädikat bildet. Es wäre also falsch, die drei unter Rdnr. 279 angeführten Sätze zu einem zusammenzufassen:

„Der Kläger behauptet, der Beklagte habe die fertigen und mangelfreien Putzarbeiten abgenommen."

Je länger ein Satz ist, desto größer ist die Gefahr, dass sich Streitiges in Satzteilen wiederfindet, die der indirekten Rede nicht zugänglich sind, oder Unstreitiges in das Prädikat gelangt.

284 Wer das Kürzel Konjunktiv richtig nutzt, erspart sich und anderen viel Arbeit. Er ergreift das wirkungsvollste Mittel, um die Darstellung des Streitstandes „knapp" zu halten, wie das Gesetz es befiehlt: Wenn man in der Abteilung „Kläger" des Streitstandes durch Verwendung des Konjunktivs eine bestimmte Behauptung als bestritten gekennzeichnet hat, dann ist es überflüssig und damit falsch, in der Abteilung „Beklagter" die Negation dieser Behauptung wiederzugeben: Dass der Beklagte bestreitet, ist bereits durch die Verwendung des Konjunktivs mitgeteilt.

Die regierenden Verben: „behaupten", „meinen" und andere

285 Ist der Begriff „behaupten" für die Verlautbarung und Tatsachen reserviert, so muss man um der Klarheit willen die Äußerung von Rechtsansichten ein anderes Verb regieren lassen. Traditionell verwendet man hier Begriffe wie „die

Auffassung vertreten", „der Meinung sein" oder kurz „meinen". Wenn man schon die Wiedergabe von Rechtsansichten für unvermeidlich hält, sollte man also darauf achten, dass sie nicht hinter dem regierenden Verb „behaupten" eingeschmuggelt werden. Man muss das Verb dann schon wechseln.

Der Wechsel von „behaupten" zu „meinen" und wieder zurück ist natürlich lästig. Deshalb stehen neutrale Formulierungen hoch im Kurs, die für beide gelten sollen: Vortragen, vorbringen, geltend machen. Diese neutralen Formen haben sich derartig durchgesetzt, dass es heutzutage aussichtslos erscheint, um der reinen Lehre willen gegen sie anzurennen. Immerhin wirken sie der Unsitte entgegen, Tatsachenvorbringen und Rechtsauffassungen räumlich zu trennen, den Parteivortrag sinnwidrig zu zerhacken (dazu Rdnr. 278).

Abdiktierte Schriftsätze

Die Generalverba verführen den Urteilsverfasser zu dem wohl eklatantesten Fehler, den man heute bei Tatbeständen vorfindet: Der Verfasser reißt kurz den unstreitigen Sachverhalt an, vielleicht sogar nur in einem Einstimmungssatz (s. Rdnr. 261). Dann schlägt er die Akten auf und diktiert unter der Überschrift „Der Kläger macht geltend: ..." den Inhalt der Klageschrift, oft auch der Replikschrift ab, fast genauso, wie er da steht, und nach den Anträgen den Verteidigungsschriftsatz des Beklagten. Das Ergebnis verfehlt die Aufgaben, die § 313 Abs. 2 stellt, in dreierlei Hinsicht:

286

1. Weil der gesamte Vortrag in indirekter Rede dargestellt wird, bleibt die nötige Unterscheidung zwischen unbestrittenen und streitigen Tatsachen aus. Der Kern des Streites wird nicht mehr herausgeschält. Selbst unbestreitbares Prozessgeschehen wie die Ausübung von Gestaltungsrechten (Aufrechnung) werden als bestrittene Tatsachen hingestellt:

    „Zu Unrecht wende der Beklagte ein, dass er für 2005 noch eine Urlaubsabgeltung zu bekommen habe."

2. Außerdem werden die Rechtsstandpunkte der Parteien ohne Rücksicht darauf mitgeteilt, ob dies zum Verständnis ihres Tatsachenvortrags nötig ist.

3. Dieselben Tatsachenkomplexe beggnen einem zweimal: Einmal mit positivem Vorzeichen bei der Wiedergabe des Klagevortrags, sodann mit negativem Vorzeichen bei dem Bericht über die Verteidigung des Beklagten.

Die fehlerhaft vorgezogene Replik

Aufbau und Umfang des Tatbestandes sind zu beanstanden, wenn der Verfasser die rechtliche Relevanz des Klägervortrags nicht erfasst und nicht unterscheidet, ob er der Klagebegründung dient oder der Abwehr von Einreden des Beklagten. So findet man in der ersten Schicht des Klägervortrags sehr häufig

287

Behauptungen, die, wie man später erfährt, Einreden des Beklagten beantworten. Darin stecken zwei Fehler:

1. Die „Behauptungen" des Klägers sind in erster Linie ein Bestreiten. Sie sind Replik. Dieses Bestreiten hängt in der Luft, ist unverständlich, weil die Einrede, die es betrifft, noch gar nicht vorgestellt ist.
2. Der Aufbaufehler, der in der Vorwegnahme des Bestreitens liegt, verursacht vermeidbaren Aufwand. Der Einredetatbestand wird nun zweimal behandelt, beim Klägervortrag und beim Beklagtenvortrag. Bei richtigem Aufbau wird der nicht unstreitige Einredetatbestand nur einmal, nämlich beim Beklagtenvorbringen, dargestellt. Hier erscheint er in indirekter Rede und im Konjunktiv. Damit ist hinreichend deutlich gemacht, dass er bestritten ist. Eine Replik des Klägers zu schreiben ist dann überflüssig (vgl. Rdnr. 279, 284).

Das Vorziehen der Replik ist jedoch dann richtig, wenn der gesamte Einredetatbestand vom Kläger eingeräumt wird – und z. B. schon in der Geschichtserzählung dargestellt war – und sein Angriff darin besteht, die Einrede mit einer Gegeneinrede zu überwinden.

Die Ausübung von Gestaltungsrechten

288 Sind die Gestaltungsrechte bereits vorprozessual ausgeübt worden, dann steht es in der Geschichtserzählung, nämlich in der Zeitform des Perfekts:

„Der Kläger hat den Kaufvertrag wegen Irrtums angefochten."

Sind die Anfechtungsgründe streitig, heißt es dann im Streitteil:

„Der Kläger begründet die Anfechtung des Vertrages, indem er behauptet, …"

Ist das Gestaltungsrecht im Prozess ausgeübt und wird es hier mit streitigen Behauptungen begründet, dann schildert man es im allgemeinen im Streitteil wie folgt:

„Der Kläger erhebt die Einrede der Verjährung und behauptet dazu, …"

Da die Ausübung des Gestaltungsrechts unstreitiger Sachverhalt ist, darf sie niemals in der indirekten Rede erscheinen, vor allem nicht erst am Ende der Begründungsbehauptungen etwa in dieser Form:

„Infolgedessen rechne er mit einer Forderung von 32.000 € auf."

Die Ausübung des Gestaltungsrechts gehört an den Anfang.

7.2.7 Anträge der Parteien

289 Gemäß § 313 Abs. 1 S. 1 sind die Anträge im Tatbestand hervorzuheben. Das ist sehr praktisch, der geübte Leser erfasst mit einem Blick, worum es geht.

Die Hervorhebung geschieht traditionell durch Einrücken. Früher konnte man nämlich mit Schreibmaschinen außer durch Einrücken nur durch Unterstreichen hervorheben; dafür musste man aber den zu unterstreichenden Text noch einmal durchlaufen lassen. Bei den heutigen Textprogrammen ist ein Einrücken kaum einfacher als ein Hervorheben durch Fettdruck oder Unterstreichen. Diese Varianten wären nicht gesetzwidrig.

Der Antrag des Klägers darf nicht einfach aus dem Schriftsatz des Anwalts abgeschrieben werden. Denn dann steht da: 290

„Der Kläger beantragt,
den Beklagten zu verurteilen, *an den Kläger* 3.700 € zu zahlen."

Der Kläger spricht nicht von sich selber in der dritten Person. Es muss also heißen:

„… an ihn … zu zahlen …"

Wird dem Klageantrag ohne Einschränkung entsprochen, dann darf man sich mit einem Hinweis auf den Urteilstenor begnügen: 291

„Der Kläger beantragt,
zu entscheiden, wie geschehen."

Dies empfiehlt sich vor allem bei umfangreichen Anträgen.

Enthält der Klageantrag Unebenheiten, so ist das bei der Wiedergabe im Urteil auszubügeln. Lautet etwa der Klageantrag darauf, die Zwangsvollstreckung für unzulässig zu erklären, ergibt die Begründung aber eindeutig, dass damit eine Klage nach § 771 ZPO gemeint ist, so kann man das Ergebnis der Auslegung (eigentlich hätte man sie in der mündlichen Verhandlung erörtern müssen) gleich in den Tatbestand bringen: 292

„Der Kläger beantragt, die Zwangsvollstreckung in das Motorflugzeug Cessna 152, Kennzeichen D-EHUP, für unzulässig zu erklären".

Verlangt der Kläger „Zinsen ab Rechtshängigkeit" (vgl. dazu Rdnr. 446), dann muss der Richter in den wiedergegebenen Antrag das Datum einsetzen, an dem die Klage rechtshängig geworden ist.

Anträge, über die das Gericht ohnehin von Amts wegen zu befinden hat, gehören nicht in den Urteilstatbestand. Das gilt in erster Linie für Kostenanträge, auch solche nach § 91a (vergl. § 308 Abs. 2). Auch Anträge zur Vollstreckbarkeit oder Abwendung der Zwangsvollstreckung sind wegzulassen. Eine Ausnahme gilt für den Fall des § 712, der aber praktisch nie vorkommt. Der Antrag, eine besondere Form der Sicherheitsleistung, z.B. eine private Bürgschaft, zuzulassen, ist im Urteil ebenfalls überflüssig. Er betrifft ein Verfahren nach § 108, das neben oder nach dem Erkenntnisverfahren geführt werden kann und in dem an sich durch Beschluss zu entscheiden ist. Nur der Ein- 293

Die Abfassung des Urteils

fachheit halber werden derartige Anträge schon im Erkenntnisverfahren gestellt und entschieden. Dass eine Sicherheit stets in Form einer Bankbürgschaft geleistet werden kann, steht bereits in § 108. Überflüssig ist schließlich auch die Wiedergabe eines Antrages auf Zulassung eines Rechtmittels, denn darüber entscheidet das Gericht von Amts wegen. Für einen Antrag nach § 890 Abs. 2 genügt die Formulierung „den Beklagten unter Androhung von Ordnungsmitteln zu verurteilen, ...". Es sind also die Ordnungsmittel nicht zu bezeichnen, denn die stehen im Gesetz (§ 890 Abs. 1).

294 Bei Wiedergabe von Hilfsanträgen muss die Eventualität dem zweiten Antrag zugeordnet werden und nicht der begehrten Leistung. Das erfordert richtiges Kommasetzen und Einrücken. Unrichtig:

„Der Kläger beantragt,
  den Beklagten zu verurteilen, an ihn 2.4070 € zu zahlen,
  hilfsweise seinen Anspruch gleicher Höhe gegen den Uwe Rettig in Korschenbroich *abzutreten*."

Richtig:

„Der Kläger beantragt,
  den Beklagten zu verurteilen, an ihn 2.400 € zu zahlen,
  hilfsweise,
  den Beklagten zu verurteilen, seinen Anspruch ... abzutreten."

Oder (schlechter):

„Der Kläger beantragt,
  den Beklagten zu verurteilen,
    an ihn 2.400 € zu zahlen,
  hilfsweise,
    seinen Anspruch ... abzutreten."

295 Der Antrag des Beklagten auf Klageabweisung ist prozessrechtlich eigentlich überflüssig, wie aus § 331 folgt: Danach ist die Klage positiv oder negativ auch dann zu bescheiden, wenn der Beklagte dem Prozess sogar fernbleibt. Aber § 313 Abs. 2 S. 1 ordnet nun einmal die Wiedergabe der Anträge an, die ja auch die Eröffnung der mündlichen Verhandlung markieren (§ 137), und dem ist zu gehorchen.

Nebenanträge des Beklagten sind ebenso wegzulassen wie solche des Klägers (siehe Rdnr. 293). Hat der Beklagte Widerklage erhoben, so gehört sein Antrag sogleich hinter den auf Klageabweisung. Der Antrag des Klägers auf Abweisung der Widerklage wird hinter den Bericht über die Begründung der Widerklage gesetzt.

7.2.8 Das Verteidigungsvorbringen des Beklagten

Eine leere Floskel ist der einleitende oder alleinige Satz:

„Der Beklagte tritt dem Vorbringen des Klägers entgegen."

Das ist bereits, wenn streitiges Klägervorbringen abgehandelt wurde, aus der dortigen Verwendung der indirekten Rede erkennbar. Außerdem folgt es daraus, dass der Beklagte Klageabweisung beantragt. Man sollte also gleich zur Sache übergehen.

Ist das Vorbringen des Klägers unschlüssig und hat der Beklagte das entdeckt, braucht man an dieser Stelle überhaupt nichts zu schreiben oder höchstens den Satz:

„Der Beklagte hält den Klagevortrag für unschlüssig."

Antwortet der Beklagte auf den Klagevortrag in zulässiger Weise mit einfachem Bestreiten, so braucht man dies nicht mehr zu erwähnen. Es ist ja schon dadurch mitgeteilt worden, dass die entsprechenden Behauptungen des Klägers durch die Verwendung des Konjunktivs als bestritten gekennzeichnet worden sind (s. Rdnr. 279, 284). Ob man eine Ausschmückung des Bestreitens mitteilt, ist Geschmackssache. Im Zweifel wird man sie als „nicht wesentlich" wegzulassen haben.

Wesentlich und deshalb mitzuteilen ist ein substantiierendes Bestreiten des Beklagten. Darunter ist eine Darlegung zu verstehen, mit der er eine vom Kläger behauptete Haupttatsache durch eine andere ersetzt („statt 70 km/h nur 60 km/h") oder sich im Rahmen einer der drei Gestaltungen äußert, bei denen seine Bestreitenslast erschwert ist: negative Tatsache, tatsächliche Vermutung, Wissensvorsprung (Rdnr. 58–60).

Sodann muss über das Vorbringen des Beklagten berichtet werden, mit dem er Neuland betritt: über seine Einreden (Rdnr. 6ff.). Dabei empfiehlt es sich, zunächst den Einredetatbestand kurz zu kennzeichnen und daran die Behauptungen des Beklagten anzuknüpfen:

„Der Beklagte hält den Klageanspruch für erfüllt und behauptet, ..."

„Der Beklagte erhebt die Einrede der Verjährung. Er verweist auf das Datum des Lieferscheins und behauptet, ..."

Im übrigen gilt für die Darstellung des Einredevorbringens das gleiche wie für den Klagevortrag (Rdnr. 272ff.).

Die Aufrechnungseinrede wird oft auf einen Sachverhalt gestützt, der mit dem klagebegründenden Sachverhalt, wie er in der Geschichtserzählung dargestellt wurde, überhaupt nichts zu tun hat. Dann würde die Zusammenlegung beider Sachverhalte in einer einheitlichen Geschichtserzählung zu Beginn des Tatbestandes auf Unverständnis stoßen und ohne Not Zusammengehörendes zerreißen. Deshalb kann man im Anschluss an die Vorstellung der Aufrechnungseinrede eine auf sie bezogene Geschichtserzählung (im Indikativ) einflechten.

„Der Beklagte erklärt die Aufrechnung mit einer Gegenforderung über 3.567 € aufgrund folgenden Sachverhalts. Am 23. 9. 2006 wandte sich der Kläger an den Bruder des Beklagten mit der Bitte, für ihn eine Bürgschaft zu übernehmen ..."

Danach geht man zu den bestrittenen Behauptungen über, mit denen der Beklagten seine Gegenforderung begründet.

301 Hat der Beklagte Widerklage erhoben, dann muss man nach Vermerk eines Antrags des Klägers (Widerbeklagten) auf Abweisung der Widerklage sein Verteidigungsvorbringen in der gleichen Weise darstellen wie die Verteidigung des Beklagten gegenüber dem Klagevortrag. Ist keine Widerklage erhoben, so braucht man einen besonderen Replik-Abschnitt nur ausnahmsweise (Rdnr. 297).

7.2.9 Replik des Klägers

302 Sie kommt im Tatbestand überaus selten vor. Sie ist nur nötig, wenn der Kläger das Einredevorbringen des Beklagten mit substantiiertem Bestreiten oder mit einer Gegeneinrede beantwortet. Die Ausführungen unter Rdnr. 297–300 gelten hier entsprechend.

7.2.10 Die Pauschalverweisung

303 Die dem Streitstand folgende Pauschalverweisung ist die einzige floskelhafte Wendung, die im Zivilprozess erlaubt, ja sogar geboten ist. Sie mag von manchen Autoren missverstanden und gescholten werden (Schumann NJW 1993, 2786; Öhlers NJW 1994, 713): Sie ist das Mittel, das dem Richter überhaupt erst ermöglicht, § 313 Abs. 2 zu gehorchen. Der Richter soll aus dem Tatbestand alles Unwesentliche und alle Einzelheiten herauslassen. Alle diese Umstände sind dennoch Entscheidungsgrundlage. Als solche sind sie von den Parteien in ihren Schriftsätzen vorgebracht. Wenn sie nicht im Tatbestand lückenlos wiedergegeben werden, dann müssen sie eben durch eine Verweisung auf die Schriftsätze und sonstigen Unterlagen in die Entscheidungsgrundlage – den materialen Tatbestand – einbezogen werden (vgl. BGH NJW 1983, 885, 886). Die ganze Diskussion um diesen simplen Vorgang ist nur schwer zu verstehen. Sie wird vollends unverständlich in Hinblick darauf, dass § 313 Abs. 2 ausdrücklich befiehlt: Der Tatbestand „soll" auf Schriftsätze, Protokolle und andere Unterlagen verweisen.

304 Im übrigen hat die höchstrichterliche Rechtsprechung die Pauschalverweisung längst abgesegnet. Sie ist „keineswegs eine sinnleere Schreibübung"

(BGH NJW 1981, 1848), sondern das beste Mittel, auch ohne lückenlose Wiedergabe im Tatbestand den gesamten Prozessstoff zur Grundlage für die Beurteilung des Rechtsmittelgerichts zu machen (BGH NJW 1981, 1621; 1981, 1848; 1990, 2755; 1992, 2148). In dem letztgenannten Fall hatte das Berufungsurteil die Pauschalverweisung unterlassen. In den Akten stand aber eine wichtige Tatsachenbehauptung, die im Urteilstatbestand nicht erwähnt war. Um diese Behauptung dem Revisionsurteil doch noch zugrunde legen zu können, wählte der BGH eine Lösung, die als Kunstgriff erscheint: Er meinte, es könne „das Revisionsgericht davon ausgehen, dass durch Stellung der Anträge und anschließendes Verhandeln der gesamte bis zum Termin angefallene Akteninhalt zum Gegenstand der mündlichen Verhandlung gemacht worden" sei. Ob dieser kühnen, von Schumann (a.a.O.) kritisierten Entscheidung auch die anderen Senate des BGH und der Oberlandesgerichte folgen werden, darf bezweifelt werden. Jedenfalls kann man sich nicht darauf verlassen. Deshalb kann die Pauschalverweisung immer nur dringend angeraten werden.

Nun wird von manchen noch Anstoß genommen, wenn die Verweisung 305 ganz pauschal „auf die Schriftsätze und Unterlagen" erfolgt. Indessen kann es ja wohl für die Eingrenzung des Verweisungsziels keinen Unterschied machen, ob man sämtliche 32 Schriftsätze der Parteien, die in dem Prozess gewechselt worden sind, mit ihren Daten kennzeichnet oder einfach sagt „die Schriftsätze der Parteien", was jedermann so versteht: „alle Schriftsätze der Parteien". Vernünftigerweise kann man auch nicht in Zweifel ziehen, dass damit die Schriftsätze der Parteien gemeint sind, die in diesem Prozess gewechselt worden sind. Ein Problem kann allenfalls entstehen, wenn nach Schluss der mündlichen Verhandlung ein Schriftsatz mit neuen Behauptungen eingeht, der nicht gemäß § 283 nachgelassen ist bzw. über die Grenzen des nach dieser Vorschrift zulässigen Antwortvortrags hinausgeht. Dies Problem kann man abfangen, indem man in einem solchen Sonderfall die Verweisung eingrenzt auf die bis zum Schluss der mündlichen Verhandlung eingegangenen Schriftsätze und ggf. auf den nach § 283 nachgelieferten Schriftsatzinhalt, so dass sie ein Bestreiten einbezieht, das sich in den Grenzen des Schriftsatznachlasses hält.

Die Verweisungsformel selber gibt es in schnörkelhafter und in schlanker 306 Form. Schnörkelhaft und vom Gesetzeswortlaut abweichend ist die Formulierung, es werde Bezug genommen

„auf *den vorgetragenen Inhalt der Schriftsätze*".

Soll damit nur auf denjenigen Teil der Schriftsätze verwiesen werden, der vorgetragen ist? Welcher ist das denn? Und ist es sinnvoll, zur Umschreibung des Vorgetragenen auf das Vorgetragene zu verweisen? Vielleicht ist mit der

Formulierung ja auch nur gemeint, es werde auf die Schriftsätze Bezug genommen; diese seien nämlich vorgetragen worden. Aber letzteres versteht sich doch von selber, wenn die Schriftsätze hergeben sollen, was vorgetragen ist. – Ohne Not ausgewalzt ist auch die Formulierung:

„*Zur Darstellung der Einzelheiten des Sach- und Streitstandes* wird auf die Schriftsätze der Parteien und *auf die von ihnen überreichten* Unterlagen verwiesen".

Die Formulierung

„Im übrigen wird auf die Schriftsätze nebst Anlagen verwiesen."

genügt vollauf.

Waren Akten anderer Gerichtsverfahren oder anderer Behörden beigezogen, so werden auch sie gewöhnlich in die Entscheidungsgrundlage einbezogen durch den Vermerk:

„Die Akten 5 Js 17/99 StA Naumburg waren Gegenstand der mündlichen Verhandlung."

Seit es keine anwaltliche Beweisgebühr mehr gibt, besteht kaum noch Bedarf für einen Vermerk darüber, ob die Akten nur zur Information des Gerichts oder zu Beweiszwecken beigezogen waren.

307 Wenn die Parteien in der mündlichen Verhandlung etwas vorgebracht haben, das nicht in den Schriftsätzen steht, so ist die Verweisung auf die Schriftsätze natürlich nicht ausreichend. Ist das Vorbringen protokolliert worden, so muss eine Verweisung auf das Protokoll hinzukommen. Ist es nicht einmal protokolliert worden, so muss dieses Vorbringen im Tatbestand wiedergegeben werden. Ist es unstreitig, kann man es in der Geschichtserzählung unterbringen. Ist es streitig, kann man es als Teil des Streitstandes oder im Zusammenhang mit der Verweisung in den Tatbestand aufnehmen.

7.2.11 Hinweis auf Beweisverfahren

308 Zum Sach- und Streitstand gehört auch das Ergebnis einer etwa durchgeführten Beweisaufnahme. Im Tatbestand wird dieses Kapitel am besten eingeleitet durch den Satz:

„Das Gericht hat Beweis erhoben."

Der von vielen gewählte Zusatz, das sei geschehen z.B.

„gemäß Beweisbeschluss vom 8. Mai 2007, Blatt 345 d. A.",

ist überflüssig. Ein Beweisbeschluss ist schon deshalb unwesentlich, weil er nur in seltenen Fällen erlassen zu werden braucht, nämlich bei der Beweisaufnahme durch einen beauftragten oder ersuchten Richter (§ 358), bei Einholung eines Sachverständigengutachtens und Einnahme des Augenscheins vor der mündlichen Verhandlung (§ 358a S. 2 Nr. 4 und 5; die Maßnahmen nach a.a.O. Nr. 2 und 3 können auch durch eine vorbereitende Verfügung nach § 273 Abs. 2 eingeleitet werden) sowie für eine Parteivernehmung (§ 450). Selbst eine durch Beweisbeschluss angeordnete Beweiserhebung kann von dem Prozessgericht jederzeit ohne förmlichen Beschluss erweitert werden. Davon abgesehen, ist der Beweisbeschluss nur ein Mittel zur Organisation der Beweisaufnahme; ist sie durchgeführt, so ist der Beschluss verbraucht, man kann ihn vergessen.

309 Dem Hinweis, dass Beweis erhoben worden ist, folgt eine Einbeziehung des Beweisergebnisses in die Entscheidungsgrundlage. Es wird z.B. „auf das Gutachten des Sachverständigen Prof. Schiller (GA 293 ff.) Bezug genommen." Ist die Beweisaufnahme gerichtlich protokolliert worden, so wird auf das nach Datum und Fundstelle zu kennzeichnende Protokoll verwiesen.

Sind die Aussagen von Zeugen oder Sachverständigen nur in einem sogenannten Berichterstattervermerk festgehalten worden, der den Parteien unmittelbar nach dem Termin zugesandt worden ist (vgl. Balzer, Beweisaufnahme Rdnr 80), so ist auf diesen zu verweisen.

310 Nun gibt es allerdings auch die Möglichkeit, das Beweisergebnis weder im Sitzungsprotokoll noch im Berichterstattervermerk festzuhalten, sondern erstmals in dem Urteil selber. Das ist dann erlaubt, wenn das Urteil alsbald nach der Beweisaufnahme abgesetzt wird zu einer Zeit, in der die Erinnerung des Richters an die Beweisaufnahme frisch und zuverlässig ist, und wenn das Urteil den Parteien ebenfalls alsbald zugestellt wird zu einem Zeitpunkt, da sie (ihre Anwälte) die Beweisaufnahme noch im Sinn haben (Balzer Beweisaufnahme Rdnr. 79; BGH NJW 1987, 1200; 1991, 1547). Die Darstellung insbesondere der Zeugenaussagen ist derjenigen in einem Protokoll ähnlich. Während dort in der Regel die direkte Rede verwendet wird, passt ins Urteil besser die indirekte Rede, etwa so:

„Die Zeugin Gabi Rednitz, nach ihren Angaben 30 Jahre alt, Bibliothekarin, wohnhaft in Halle, hat zur Sache ausgesagt: Am 13. April 2007 sei sie über den Bahnhofsvorplatz in Leipzig gebummelt, als sie plötzlich von hinten von einer männlichen Stimme laut angebrüllt worden sei …".

Bei der Wiedergabe der Aussage muss – anders als bei den Entscheidungsgründen – jegliche Wertung vermieden werden. Diese gehört allein in die Entscheidungsgründe.

Der richtige Platz für die Wiedergabe des Beweisergebnisses ist das Ende des Tatbestands. Wenn ein solcher fehlt (und regelwidrig auch sonst), kann man es auch vor die eigentliche Beweiswürdigung in die Entscheidungsgründe bringen.

7.3 Entscheidungsgründe

311 Früher hat sich der Gesetzgeber einer Definition dessen, was in den Entscheidungsgründen stehen soll, enthalten. Die Vereinfachungsnovelle von 1976 hat mit der Schaffung des neuen § 313 Abs. 3 Grenzen gezogen. Vielschreiberei soll eingedämmt werden.

Deswegen müssen und sollen die Entscheidungsgründe in der Substanz nicht ärmer werden. Nach wie vor dient das Urteil der Herstellung des Rechtsfriedens. Deshalb muss der Richter versuchen, mit der Begründung seines Spruchs von dessen Richtigkeit zu überzeugen. Unsere Rechtsordnung erfordert, dass der Richter den Parteien über das, was er tut, Rechenschaft ablegt; sie müssen sich darüber klarwerden können, ob sie das Urteil hinnehmen oder ob sie dagegen Rechtsmittel einlegen sollen. Wenn dies der Sinn der Urteilsbegründung ist, dann ist, was Art und Umfang der Begründung betrifft, die Marschrichtung vorgegeben: Von der Richtigkeit des Urteils überzeugt werden muss die Partei, die unterliegt. Den Gang zum Rechtsmittelgericht erwägen kann nur sie. Deshalb müssen die Entscheidungsgründe gestaltet werden als ein Dialog des Richters mit derjenigen Partei, die unterliegt. In diesem Dialog sind Dinge entbehrlich, die banal sind, die der Unterliegende nicht für sich reklamiert oder nicht für problematisch angesehen hat, die auf die Entscheidung gar keinen Einfluss haben.

Demgemäß enthalten nach § 313 Abs. 3 die Entscheidungsgründe

1. die Erwägungen,
2. auf denen die Entscheidung in tatsächlicher und rechtlicher Hinsicht beruht;
3. dies in Form einer kurzen Zusammenfassung.

7.3.1 Erwägungen

312 Wenn man dieses Wort hört, kann man (soll man!) an den Richter denken, der bei der Vorbereitung oder Absetzung der Entscheidung innehält, um nachzudenken, um Argumente und Umstände gegeneinander abzuwägen.

Wenn man es so versteht, verbietet bereits der Begriff „Erwägungen", Dinge in die Entscheidungsgründe zu schreiben, die überhaupt nicht problematisch sind. So haben es auch die Initiatoren der Vereinfachungsnovelle von 1976 gesehen:

> „Ebenso erscheint eine umständliche Wiedergabe der Subsumtion von rechtlich nicht umstrittenen Einzeltatsachen entbehrlich ..." (BT-Dr 7/2729, Seite 132).

Ausführungen zur Zulässigkeit sind fast immer wegzulassen

Nahezu alle Klagen sind zulässig. Die Unzulässigkeit ist die Ausnahme. Deshalb gehören Ausführungen zur Zulässigkeit der Klage nur dann in das Urteil, wenn entweder die Parteien darum streiten oder wenn ein von ihnen nicht erkanntes, ernsthaftes Zulässigkeitsproblem ansteht (Schneider, Zivilrechtsfall Rdnr. 755). In allen übrigen Fällen haben die Entscheidungsgründe dazu zu schweigen. Das gilt nicht nur für die allgemeinen Sachentscheidungsvoraussetzungen, welche in jedem Prozess erfüllt sein müssen (Parteifähigkeit, Prozessfähigkeit, Zuständigkeit usw.), sondern auch für die besonderen Sachentscheidungsvoraussetzungen, etwa die der §§ 256, 258–260, 323 sowie die Zulässigkeitsvoraussetzungen für Einspruch und Berufung. In aller Regel werden sie vom Richter nicht erwogen, sondern einfach im Kopf durchgecheckt und abgehakt.

313

Die Urteilsgründe sind keine Seminararbeit

Es ist unerträglich, wenn ein Urteil sich seitenlang über die Wirksamkeit eines Vertragsschlusses verbreitet, wenn es den Vertragsantrag und ein Erlöschen desselben, die Vertragsannahme und die Rechtzeitigkeit derselben untersucht, obwohl die Parteien die Wirksamkeit des Vertragsschlusses – mit Recht – mit keinem Wort in Zweifel gezogen haben. Es verstößt gegen § 313 Abs. 3, wenn ein Richter über die Probleme und Systematik der Vertragsauslegung doziert, obwohl der Wortlaut des Vertrages eindeutig ist und keine Partei aus ihm etwas anderes herausgelesen hat.

314

Man begegnet Urteilen, die wie Seminararbeiten eines Studenten im 12. Semester anmuten. Der Autor hat ein kleines Rechtsproblem am Wegesrand liegen sehen, eine abseitige Literaturstimme, die keine der Parteien kennt und auch nur eines Wortes gewürdigt hätte. Er diskutiert das Rechtsproblemchen und löst es auf eine Weise, die die Entscheidung zu demselben Ergebnis führt wie wenn er das Problem nicht aufgegriffen hätte. Er schreibt also weder, um Argumente der Parteien zu behandeln, noch, um ein falsches Ergebnis zu vermeiden, sondern letztlich nur für sich selbst: „Herr Professor, ich habe das Problem gesehen!"

315

Vielleicht hat sich der Autor vom Stil mancher BGH-Entscheidung anstecken lassen. Unter den 35 BGH-Urteilen, die in NJW 1994 S. 2684 bis 2836 abgedruckt sind, befinden sich allein 9 Urteile, in denen der BGH ein Rechtsproblem aufreißt und diskutiert, um am Ende festzustellen, „auf all das" komme es nicht an (zur Kritik vgl. Balzer, NJW 1995, 2448, 2455).

Fehl am Platze ist auch die Akribie eines Autors, der ohne Not die Parteien mit Zitaten aus Literatur und Rechtsprechung versorgt und selbst eingefahrene Rechtsinstitute über viele Zeilen hinweg mit Literaturstellen belegt, die

316

bis in die Rechtsprechung des Reichsgerichts zurückreichen. Der Urteilsverfasser benötigt eine Zitatenkette höchstens, wenn er sich auf Grund eines Streits der Parteien oder auch nur auf Grund eigenen Problembewusstseins mit einem echten, in Literatur und Rechtsprechung diskutierten Rechtsproblem auseinandersetzen muss, von dessen Klärung die Entscheidung abhängt und das sich durch einen Verweis auf eine ständige oder einheitliche Rechtsprechung des Bundesgerichtshofes nicht lösen lässt.

317 Wenn denn zitiert werden muss, dann soll auch dies mit Maßen geschehen. Für das Zitat eines Urteils genügt eine einzige Fundstelle; wenn möglich, sollte man dabei der NJW den Vorzug geben, da sie am weitesten verbreitet und am leichtesten zugänglich ist. Den Service, den Parteien und ihren Anwälten mehr als eine Fundstelle anzugeben, schuldet das Gericht ihnen mit Sicherheit nicht! Es ist auch überflüssig, bei einer Entscheidung, die mit Fundstelle zitiert wird, auf das Aktenzeichen und das Datum ihres Erlasses mitzuteilen. Wenn ein Anwalt darauf Wert legt, mag er sich diese Daten an der zitierten Fundstelle selber beschaffen. Nur bei unveröffentlichten Entscheidungen lässt sich die Mitteilung der genannten Entscheidungsdaten nicht vermeiden. Bei nicht so wichtigen Nachweisen genügt selbstverständlich der Hinweis auf einen Standardkommentar mit dem Zusatz „m.w.N."; der Zusatz soll ausdrücken, dass der Meinung des Kommentars andere Autoren zustimmen.

7.3.2 ... in tatsächlicher und rechtlicher Hinsicht ...

318 Der Richter soll das Urteil sowohl in tatsächlicher als auch in rechtlicher Hinsicht rechtfertigen.

Er soll die Rechtsnormen nennen, aus den sich die von den Parteien angestrebten Rechtsfolgen ergeben können, und die damit zusammenhängenden Rechtsprobleme lösen. Er soll die dazu vorgetragenen Tatsachen subsumieren und nötigenfalls begründen, warum vorgetragene Tatsachen nicht ausreichen, um die Norm anzuwenden. Eine Rechtfertigung in tatsächlicher Hinsicht steht auch an, wenn ein Umstand, der unter eine Norm subsumiert werden könnte, bestritten ist. Dann muss der Richter darstellen, warum er keinen Beweis erhoben hat bzw. begründen, warum er den Beweis für geführt oder für misslungen erachtet (Beweiswürdigung).

7.3.3 ... auf denen die Entscheidung beruht

319 Ein Hauptproblem des Urteils liegt in der Eingrenzung der Entscheidungsgründe auf diejenigen Erwägungen, „auf denen die Entscheidung beruht". Damit sollen nichttragende Erwägungen aus den Entscheidungsgründen ferngehalten werden. Es soll eben nicht „über alles entschieden" werden, „was die Parteien vorgetragen haben" (so allerdings Schumann NJW 1993, 2788).

In die Entscheidungsgründe gehört nur das, was für die Begründung des Urteilstenors nötig ist.

Unzulässige Zwar-aber-Begründungen

Nichttragende Erwägungen sind solche, die weggelassen werden können, ohne dass sich etwas am Ergebnis ändert. Üblicherweise werden sie zwischen die Wörter „zwar ..." und „jedoch ..." eingespannt (sog. Zwar-aber-Begründung). Soll der Bogen größer gespannt werden, trifft man – vornehmlich in BGH Entscheidungen – auch auf das Wortpaar „allerdings ..." und „jedoch ...". Die Zwar-aber-Begründung galt schon immer als schwerer Methodenfehler (Teplitzky DRiZ 1974, 262); seit der ZPO-Reform von 1976 ist sie ein klarer Gesetzesverstoß. Nichttragende Erwägungen gehören auch dann nicht ins Urteil, wenn die Parteien über sie gestritten haben (Schneider, Zivilrechtsfall Rdnr. 763).

320

Typisch ist folgender Passus aus einem OLG-Urteil über einen Kostenersatz wegen einer dem Beklagten nicht bewusst gewordenen Eigentumsstörung (NJW 1986, 2648, 2649):

„*1. Wie das LG schon mit Recht ausgeführt hat, schuldet die Bekl. nicht nach § 823 I BGB ... Kostenersatz ... . Der Kläger hat hierfür ... keine Tatsachen vorgetragen ...*

2. Der Zahlungsanspruch ist dem Grunde nach aber nach §§ 812, 818 BGB gerechtfertigt ..."

Bei einem klageabweisenden Urteil liest sich eine Zwar-aber-Begründung z.B. so:

321

„*Zwar ist entgegen dem Vorbringen des Beklagten zwischen den Parteien ein Kaufvertrag zustande gekommen ... Aber der Anspruch auf Kaufpreiszahlung ist inzwischen gemäß § 196 Abs. 1 Nr. 1 verjährt ...*"

Im ersten Fall hätte der Richter zu der Anspruchsgrundlage des § 823 Abs. 1 BGB schweigen sollen. Wenn mehrere Anspruchsgrundlagen in Betracht kommen, dann darf er sich nur mit derjenigen befassen, auf die er seine Entscheidung stützt; bei mehreren mag er diejenige auswählen, deren Anwendung am einfachsten ist (zur Doppelbegründung s. Rdnr. 329). Im zweiten Fall hätte der Richter mit einer Unterstellung arbeiten sollen:

„*Es kann entsprechend dem Vortrag des Klägers unterstellt werden, dass der Kaufvertrag wirksam zustande gekommen ist. Dann ist aber jedenfalls seine Forderung gemäß § 196 Abs. 1 BGB verjährt ...*"

Warum schreiben Richter nicht tragende Begründungen? Es gibt Fälle, in denen eine Zwar-aber-Begründung zwar an sich unzulässig, aber doch ohne Einschränkung zu empfehlen ist. Ein Bundesrichter erzählt aus einem Senat,

322

Die Abfassung des Urteils

der nicht tragenden Begründungen abhold ist, diesen Fall: Ein Autofahrer kommt zu Schaden, weil er einem Hund ausgewichen ist. Aus Rechtsgründen versagt der Senat dem Autofahrer den eingeklagten Schadensersatz mit der Begründung, er hätte dem Tier nicht ausweichen, sondern es notfalls überfahren müssen. Allein mit dieser Begründung, so meint der Bundesrichter, hätte man die Presse und alle deutschen Tierschützer auf die Barrikaden gebracht und dem Ansehen der Justiz geschadet. Deshalb habe der Senat es für angemessen gehalten, den Autofahrer in dem Urteil zu loben, weil er von dem Motiv getrieben gewesen sei, das Tier zu schützen. Wem am Rechtsfrieden gelegen ist, der kann sich der Überlegung des Senats wohl nicht verschließen.

Aber oft hat man den Eindruck, der Richter habe sich nur von seinen gutachterlichen Überlegungen im Votum, seinem geistigen Kind, nicht trennen können (BGH NJW 2007, 1290, 1291?). Das allein kann einen Gesetzesverstoß nicht rechtfertigen. Das Urteil hat nicht der Eitelkeit des Richters zu dienen. Es wird an sich nur für die Parteien geschrieben, um ihren Streit schnell und überzeugend zu beenden.

Vielleicht auch will der Richter seine Überlegungen zu einem Rechtsproblem für andere erhalten, damit sie seine Leistung anerkennen und daraus Nutzen ziehen (BGH NJW 2007, 1064?). In vielen BGH-Urteilen dienen nicht tragende Erwägungen offenbar dem Zweck, Fehlentwicklungen in der untergerichtlichen Rechtsprechung entgegenzuwirken (z.B. BGH NJW 1996, 1755; 2004, 844; 2744; 3033; 3701). Das mag man im Interesse einer gesunden Rechtsentwicklung akzeptieren, ist aber jedenfalls kein Vorbild für die Instanzgerichte.

323   Zuweilen spürt man hinter Zwar-aber-Begründungen den Wunsch des Richters, der unterliegenden Partei Trost zu spenden: „Der Kläger beschuldigt Dich einer unerlaubten Handlung; das ist nicht richtig und soll nicht auf Dir sitzenbleiben." Oder: „Du, Kläger, musst zwar wegen der Verjährungseinrede verlieren, aber im Grunde hattest Du ja Recht." So edel diese Motive sein mögen: § 313 Abs. 3 verbietet es dem Richter, ihnen nachzugeben. Die unterlegene Partei braucht im Urteil keine Trostsprüche, sondern Argumente. Will man sie versöhnlich stimmen und trösten, dann soll man ihr die Situation in der Güteverhandlung oder in der mündlichen Verhandlung in Ruhe erklären. Das fördert den Rechtsfrieden nachhaltiger als eine „Zwar-aber-Begründung" im Urteil.

Offenlassen

324   Das Verbot nicht tragender Begründungen nötigt den Urteilsverfasser, die nichttragenden Normen bzw. Tatbestandsmerkmale zu überspringen. Dabei

fragt es sich immer, ob man dieses Überspringen anzeigen soll. In dem Beispielsfall Rdnr. 320 ist das gewiss überflüssig, und zwar selbst dann, wenn die Parteien die im Urteil nicht angewandte Anspruchsgrundlage diskutiert haben. Wird wie bei der Klageabweisung unter Rdnr. 321 ein logisch vorrangiges Tatbestandselement übersprungen, mag man das kurz andeuten. In vielen Fällen wird dadurch allerdings der Gedankengang unterbrochen. Dafür steht das Beispiel unter Rdnr. 353. Man sollte deshalb den Hinweis auf das Dahinstellen an das Ende der Begründungskette setzen; meistens wird man ihn dann sogar als entbehrlich empfinden.

Auf keinen Fall aber darf das letztlich nicht benutzte Begründungselement, dessen Tragfähigkeit dahingestellt wird, zum Gegenstand einer rechtlichen Untersuchung werden. Dagegen wird in manchen Urteilen verstoßen: Der Verfasser müht sich um eine rechtliche Einordnung des entbehrlichen Tatbestandsmerkmals, zeigt die mit ihm zusammenhängenden Rechtsprobleme auf, um am Ende zu verkünden, die Probleme brauchten nicht gelöst zu werden, weil man auf das Tatbestandsmerkmal verzichten könne. Man fragt sich dann: Wenn man die Tauglichkeit des Merkmals durchaus erwägen konnte, dann wäre seine Verwertung vielleicht nicht unvertretbar gewesen; warum hat er es dann nicht für tauglich erklärt und als Doppelbegründung (Rdnr. 329) verwendet? Wenn im Fall Rdnr. 320 der Anspruch aus unerlaubter Handlung auf vertretbare Weise zu bejahen war, dann konnte man sicherheitshalber die Entscheidung außer auf § 812 BGB auch auf § 823 BGB stützen.   *325*

Zulässige Zwar-aber-Begründungen

Zulässig – wenn auch nicht immer nötig – sind Zwar-aber-Begründungen, wenn der Zwar-Teil nicht einfach weggelassen werden kann, ohne dass sich im Ergebnis etwas ändert. Ein klassischer Fall ist die Zulässigkeit der unbegründeten Klage. Wenn der Richter die Klage abweisen will, darf er die Zulässigkeit grundsätzlich nicht unterstellen und nicht offenlassen, denn die Zulässigkeitsfrage hat Priorität. Es macht in Hinblick auf die Rechtskraftfolge einen Unterschied, ob die Klage als unzulässig oder als unbegründet abgewiesen wird. Im ersten Fall darf man sie unter Erfüllung der Zulässigkeitsvoraussetzung wiederholen, im zweiten Fall nicht. Bevor also der Kläger mit einer der Rechtskraft fähigen Klageabweisung beschieden wird, muss feststehen, dass die mildere Abweisung der Klage als unzulässig nicht möglich ist. Falls dies im Urteil ausnahmsweise begründet werden muss (vgl. dazu Rdnr. 313), geschieht das mit einem Zwar-aber.   *326*

Ein anderer klassischer Fall ist der der Eventualaufrechnung. Sie wird vom Beklagten unter der Bedingung erklärt, dass die Klageforderung nicht schon aus sich heraus unbegründet ist. Auch muss das Urteil erkennen lassen, ob die Aufrechnungsforderung mit der Rechtsfolge des § 322 Abs. 2 konsumiert ist   *327* oder nicht. Deshalb muss es bei Durchgreifen der Eventualaufrechnung so argumentieren:

„Zwar ist die Klageforderung entstanden ...
Jedoch ist sie durch die vom Beklagten erklärte Aufrechnung erloschen. Dessen Gegenforderung war begründet ..."

328 Richtig ist der „Zwar-aber-Gedanke" auch dann, wenn der Richter ein Beweismittel, das die Beweisfrage bejaht (Mindestvoraussetzung für einen Beweis), für unzulänglich hält:

„Zwar hat der Zeuge Zabel bekundet, der Kläger habe sein Fahrzeug an der Straßenecke angehalten. Jedoch ist diese Aussage nicht glaubhaft ..."

Doppelbegründungen

329 Mehrfachbegründungen sind nicht unzulässig, insbesondere nicht aus der Erwägung, dass auf der zweiten und weiteren Begründungen das Urteil im Sinne des § 313 Abs. 3 nicht beruhe. Wenn der Richter sich auf zwei parallele Gründe stützt, dann beruht das Urteil eben auf beiden. Allerdings ist eine Zweitbegründung niemals unbedingt erforderlich. Aber sie kann sehr sinnvoll sein. Nicht immer ist die Anwendbarkeit einer Rechtsnorm eindeutig. Dann bietet die zweite Begründung eine gute Absicherung. Sie kann die Überzeugungskraft des Urteils wesentlich erhöhen und die Bereitschaft der unterliegenden Partei, ein Rechtsmittel einzulegen, vermindern. So kann man zu einem Verzicht auf eine naheliegende Doppelbegründung nur dann raten, wenn das Urteil nicht anfechtbar ist. Wenn der Berufungsrichter sich auf eine einzige Begründungsschiene beschränkt, kann es ihm passieren, dass das Revisionsgericht diese Begründung verwirft, auf der anderen Schiene aber nicht fahren kann, weil es hier mangels Sachaufklärung nach § 139 an Spruchreife fehlt. Dann ist die Zurückverweisung der Sache an das Berufungsgericht zwangsläufig.

Eine Doppelbegründung im Urteil darf sich der Richter allerdings nicht durch eine besondere Beweisaufnahme beschaffen. Eine Beweiserhebung ist nur zulässig, soweit sie erforderlich ist. Sie ist unnötig, wenn schon der vorhandene Prozessstoff ein Urteil ermöglicht. Doppelbegründungen im Urteil sind also nur statthaft, wenn sie gleichermaßen liquide sind.

7.3.4 „Kurze Zusammenfassung"

Grundsätzliches

330 Mit diesem Befehl verbindet sich eine weitere Problematik des § 313 Abs. 3. Der Gesetzgeber hat einen Pleonasmus gewählt: Kürze ist bereits ein Wesen der Zusammenfassung, die Wendung „kurze Zusammenfassung" bringt das

Anliegen doppelt zum Ausdruck. Es ist, als wollte er sagen: „Kein Wort zuviel!".

Das kann man aber auch übertreiben. Es gibt Urteile, die liefern überhaupt keine brauchbare Begründung. Ihr einziges Argument lautet: „Das ist so." Allenfalls wird noch dieser Satz mit sich selbst begründet, mit anderen Worten, aber identischem Inhalt wiederholt. Von einem Oberlandesgerichtsrat a.D. ist dieser Fall überliefert: Die Forstverwaltung klagte gegen einen Forstmeister auf Räumung des Forsthauses, das dieser zusammen mit seinen Angehörigen bewohnte. Sie benötigte das Haus für andere Zwecke, die sie im einzelnen darlegte. Der Förster wehrte sich mit beruflichen und sozialen Erwägungen. Der Amtsrichter wies die Klage ab und schrieb dazu folgende

„Entscheidungsgründe.
Die Klage ist unbegründet. Der Förster muss im Walde wohnen. Kosten:
§ 91 ZPO."

Gewiss ist der Amtsrichter um die Souveränität zu beneiden, mit der er den Kern seiner Begründung mitteilt. Aber er hätte auf die Argumente der Forstverwaltung eingehen sollen. Ein Richter sollte sich gelegentlich mit Anwälten unterhalten, um von ihnen zu erfahren, welchen Frust es erzeugt, wenn der Unterliegende oder sein Anwalt in einem Urteil Gegenargumente, die er – vielleicht mit großer Mühe und großem Fleiß – erarbeitet und zusammengetragen hat, mit keinem Wort gewürdigt findet. Das wird als Ausdruck richterlicher Selbstherrlichkeit und Überheblichkeit empfunden, es stellt den Rechtsfrieden nicht wieder her und schadet dem Ansehen der Justiz.

Letztlich muss über die Tiefe der Argumentation der Urteilsschreiber entscheiden. Er soll zwar die Entscheidungsgründe als Dialog mit dem Unterliegenden begreifen und unter diesem Aspekt die Auswahl treffen und Schwerpunkte setzen. In diesen Grenzen soll und muss er sich bei der Absetzung der Entscheidungsgründe frei entfalten dürfen, wie es seinem Wissen, seinem Können und seiner Persönlichkeit entspricht.

Er hat aber die Einschränkungen zu beachten, die der folgende Abschnitt aufzeigt.

Überflüssige Wiederholungen

Über das, was mit dem Wort „kurze Zusammenfassung" auferlegt ist, kann man im Einzelfall immer streiten. Aber eines muss als sicher gelten und ist indiskutabel: Jede überflüssige Wiederholung in den Entscheidungsgründen bedeutet eine Verletzung des § 313 Abs. 3. Es ist erstaunlich: Man trifft nur selten auf ein Urteil, das diese zwingende Konsequenz aus dem eindeutigen Gesetzeswortlaut erkennt und danach handelt.

331

Die Abfassung des Urteils

Einleitung der Entscheidungsgründe (Maikäfersätze)

332   Die meisten Wiederholungen unterlaufen am Anfang der Entscheidungsgründe, die so tun, als gäbe es den Tenor nicht.

In einem Urteil, das der Klage stattgibt, beginnen die Entscheidungsgründe mit dem Satz:

„*Die Klage ist zulässig.*"

Wenn nicht über die Zulässigkeit der Klage Streit geherrscht hat, ist dieser erste Satz überflüssig (vgl. auch Rdnr. 313). Er wendet sich ohnehin nur an Fachleute: an die Anwälte oder die Rechtsmittelrichter. Diese aber haben die Zulässigkeit der Klage längst dem Tenor entnommen, denn wäre die Klage unzulässig, so hätte er nicht in der Sache entscheiden dürfen. Der erste Satz enthält daher nur eine Wiederholung dessen, was dem Adressaten bereits mitgeteilt war.

Das gleiche gilt, wenn (ohne Streit über die Zulässigkeit) die Klage mangels Begründetheit abgewiesen wird. Zwar kann man einem die Klage abweisenden Tenor nicht entnehmen, warum abgewiesen wird. Aber dass hier die Klage in der Sache abgewiesen wird, erkennt der Fachmann sogleich aus dem gesamten übrigen Inhalt der Entscheidungsgründe, weil diese sich mit der Sache befassen.

Andere Entscheidungsgründe beginnen mit dem Satz:

„*Die Klage ist begründet.*"

Auch dieser Satz wiederholt nur Bekanntes, denn dass die Klage begründet ist, ergibt sich bereits aus dem verurteilenden Tenor.

Die Entscheidungsgründe fahren fort:

„*Der Kläger kann von dem Beklagten Zahlung von 14.392,70 € nebst Zinsen in Höhe von 5 Prozentpunkten über dem Basiszinssatz seit dem 1. April 2007 verlangen.*"

Hier teilen die Entscheidungsgründe weiterhin nur das mit, was bereits im Tenor steht – ein glatter Verstoß gegen § 313 Abs. 3.

Auf der Stelle tritt auch folgende Einleitung:

„*Die Klage ist in dem zuerkannten Umfang begründet. Im übrigen war sie abzuweisen.*"

333   Typisch ist das folgende OLG-Urteil, das sich an Gepflogenheiten mancher BGH-Senate orientiert: Im Tenor hat das OLG das Urteil und das Verfahren des LG aufgehoben und die Sache an das LG zurückverwiesen. Die Entscheidungsgründe beginnen wenige Zeilen darunter so:

> *„Die form- und fristgerecht eingelegte sowie ordnungsgemäß begründete Berufung ist zulässig und führt zur Aufhebung des angefochtenen Entscheidung einschließlich des ihr zugrundeliegenden Verfahrens und Zurückverweisung der Sache an das LG (§ 538 ZPO), weil ..."*

Mit Einleitungen dieser Art wird der Urteilsverfasser sich selber untreu. Er verspricht Entscheidungsgründe, aber anstatt mit dem Begründen anzufangen, wiederholt er zunächst, was er begründen soll. Er erinnert an einen Maikäfer, der sich vor dem Abflug erst noch einmal richtig aufpumpen muss.

Entscheidungsgründe, die Wiederholungen des Tenors vermeiden, beginnen bei Erfolg der Klage mit der sachlich-rechtlichen Norm, etwa so: 334

> „Der Klageanspruch ist gemäß § 631 BGB begründet."

Wird die Klage abgewiesen, mag man so beginnen und später fortfahren:

> „Die Klageforderung lässt sich nicht aus § 631 BGB herleiten ...
> Der Kläger kann seine Forderung auch nicht auf § 812 BGB stützen ..."

Bei einer Aufhebung und Zurückverweisung bietet sich dieser Ansatz an:

> „Der Urteilsspruch beruht auf § 538 Abs. 2 Nr. 7 ZPO. Das angefochtene Teilurteil ist als solches gemäß § 301 ZPO nicht zulässig ..."

Dass die rechtliche Begründung mit der Nennung der Norm beginnt, sollte selbstverständlich sein. Dennoch liest der Berufungsrichter immer wieder Urteile, in denen die Norm ungenannt bleibt. Das hat übrigens einen unguten Nebeneffekt, der dem erstinstanzlichen Richter meist nicht bewusst ist. Beim Berufungsgericht (wie beim BGH) sind die Zuständigkeiten der Spruchkörper primär nach Sachgebieten verteilt; das dient der Spezialisierung der Spruchkörper und fördert ihre Sachkompetenz. Die keinem Sachgebiet zuzuordnenden Sachen werden als Buchstabensachen behandelt, welche als „Bodensatz" auf alle Spruchkörper verteilt werden. Für die Zuteilung der Sachen ist im allgemeinen die Sachnorm maßgebend, die in den Entscheidungsgründen als erste genannt wird. Fehlt eine solche Norm, dann gilt die Sache als Buchstabensache und wird dem eigentlich zuständigen Spezialsenat vorenthalten. So wird das Ziel der Spezialisierung vereitelt. 335

Wiederholen beim Rechtsmittelgericht

Die Gründe einer Beschwerdeentscheidung beginnen so: 336

> *„Die gemäß § 127 Abs. 2 Satz 2 ZPO statthafte Beschwerde gegen den im Tenor genannten Beschluss des Landgerichts ist in der Sache unbegründet. Zu Recht hat das Landgericht die vom Kläger nachgesuchte Prozesskostenhilfe mangels Erfolgsaussicht der beabsichtigten Vollstreckungsabwehrklage verweigert. Zutreffend hat das Landgericht aus-*

Die Abfassung des Urteils

geführt, dass die Vollstreckungsgegenklage keinen Erfolg verspricht, weil entgegen der Auffassung des Klägers die Kündigung der Darlehensverträge durch die Beklagte berechtigt war. Unstreitig haben die Darlehensnehmer, die Eltern des Klägers, entgegen Ziffer 10.2 der Darlehensverträge ohne Zustimmung der Beklagten den das Darlehen sichernden Grundbesitz auf den Kläger teilweise übertragen. Die Beklagte durfte deshalb von dem vertraglich vereinbarten sofortigen Kündigungsrecht Gebrauch machen.

Die Beschwerdebegründung rechtfertigt keine andere Beurteilung ..."

Hätte der Verfasser sich an dieser Stelle mit den Sätzen begnügt,

„Die Beschwerde wird aus den Gründen des angefochtenen Beschlusses zurückgewiesen. Die Beschwerdebegründung rechtfertigt keine andere Beurteilung ..."

so wäre dem Beschwerdeführer an Rechtfertigung nichts vorenthalten worden.

Programmsätze

337 Viele Urteilsverfasser meinen, sie müssten, bevor sie zur Sache kommen, dem geneigten Leser zunächst einmal in Form eines Begründungsprogramms ankündigen, was er demnächst zu lesen bekommt. Es werden also zunächst die Obersätze, die später abgehandelt werden, hintereinander zusammengestellt. Einen messbaren Vorteil für die Parteien und ihre Anwälte oder für das Rechtsmittelgericht kann man in einem solchen „Fahrplan" nicht erkennen (anders Schneider, Zivilrechtsfall Rdnr. 739f.). Vor allem aber zwingt der Urteilsverfasser sich durch solchen Fahrplan selber dazu, im weiteren Verlauf der Begründung bereits Gesagtes zu wiederholen. Damit verstößt er gegen § 313 Abs. 3. Sein Begründungsprogramm kann der Verfasser besser durch richtig gegliederte Obersätze mitteilen (vgl. Rdnr. 345f.).

Obersätze: scheibchenweise

338 Auch die überaus beliebte Überfrachtung von Obersätzen erzwingt Wiederholungen:

„Die Einbaumöbel weisen erhebliche Mängel auf, *was die Beklagte rechtzeitig gerügt hat.*"

Das Urteil zählt alsdann zunächst die Fehler der Möbel im einzelnen auf und subsumiert sie unter § 459 BGB. Danach wendet es sich der Rüge nach § 377 HGB zu mit dem Obersatz:

„Die Beklagte hat die Mängel auch rechtzeitig, nämlich unverzüglich gerügt ..."

Ist ausnahmsweise die Zulässigkeit der Klage zu erörtern, dann liest man ein Ensemble von Obersätzen wie dieses:

> *„Die Klage ist zulässig und begründet.*
>
> *Die Zulässigkeit der Klage unter dem Gesichtspunkt des Rechtsschutzinteresses ergibt sich aus § 256 ZPO ...*
>
> *Die Klage ist auch begründet ..."*

Durch den ersten Obersatz hat der Verfasser sich selber gezwungen, die nämliche Aussage mehrfach zu treffen, und das ist fehlerhaft. Richtig serviert man die Obersätze **scheibchenweise:**

> „Die Klage ist zulässig. Insbesondere fehlt es dem Kläger nicht am Rechtsschutzinteresse nach § 256 ZPO ...
>
> Die Klage ist gemäß §§ 823 Abs. 1, 847 BGB auch begründet ..."

Gutachtenschwänze

Einen Wiederholungsfehler bergen alle Konklusionen im Gutachtenstil, mit denen der Verfasser den einzelnen Absatz oder die Entscheidungsgründe insgesamt abschließt:

> „Die Mängel der Möbel bestanden in Folgendem: ...
>
> *Die Möbel wiesen somit erhebliche Mängel auf.*"

339

Besonders hartnäckig hält sich die Schlussapotheose in BGH-Urteilen. Dazu drei Zitate aus drei hintereinander abgedruckten Urteilen:

> *„Daher war auf die Revision des Beklagten das klageabweisende landgerichtliche Urteil wiederherzustellen"* (BGH NJW 2001, 220).
>
> *„Der Feststellungsklage ist deshalb stattzugeben."* (BGH NJW 2001, 223).
>
> *„Die Sache ist daher insgesamt an das Berufungsgericht zurückzuweisen."* (BGH NJW 2001, 225).

Manche können eben, auch wenn sie ein Urteil schreiben, den im Studium erlernten Gutachtenstil niemals völlig abwerfen, manche bestehen sogar darauf. Da ist der Vorsitzende einer Kammer für Handelssachen, der sein Dezernat voller schwieriger Sachen mit bewundernswertem Fleiß bewältigt. Aber wenn er ein ausgedrucktes Urteil ohne Gutachtenschwanz vorgelegt bekommt, dann zückt er sein Schreibgerät und fügt handschriftlich z.B. diesen Satz ein:

> *„Nach alledem unterlag die Klage der Abweisung."*

Das erregt fast schon Mitleid.

Zuviel Lärm um nichts?

340 Liebhaber von Maikäfersätzen, Programmsätzen, überfrachteten Obersätzen und Gutachtenschwänzen werden sich auf ihre richterliche Freiheit berufen; sie werden geltend machen, ein oder zwei entbehrliche Sätze pro Urteil seien doch nur Häppchen, die nicht ins Gewicht fallen könnten. Dagegen ist einiges einzuwenden.
- § 313 Abs. 3 will richterlicher Freiheit gerade Schranken setzen.
- Auch kleine Gesetzesverstöße sind verboten.
- Wer schon im Handwerklichen Mängel zeigt, kann nicht erwarten, dass man ihm Kompetenz in der Sache zutraut.
- In den Augen vieler Parteien ist ein Urteil nicht überzeugend, wenn es auf der Stelle tritt, anstatt voranzuschreiten, wenn es mit dem Holzhammer der Wiederholungen arbeitet, wenn seine Gedankenführung undiszipliniert ist und seine Argumente von Floskeln überwuchert werden.
- Was die „Häppchen" betrifft: Man muss das Ganze sehen. In Deutschland werden jährlich Hunderttausende von Zivilurteilen geschrieben. Die Summe der Verstöße zieht enorme Kosten nach sich.
- Getretener Quark wird breit, nicht stark (Goethe).

7.3.5 Der Urteilsstil

Rüstzeug des Richters

341 Hierüber sind sich alle einig: Der Urteilsstil ist die effizienteste Methode, ein Urteil möglichst knapp, klar und folgerichtig zu begründen. Die Beherrschung des Urteilsstils „gehört zum unerlässlichen Rüstzeug des Richters, das dieser … rigoros einsetzen sollte. Denn der von der konsequenten Anwendung des Urteilsstils ausgehende Zwang zu wirklich folgerichtiger Begründungsweise ist nicht nur aus didaktischen Gründen – zur Disziplinierung des eigenen Denkens – wertvoll, sondern auch den Arbeitsergebnissen, insbesondere der Kürze und Prägnanz der Begründungen sehr förderlich" (Teplitzky DRiZ 1974, 262; weniger apodiktisch Schellhammer Rdnr. 380)

Vergleich mit dem Gutachtenstil

342 Der Urteilsstil ist das Gegenstück zum Gutachtenstil. Die Gutachtenmethode ist eine induktive Methode. Sie wirft eine Frage auf, stellt eine Anspruchsgrundlage zur Diskussion, prüft, ob der vorgegebene Sachverhalt unter die Norm subsumiert werden kann. Das Ergebnis wird mit Suchen und Fragen angestrebt und schließlich erreicht mit Folgerungen, die durch Wörter wie „folglich" und „mithin" markiert werden. So findet man zur Antwort hin: Der Sachverhalt passt unter die zur Diskussion gestellte Norm (Schlüssigkeit), oder er passt nicht (Unschlüssigkeit).

Beim Urteilsstil ist es genau umgekehrt. Das Ergebnis wird nicht erst gesucht, es steht bereits fest. Es muss nur noch begründet werden. Der Denkweg ist deduktiv: Er führt vom Ergebnis her zur Begründung. Man setzt es also an deren Anfang. Dann fragt man sich im stillen „Wieso?" Dann muss als Begründung die nächstliegende Antwort folgen. Darauf stellt sich wieder die stille Frage „warum? warum nicht? wieso?". Das wiederholt sich, bis die Begründungskette beendet ist. Alle Glieder einer einheitlichen Begründungskette sind mit einem ausgesprochenen oder unausgesprochenen „denn" oder „nämlich" miteinander verknüpft (s. aber Rdnr. 347). Der Sprachaufwand ist merklich geringer als beim Gutachten.

Das verdeutlicht folgende Gegenüberstellung. *343*

Begründete Klage:

Fall: Der Beklagte bestellte beim Kläger mit Schreiben vom 10.12.2006 4.500 kg Apfelsinen. Der Kläger verlangt deren Bezahlung. Der Beklagte erwidert, der Kläger habe auf das Bestellschreiben nicht reagiert. Ihm sei zwar eine Auftragsbestätigung vom 13.12.2006 zugegangen, aber diese sei nicht vom Kläger unterschrieben, sondern von einer ihm unbekannten Angestellten des Klägers Frau Suhrke.

Gutachten:

Als Grundlage des Klageanspruchs kommt § 433 BGB in Betracht. Dann müssten die Parteien einen Kaufvertrag geschlossen haben. Ein solcher kommt zustande durch Antrag und dessen Annahme (§§ 147, 151 BGB). Ein Antrag des Beklagten liegt in dessen Schreiben vom 10.12.2006 vor, in dem er 4.500 kg Apfelsinen bestellt. Die Annahme könnte in dem unter der Firma des Klägers abgesetzten Antwortschreiben vom 13.12.2006 liegen. Das Schreiben ist aber nicht vom Kläger unterzeichnet, sondern von einer Frau Suhrke. Diese müsste Vertreterin des Klägers gewesen sein (§ 164 Abs. 1 BGB). Sie ist in dem Antwortschreiben im Namen des Klägers aufgetreten. Ihre Vertretungsmacht könnte sich aus § 54 HGB ergeben. Frau Suhrke war im Handelsgewerbe des Klägers kaufmännische Angestellte und von ihm als solche zur Vornahme der zu dem Gewerbe zugehörigen Geschäfte ermächtigt. Folglich wirkte ihre Erklärung vom 13.12.2006 für und gegen den Kläger. Mithin ist ein Kaufvertrag gemäß § 433 BGB zwischen den Parteien zustande gekommen.

Dieser Text ist doppelt so lang wie die Urteilsfassung:

Urteil:

Der Klageanspruch ist gemäß § 433 BGB aus Kaufvertrag begründet. Der Kläger hat den Kaufantrag des Beklagten aus dem Schreiben vom 10.12.2006 durch das von Frau Suhrke unterzeichnete Antwortschreiben vom 13.12.2000 angenommen. Ihre Erklärung wirkte für und gegen den Kläger (§ 164 Abs. 1 BGB). Frau Suhrke ist in dem Schreiben in seinem

Die Abfassung des Urteils

Namen aufgetreten. Auch war sie von ihm zur Vornahme der zu seinem Handelsgewerbe gehörigen Geschäfte ermächtigt (§ 54 HGB), denn sie war dort seine kaufmännische Angestellte.

Unbegründete Klage:
Gutachten:
Als Grundlage des Klageanspruchs kommt § 812 Abs. 1 S. 2 BGB in Betracht. Dann müsste der rechtliche Grund für die Übereignung des Grundstücks vom Erblasser auf die Beklagte weggefallen sein. Grund der Übereignung war der notariell beurkundete Schenkungsvertrag vom 23. 12. 1999. Es fragt sich, ob dieser durch den vom Kläger am 11. 8. 2006 erklärten Widerruf wirkungslos geworden ist. Ein Erbe des Schenkers kann gemäß § 530 Abs. 2 BGB die Schenkung nur mit der Begründung widerrufen, der Beschenkte habe vorsätzlich und widerrechtlich den Schenker getötet oder am Widerruf gehindert. Der Kläger trägt als Widerrufsgrund nur vor, die Beklagte habe 1999 ein Liebesverhältnis zu dem Erblasser, ihrem Schwager, unterhalten. Das füllt den Tatbestand des § 530 Abs. 2 BGB nicht aus. Folglich ist der Rechtsgrund für die Schenkung nicht entfallen, so dass eine Rückforderung nach § 812 Abs. 1 S. 2 BGB nicht begründet ist.

Urteil:
Die Klageforderung ergibt sich nicht aus § 812 Abs. 1 S. 2 BGB. Der Rechtsgrund für die Übereignung des Grundstücks – der notariell beurkundete Schenkungsvertrag vom 23. 12. 1999 – ist nicht entfallen. Der vom Kläger erklärte Widerruf der Schenkung ist unwirksam. Ein Erbe wie der Kläger kann gemäß § 530 Abs. 2 BGB den Widerruf nur darauf stützen, der Beschenkte habe vorsätzlich den Schenker getötet oder am Widerruf gehindert. Der Kläger trägt weder das eine noch das andere vor.

Vertikale und horizontale Verknüpfungen

344 In einer Begründungskette, in der sich eines mit dem anderen begründet, kann man die Verknüpfung der Umstände als vertikal bezeichnen:
Die Annahmeerklärung der Frau Suhrke wirkte für den Kläger.
Frau Suhrke war von ihm ermächtigt.
Sie war in seinem Handelsgeschäft kaufmännische Angestellte.

Eine solche Kette kann aber auch gebrochen werden, und zwar immer dann, wenn ein Umstand A sich nicht mit einem einzigen Umstand B begründen lässt, sondern das Zusammentreffen zweier (oder gar mehrerer) Umstände B1 und B2 voraussetzt. Diese Umstände B1 und B2 stehen dann auf derselben Begründungsstufe, sie sind horizontal miteinander verknüpft. B1 und B2 sind, soweit erforderlich, jeder für sich der Beginn einer neuen vertikalen Begründungskette. Ein solcher Fall steckt in den beiden ersten Sätzen des Suhrke-

Falls: Das Zustandekommen eines Kaufvertrages zwischen den Parteien setzt nämlich einen Antrag und dessen Annahme voraus (§ 151 S. 1 BGB)

Zwischen den Parteien ist ein Kaufvertrag zustandegekommen.

B1	B2
Der Antrag steckt im Brief des Bekl. vom 10.12.2006	Die Annahme liegt in der Antwort der Frau Suhrke von 13.12.2006. Frau Suhrke war vom Kl. ermächtigt. Sie war seine kaufm. Angestellte.

Hier ist allerdings der Vertragsantrag (B1) unstreitig, bedarf also keiner Begründung. Deshalb kann man ihn mit dem Umstand B2 zusammenraffen und in den Obersatz B2 einbeziehen. Weil Frau Suhrke die Annahme unstreitig auf einem Geschäftsbogen mitgeteilt hatte, verbirgt sich eine stillschweigende Raffung auch in dem Satz „Frau Suhrke war vom Kl. ermächtigt".

Unterstellt, der Ausgangsfall ist so verlaufen:

Der Beklagte bestellte beim Kläger mit Schreiben vom 10.12.2006 4.500 kg Apfelsinen. Der Kläger verlangt deren Bezahlung mit der Behauptung, er habe dem Beklagten unter dem 13.12.2006 eine Auftragsbestätigung zugesandt, die der Beklagte auch erhalten habe. Die vom Kläger vorgelegte Kopie zeigt die Unterschrift seiner Angestellten Frau Suhrke. Der Beklagte erwidert, selbst wenn ihm das Schreiben vom 13.12.2006 zugegangen wäre, sei ein Vertrag dennoch nicht zustandegekommen, denn Frau Suhrke habe den Kläger nicht vertreten können. Die Beweisaufnahme hat den bestrittenen Klagevortrag bestätigt.

In diesem Fall teilt sich die Begründungskette viermal (horizontale Verknüpfung), was man so darstellen kann:

	Der Klageanspruch ergibt sich aus § 433 BGB.			
	Zwischen den Parteien ist ein Kaufvertrag zustandegekommen.			
Der Beklagte hat dem Kläger unter dem 10.12.2006 einen Kaufvertrag angetragen.	Der Kläger hat den Vertragsantrag angenommen.			
	Die Annahme liegt in der Auftragsbestätigung vom 13.12.2006.			
	Die Annahmebestätigung ist dem Beklagten zugegangen.		Die Erklärung der Frau S. wirkte für und gegen den Kläger.	
			Frau S. ist in seinem Namen aufgetreten.	Frau S. war vom Kläger auch ermächtigt.
	Das bestätigen die Zeugen Braun und Veith (Beweisbasis).	Die Aussagen sind glaubhaft (Beweisbass tragfähig).	Sie hat den Geschäftsbogen des Klägers benutzt.	Sie war als seine kfm. Angestellte Bevollmächtigte gem. § 54 HGB.

Aufbauplan für die Entscheidungsgründe

345 Der Urteilsstil mit seinem Grundschema „Obersatz – Begründungskette" ist aber nicht nur Denk- oder Argumentationsmethode, sondern bestimmt zusammen mit den anzuwendenden Gesetzesnormen den Aufbau der Entscheidungsgründe schlechthin. Sobald der Richter weiß, welche Normen er in den Entscheidungsgründen erörtern will, kann er den Aufbau planen.

Fall: Eine Klägerin verlangt vom Beklagten den Kaufpreis von 4.500 € für einen Luxusbackofen, den sie in den Haushalt des Beklagten und seiner Ehefrau geliefert hat. Die Bestellung hat die Ehefrau im Namen des Beklagten aufgegeben. Die Klägerin behauptet, der Beklagte habe seine Ehefrau zu dem Kauf bevollmächtigt. Der Beklagte bestreitet dies, erklärt den Rücktritt und behauptet, der Ofen passe nicht in die Ecke, für die er vertragsgemäß vorgesehen gewesen sei. Das Gericht hat zur Bevollmächtigung der Ehefrau diese als Zeugin gehört und will insoweit der Klägerin folgen. Ein Ausmessen der Küche durch den beauftragten Richter hat ergeben, dass der Herd passt. Deshalb will das Gericht den Beklagten antragsgemäß verurteilen.

Für die Absetzung des Urteils muss das Gericht bejahen:

Kaufantrag des Beklagten,

dabei Handeln seiner Ehefrau als Vertreterin,

was Auftreten im Namen des Beklagten

sowie *Vollmacht* voraussetzt,

Annahme des Kaufantrags durch die Klägerin,

Vereinbarung des vereinbarten Preises.

Unwirksamkeit der Rücktrittserklärung des Beklagten

wegen Fehlens eines *Mangels*.

Der Obersatz, dass die Klage gemäß § 433 Abs. 2 BGB gerechtfertigt ist, erfordert zwei gleichstufige Begründungen, nämlich dass ein Kauvertrag zwischen den Parteien zu dem eingeklagten Preis zustandegekommen ist und dass der Vertrag nicht durch Rücktritt aufgelöst ist.

Aus dem Bereich „Kaufvertragsabschluss" ist alles unstreitig; insoweit kann gerafft werden. Die unstreitigen Umstände werden durch das Vorsetzen bestimmter Artikel aus dem Bereich des Streitigen gehoben. Streitig ist nur, dass die Ehefrau vom Beklagten bevollmächtigt war. Hierzu ist eine Begründungskette nötig. Diese teilt sich jedoch gleich wieder in zwei Unterstränge: Die Annahme, der Beklagte habe seine Ehefrau bevollmächtigt, setzt zweierlei voraus: dass es dafür ein positives Beweismittel (Beweisbasis) gibt und dass die Beweisbasis tragfähig ist. Also stehen in der ersten Begründungskette in der dritten Stufe die beiden Begründungssätze „Zeugin hat Vollmacht bestätigt" und „Zeugin ist glaubwürdig".

Bei der Rücktrittseinrede des Beklagten ist nicht zu begründen, dass er das Gestaltungsrecht ausgeübt hat. An sich teilt sich die Begründung wieder in zwei Stränge: „Beklagter hat zwar Rücktritt erklärt" und „Mangel liegt nicht vor". Da aber die Begründung „Beklagter hat Rücktritt erklärt" nicht trägt, sondern im Gegenteil vom Ergebnis wegführt, ist dieser Umstand zu überspringen, und es bleibt nur zu begründen, dass der gerügte Mangel nicht vorliegt. Dies folgt ohne weiteres aus der Einnahme des Augenscheins.

Es ergibt sich dann folgendes Begründungsschema:

1. Stufe: A. Die Klage ist gemäß § 433 Abs. 2 BGB begründet.

2. Stufe: I. Kaufvertrag zustande gekommen II. Rücktritt vom KV unwirksam

3. Stufe: Ehefrau hatte Vollmacht   Mangel nicht vorhanden Ofen passt in die Ecke

4. Stufe: Zeugin hat Vollmacht bestätigt Aussage ist glaubhaft Belastung Ehemann   bewiesen durch Einnahme des Augenscheins

Die Entscheidungsgründe könnten etwa so lauten.   346

A. Die Klage ist gemäß § 433 Abs. 2 BGB begründet.

I.
Zwischen den Parteien ist ein Kaufvertrag mit dem von der Klägerin vorgetragenen Inhalt zustande gekommen. (Wieso?). Insbesondere war die Ehefrau des Beklagten von ihm bevollmächtigt, den Vertrag zu seinen Lasten abzuschließen. (Wieso?) Dies hat die Beweisaufnahme ergeben. (Wieso?) Die als Zeugin vernommene Ehefrau des Beklagten hat bestätigt, dass ihr Mann sie beauftragt habe, den Ofen zu kaufen und dabei ihn selber als Käufer anzugeben, weil das Gerät ja ohnehin von ihm bezahlt werden müsse. (Und) Ihre Aussage ist glaubhaft. (Wieso?) Für deren Richtigkeit spricht insbesondere, dass sie ehelichen Unfrieden in Kauf genommen hat, indem sie ihren Ehemann belastet hat.

II.
Die vom Beklagten erklärte Rücktritt ist nicht begründet. (Wieso?) Ein Rücktrittsrecht (§§ 437 Nr. 2, 323, 440 BGB) steht ihm nicht zu. (Wieso?) Der Ofen ist mangelfrei. Insbesondere trifft es nicht zu, dass er zu groß sei, um in der nach dem Vertrage vorgesehenen Küchenecke aufgestellt zu werden. (Wieso?) Dies hat die Einnahme des Augenscheins durch den beauftragten Richter gezeigt, gegen deren protokolliertes Ergebnis der Beklagte Einwände nicht vorgebracht hat.

B. Die Nebenentscheidungen …

Das falsche „denn"

347 Teilt sich eine Begründungskette, dann darf unmittelbar vorher weder „denn" noch „nämlich" stehen. Unrichtig ist der Satz:

> „Der Anspruch ist aus § 823 Abs. 1 BGB begründet, *denn der Beklagte hat den Kläger körperlich verletzt.*"

Der Anspruch setzt mehr voraus, nämlich Rechtswidrigkeit und Verschulden des Beklagten. Ebenso wäre es falsch, im letzten Beispielsfall zu schreiben:

> „Die Klage ist gemäß § 433 Abs. 2 BGB begründet, *denn zwischen den Parteien ist ein Kaufvertrag zustandegekommen.*"

Damit die Klage begründet ist, muss hinzukommen, dass der Rücktritt ungerechtfertigt ist. Inhaltlich richtig wäre der Satz:

> „Die Klage ist gemäß § 433 Abs. 2 BGB begründet, denn zwischen den Parteien ist ein Kaufvertrag zustandegekommen, von dem der Beklagte nicht zurückgetreten ist."

Damit begeht man jedoch einen anderen Fehler: die Überfrachtung des Obersatzes, dessen zweiter Teil später, wenn der Rücktritt abgehandelt wird, wiederholt werden müsste. Die richtige Lösung ist nur dadurch zu erreichen, dass man, wenn für einen Umstand mehrere gleichstufige Begründungen folgen, „denn" und „nämlich" weglässt. Man soll es immer denken, aber nur selten schreiben (Schellhammer Rdnr. 373; Schneider, Zivilrechtsfall Rdnr. 28).

Verletzungen des Urteilsstils

348 Der Urteilsstil wird ständig und alltäglich verletzt, und zwar in allen Instanzen. Auf die Autoren, die von teils bombastischen Konklusionen (Gutachtenschwänzen) nicht lassen können, wurde bereits unter Rdnr. 339f. hingewiesen. Im übrigen wird der Urteilsstil in der Regel dann verletzt, wenn der Urteilsverfasser aus der folgerichtigen Begründungskette ausbricht und ein Begründungselement aufgreift, das noch gar nicht „dran ist". Weil er dabei näherliegende Argumente übersprungen hat, muss er sich zurücktasten, und damit befindet er sich im Gutachtenstil. Anstatt gradlinig zu fahren, wählt er einen Zickzackkurs. Das bedingt sprachlichen Mehraufwand – 10 % und mehr, s.u. –, meist auch eine Wiederholung, und wenn am Ende das gefolgert wird, was eigentlich zu begründen war, dann endet es, genau genommen, mit einer petitio principii.

349 Indiziert werden derartige Verletzungen des Urteilsstils durch die gutachtentypischen Wörter und Wendungen:

> *Daher; deshalb; deswegen; folglich; infolgedessen; mithin; nach alledem; mit der Folge, dass ...; somit; sonach.*

Es gibt daneben Gutachtenelemente, die man nicht so leicht als solche erkennt:

„Daraus ergibt sich, ..."
„Da ... „(am Anfang eines Satzgefüges);
„Aufgrund ..."
„Angesichts der Tatsache, dass ...";
„Im Hinblick darauf, dass ...";
„Berücksichtigt man, dass ..., so kommt man zu dem Schluss, dass ...";
„In Anbetracht dessen, dass ..."

Ein Beispiel zu „angesichts", „im Hinblick" und „so dass":

„Im Hinblick darauf, dass die Verjährungsfrist 3 Jahre beträgt, sind die Entgeltforderungen, die der Kläger bis zum 31.12.2003 erworben hat, verjährt (§ 195 BGB), so dass der Beklagte die Erfüllung verweigern kann (§ 214 Abs. 1 BGB). Für sie hat die Verjährung am 31.12.2003 begonnen (§ 199 Abs. 1 BGB). Angesichts des Fristablaufs am 31.12.2006 ist die Einreichung der Klageschrift am 2.2.2007 zu spät erfolgt, um die Verjährung noch rechtzeitig hemmen zu können."

Gegenvorschlag:

Die Erfüllung der bis zum 31.12.2003 entstandenen Entgeltforderungen des Klägers darf der Beklagte verweigern (§ 214 Abs. 1 BGB). Sie sind gemäß § 195 BGB verjährt. Hiernach betrug die Verjährungsfrist 3 Jahre. Sie hat am 31.12.2003 begonnen (§ 199 Abs. 1 BGB). Sie konnte durch die Einreichung der Klageschrift am 2.2.2007 nicht mehr gehemmt werden, denn die Frist war am 31.12.2006 abgelaufen.

Für heimlichen Gutachtenstil steht auch folgendes Beispiel:

350

„Die Klägerin kann aufgrund ihres Alters, des Fehlens einer abgeschlossenen Lehre und ihrer einseitigen Berufserfahrung nur in der KfZ-Branche bei einer Arbeitszeit von 6 Stunden täglich kein höheres Einkommen erzielen als sie derzeit mit einer Arbeitszeit von 4 Stunden täglich erzielt."

In den Urteilsstil übertragen und um ein Argument angereichert, lautet die Passage:

„Die Klägerin kann bei einer Arbeitszeit von 6 Stunden täglich kein höheres Einkommen erzielen als sie derzeit mit einer Arbeitszeit von 4 Stunden täglich erzielt. Sie ist 56 Jahre alt. Sie ist ohne abgeschlossene Berufsausbildung und hat Berufserfahrung nur einseitig in der KfZ-Branche gesammelt."

Diese Textgegenüberstellung zeigt zugleich: Der Nominalstil und das mit „aufgrund" oder „wegen" zusammengeschnürte Begründungspaket am Anfang verkürzen den Text keineswegs. Sie haben nur Nachteile. Dem Leser werden Argumente hingehalten, deren Ziel er zunächst nicht erkennen kann. Die Argumente sind nur Ergänzungen in einem schwerfälligen Satz. Weil sie keinen eigenen Satz bekommen, verlieren sie an Gewicht. Wird der Urteilsstil konsequent durchgeführt, dann braucht man Kausalbeziehungen nicht mit „wegen „ und „aufgrund" darzustellen. Vielmehr zeigt bereits die Reihenfolge der Sätze an, dass eines mit dem anderen begründet wird.

351 Auch der Verfasser der folgenden Passage bricht aus der logischen Begründungskette aus und verirrt sich in den Gutachtenstil. Der Grund dafür ist typisch: Er will den Kern seiner Lösung, den „Knüller", möglichst bald anbringen; er fällt mit der Tür ins Haus. Der Richter hat entdeckt, dass eine privatschriftliche Verpflichtung zur Freistellung von Maklerkosten in den notariell beurkundeten Grundstückskaufvertrag gehört hätte, so dass für beide die Form des § 313 a.F. BGB nicht eingehalten ist. Er schreibt diese Mischung aus Gutachten- und Urteilsstil:

> „**1** Die Kläger können keine Zahlungsansprüche aus der Freistellungsvereinbarung herleiten, **5** *weil diese nicht notariell beurkundet wurde (§ 313 Satz 1 BGB)* **6** *und eine Heilung gemäß § 313 Satz 2 BGB nicht erfolgt ist.* **4** *Die Parteien haben die Freistellung „im Rahmen der Kaufpreisverhandlungen" verabredet,* **3** *so dass sie dem Beurkundungserfordernis unterliegt.* **2** *Wegen des Formmangels ist die Freistellungsvereinbarung nichtig, § 125 BGB."*

Die richtige Reihenfolge ergibt sich aus der den einzelnen Sätzen vorangestellten Numerierung. Die geordnete Fassung, die auch kürzer ist, lautet so:

> „Die Kläger können keine Ansprüche aus der Freistellungsvereinbarung herleiten. Diese ist wegen Formmangels nichtig (§ 125 BGB). Sie bedurfte gemäß § 313 Satz 1 BGB notarieller Beurkundung, weil die Parteien die Freistellung im Rahmen der Kaufpreisverhandlungen verabredet haben. Die Beurkundung ist aber nicht erfolgt. Der Formmangel ist auch nicht gemäß § 313 Satz 2 BGB geheilt."

352 Ungeordnete Gedankengänge kann man auch in BGH-Urteilen entdecken. Im Fall NJW 2001, 221 gelangt der BGH unter Abänderung des Berufungsurteils zu der Erkenntnis, der Mietvertrag der Parteien gelte (mangels Einhaltung der gesetzlichen Schriftform) als auf unbestimmte Zeit geschlossen. Einleitender Obersatz: „Die Feststellungsklage ist zulässig und begründet." Nach längerer Begründung mündet das Urteil in eine Coda, in der überflüssigerweise das vorher Gesagte weitgehend wiederholt wird. Aber selbst dieses Schwanzstück für sich ist ein Schulbeispiel für Disziplinlosigkeit in der Gedankenführung:

„Da die Schriftform nicht eingehalten ist, kann das Berufungsurteil keinen Bestand haben. Der Senat ist in der Lage, selbst abschließend zu entscheiden (§ 565 III ZPO). Der Sachverhalt ist unstreitig, und weitere tatsächliche Feststellungen sind weder zu erwarten noch erforderlich. Da die Schriftform nicht eingehalten ist, gilt der zwischen Parteien abgeschlossene Mietvertrag als auf unbestimmte Zeit abgeschlossen. Anhaltspunkte dafür, das Berufen der Kl. auf das Fehlen der Schriftform könne ausnahmsweise rechtsmissbräuchlich sein, sind nicht ersichtlich. Der Feststellungsklage war deshalb stattzugeben."

In geordneter Gedankenfolge sollte der Text so lauten:

„Der Senat ist in der Lage, selbst abschließend zu entscheiden (565 III ZPO). Der Sachverhalt ist unstreitig, und weitere tatsächliche Feststellungen sind weder zu erwarten noch erforderlich.

Das Berufungsurteil kann keinen Bestand haben. Der Feststellungsklage ist stattzugeben. Der zwischen den Parteien abgeschlossene Mietvertrag gilt als auf unbestimmte Zeit abgeschlossen. Die Schriftform ist nicht eingehalten. Anhaltspunkte dafür, das Berufen der Kl. auf das Fehlen der Schriftform könne ausnahmsweise rechtsmissbräuchlich sein, sind nicht ersichtlich."

Aus einer an sich richtig angelegten Begründungskette brechen manche aus, um mitzuteilen, dass nun eine überflüssige Erwägung übersprungen werde. Auch das zerstört die stringente Gedankenführung, so dass man raten muss, solche Dahinstellungen nicht in die Begründungskette einzuflechten (s. auch Rdnr. 324). Sie sollten ihr vorangestellt oder nachgeschoben werden. Aus einem Urteil, mit dem die Klage eines Kontoinhabers gegen seine Bank auf Ausgleich missbräuchlicher Abhebungen durch den Dieb der EC-Zweitkarte abgewiesen wird:

„Die Beklagte durfte nach ihren Geschäftsbedingungen unter Berücksichtigung des § 254 BGB das Konto des Klägers im Hinblick auf die mit der Karte seiner Ehefrau getätigten Verfügungen belasten. Denn die Ehefrau des Klägers, die Inhaberin der Zweitkarte war, hat den Missbrauch der ihr überlassenen Karte durch grobe Fahrlässigkeit ermöglicht, *so dass die Beklagte das Girokonto des Klägers nach ihren Geschäftsbedingungen unter Berücksichtigung der Grundsätze des § 254 BGB mit den ihr dadurch entstandenen Kosten von 12.471,60 € belasten durfte.*

Die Kammer kann dahinstehen lassen, ob im Fall des Kartenmissbrauchs der Beweis des ersten Anscheins gegen den Karteninhaber spricht, da es im zu entscheidenden Fall im Ergebnis nicht darauf ankommt.

Denn die Karteninhaberin muss sich bereits nach dem Vorbringen des Klägers vorhalten lassen, den Diebstahl und den Missbrauch der Karte

353

> *durch grobe Fahrlässigkeit ermöglicht zu haben, so dass es auf die zwischen den Parteien streitige Frage der Sicherheit des ec-Kartensystems nicht ankommt.*
>
> Grob fahrlässig handelt, wer ..."

Der Verfasser hätte nach der ersten, richtigen Erwähnung der groben Fahrlässigkeit gradlinig weiterdenken müssen: Was macht grobe Fahrlässigkeit aus? Statt dessen wiederholt er zunächst gedankenlos den Obersatz als Schlussfolgerung, gleitet dann ins Dahinstellen ab, will dies seinerseits begründen, wiederholt den Obersatz („grobe Fahrlässigkeit") zum zweiten Mal und bricht dann noch weiter aus, um ein anderes Problem als uninteressant abzuhaken. Danach erst findet er auf den Pfad der Urteilsbegründung zurück. Ähnliches wiederholt sich auf der nächsten, hier nicht mitgeteilten Seite. So ist etwa 1/5 der Entscheidungsgründe allein aus diesem Grunde wertlos. Wenn er schon dahingestellt lassen wollte, hätte er das im Anschluss an das letzte Glied der Begründungskette tun sollen. Dann wäre es ihm vielleicht als überflüssig erschienen. Nicht immer übrigens sind die eingefügten Dahinstellungen durch den Vortrag der Parteien veranlasst, denen man eine Antwort schuldig zu sein glaubt. Oft steckt dahinter nur der Meldefinger: „Ich habe das Problem gesehen!"

Das richtige tempus: Präsens

354 Zum Urteilsstil gehört auch das richtige tempus: das Präsens. Es läßt die Aussagen der Entscheidung kategorisch, fast autoritär erscheinen: „Das ist so! Das ist rechtens!" Indessen findet man – vor allem beim Bundesgerichtshof (typisch: BGH NJW 2001, 962, 963/964), aber auch bei den Untergerichten – häufig Urteile, in denen ein Teil der Urteilsaussagen in die Zeitform des Imperfekt gekleidet wird. Das geschieht meist gegen Ende des Urteils, vorzugsweise bei der Kostenentscheidung:

> „Die Kosten des Rechtsstreits *waren* dem Kläger nach § 91 ZPO aufzuerlegen."

Über den Grund für diesen Stilbruch kann man nur rätseln. Gelegentlich spürt man dabei ein Aufatmen des Urteilsverfassers: „Das Schwierigste habe ich hinter mir!" Manchmal scheint es, als wolle sich der Richter für seine harte Entscheidung entschuldigen, sie jedenfalls in konzilianter Form mitteilen. Durch den unvermittelten Wechsel vom kategorischen Präsens ins unverbindliche Imperfekt wird jedenfalls der Eindruck einer Distanzierung vom Inhalt der Aussage erweckt, so als stehe der Richter nicht mehr voll dahinter, als wolle er damit nichts zu tun haben. Schon dies müsste genügen, um in der Wahl des Imperfekts einen Fehlgriff zu sehen. Viel schlimmer aber ist die Unlogik, die in dem Tempuswechsel liegt. Das Urteil ist in allen seinen Teilen in die Jetztzeit projiziert:

„Die Klage wird abgewiesen ...
Der Kläger beantragt ...
Der Klageanspruch lässt sich nicht aus § 823 BGB herleiten."

Wenn das alles in der Jetztzeit spielt, dann kann im Beispielsfall die Kostenentscheidung, die ja viel jünger ist als etwa die Stellung des Klageantrags in der mündlichen Verhandlung, schlechterdings nicht in die Vergangenheit verschoben werden.

7.3.6 Tatsachenfeststellung im Urteil

Zu den in § 313 Abs. 3 geforderten „Erwägungen, auf denen die Entscheidungen in tatsächlicher Hinsicht beruht", liefert § 286 eine wichtige Ergänzung. Der Richter soll entscheiden, ob eine tatsächliche Behauptung für wahr oder für nicht wahr zu erachten sei. Darüber hat das Gericht unter Berücksichtigung des gesamten Inhalts der Verhandlungen und des Ergebnisses einer etwaigen Beweisaufnahme zu befinden. „In dem Urteil sind die Gründe anzugeben, die für die richterliche Überzeugung leitend gewesen sind."

355

Hält das Gericht eine bestrittene Tatsache für gegeben, so muss das Urteil begründen, auf welche Erkenntnismittel sich das Gericht dabei stützt. Hält es hingegen eine Tatsache nicht für erwiesen, so muss es im einzelnen darlegen, warum die ihm zur Verfügung stehenden Erkenntnismittel zur Feststellung der Tatsache nicht ausreichen. Dabei braucht das Gericht aber keinesfalls zu begründen, dass und warum sogar das Gegenteil feststeht. Nach den Regeln der Beweislast unterliegt eine Partei mit ihrem Anspruch bzw. ihrer Einrede schon dann, wenn die sie tragenden Tatsachen nicht festgestellt werden können (non liquet: „Es läuft nicht.").

Der Vorgang der Tatsachenfeststellung im Urteil beginnt immer mit der Herausstellung der relevanten Tatsache: In einem Obersatz wird sie entweder festgestellt, oder es wird vermerkt, dass sie nicht festgestellt werden könne. Darauf folgt im Urteilsstil die Begründung, warum dies der Fall sei. Der hiermit eingeleitete Begründungsstrang teilt sich in aller Regel in zwei Unterstränge auf. Der erste betrifft die Feststellung der Beweisbasis (falls eine solche überhaupt vorhanden ist). Der zweite behandelt die Frage, ob die Beweisbasis tragfähig ist. Positive und negative Kriterien (Rdnr. 82–86), die dabei angeführt werden, müssen natürlich benannt werden. Soweit indessen die Glaubhaftigkeit einer Aussage mit der Abwesenheit negativer Kriterien begründet wird, brauchen die denkbaren negativen Kriterien nicht einzeln durchgecheckt zu werden. Es genügt insoweit ein Pauschalsatz:

356

„Umstände, die gegen die Glaubhaftigkeit der Aussage (bzw.: gegen die Glaubwürdigkeit des Zeugen) sprechen könnten, sind nicht hervorgetreten."

Zur Erläuterung folgende Beispiele:

357 1. Beweisbasis fehlt. Dies ist der einfachste Fall:

Der Mietvertrag der Parteien ist auch gültig (rechtlicher Obersatz). Insbesondere ist er vom Beklagten nicht angefochten worden (tatsächlicher Obersatz). Der Beklagte hat dafür keinen Beweis erbracht. Die von ihm benannte Zeugin – seine geschiedene Ehefrau – konnte nicht geladen werden, weil der Beklagte innerhalb der ihm gemäß § 356 ZPO gesetzten Frist die Anschrift der Zeugin nicht mitgeteilt hat. Andere Beweismittel hat er nicht benannt

358 2. Beweisbasis ist vorhanden, aber nicht tragfähig.

Der Mietvertrag der Parteien ist gültig (rechtlicher Obersatz). Insbesondere ist er von dem Beklagten nicht sofort angefochten worden (tatsächlicher Obersatz).

Zwar hat seine frühere Ehefrau als Zeugin bekundet, nachdem der Beklagte in dem ihm gerade übersandten Mietvertrag die dort eingesetzte Nebenkostenpauschale von monatlich 250 € gesehen habe, habe er sogleich den Kläger angerufen und ihm erklärt, das mache er nicht mit (Beweisbasis).

Allein aufgrund dieser Aussage vermag die Kammer jedoch die Behauptung des Beklagten nicht für erwiesen zu erachten (Beweisbasis nicht tragfähig). Der Aussage steht zunächst die Bekundung des Zeugen Schimmelpfennig entgegen, eines Wohnungsnachbarn des Beklagten und seiner früheren Ehefrau, wonach diese bereits am ersten Weihnachtsfeiertag 2006 unter Mitnahme eines Koffers und zweier Taschen beim Beklagten ausgezogen und nicht wieder zurückgekehrt sein soll. Wenn das zutrifft, dann kann die Zeugin nicht am 28. Dezember 2006 ein Telephongespräch zwischen den Parteien mitangehört haben. Der Zeuge Schimmelpfennig erscheint glaubwürdig. Umstände, die daran zweifeln ließen, sind nicht hervorgetreten… Darüber hinaus lässt sich die Aussage der Ehefrau des Beklagten nicht mit den Angaben der Ehefrau des Klägers vereinbaren, die als Zeugin bekundet hat, sie und der Kläger seien am Abend des 28. 12. 2006 bereits in den Winterurlaub abgereist gewesen, so dass der Beklagte sie telephonisch gar nicht habe erreichen können.

359 3. Beweisbasis vorhanden und tragend

Der Mietvertrag der Parteien ist nicht gültig. Er ist vielmehr gemäß §§ 142, 119 BGB unwirksam (rechtlicher Obersatz) auf Grund der vom Beklagten erklärten Anfechtung. Der Beklagte hat bewiesen, dass er bei der Unterzeichnung des Mietvertrages im Büro der Klägers über die Höhe der Nebenkostenpauschale einem Irrtum erlegen ist (tatsächlicher Obersatz). Er hatte die Vorstellung, der Kläger habe in das Vertragsformular einen Pauschalbetrag von 150 € gesetzt.

Dies ergibt sich zunächst aus der Bekundung der Ehefrau des Beklagten. Sie hat als Zeugin ausgesagt, nach dem Vorgespräch, das der Unterzeichnung des Mietvertrages vorausgegangen sei, hätten der Beklagte und sie sich darüber unterhalten, ob sie die Pauschale von 150 € monatlich aufbringen könnten, sie hätten alles noch einmal durchgerechnet mit dem Ergebnis, dass damit ihre „Schmerzgrenze" erreicht sei; diese Vorstellung hätten sie beide auch noch bei der Unterzeichnung des Mietvertrages im Büro des Klägers gehabt; den eingesetzten Betrag von 250 € hätten sie erst nach Zusendung des Vertrages am folgenden Tage entdeckt (Beweisbasis).

Diese Aussage ist glaubhaft (Tragfähigkeit). Die Zeugin hat persönlich einen zuverlässigen Eindruck gemacht. Ihre Schilderung des Geschehens war sehr ausführlich und lebensnah. Entscheidendes Indiz für die Richtigkeit ihrer Aussage ist indessen der vom Kläger eingeräumte Umstand, dass bei der ersten Besprechung tatsächlich eine Nebenkostenvorauszahlung von nur 150 € besprochen worden ist und dass seine Sekretärin in das dann den Beklagten vorgelegte Formular den Betrag von 250 € eingesetzt hat, ohne dass die Parteien noch einmal darüber gesprochen hätten.

Grundfalsch ist es, in den Entscheidungsgründen – gleichsam als Diktat aus dem Protokoll – die Bekundungen der Aussageperson (Zeugen und Parteien) zunächst einmal nachzuerzählen und dem nur noch den Hinweis hinzuzufügen, die Aussage sei glaubhaft oder – was noch schlimmer ist – „nachvollziehbar". Dabei wird übersehen, dass die Aussage als ganze als bekannt vorausgesetzt werden muss, denn entweder ist sie, wenn sie nicht protokolliert worden ist (Rdnr. 310), bereits im Tatbestand wiedergegeben, oder sie ist durch Verweisung auf Vernehmungsprotokoll bzw. Berichterstattervermerk (Rdnr. 309) zur Entscheidungsgrundlage hinzugezogen worden, also Teil des materialen Tatbestandes geworden. Die Aussage ist nicht noch einmal zu berichten, sondern zu verarbeiten. Demnach ist in den Entscheidungsgründen aus der Aussage nur derjenige Teil vorzustellen, der den Kernsatz betrifft, der die Beweisbasis formt oder zu ihr gehört. Der ganze Rest ist nur noch zu erwähnen, soweit er benötigt wird, um die Tragfähigkeit der Beweisbasis zu begründen bzw. zu verneinen. Aussageelemente, die dafür nicht benötigt werden, haben in den Entscheidungsgründen nichts zu suchen. Das soll natürlich nicht bedeuten, dass man bei der Darstellung der Beweisbasis (oben: Irrtumselemente) damit unmittelbar zusammenhängende Glaubwürdigkeitskriterien (oben: anschauliches Detail „Schmerzgrenze") krampfhaft aussparen müsste. Aber ferner liegende Hinweise z.B. auf die Lebensnähe der Aussage sind nur im Kontext mit der Glaubwürdigkeitsprüfung heranzuziehen.

360

Das Gericht darf bei der Abfassung der Entscheidungsgründe keine Hemmungen haben, die Aussage eines Zeugen als unglaubhaft zu verwerfen.

361

Dabei muss nicht mit harten Worten wie Lüge oder Verlogenheit oder Täuschung gearbeitet werden. Der Richter hat eben nur Signale empfangen, aber keine Gewissheit. Auch er ist vor Fehldeutungen nicht geschützt. Deshalb sollte man die Verwerfung einer Aussage als unglaubhaft gefällig verpacken:

> „Das Gericht ist sich nicht sicher, dass die Aussage des Zeugen in allen Punkten zutrifft. Vielleicht ist seine Erinnerung an das Geschehen durch häufige Diskussionen im Familienkreis (oder Betrieb oder Verein) getrübt …"

> „Das Gericht ist von der Richtigkeit der Aussage des Zeugen nicht überzeugt. Die in ihr enthaltenen Widersprüche sind nicht ausgeräumt."

362 Zur Vertiefung empfehlen sich das umfangreiche Werk von Bender/Nack, das allerdings auch den Strafprozess im Auge hat, sowie „Beweis und Beweiswürdigung" von Schneider, ferner die kompaktere Zusammenstellung des Autors „Beweisaufnahme und Beweiswürdigung im Zivilprozess".

7.3.7 Die Nebenentscheidungen

363 Die Entscheidung über Kosten und Vollstreckbarkeit bedarf in aller Regel keiner Begründung außer dem Hinweis auf die angewandten Normen:

> „Die Nebenentscheidungen beruhen auf §§ 91, 708 Nr. 11, 711, 108 ZPO."

Eine Trennung und nähere Ausführungen zur Kostenentscheidung sind hingegen nötig, wenn diese sich mit einem schlichten Hinweis auf die angewandte Norm nicht begründen lässt. Dies gilt vor allem im Fall des § 93 ZPO, wenn Kosten dem Obsiegenden auferlegt oder nicht auferlegt werden und es darüber unter den Parteien Streit gegeben hat. Das gleiche gilt im Fall einer Teilerledigungserklärung nach § 91a ZPO oder bei einer Entscheidung nach § 97 Abs. 2.

364 Gemäß § 63 Abs. 2 S. 1 GKG ist mit der Entscheidung über den gesamten Streitgegenstand der Kostenstreitwert durch Beschluss festzusetzen. Dies geschieht am einfachsten am Ende des Urteils durch einen Satz, der in die Entscheidungsgründe integriert ist, also nicht besonders mit „Beschluss" überschrieben ist. Der Kundige weiß auch so, dass es sich dabei um einen Beschluss handelt, welcher nach Maßgabe des § 63 Abs. 2 GKG angefochten werden kann.

7.3.8 Durchgliederung der Entscheidungsgründe. Zwischenüberschriften

365 Immer noch verzichten die meisten Instanzrichter auf Gliederungszeichen. Ihnen sind die Obergerichte des Bundes, die alle ihre Entscheidungen mehr oder weniger ausgeprägt durchgliedern, leider kein Vorbild. Dort wird die klassi-

sche Reihe „I. 1. a) aa) aaa)" angewandt, die man bei Bedarf vorne um Großbuchstaben („A. ... B.") erweitern kann. An das moderne numerische System, das in neuen Duden-Ausgaben und auf Wunsch des Verlages in diesem Buch angewendet wird, muss man sich noch gewöhnen.

Entscheidungsgründe sollen in Abschnitte zerlegt sein, die jeder von einem vorangestellten Obersatz regiert werden. Die Gliederungszeichen haben unter sich eine bestimmte Rangordnung. Sie weisen also auch den einzelnen Abschnitten einen Rang zu. Gleichstufige Obersätze erhalten gleichrangige Zeichen. So markieren die Zeichen den inneren Aufbau des Urteils und erleichtern dem Leser, die Gedankengänge und die Zusammenhänge zu erkennen. Der von manchen geliebte Programmsatz (Rdnr. 330) erübrigt sich vollends: Ein Blick auf die geordneten numerierten Obersätze sagt dem Leser mehr. *366*

Dass eine Durchgliederung der einzelnen Urteilsabschnitte leicht offenbart, ob Aufbau und Gedankenführung logisch geordnet sind, erklärt vielleicht die Scheu vieler Richter vor diesem Instrument. Dabei dient es gerade auch der Selbstkontrolle des Richters. Eine ordentliche Gliederung, vor Abfassung der Gründe erstellt, fördert den richtigen Aufbau.

Die das System anwenden, lassen manchmal Konsequenz vermissen. Typische Fehler: Die Gliederungszeichen beginnen nicht sofort hinter der Überschrift „Entscheidungsgründe"; oder die Nebenentscheidungen erhalten keinen eigenen – erststufigen – Gliederungspunkt, sondern erscheinen als Anhängsel unter dem Abschnitt, der sich als letzter mit der Hauptsache befasst. *367*

In längeren Urteilen soll man neben Gliederungszeichen für markante Abschnitte auch Zwischenüberschriften verwenden. Es gibt keinen vernünftigen Grund, auf diese einfache Lesehilfe zu verzichten. Sie bietet sich an bei Entscheidungsgründen, die mehrere Klagen abhandeln – z.B. bei Klage und Widerklage, bei objektiver und subjektiver Klagehäufung –, ferner in Punktesachen (Rdnr. 372–375). *368*

7.4 Unterschriften unter dem Urteil

Sie sind in § 315 Abs. 1 vorgeschrieben. Entsprechend § 126 Abs. 1 BGB ist damit eine eigenhändige Unterschrift mit dem Namen gemeint. Üblich ist die Unterzeichnung nur mit dem Familiennamen. Die Hinzufügung des Vornamens, die insbesondere der Unterscheidung von Gleichnamigen dienen kann, ist nicht verboten. Selbst einige Unterzeichner von Gesetzen (Bundespräsident, Bundeskanzler, Minister) führen ihren Vornamen an. *369*

Befinden sich – was im Fall des § 540 Abs. 1 S. 2 (Protokollurteil des Berufungsgerichts) leicht vorkommen kann – die Urteilsformel mit den Unterschriften und die Urteilsrechtfertigung auf verschiedenen Aktenblättern, so müssen diese miteinander fest verbunden werden (BGH NJW 2005, 830).

Eine zunächst fehlende Unterschrift kann nachgeholt werden, und zwar binnen fünf Monaten nach Verkündung der Entscheidung (BGH NJW 2006, 1881). Deshalb kann ein Rechtsmittelgericht, das das Fehlen einer Unterschrift bemerkt, den Mangel auf stille und elegante Art beheben, indem es das Urteil dem säumigen Richter zuleitet (anstatt das Urteil als prozessordnungswidrig aufzuheben).

370 Weithin unrichtig wird § 315 Abs. 2 S. 1 gehandhabt. Der an der Unterschrift verhinderte Richter wird von dem Vorsitzenden oder dem ältesten Beisitzer nicht vertreten – woher sollte die Vertretungsmacht auch kommen? Deshalb ist es falsch, wenn der Vorsitzende seiner Unterschrift hinzusetzt *„für die durch Krankheit verhinderte Richterin Meyer"*. Unterschreiben kann jeder Richter nur für sich selbst. Der Vorsitzende bringt seinen eigenen Vermerk über die Verhinderung der Richterin an, und diesen darf er unterschreiben.

7.5 Punkte- und Abrechnungssachen. Verkehrsunfallsachen

371 „Der Meister kann die Form zerbrechen mit weiser Hand, zur rechten Zeit" (Schiller, Das Lied von der Glocke). Der Richter sollte es tun, wenn er Punkte- und Abrechnungssachen vor sich hat. Bei Punktesachen besteht der Streitstoff aus zahlreichen Einzelpunkten; die Urteile können dann 20 oder 100 oder 200 Seiten lang werden. Oft sind die Punktesachen zugleich Abrechnungssachen: Die einzelnen Punkte sind Teil eines Rechenwerks in den Vorbringen der Parteien und dann auch im Urteil. Mit herkömmlichen Methoden lassen sich solche Fälle nicht gut bewältigen.

Aufbauschwierigkeiten bereiten dem jungen Richter auch Urteile in Verkehrsunfallsachen. Ihnen ist deshalb ein weiterer Unterabschnitt gewidmet.

7.5.1 Punktesachen

372 Bei umfangreichen Punktesachen ist der Tatbestand, wenn er schulmäßig aufgebaut ist und alle Einzelpunkte anspricht, von den korrespondierenden Entscheidungsgründen räumlich so weit entfernt, dass der Leser den Zusammenhang verlieren muss. Wenn er die Gründe liest, hat er den zugehörigen Sach- und Streitstand nicht mehr im Sinn. In einem solchen Fall darf man den Tatbestand auf den Grundsachverhalt beschränken: auf eine mehr oder weniger skizzenhafte Geschichtserzählung, die Angriffs- und Verteidigungsmittel jeder Partei den Grundzügen nach, die Anträge. Im übrigen ist auf die Einzeldarstellungen in den Entscheidungsgründen und pauschal auf Schriftsätze und Protokolle zu verweisen.

„Die Klägerin hat die Beklagte jahrelang mit Stabstahl beliefert. Sie verlangt Bezahlung von 22 noch offenen Rechnungen und beantragt, die Beklagte zu verurteilen, an sie 439.258,43 € nebst Zinsen in Höhe von 8 Prozentpunkten über dem Basiszinssatz seit dem 23. Mai 2006 zu zahlen.

Die Beklagte bittet um

Klageabweisung.

Sie bemängelt, die Klägerin habe einen großen Teil der von ihr berechneten Stähle gar nicht geliefert. Die Parteien hätten vereinbart, dass Lieferdefizite nicht berechnet werden sollten. Ein Teil der gelieferten Stäbe sei mangelhaft gewesen; deshalb rechnet sie mit Schadensersatzansprüchen auf.

Wegen der Einzelheiten des Sach- und Streitstandes wird auf die Einzeldarstellungen in den Entscheidungsgründen verwiesen, ferner auf die Schriftsätze der Parteien nebst Anlagen und auf das Beweisprotokoll vom 25. 4. 2007 (GA 543 ff.)."

In den Entscheidungsgründen ist dann – am besten unter Überschriften – zu jeder Einzelposition zunächst der zugehörige Sachverhaltsausschnitt nachzutragen; so entstehen gleichsam Tatbestandsenklaven. Erst danach beginnt die rechtliche Würdigung.

„Rechnung Nr. 1716/05 vom 15. 12. 2005 über 45.900,00 € (Anl. K 7)

Die Klägerin hat hier 25,5 t Rundstahl der Güte 42CrMo4, 35 mm rund, berechnet.

Von dem Rechnungsbetrag sind 13.500 € eingeklagt. Die Beklagte behauptet, es seien nur 18 t geliefert worden.

Der Klageanspruch ist gemäß § 433 Abs. 2 BGB begründet. Nach den von der Klägerin vorgelegten Lieferscheinen vom 11. 12. 2005 und 12. 12. 2005 (Anl. K 8 und K 9) hat die Beklagte den Empfang von 18 t und dann von 7,5 t quittiert. Die Behauptung der Beklagten, die Unterschrift unter dem zweiten Lieferschein sei gefälscht, ist durch die Beweisaufnahme widerlegt ...

Rechnung Nr. 1722/05 vom 15. 12. 2005 über 889,00 € (Anl. K 8)

Betroffen ist hier ein Bund Rundstahl C 45, 10 mm rund ..."

7.5.2 Abrechnungssachen

Bei Abrechnungssachen lassen sich im Tatbestand die Antragssumme und in den Entscheidungsgründen die Urteilssumme nicht aus einer einfachen Addition einiger weniger Posten leicht ableiten. Typisch sind Bauprozesse und Prozesse um Unterhalt, den Zugwinnausgleich oder einen Pflichtteil und überhaupt Prozesse, in denen Aufrechnungen oder andere Gegenrechte durch-

373

374

greifen. Hier sollte man in jedem Fall die konventionelle Schreibweise auflockern.

So macht es keinen Sinn, im Tatbestand eines Unterhaltsurteils die Zahlen, mit denen z.B. eine Klägerin ihren Anspruch aus den beiderseitigen Einnahmen unter Berücksichtigung aller Belastungen ableitet, im Fließtext vorbeiziehen zu lassen. Das hat keine Struktur und gewährt keinen Überblick. Außerdem ist es wenig sinnvoll, den Fließtext für Parteivortrag wie diesen zu vergeuden:

> *„ ... Aus den beiderseitigen Einkünften der Parteien ergebe sich eine Differenz von 385 €. 3/7 davon machten 165 € aus."*

In den Fließtext des Tatbestands gehören höchstens die von den Parteien vorgetragenen Ausgangszahlen, nicht aber die von ihnen vorgeführten Rechenoperationen und deren Ergebnisse, welche jeder Erstklässler ausrechnen kann, erst recht nicht in indirekter Rede, so als wären die Rechenoperationen als solche strittig.

Ebenso wie jener Klägerin im Unterhaltsprozess ist also auch dem Verfasser des Tatbestandes dringend anzuraten, den Fließtext insoweit aufzugeben und die Berechnung in einem geordneten Zahlenwerk vorzuführen; hier dürfen und müssen dann außer den Ausgangszahlen auch die Rechenoperationen sichtbar gemacht werden (s.a. Rdnr. 258):

Nettoeinkommen Beklagter		2.482,60	
Berufsbedingte Aufwendungen	248,30		
Unterhalt Eberhard	350,00		
Zwischensumme	598,30	598,30	
Bereinigtes Netto Beklagter		1.984,30	1.984,30
Nettoeinkommen Klägerin		1.350,00	
Berufsbedingte Aufwendungen		135,00	
Bereinigtes Netto Klägerin		1.215,00	1.215,00
Differenz			769,30
Davon 3/7			329,70

Die Entscheidungsgründe beginnen dann ausnahmsweise nicht mit der Norm, sondern ebenfalls mit einer geordneten Zahlenübersicht, die die nach dem Spruch des Gerichts richtigen Zahlen enthält. Die Zeilen sind durchnumeriert. Dabei sind auch solche Positionen einzurücken, deren Ergebnis mangels Begründetheit auf Null lautet. Alsdann werden diejenigen Positionen erörtert, die strittig sind.

Dazu ein Beispiel aus dem Recht des Zugewinnausgleichs. 375

„Entscheidungsgründe

Die Urteilssumme errechnet sich so:

1	**Beklagter**		
2	Endvermögen		
3	Bargeld	2.480,60 €	
4	Investmentanteile	30.240,00 €	
5	Sparbuch Dresdner Bank	14.120,32 €	
6	Schenkung Marita Pau	12.000,00 €	
7	PKW	16.500,00 €	
8	Wohnwagen	0 €	
9	Zwischensumme	75.340,92 €	
10	Anfangsvermögen		
11	PKW	1.000,00 €	
12	Zugewinn	74.340,92 €	74.340,92 €
13	**Klägerin**		
14	Endvermögen		
15	PKW	800,00 €	
16	Anfangsvermögen Sparbuch	410,10 €	
17	Zugewinn	389,90 €	389,90 €
18	Differenz		73.951,02 €
19	Ausgleichsanspruch ½		36.975,51 €

Soweit streitig, werden diese Positionen wie folgt erläutert.

Zu Zeile 5:
Der Ansatz beruht auf § 1375 BGB. Das Sparbuch ist dem Vermögen des Beklagten zuzuordnen, auch wenn es auf den Namen seines Freundes Herbert Kunz lautet. Nach dem Ergebnis der Beweisaufnahme hat der Beklagte das Sparbuch kurz vor Einreichung der Klage Herrn Kunz als Treuhänder überschrieben ...

Zu Zeile 6:
Der Ansatz ist gemäß § 1375 Abs. 2 Nr. 1 geboten. Danach sind dem Endvermögen hinzuzurechnen Schenkungen, ...

Zu Zeile 8:
Für den Wohnwagen ist kein Wert anzusetzen. Nach dem Ergebnis der Beweisaufnahme hatte der Beklagte den Wagen schon einige Wochen vor Zustellung der Antragsschrift veräußert ...

Zu Zeile 11:
Den Wert des Fahrzeugs Fiat 600, der dem Beklagten bei Eingehung der Ehe gehörte, schätzt das Gericht gemäß § 287 ZPO unter Berücksichtigung der Schwacke-Liste, wie im Verhandlungstermin erörtert.
u.s.w. ... ."

Würde man die in der Zahlenübersicht enthaltenen Rechenoperationen und unstreitigen Umstände im Fließtext darstellen, so würde ein Mehrfaches der nach diesem Vorschlag benötigten Seiten erforderlich.

In manchen Urteilen findet man eine Zusammenstellung der einzelnen Positionen, aus denen die Urteilssumme sich zusammensetzt, am Ende der Entscheidungsgründe. Damit wird – Charakteristikum des Gutachtenstils – ein Ergebnis der Begründung nachgestellt. Außerdem begibt sich der Urteilsverfasser der oben demonstrierten Möglichkeit, durch Bezugnahmen auf Positionen der vorangestellten Übersicht am Fließtext zu sparen.

7.5.3 Verkehrsunfallsachen

376 Nach der Struktur der Haftungsbestimmungen des StVG muss man vier Grundsituationen voneinander unterscheiden. Besonderheiten für die Urteilsstruktur ergeben sich nur für den 4. Fall.

1. Fall: Kläger nicht motorisiert, Beklagter Halter (§ 7 StVG)

Schlüssigkeitsprüfung:

377 Beim Betrieb eines Kraftfahrzeugs Tötung eines Menschen, Körperverletzung oder Sachbeschädigung.

Beklagter Halter (= wer das Fahrzeug für eigene Rechnung dauernd in Gebrauch hat und die tatsächliche Gewalt innehat; vgl. BGH NJW 1997, 660; nicht notwendig Eigentümer oder im Kfz.-Brief eingetragen)

Einreden des Beklagten:

Unfall durch höhere Gewalt verursacht (§ 7 Abs. 2 StVG)

Mitverschulden des Verletzten, bei Sachen auch des Gewaltausübenden (§ 9 StVG, § 254 BGB).

2. Fall: Kläger nicht motorisiert, Beklagter Fahrzeugführer (§§ 7 Abs. 1, 18 StVG)

378 *Schlüssigkeitsprüfung:*

Beim Betrieb eines Kraftfahrzeugs Tötung eines Menschen, Körperverletzung oder Sachbeschädigung.

Beklagter = Fahrzeugführer

Einreden des Beklagten:

Kein Verschulden (§ 18 Abs. 1 S. 2 StVG)

Mitverschulden des Verletzten, bei Sachen auch des Gewaltausübenden (§ 9 StVG, § 254 BGB).

3. Fall: Kläger motorisiert, Beklagter Fahrzeugführer (§§ 7 Abs. 1, 18 StVG)

Der Fall ist nicht anders zu behandeln als Fall Nr. 2. 379

4. Fall: Kläger Verletzter (bei Sachbeschädigung: auch Eigentümer); beide Parteien Halter (Standardsituation) (§§ 7 Abs. 1, 17 Abs. 2 und 1 StVG)

Schlüssigkeitsprüfung für die Halterhaftung:

Die Grundnorm des § 7 Abs. 1 StVG wird hier ergänzt durch § 17 StVG. 380

Wenn der Kläger vorträgt, bei einem Verkehrsunfall mit einem vom Beklagten gehaltenen Fahrzeug sei sein, des Klägers, Fahrzeug beschädigt worden, dann trägt er zugleich den Tatbestand einer gegen ihn selbst sprechende Einrede vor, nämlich dass sein Fahrzeug beim Betrieb seines Fahrzeugs beschädigt worden sei (Betriebsgefahr des eigenen Fahrzeugs). Wenn es dabei bleibt, dann gelangt der Kläger zu einer Haftung des Beklagten zu nur 50 % (vgl. Rdnr. 287). Will der Kläger mehr erreichen, muss er die gegen ihn selbst sprechende Einrede durch Gegeneinreden entkräften.

§ 7 Abs. 2 StVG (höhere Gewalt) spielt jetzt keine Rolle, denn die Anforderungen der Gegeneinrede aus § 17 Abs. 3 StVG sind geringer: Der Unfall sei durch ein unabwendbares Ereignis verursacht worden, das weder auf einem Fehler in der Beschaffenheit seines Fahrzeugs noch auf einem Versagen seiner Vorrichtungen beruht, und er als Halter und der Fahrer hätten objektiv jede nach den Umständen gebotene Sorgfalt beobachtet.

Die Darstellung der Unabwendbarkeit misslingt in den meisten Fällen; dann tritt die schwächere Gegeneinrede des § 17 Abs. 2, Abs. 1 StVG in den Vordergrund: Der Schaden sei überwiegend von dem Beklagten verursacht worden. Als Verursachungsmomente gelten alle gefahrträchtigen Umstände: die Schwerfälligkeit eines in die Bundesstraße einbiegenden Treckers, die hohe Geschwindigkeit eines Pkw auf der Autobahn, das Ausfahren aus einer an der Straße gelegenen Garage, vor allem aber die objektive (nicht notwendig schuldhafte) Missachtung von Verkehrsvorschriften durch den Fahrer. Die vom Beklagten zu verantwortenden Verursachungsanteile können so schwer wiegen, dass er für den Schaden voll haftet. Man denke an Trunkenheit und grob verkehrswidriges Verhalten oder plötzlichen Kollaps des Fahrers des Be-

Die Abfassung des Urteils

klagten gegenüber der einfachen Betriebsgefahr auf Seiten eines Klägers, der nur den Entlastungsbeweis nach § 17 Abs. 3 StVG nicht führen kann.

Ebenso wie für die Entlastung nach § 17 Abs. 2 hat der Kläger im Prinzip auch für die gegnerischen Verursachungsanteile nach Abs. 1 die Darlegungs- und Beweislast zu tragen. (Gefährliche Verhaltensweisen können die Lasten verschieben.) Am Ende nützen ihm nur die Tatsachen, die unstreitig sind oder die er – vielleicht mit Hilfe eines Anscheinsbeweises – bewiesen hat.

Erheblichkeitsprüfung:

381 Gesteht der Beklagte seine Beteiligung an dem Unfall zu, wie es die Regel ist, dann befindet er sich in dem gleichen Dilemma wie der Kläger: Er trägt damit gegen sich selbst den Einredetatbestand der eigenen Betriebsgefahr nach § 17 Abs. 2, Abs. 1 StVG vor.

Dagegen kann er zunächst eine Entlastung nach § 17 Abs. 3 StVG versuchen.

Gegen die Gegeneinrede des Klägers aus § 17 Abs. 3, 2 und 1 kann er sich mit einem Bestreiten der Umstände wehren, aus denen der Kläger die Unabwendbarkeit herleitet bzw. die ihm der Kläger über die Betriebsgefahr hinausgehende Verursachungsanteile entgegenhält.

Außerdem wird der Beklagte die Gegeneinrede des § 17 Abs. 2, Abs. 1 StVG ergreifen und Umstände behaupten, die die Verursachungsanteile des Klägers überwiegen lassen.

Wie beim Kläger sind bei der Abwägung der beiderseitigen Verursachungsanteile nur die unstreitigen und die bewiesenen Tatsachen zu berücksichtigen.

Replik des Klägers:

382 Sie besteht in einem Bestreiten der vom Beklagten behaupteten Einredeumstände.

Struktur der Entscheidungsgründe bei Einbeziehung der Fahrerhaftung

383 „I. Zum Haftungsgrund
Der Ersatzanspruch des Klägers gegen den Beklagten zu 1 beruht auf §§ 7 Abs. 1, 17 Abs. 2 und 1 StVG. Das Fahrzeug, dessen Eigentümer und Halter er ist, ist beim Betrieb des vom Beklagten zu 1 gehaltenen Fahrzeugs beschädigt worden. Zugleich hat der Kläger bei dem Unfall eine schwere Körperverletzung erlitten.

Der Beweis, der Unfall sei für die Beklagte zu 2 als Fahrerin seines Autos im Sinne des § 17 Abs. 3 StVG unabwendbar gewesen, ist dem Beklagten zu 1 nicht gelungen. Im Gegenteil ist der Beklagten zu 2, wie unten ausgeführt wird, ein Verstoß gegen die Verkehrsvorschriften anzulasten. Für den Kläger gilt das Gleiche.

Unter diesen Umständen hängt gemäß § 17 Abs. 2 und 1 StVG die Quote, zu der der Beklagte zu 1 dem Kläger Ersatz zu leisten hat, davon ab, inwieweit der Schaden vorwiegend von dem einen oder dem anderen Teil verursacht worden ist. Die Kammer hält eine Quote von 2: 1 zum Nachteil des Beklagten zu 1 für angemessen.

Den Beklagten belastet die von seinem Fahrzeug ausgehende Betriebsgefahr. Sie war bereits durch das schon an sich gefährliche Manöver des Zurücksetzens aus einer Toreinfahrt erhöht. Hinzu kommt ein Verstoß der Zweitbeklagten gegen § 9 Abs. 5, § 10 StVO. Sie ist zu schnell auf die Straße gefahren, und zwar etwa in Schrittgeschwindigkeit zügig und ohne anzuhalten, obwohl für die auf der Straße herannahenden Autofahrer die Sicht auf die Toreinfahrt durch am rechten Fahrbahnrand geparkte Wagen behindert war. Die Zweitbeklagte hätte sich im Fahrbahnbereich nur zentimeterweise in Intervallen nach rückwärts bewegen dürfen; notfalls musste sie sich einweisen lassen. Diese Feststellungen beruhen auf der an Ort und Stelle durchgeführten Beweisaufnahme, insbesondere der Vernehmung der Zeugen ..." (folgt Beweiswürdigung).

Die vom Fahrzeug des Klägers ausgehende Betriebsgefahr war ebenfalls durch einen Verkehrsverstoß erhöht. Der Kläger ist entgegen § 3 Abs. 3 Nr. 1 StVO zu schnell gefahren. Unstreitig betrug die höchstzulässige Geschwindigkeit 50 km/h. Wie das von dem Sachverständigen Stratmann gefertigte Weg-Zeit-Diagramm ergibt, muss der Kläger mindestens 60 km/h gefahren sein, wenn man die von den Polizeibeamten unmittelbar nach dem Unfall ausgemessene und beschriebene Bremsspur zugrundelegt. Wäre der Kläger langsamer gefahren, so wäre die Entfernung, aus der er das Fahrzeug des Beklagten zu 1 entdecken und seine Fahrt abbremsen konnte, größer gewesen. Dann wäre der Aufprall zu vermeiden oder zumindest nicht so heftig gewesen ..." (folgt Beweiswürdigung).

Für die Behauptung der Beklagten, der Kläger sei alkoholisiert und sein Reaktionsvermögen deshalb herabgesetzt gewesen, ist kein Beweis erbracht. Die von ihm an der Unfallstelle entnommene Blutprobe war negativ.

Die Haftung der Beklagten zu 2 als Führerin des Fahrzeugs des Erstbeklagten beruht auf §§ 7 Abs. 1, 18 Abs. 1 StVG. Ihr Verschulden wurde oben beschrieben. Für die Abwägung der beiderseitigen Verschuldensgrade gelten die obigen Ausführungen entsprechend.

II. Zur Schadenshöhe

..." (Man könnte mit einer tabellarischen Übersicht gemäß Rdnr. 375 beginnen und dann im Fließtext fortfahren.)

384

Anmerkungen:

385 Wenn die Beweise einheitlich für alle strittigen Vorwürfe erhoben worden sind, kann man sie auch im Urteil am Ende von I. einheitlich würdigen.

In der Praxis wird die Haftung von Halter und Fahrer meist „über einen Kamm geschoren". Man muss sich aber bewusst bleiben, dass in Grenzfällen der Fahrzeugführer sich nach § 18 Abs. 1 S. 2 entlasten kann, der Halter indessen nicht (z.B.: plötzliches Versagen der Bremsen oder unvorhersehbarer Kollaps des Fahrers).

Das beschriebene Schema ist nicht anzuwenden, wenn der Kläger zwar Eigentümer des beschädigten Fahrzeugs ist, nicht aber dessen Halter (z.B. Leasinggeber, Sicherungsnehmer bei Sicherungsübereignung). Dann braucht der Kläger keinen Entlastungsbeweis nach § 17 Abs. 2 und 1 zu führen; seine Eigenhaftung bemisst sich vielmehr nach § 9 StVG und § 254 BGB und ist damit der Darlegungslast des Beklagten zuzuordnen.

Ist der Beklagte nur Halter, aber kein Eigentümer (z.B. Leasingnehmer), kann seine Widerklage auf Sachschadensersatz keinen Erfolg haben, es sei denn, der Eigentümer hat ihm die Ansprüche abgetreten.

Zur Kostenentscheidung bei komplizierten Verkehrunfallsachen s. Rdnr. 123 ff.

7.6 Besonderheiten für die Rechtfertigung im Berufungsurteil

386 Die zum 1.1.2002 in Kraft getretene ZPO-Reform hat einen Kern unserer Rechtskultur, nämlich das herkömmliche Berufungsurteil, über Bord geworfen. Nach § 540 n.F. sind Tatbestand und Entscheidungsgründe abgeschafft und durch Rechtfertigungskrüppel ersetzt.

Für beide braucht überdies keine besondere Urteilsurkunde mehr hergestellt zu werden: Sie können vielmehr, falls das Urteil am Schluss der mündlichen Verhandlung verkündet wird, in das Protokoll dieser Verhandlung aufgenommen werden (§ 540 Abs. 1 S. 2). Die Aufnahme in das Protokoll kann, wie immer, in der Weise geschehen, dass das – unter Umständen schon vorbereitete – „Urteilsblatt" mit dem Protokoll fest verbunden wird (s. hierzu Rdnr. 369). Das Protokollurteil muss dieselben inhaltlichen Anforderungen erfüllen wie das normale Urteil (BGH NJW 2004, 1389; 2005, 830).

7.6.1 Ersetzung des Tatbestands: Tatsachenfeststellung

387 „Anstelle von Tatbestand ..." heißt es jetzt in § 540 Abs. 1, und zwar ohne Unterschied für die Berufungsurteile des Landgerichts und des Oberlandesgerichts. Nach altem Recht war der Tatbestand auch des Berufungsurteils eine Wiedergabe des unstreitigen und streitigen Vorbringens der Parteien, des „Sach- und Streitstandes" (§§ 543 Abs. 1 a.F., 313 Abs. 2); dabei schloss der

Berufungsvortrag der Parteien den Inhalt des angefochtenen Urteils ein. Auch der inhaltlich unverändert gebliebene § 561 a.F. (§ 559 n.F.) nennt als Tatsachengrundlage das Parteivorbringen.

Der neue § 540 Abs. 1 bedeutet eine radikale Abkehr von diesem Prinzip; damit wird zugleich die Einheitlichkeit im System von erstinstanzlichem und zweitinstanzlichem Urteil aufgegeben (während es beim Revisionsurteil wiederum bei der entsprechenden Anwendung des § 313 verbleibt, § 555, und auch das Landesarbeitsgericht weiterhin Tatbestand und Entscheidungsgründe schreibt, § 69 Abs. 1 S. 1 ArbGG).

Als Tatsachengrundlage stehen nunmehr im Vordergrund

„die tatsächlichen Feststellungen im angefochtenen Urteil".

Diese Feststellungen dürfen nicht einmal dargestellt, sondern nur in Bezug genommen werden. Man muss die Vorschrift im Zusammenhang mit dem neu geschaffenen § 529 lesen. Danach sind Entscheidungsgrundlage an erster Stelle und vorbehaltlich einer Neubewertung „die vom Gericht des ersten Rechtszuges festgestellten Tatsachen", denen das Berufungsgericht als „Instrument der Fehlerkontrolle und Fehlerbeseitigung" (BT-Drs. 14/6036 S. 124) gegenübertrete (als ob das nicht immer schon so gewesen wäre). Hintergrund ist die praxisferne Vorstellung des Gesetzgebers, in der Regel sei im ersten Rechtszuge eine umfassende gültige Feststellung des gesamten Tatsachenmaterials zu erreichen, so dass das Berufungsgericht grundsätzlich nur mit Rechtsfragen und nur ganz ausnahmsweise mit einer Umgestaltung der Tatsachengrundlage zu befassen sei. Nach dieser Sicht fallen unter „die vom Gericht des ersten Rechtszuges festgestellten Tatsachen" des § 529 diejenigen Tatsachen, die das erstinstanzliche Gericht in den Entscheidungsgründen festgestellt hat, weil sie seine Entscheidung tragen: unstreitige Tatsachen und solche, die es aufgrund einer Beweisaufnahme („Tatsachenfeststellung") für erwiesen erachtet hat (BGH NJW 2004, 2152). Aus diesem Kreis fallen heraus alle Tatsachen, die das angefochtene Urteil aus verschiedenen Gründen in seine Tatsachenfeststellung nicht einbezogen hat: weil sie nicht zu der das Urteil tragenden Anspruchsgrundlage passen oder weil es sie aus sonstigen Gründen für unerheblich gehalten hat (vgl. Grunsky NJW 2002, 800; Barth NJW 2002, 1702); eigentlich müssen dann aus der Entscheidungsgrundlage nach § 529 n.F. a.A. auch diejenigen Tatsachen herausfallen, die das Erstgericht für nicht erwiesen erachtet hat. Während indessen § 529 n.F. die vom Erstgericht „festgestellten Tatsachen" nennt, spricht § 540 von den „tatsächlichen Feststellungen" im angefochtenen Urteil. Dieser zweite Begriff ist weiter, er meint offenbar die tatsächlichen Feststellungen in ihrer Gesamtheit und nicht nur positive Feststellungen. Dementsprechend umfasst die in § 540 Abs. 1 Nr. 1 vorgesehene Bezugnahme auch die Feststellung des Erstge-

388

richts, dass eine behauptete Tatsache nicht erwiesen sei (BGH NJW 2004, 2152).

389 Der Tatbestandsersatz des § 540 Abs. 1 umfasst ferner eine
„Darstellung etwaiger Änderungen und Ergänzungen".

Da Gegenstand der Änderung oder Ergänzung tatsächliche Feststellungen eines Gerichts sind, müssen auch hier neue gerichtliche Tatsachenfeststellungen gemeint sein, also solche des Berufungsgerichts (so der Rechtsausschuss in BT-Drs. a.a.O.). Die „Darstellung etwaiger Änderungen und Ergänzungen" erfasst demnach die Tatsachen, deren Vorhandensein oder Fehlen (Nichterweislichkeit) dem Berufungsgericht Entscheidungsgrundlage ist und die es selber als unstreitig feststellt oder einer Beweisaufnahme unterzogen hat, weil sie im Sinne des § 531 Abs. 2 entweder neu vorgetragen sind oder weil sie oder ihre Abwesenheit die Entscheidungsgründe des angefochtenen Urteils nicht tragen (vom Erstgericht für unerheblich gehaltene oder übergangene Tatsachen) oder davon abweichen.

Nimmt ein Berufungsurteil wie früher „auf den Tatbestand des angefochtenen Urteils" Bezug statt auf dessen tatsächliche Feststellungen, dann ist es fehlerhaft und aufzuheben; das gleiche gilt, wenn dem Berufungsurteil nicht zu entnehmen ist, welche abweichenden tatsächlichen Feststellungen es seinem abweichenden Urteil zugrundegelegt hat (BGH NJW 2005, 830).

Damit klärt sich die vom Gesetzgeber offen gelassene Frage, wie man das neue Kind am Anfang des Urteils nennen soll: Tatsachenfeststellung.

Die neue Definition der im Berufungsurteil darzustellenden Tatsachengrundlage verkürzt die Beurteilungsmöglichkeiten des Revisionsgerichts erheblich, auch wenn der Inhalt des alten § 561 in § 559 n.F. erhalten geblieben ist. Früher konnte der BGH auch auf eine Tatsache zurückgreifen, die das Erstgericht und das Berufungsgericht für unwesentlich gehalten hatten, wenn sie nur über dessen Tatbestand und die darin enthaltene Verweisung auf den Akteninhalt Teil der Tatsachengrundlage geworden war. Heute hingegen wird dem BGH als Tatsachengrundlage nur noch dasjenige Parteivorbringen serviert, das das Berufungsgericht für wesentlich gehalten hat, denn auf andere Tatsachen darf es seine Feststellungen nicht erstrecken.

390 Was der Reformgesetzgeber vergessen hat: Dem Berufungsurteil muss man den Antrag (Streitgegenstand) entnehmen können, wenn auch nur konkludent (BGH NJW 2003, 1743; 2004, 1389; 2004, 1390; 2005, 422; 2005, 830).

391 Der erste Teil der Urteilsrechtfertigung könnte im Falle von Änderungen oder Ergänzungen so aussehen:

Streitgegenstand

Das Landgericht hat die Beklagte verurteilt, der Klägerin für Geschäftsräume im Gebäude „Ammonhof" in Dresden Miete für die Monate November und Dezember 2004 und Oktober 2005 bis Oktober 2006 in Höhe von je 2.000 € und für die Monate Januar bis September 2005 in Höhe von je 2.200 € zu zahlen.

Die Beklagte beantragt, unter Abänderung des angefochtenen Urteils die Klage abzuweisen.

Die Klägerin beantragt, ihr je 2.000 € Miete auch für die Monate November und Dezember 2006 zuzusprechen.

Tatsachenfeststellung

Auf die tatsächlichen Feststellungen in den Entscheidungsgründen des angefochtenen Urteils wird Bezug genommen, jedoch mit folgenden Änderungen und Ergänzungen.

Die Parteien haben ihren Mietvertrag nicht auf unbestimmte Zeit geschlossen. Wie aufgrund der inzwischen aufgefundenen Urkunde unstreitig geworden ist, war der Vertrag – schriftlich – für die Zeit bis zum 31.12.2006 geschlossen.

Die Beklagte hat die gemieteten Geschäftsräume Anfang 2005 untervermietet, ohne die Klägerin um Erlaubnis zu fragen, und dabei bis September 2005 einen um 200 € höheren Mietzins erzielt, als die Parteien in ihrem Vertrag vereinbart haben. Dies haben die Zeugen Mertens und Schröter bestätigt. Ihre Aussagen sind glaubhaft ...

Es kann indessen nicht festgestellt werden, dass die Klägerin der Beklagten die Miete für die Monate November und Dezember 2006 erlassen hätte. Zwar hat der Zeuge Bäumer bekundet, ...

7.6.2 Ersetzung der Entscheidungsgründe

Hier geht die ZPO-Reform weniger rigoros vor als bei der Abschaffung des Tatbestands. Es soll „eine kurze Begründung" geliefert werden. Das ist an sich nichts Neues. § 313 Abs. 3 forderte schon bisher vom Berufungsgericht „eine kurze Zusammenfassung" nur der tragenden Erwägungen. Auch warum man für das Berufungsurteil den Begriff „Entscheidungsgründe" abgeschafft hat, ist unverständlich. Die amtliche Begründung führt dazu aus:

„Die Änderung in Abs. 1 Satz 1 ... erlaubt, soweit das Berufungsgericht den Entscheidungsgründen im angefochtenen Urteil folgt, die weitgehende Bezugnahme auf die Ausführungen des angefochtenen Urteils."

392

Die Autoren haben anscheinend die bisherige Gesetzesfassung nicht in Augenschein genommen. Schon danach konnte, „soweit das Berufungsgericht den Gründen der angefochtenen Entscheidung folgt und dies in seinem Urteil feststellt, von der Darstellung der Entscheidungsgründe abgesehen werden" (§ 543 Abs. 1 a.F.). Um das beizubehalten, brauchte man weder eine „Änderung" des Gesetzes, noch die Abschaffung des über 100 Jahre lang bewährten Instituts der Entscheidungsgründe für die Berufungsinstanz.

393 „Eine kurze Begründung für die Abänderung" des angefochtenen Urteils bedeutet, dass das Berufungsurteil dort ansetzt, wo das angefochtene Urteil falsch wird. In der Vergangenheit haben Berufungsurteile in der Regel so getan, als gäbe es das erstinstanzliche Urteil nicht, und die Rechtslage von Grund auf neu entwickelt. Die neue Vorschrift will das verhindern. Ihr Erfolg wird davon abhängen, dass die Begründung des erstinstanzlichen Urteils klar gegliedert und erschöpfend ist.

Für die „kurze Begründung für die Aufhebung" gilt das gleiche. Das Berufungsurteil soll sich nur mit dem Verfahrensmangel befassen.

394 „Die kurze Begründung für die Bestätigung der angefochtenen Entscheidung" setzt voraus, dass das erstinstanzliche Urteil richtig ist. Dann kann die Begründung für die Bestätigung nur in der Zurückweisung der Berufungsangriffe liegen. In solchem Fall haben rationell arbeitende Berufungsrichter schon unter der Herrschaft des alten § 543 Abs. 1 sich ein Neuschreiben der Entscheidungsgründe erspart und nur noch die erfolglosen Berufungsrügen abgehandelt:

„Das angefochtene Urteil trifft nach Ergebnis und Begründung zu.
Die Berufungsangriffe der Klägerin dringen nicht durch ..."

Solches Vorgehen wird dem Berufungsrichter in § 540 Abs. 1 Nr. 2 nun zur Pflicht gemacht.

395 Nach dem eindeutigen Gesetzeswortlaut bedarf es – im Gegensatz zu den bisherigen „Entscheidungsgründen" – keiner Begründung dafür, warum die Revision zugelassen oder nicht zugelassen wird. S. auch Rdnr. 245.

7.6.3 Darstellung der rechtlichen Begründung

396 Auch wenn die Entscheidungsgründe nicht mehr Entscheidungsgründe genannt werden dürfen, ist an der Darstellungsweise nichts zu ändern. Der Urteilsstil ist auch für die Begründungen neuer Art die einfachste, kürzeste und rationellste Methode, eine Argumentation nahezubringen.

Als Überschrift empfiehlt sich „Begründung für die Abänderung", „Begründung für die Aufhebung", „Begründung für die Bestätigung" oder einfach: Begründung.

7.6.4 Gegenwärtige berufungsrichterliche Praxis

Die neuen Vorschriften über das Berufungsurteil werden von vielen Berufungsgerichten nicht angenommen. Sie vermeiden zwar die Überschriften „Tatbestand" und „Entscheidungsgründe". Unter „Gründe. I." und „II." kehren jedoch Tatbestand und Entscheidungsgründe wieder wie zu alten Zeiten. Zur wohlwollenden Kritik vgl. Balzer, DRiZ 2007, 88, 92.

397

KAPITEL III
Beschlüsse

Über den notwendigen Inhalt und Aufbau von Beschlüssen gibt es in der ZPO keine Vorschrift. § 329 ordnet die entsprechende Anwendung nur von solchen das Urteil betreffenden Vorschriften an, die sich mit der richterlichen Zuständigkeit und der Verlautbarung und Zustellung befassen. Insbesondere fehlt es an einer Bezugnahme auf § 313 und § 540. Damit ist es weitgehend dem Ermessen des Gerichts überlassen, wie es seinen Beschluss abfasst. Die Praxis hat Gewohnheiten herausgebildet. Einige davon haben sich bewährt, andere sollte man überdenken. 398

1. Überschrift

Richtig ist immer die Überschrift „Beschluss". Bei Beschlüssen, die nur der Organisation des Verfahrens dienen, hat sich eine Differenzierung eingebürgert: Man schreibt „Beweisbeschluss", wie in §§ 358a, 359f. vorgesehen, und in Anlehnung daran auch „Hinweisbeschluss". Der Titel „Hinweisbeschluss" erspart einem diesen Einleitungssatz: 399

„Die Parteien werden auf folgendes hingewiesen."

Wer den Satz dennoch schreibt, anstatt sogleich mit den Hinweisen zu beginnen, der arbeitet nicht rationell.

2. Rubrum

Bei Beschlüssen, die nur der Organisation des Verfahrens dienen, wird das Rubrum verkürzt auf die Namen der Parteien: 400

„In Sachen
Erbs ./. Bohn"

Dies gilt für Beweisbeschlüsse, Beschlüsse über Vertagungen, Anberaumung eines Verkündungstermins, Verweisungen zwischen Spruchkörper und Einzelrichter u.s.w.

Enthält der Beschluss eine Entscheidung in der Sache, so ist ein volles Rubrum weithin üblich, aber nur ausnahmsweise erforderlich, nämlich wenn der Beschluss im Außenverkehr von Belang ist, insbesondere wenn aus ihm vollstreckt werden kann. Dann wird § 313 Nr. 1 und 4 entsprechend angewandt (BGH NJW 2003, 3137). Dies gilt z.B. für Arrest und einstweilige

Verfügung, für die Kostenfestsetzung, die Verhängung von Ordnungsgeld und die darauf bezogenen Beschwerdeentscheidungen. Das volle Rubrum verdient ferner ein Beschluss, der im Urteilsverfahren ein Urteil ersetzt, wie in den Fällen der §§ 281, 336, 522, 537. Zur Einsetzung des Rubrums durch „Klammerverfügung" an die Geschäftsstelle vgl. BGH a.a.O. und Rdnr. 169.

Nicht nötig ist ein volles Rubrum z.B. bei Beschlüssen über Prozesskostenhilfe, Ablehnung von Richtern und Sachverständigen sowie in Entscheidungen nach §§ 91a, 269 Abs. 3 und 516 Abs. 3. Das gilt auch für die zugehörigen Beschwerdeentscheidungen. Werden in den Beschlussbegründungen Parteien als Kläger, Beklagter, Beschwerdeführer usw. bezeichnet, dann sollte das verkürzte Rubrum auch diese Prozessrollen erkennen lassen:

In Sachen
Kaufmann ./. Bertelsmann
– Kläger –   – Beklagte –

3. Weitere Angaben im Beschlusseingang

401 Hier gilt das zu Urteilen Gesagte (Rdnr. 171) entsprechend. Die Namen der Richter nebst Amtsbezeichnung setzen viele nach unten zwischen Beschlussende und Unterschriften. Das ist bei Urteilen nicht unzulässig und bei Beschlüssen erst recht nicht, in reinen Organisationsbeschlüssen (Rdnr. 399) sogar üblich.

4. Nebenentscheidungen

402 Eine Kostenentscheidung enthält ein Beschluss nur in den gesetzlich vorgeschriebenen Fällen (z.B. §§ 97, 649 Abs. 1 S. 3, 788 ZPO, § 13a Abs. 1 FGG, §§ 99 Abs. 6 S. 8, 132 Abs. 5 S. 7 AktG, 312 Abs. 4 S. 2 UmwG).

403 Eine Vollstreckbarkeitserklärung gibt es in Beschlüssen nicht. Sie sind ihrer Natur nach sofort zu vollziehen (vgl. § 572). Das gilt auch für Arrest und einstweilige Verfügung; sie sind als Maßnahmen der Zwangsvollstreckung ohne weiteres vollziehbar.

5. Rechtfertigung des Beschlusses

5.1 Notwendigkeit

404 Manche Beschlüsse bedürfen überhaupt keiner Begründung, z.B. Beweisbeschlüsse oder solche, bei denen der Richter keinen Entscheidungsspielraum hat wie in den meisten Fällen der Klagerücknahme nach § 269 Abs. 3 und 4 und nach einer Berufungsrücknahme nach § 516 (Rdnr. 97–99). Das Gleiche gilt für einen Beschluss, der antragsgemäß Prozesskostenhilfe gewährt.

Bei anderen schreibt das Gesetz eine Begründung vor, z.B. in § 522 Abs. 2 S. 3 ZPO, § 99 Abs. 3 S. 1 AktG, 307 Abs. 5 UmwG. *405*

Sie ist in den übrigen Fällen ohne ausdrücklichen Gesetzesbefehl geschuldet, wenn eine Partei beschwert wird, insbesondere wenn sie dagegen ein Rechtsmittel einlegen kann. Das wird aus Art. 20 Abs. 3 GG und Art. 6 Abs. 1 EMRK gefolgert (vgl. EGMR NJW 1999, 2429).

5.2 Umfang und Aufbau einer Begründung

Mangels Verweisung auf § 313 gibt es keine Vorschrift über den notwendigen Umfang einer Beschlussbegründung. Insbesondere enthält sie nicht die förmliche Unterteilung in „Tatbestand" und „Entscheidungsgründe". Wenn die Begründung überhaupt eine Überschrift aufweist, dann lautet sie gewohnheitsrechtlich „Gründe". Darunter kann man je nach Lage des Falles und Geschmack des Verfassers einen berichtenden Teil vorausschicken, der dem Urteilstatbestand entspricht, und davon die eigentliche rechtliche Begründung räumlich absetzen. In der Regel kann und soll man sich aber auf die rechtliche Begründung beschränken. *406*

Die rechtliche Begründung kann auf einen einzigen Satzteil zusammenschrumpfen, der mit dem Tenor verquickt wird. Die Überschrift „Gründe" fällt dann weg. Dies gilt insbesondere für Beschwerdeentscheidungen, die dem angefochtenen Beschluss folgen: *407*

> „Die Beschwerde der Beklagten gegen den Beschluss des Landgerichts Braunschweig vom 3. April 2007 wird aus den Gründen des angefochtenen Beschlusses zurückgewiesen."

Wenig sinnvoll ist die Formulierung „aus den *zutreffenden* Gründen". Sie regt die Frage an, ob der angefochtene Beschluss auch unzutreffende Gründe enthält und welche der Gründe denn die zutreffenden sind, die das Beschwerdegericht übernimmt. Will der Zusatz indes ausdrücken, dass alle Gründe des angefochtenen Beschlusses zutreffend seien, dann ist er überflüssiges Wortgeklingel, weil es sich von selbst versteht, dass die Beschwerdeinstanz sich nur zutreffende Erwägungen zu eigen macht.

5.3 Sprachliche Gestaltung des Beschlusses

Hier gelten die Darlegungen zum Urteil, insbesondere zum Urteilsstil, entsprechend (Rdnr. 341–354). *408*

KAPITEL IV
Verfahren im Kollegialgericht

In einem Kollegialgericht – Zivilkammer oder Zivilsenat – sind für die Findung und Fassung der Entscheidung alle drei Mitglieder verantwortlich, wenngleich nur eines von ihnen die Feder führt. Das ist in aller Regel der Berichterstatter, welcher sich der Hilfe eines von ihm auszubildenden Referendars bedienen kann. *409*

Das Kollegialsystem erfordert ein hohes Maß an interner Kommunikation. Die Mittel sind das schriftliche Votum und der Aktenvortrag.

1. Das Votum

Das Votum ist eine besondere Art des Kurzgutachtens. Es soll die Beratung des Spruchkörpers vorbereiten. In der Berufungsinstanz ist es üblich, in der erstinstanzlichen Kammer kommt es seltener vor. Es ist zwar nirgends vorgeschrieben, und kein Richter ist verpflichtet, ein Votum zu erstatten. Aber es ist überaus nützlich, und wo es gepflegt wird, sollte man sich ihm nicht entziehen. Es nutzt in erster Linie dem Autor selber, denn wer seine Gedanken niederschreibt, gewinnt Klarheit. Adressat des Votums ist immer der Vorsitzende, in manchen Spruchkörpern auch der „stumme" Beisitzer. Sie erfahren aus dem Votum rechtzeitig vor der Beratung, in welche Richtung der Berichterstatter tendiert, und können um so wirkungsvoller in einem Gegenvotum oder in der Beratung ihre Bedenken äußern; ggf. können sie ihre Zustimmung mitteilen und damit die Beratung abkürzen. *410*

Wie man das Votum gestaltet, hängt in erster Line von den Gepflogenheiten und Erwartungen des Spruchkörpers ab.

Üblich ist es, das Votum mit einer gerafften Darstellung des Sachverhalts zu beginnen, die auch die Anträge enthält oder ihren Fundort nennt. Eine tabellarische Übersicht, gebildet aus Stichwörtern, kann genügen. Sie sollte in Klammern auf die Fundstelle (Nummer des Aktenblattes) verweisen. Ist das Votum für einen Kollegen bestimmt, der die Akten vorliegen hat, kann sich die Sachverhaltsschilderung erübrigen. *411*

Der Berichterstatter, der das Votum zugleich als Stütze für seinen Aktenvortrag schreibt, fertigt vielleicht ein chronologisch geordnetes Verzeichnis aller wichtigen Dokumente nebst Fundstelle, damit man bei der Beratung alle Quellen schnell auffinden kann.

Verfahren im Kollegialgericht

In der Berufungsinstanz ist es üblich, das Votum mit den Daten für die Zulässigkeit des Rechtsmittels zu beginnen.

412 Die rechtliche Erörterung beginnt mit einem Pauschalvorschlag. Die rechtliche Beurteilung ist grundsätzlich einschichtig, d.h. es werden nicht wie im Relationsgutachten die Vorträge der Parteien abgeschichtet, sondern es wird ein einheitlicher Sachverhalt zugrundegelegt, wie er sich aus dem beiderseitigen Vorbringen und dem Ergebnis der Beweisaufnahme darstellt. Im unproblematischen Bereich herrscht ein verkürzter Urteilsstil; die Themen werden durch kurze Feststellungen „abgehakt". Wenn man an Probleme herangeht, ist es oft zweckmäßig, dies wie im Gutachten durch das Aufwerfen einer Frage zu verdeutlichen und sich an das Zwischenergebnis heranzutasten. An der passenden Stelle sind die Beweisergebnisse zu würdigen.

Die Nebenentscheidungen brauchen, wenn sie keine besonderen Probleme aufwerfen, nicht erörtert zu werden.

Wichtig: An wichtigen Stellen sollte durch eine in Klammer gesetzte Zahl auf die Fundstelle in den Akten hingewiesen werden, damit der Leser überprüfen kann, ob der Sachverhalt richtig verstanden wurde. Ein gelegentliches „Ich" unterstreicht die Subjektivität der Betrachtung.

413 Mancher Berichterstatter liefert sein Votum in der Form eines vollständigen Urteilsentwurfes. Davon ist einem Kollegen, der sich in den Spruchkörper noch nicht eingelebt hat, dringend abzuraten. Die älteren Kollegen könnten das so verstehen, als sei der Berichterstatter allzu sehr von sich überzeugt und der Meinung, dass es auf ihr Mitwirken in einer Beratung nicht mehr ankomme. Er läuft außerdem Gefahr, dass sich die Kollegen seiner Auffassung des Sachverhalts oder seiner rechtlicher Beurteilung nicht anschließen; dann war der voreilige Arbeitsaufwand für einen Urteilsentwurf vergebens. Schließlich ist für den Berichterstatter die Ablehnung eines fertigen Urteilsentwurfs unangenehmer und peinlicher als ein Dissens über ein vorsichtiges Votum, in dem er an schwierigen Stellen kategorischen Urteilsstil ersetzt hat durch weiche Formulierungen wie: „Ich neige zu der Annahme, …"

2. Der Aktenvortrag

414 Der Aktenvortrag leitet die Beratung des Kollegiums ein. Hier ist er für die Entscheidungsfindung von eminenter Wichtigkeit. Den Akteninhalt kennen in aller Regel nur der Berichterstatter und der Vorsitzende. Der stumme Beisitzer, zumal wenn er kein Votum bekommen hat, ist gnadenlos darauf angewiesen, was der Berichterstatter vorträgt und wie er es vorträgt. Der Vortrag muss den Stummen in die Lage versetzen, allein vom Zuhören den Fall mit seinen

Problemen zu begreifen, den vorgeschlagenen Lösungsweg mitzugehen und den Rechtsstreit verantwortlich mit zu entscheiden.

2.1 Vorbereitung

Das Schlimmste, was man bei der Vorbereitung des Aktenvortrags tun kann, ist, den Text am Schreibtisch auszuarbeiten und dann gar noch mehr oder weniger auswendig zu lernen. Was dabei herauskommt, ist papieren, langweilig und einschläfernd und enthält die Ausdrucksfehler, die unten beschrieben werden. Wer sich mit einem Fall intensiv beschäftigt und ihn gar votiert hat, muss in der Lage sein, ihn und seine Lösung frei vorzutragen. Für umfangreiche Fälle und Vorträge mag man sich als Erinnerungsstütze eine Gliederung oder einen Spickzettel oder das Votum mitbringen; aber nötig haben das die Wenigsten. Man muss sich nur trauen.

415

Vorgelesen werden bei der rechtlichen Würdigung Texte, auf deren genauen Wortlaut es ankommt, z.B. Vertragsklauseln und Teile aus Vernehmungsprotokollen und Gutachten, ferner der Entscheidungsvorschlag am Ende.

Wer die Beratung des Kollegiums mit einem Aktenvortrag einleitet, muss darauf gefasst sein, dass die Kollegen dem vorgetragenen Lösungsweg nicht sogleich folgen, sondern zu zweifeln und diskutieren anfangen. Darauf muss der Berichterstatter vorbereitet sein. Er muss deshalb von vornherein alternative Lösungswege überdenken und die Argumente sammeln, die gegen sie sprechen.

2.2 Allgemeines zur Ausdrucksweise

Die oberste Maxime lautet beim Aktenvortrag: Verständlichkeit. Zuhören und mitdenken ist anstrengend, es erfordert Konzentration. Deshalb muss der Vortrag alles vermeiden, was die Aufnahmefähigkeit des Zuhörers überfordert. Er muss alles daran setzen, damit der Zuhörer „bei der Stange bleibt."

416

Das beste Mittel, um die Aufmerksamkeit des Zuhörers zu erhalten, sind kurze Sätze. Schachtelsätze sind vom Übel. Dies gilt auch für die Art „Vollständigkeitswahn", der meint, es müsse alles genau beschrieben werden:

„Zwei Stunden nach dem Unfall wurde dem Beklagten im Evangelischen Krankenhaus „Bethanien" in Iserlohn eine Blutprobe entnommen. Deren gerichtsmedizinische Untersuchung ergab für den Unfallzeitpunkt eine Blutalkoholkonzentration von 1,2 Promille."

Für den professionellen Zuhörer, mit welchem wir es zu tun haben, genügt dieser Satz:

„Zum Unfallzeitpunkt hatte der Beklagte 1,2 Promille."

Am häufigsten kommt es beim Zuhörer zum Unverständnis, wenn der Berichterstatter für dieselben Personen oder Sachen die Bezeichnung wechselt. Das Gleiche gilt, wenn er mit Demonstrativ-, Personal- und Possessivpronomina operiert. Man hat früher den Schulkindern beigebracht, man solle ein Wort möglichst nicht wiederholen, sondern den Ausdruck wechseln. Deshalb werden in der Zeitung, wenn sie im selben Absatz zum zweiten Mal vorkommen, der Staat Irland „die Inselrepublik" der Elefant „Dickhäuter" und der Hase „Meister Lampe" genannt, oder es heißt „Ersterer ..." oder einfach „Dieser ..." Das ist sprachlicher Unfug, den mancher Sprachwissenschaftler belächelt. Wenn oberstes Gebot die Verständlichkeit ist, dann muss man den Fahrer immer wieder Fahrer nennen und nicht mal als Fahrer, mal mit Namen, mal mit „dieser" oder „er" bezeichnen. Pronomina zwingen den Zuhörer, sie durch Zuordnung zu einer bestimmten Person erst einmal auszulegen. Das ist ein Denkprozess, der ihn für einen Augenblick beschäftigt und ablenkt, und schon ist der Faden gerissen. Natürlich kann und soll man im Vortrag auf Pronomina nicht völlig verzichten, aber sie sollten möglichst wenig und nur in enger Nachbarschaft zum Bezugsgegenstand verwendet werden.

Einprägsam wird das Vorgetragene, wenn die Bezeichnungen für die außer den Parteien auftretenden Personen nicht nur unverändert bleiben, sondern wenn die Bezeichnungen auch geschickt ausgewählt sind. Namen sind dafür meist ungeeignet. Name ist Schall und Rauch. Der Zusatz „Zeuge" besagt nicht viel und ist vollends verfehlt, wenn jene Person als Zeuge nur benannt, aber nicht vernommen worden ist. Am besten bezeichnet man die Personen mit den Rollen, die sie in der Geschichte gespielt haben: Verkäufer, Abschleppdienst, Besteller, Betriebsleiterin, Fußgänger, Knallzeuge, Anrufer u.s.w.

417   Zur Ausdrucksweise gehört auch die Körpersprache. Will man seine Zuhörer interessieren, darf man nicht zur Decke oder aus dem Fenster blicken, sondern muss sich ihnen zuwenden. Dazu gehört, dass man ihnen reihum ins Gesicht schaut. Den Kontakt zu ihnen stellt unmerklich auch ein gelegentlich angebrachtes „Ich" her („Ich halte den Standpunkt der Beklagten für nicht vertretbar") oder eine direkte Anrede an die Zuhörer („Ich nehme an, darüber sind Sie mit mir einig").

Erfahrene Redner halten ihr Publikum bei Laune durch regelmäßig eingestreute saloppe oder witzige Formulierungen, die es zum Lachen oder zum Schmunzeln bringen sollen. Die Zuhörer warten dann ständig auf den nächsten Scherz – und bleiben aufmerksam.

2.3 Gliederung

418   Der schulmäßige Aktenvortrag besteht aus fünf Teilen:

Einführung,

Sachbericht,

Pauschalvorschlag,

rechtliche Würdigung,

Entscheidungsvorschlag (Tenor).

2.4 Einführung

Wie die Parteien heißen, ist unwesentlich. Der Berichterstatter nennt ihre Namen vielleicht, damit seine Kollegen erkennen, welcher der auf der Terminsrolle verzeichneten Fälle behandelt werden soll. Handelt es sich um einen Dauerkunden des Spruchkörpers, kann der Parteiname schon auf die Sache selbst vorbereiten.

Äußerst wichtig und immer nötig ist die einleitende Vorstellung des Streitgegenstands. Mit ihr wird der Zuhörer auf das Thema eingestimmt, er sieht die folgenden Ausführungen sogleich im richtigen Licht und kann sie ihrer Bedeutung nach besser einordnen.

„Der Kläger verklagt die beiden Beklagten auf Schadensersatz aus einem Verkehrsunfall. Der Erstbeklagte ist Halter, der Zweitbeklagte Fahrer."

„Die Klägerin wendet sich gegen die Zwangsversteigerung ihres Grundstücks durch die verklagte Sparkasse."

„Die sieben Kläger haben von der Beklagten Bankdarlehen für die Finanzierung von Schrottimmobilien aufgenommen. Sie begehren die Feststellung, dass sie auf die Darlehen keine Tilgungsraten mehr leisten müssen."

2.5 Sachbericht

Im Aufbau ähnelt der Bericht dem Urteilstatbestand: Geschichtserzählung, Angriffsvorbringen des Klägers, Anträge des Klägers und des Beklagten, Verteidigung des Beklagten, evtl. Replik.

Der vorzutragende Tatsachenstoff ist indessen noch viel geraffter als der Urteilstatbestand. Der Bericht soll die Zuhörer nur in den Lebenssachverhalt einführen, dem Streit einen Rahmen geben und deutlich machen, um welchen Kern die Parteien mit welchem Ziel streiten. Der Berichterstatter muss mit besonders grobem Pinsel arbeiten. Ihm ist „Mut zur Lücke" zu empfehlen. Er muss immer bedenken: Sein Vortrag ist für den Kollegen die einzige Wahrnehmungsmöglichkeit. Ihm, dem Zuhörer, wird nur ein flüchtiger akustischer Eindruck vermittelt. Anders als ein Leser bestimmt er nicht das Tempo der Wahrnehmung, er kann nicht – wie ein Leser – innehalten und zurückblättern, um die Wahrnehmung zu wiederholen oder zu vertiefen. Seine Aufnahmefähigkeit ist deshalb begrenzt. Ihm darf vom Berichterstatter nicht mehr mitgeteilt werden, als er bei durchschnittlicher Aufmerksamkeit aufnehmen und bis zu der Stelle der rechtlichen Würdigung auch behalten kann, an der die Tatsache rechtlich verarbeitet wird.

Für den Berichterstatter bedeutet dies: Die im Sachbericht ausgesparten, weil nicht behaltbaren Einzelheiten, die für die rechtliche Würdigung eine Rolle spielen, muss er dort nachtragen: „Auf die Einzelheiten komme ich später zurück."

Im Bericht wegzulassen sind insbesondere der Wortlaut auszulegender Vertragsklauseln, offenbar unerhebliche Tatsachen, Hilfstatsachen, mit denen die Parteien Haupttatsachen glaubhaft machen wollen, Autokennzeichen, Motornummern, Katasterbezeichnungen, die meisten Zahlen und vor allem sämtliche Kalenderdaten: Der Zuhörer vergisst sie sofort, wenn es sich nicht um Weihnachten oder seinen Geburtstag handelt. Muss man einen Zeitraum beschreiben, dann nimmt man Umschreibungen, deren Relevanz der Zuhörer sofort erfasst. „Vor Ablauf eines Monats" (Berufungsfrist), „nach mehr als zwei Wochen" (Widerrufsfrist, Einspruchsfrist), „vor Ablauf von drei Jahren" (Verjährungsfrist). Die Anträge brauchen nur im wesentlichen Inhalt nach mitgeteilt zu werden. Der Klageabweisungsantrag kann sich in einem Nebensatz wiederfinden. Der Beklagtenvortrag kann ganz entfallen, wenn er sich aufgrund der rechtlichen Beurteilung als gegenstandslos erweisen wird, etwa soweit er völlig neben der Sache liegt oder wenn der Klagevortrag unschlüssig ist oder soweit der Beklagte auf einen Hilfsantrag antwortet, der nicht zum Zuge kommt. Wegzulassen sind alle Beweisergebnisse (Vernehmungsprotokolle, Gutachten). Stattdessen vermerkt man kurz: „Es ist Beweis erhoben worden."

Andererseits ist im Bericht, welcher sich an Fachleute wendet, die Aufnahme von Rechtsansichten der Parteien eher erlaubt als im Urteilstatbestand; oft kann man damit die Darstellung sogar vereinfachen.

2.6 Pauschalvorschlag

422 Der nach dem Bericht eingeschobene Pauschalvorschlag gibt nur die Richtung an, in die die rechtliche Beurteilung gehen wird:

„Ich schlage vor, der Klage bis auf einen Teil der Zinsen stattzugeben."

2.7 Rechtliche Würdigung der Hauptsache

2.7.1 Aufbau und Umfang

423 Wie beim Votum wird die Rechtslage einsichtig beurteilt. Es ist also nicht nach Parteivorbringen abzuschichten, sondern ein einheitlicher Sachverhalt zugrunde zu legen. War eine Beweisaufnahme nötig, so ist deren zu würdi-

gendes Ergebnis in den einschichtigen Sachverhalt aufzunehmen (positive Beweiswürdigung) bzw. zu begründen, warum dies nicht geschehen kann (negative Beweiswürdigung). Das geschieht an der Stelle, an der es für das Weitergehen auf dem Lösungsweg auf die Klärung der Beweisfrage ankommt. Der Lösungsweg muss möglichst kurz sein. Was dem Praktiker selbstverständlich ist, braucht nicht umständlich abgeleitet oder begründet zu werden. Hilfserwägungen sind grundsätzlich zu unterlassen.

Wird ein Anspruch zuerkannt, so wird nur eine Anspruchsgrundlage erörtert, nämlich die, deren Anwendung am einfachsten und überzeugendsten zu begründen ist. Entsprechendes gilt für erfolgreiche Verteidigungsmittel (Bestreiten, Einreden) des Beklagten.

Wird der Anspruch nicht zuerkannt, so müssen selbstverständlich alle in Betracht kommenden Anspruchsgrundlagen erörtert werden. Wiederum gilt Entsprechendes für die insgesamt erfolglosen Verteidigungsmittel des Beklagten. Das negative Ergebnis muss auf kürzestem Wege erreicht werden. Es ist also nicht jede Anspruchs- bzw. Einredegrundlage schulmäßig durchzuprüfen, bis man zu dem Punkt gelangt, an dem die Normanwendung scheitern muss; vielmehr muss man sogleich an diesem Punkt ansetzen. Ein „Zwar-aber" offenbart die Verletzung dieses Prinzips.

Bei der rechtlichen Würdigung sind an der Stelle, an der sie gebraucht werden, diejenigen Tatsachen in Berichtsform nachzutragen, die bei dem vorangegangenen Sachbericht ausgespart worden sind.

„Für die Auslegung der Vertragsklausel kommt es auf ihren genauen Wortlaut an. Ich will Ihnen die Klausel zunächst einmal vorlesen ..."

„Zu dieser Frage sind die Eheleute Lipp als Zeugen vernommen worden. Frau Lipp hat bekundet, sie könne sich an den genauen Hergang nicht mehr erinnern, aber soweit sie sich erinnere, ..."

2.7.2 Stilfragen

Grundsätzlich wird die rechtliche Würdigung vom Urteilsstil beherrscht, wenn auch mit einem Unterschied: Der reine Urteilsstil als Ausdrucksweise des nach außen wirkenden Richterspruchs klingt hart, kategorisch; der Vortrag als Ansprache an das Kollegium klingt demgegenüber weicher, zurückhaltender, persönlicher. An die Stelle des Kategorischen tritt das Konziliante.

424

Der Urteilsstil eignet sich für den Vortrag deshalb so gut, weil er wegen der Voranstellung des Ergebnisses und dank der unmittelbaren Verknüpfung von Ergebnis und Begründung besonders straff und sparsam ist. Würde man wie im Gutachten z.B. jede Anspruchsgrundlage zunächst in Frage stellen, dann erst subsumieren und schließlich mit dem Ergebnis antworten, so würde dies einen Sprach- und Zeitaufwand erfordern, der mit dem Anliegen des die Beratung einleitenden Aktenvortrags nicht zu vereinbaren wäre. Demnach wird nicht nur der rechtlichen Würdigung insgesamt das Ergebnis (mit dem Pauschalvorschlag) vorangestellt, sondern auch bei einzelnen Ansätzen im Verlaufe der Rechtsprüfung. Hier wird der Urteilsstil je reiner hervortreten können und müssen, desto direkter – weil unproblematisch – ein Ergebnis begründet werden kann.

> „Ein Anfechtungsrecht wegen arglistiger Täuschung hat der Beklagte schon deshalb nicht, weil er die Jahresfrist des § 124 BGB versäumt hat."

425 Wenn sich der Vortrag jedoch dem eigentlichen Problem des Falles zuwendet, kann man den Zuhörer leichter mitnehmen, wenn man sich auf den behutsameren Gutachtenstil besinnt. Das Mitgehen auf dem schwierigen Teil des Lösungsweges erleichtern zwei Elemente des Gutachtenstils: die Exposition und die Ergebnisfolgerung.

Mit der Aufschürzung des Problems (Exposition, Programmsatz) fordert man den Zuhörer diskret zu besonderer Aufmerksamkeit auf und dazu, den angesprochenen Punkt nicht etwa als erledigt abzuhaken, wie er es bei einer gedrängten Darstellung im Urteilsstil tun würde, sondern den Punkt als Thema, als Leitfaden für eine längere Untersuchung im Auge zu behalten.

> „Ich wende mich nun dem Problem zu, wann die Verjährungsfrist nach § 37a WpHG beginnt. Der BGH hat dazu die Auffassung vertreten,... Dem ist ein Teil der Literatur nicht gefolgt..."

> „Für die Entscheidung kommt es also darauf an, ob die Beklagte ihre Behauptung bewiesen hat, sie habe vor dem Einbiegen in die Schüttestraße den linken Blinker gesetzt."

Danach solle man den Zuhörer jedoch nicht auf die Folter spannen, sondern das angestrebte Ergebnis schon einflechten, bevor man es diskutiert:

> „Ich möchte diese Frage bejahen, und zwar aus folgenden Gründen."

Der Zuhörer kann dann sofort die Argumente auf das Ergebnis projizieren und leichter nachprüfen, ob sie überzeugend sind.

Die Ergebnisfolgerung mag so formuliert sein:

> „Ich komme also zu dem Ergebnis, dass die Verjährungsfrist bereits mit der Beratung des Kunden beginnt."

Mit solcher Folgerung wird der mit der Exposition begonnene Kreis geschlossen. Dem Zuhörer wird verdeutlicht, dass das exponierte Thema nun erledigt ist und „weggelegt" werden kann. Durch die Bejahung oder Verneinung der anfangs aufgeworfenen Frage und durch die darin liegende Wiederholung des zuvor nur angedeuteten Ergebnisses wird dieses Ergebnis dem Zuhörer nachhaltig eingeprägt. Das ist vor allem dann sehr wichtig, wenn das Ergebnis nur ein Zwischenergebnis ist, das für die weitere Lösung die Grundlage bildet und deshalb behalten werden muss. Je umfangreicher und schwieriger eine rechtliche Erörterung ist, desto mehr empfiehlt es sich, die Erörterung in mehrere in sich geschlossene Abschnitte zu zerlegen und am Ende jedes Abschnitts innezuhalten, um das gefundene Teilergebnis festzustellen, bevor ein neues Thema angeschnitten wird.

Mit welchem Stil man die Brücke zwischen Exposition und Ergebnisfolgerung schlägt, muss einem die freie Rede eingeben. Es gibt hier – wie in der Vortragstechnik überhaupt – keine festen Regeln, sondern nur Hinweise und Ratschläge, die aus der Erfahrung des Zuhörens gewonnen sind. Die Erfahrung lehrt, dass sich in dem hier angesprochenen Bereich Elemente beider Stile miteinander vermengen und der Urteilsstil wohl dominiert. *426*

2.8 Nebenentscheidungen
Sie brauchen nur erörtert zu werden, wenn sie Probleme aufwerfen. *427*

2.9 Entscheidungsvorschlag
Der schulmäßige Aktenvortrag enthält am Ende einen ausformulierten Entscheidungstenor, falls ein Urteil vorgeschlagen wird, andernfalls eine kurze Wiedergabe der Beschlussthemen (Hinweise, Beweisfragen). *428*

KAPITEL V
Sprachlabor

Man kann nicht von jedem Urteil Originalität im Stil und in den Formulierungen erwarten. Andererseits aber erstaunen oder verärgern die Uniformität der Sprachmittel, die Phrasen, die vielen sprachlichen Entgleisungen und Fehlentwicklungen, die Art, wie unsere Gerichte vom BGH vorgegebene Stanzen bedenkenlos übernehmen, egal ob sie richtig sind und passen oder nicht. So werden Stil und Sprache den Anforderungen, die man an ein Urteil stellen muss, oft nicht mehr gerecht.

429

1. Sinn und Syntax

1.1 Hauptsatz und Nebensatz

Zwischen Hauptsatz und Nebensatz gibt es eine Rangordnung. Der Nebensatz ist untergeordnet: Er umschreibt oder ergänzt die Aussage des Hauptsatzes. „Hauptsachen verlangen Hauptsätze, deshalb ist es ein Baufehler, wenn man dem Hauptgedanken einen Vorreiter vorausschickt und ihn so in einen Nebensatz abdrängt" (Reiners S. 139).

430

Aus BGH NJW 1992, 109, 110 ist dieser Satz entnommen:

„Mit Recht verweist die Klägerin darauf, dass schon in der Entscheidung des III. Zivilsenats, BGHZ 104, 337 = NJW 1988, 1967 ... ausgeführt ist, einer Bank, der sogar eine prozentuale Aufschlüsselung ihres Aktivkreditvolumens nach Kreditarten unzumutbar erscheine, stehe als Schadensersatz wenigstens der marktübliche Zinssatz der Anlageart zu, die den geringsten Zinsertrag erbringe (BGHZ 104, 337 <348> = NJW 1988, 1967 ...)"

Hier wird der Hauptsatz vergeudet für die uninteressante Mitteilung, dass der Kläger auf irgendetwas verweist, und die eigentliche Botschaft, der Schadensersatzanspruch der Bank sei nach dem marktüblichen Zinssatz einer bestimmten Anlageart zu bemessen, wird in einen Nebensatz der zweiten Stufe abgedrängt und zusätzlich noch in den Konjunktiv.

Ein Richter am Landgericht schreibt:

„Zutreffend weist der Kläger darauf hin, dass bei Einreichung der Klage die Verjährungsfrist noch nicht abgelaufen war."

Es soll die rechtliche Aussage vermittelt werden, die Verjährung sei bei Klageeinreichung noch nicht eingetreten gewesen. Indessen wird in erster Linie über den Kläger berichtet, nämlich welche Rechtsansicht er vertritt, was – wenn überhaupt – in den Tatbestand gehörte. Dabei wird der Kläger zum Satzgegenstand gemacht, der den Hauptsatz beherrscht. Dass die Forderung unverjährt sei, erscheint zwar in einem Prädikat, aber nur in dem des untergeordneten Nebensatzes, der den Vortrag des Klägers näher umschreibt. Die rechtliche Wertung, dass die Forderung tatsächlich unverjährt sei, ergibt sich erst aus der Kombination des Nebensatzes mit dem Adverbial „zutreffend" des Hauptsatzes. Sinn und Satzbau harmonieren bei dieser Fassung:

„Die Verjährungsfrist war bei Einreichung der Klageschrift noch nicht abgelaufen."

Will man dem Kläger – ohne Not – noch ein Fleißkärtchen erteilen, mag man hinzufügen:

„... worauf der Kläger bereits hingewiesen hat."

1.2 Das falsche Prädikat

431 In Entscheidungsgründen begegnet man häufig Sätzen wie diesen:

„Zu Recht hat das Amtsgericht die Klage als unzulässig abgewiesen."
„Zu Unrecht beruft sich die Beklagte auf eine Nichtigkeit des Kaufvertrages infolge der von ihr erklärten Anfechtung."

Man hat dabei das Gefühl, das Urteil rede um den Kern der Sache herum. So ist es in der Tat. Geht man der Sache auf den Grund, so entdeckt man, dass Sinn und Satzbau nicht miteinander harmonieren.

Im Urteil haben wir es durchweg mit Aussagesätzen zu tun; Frage- und Ausrufesätze kommen nicht vor. In seiner Grundform besteht der Aussagesatz aus den Bestandteilen (Satzgliedern) Satzgegenstand und Satzaussage, diese ggf. mit Satzergänzungen; anders ausgedrückt: Subjekt und Prädikat oder Prädikatsverband (Prädikat, Objekt, Adverbial). Jedes Satzglied hat seine eigene Funktion. Der Satzgegenstand ist die Person oder die Sache oder der Zustand, über die berichtet werden soll: „Wer oder was?" Die Satzaussage enthält die Botschaft über den Satzgegenstand, sie gibt Auskunft darüber, was der Satzgegenstand tut oder ist. Sinn und Satzbau befinden sich in Symmetrie, wenn der Gegenstand, über den eine Aussage getroffen werden soll, auch im geschriebenen Satz als Satzgegenstand erscheint, und das, was er tut oder wie er ist, im Prädikat (Prädikatsverband).

Gegen diese einfachen Regeln wird in den Beispielsfällen verstoßen.

Im ersten Beispielsfall soll die berufungsgerichtliche Aussage vermittelt werden, die Abweisung der Klage als unzulässig sei richtig. Satzgegenstand ist aber das Amtsgericht. Soweit der Verfasser erzählt, dass das Amtsgericht die Klage als unzulässig abgewiesen hat, wiederholt er den Tatbestand. Die rechtliche Wertung, die beabsichtigte Botschaft, verkriecht sich in die beiden Wörter „zur Recht". In die Satzaussage gebracht, lautet die Botschaft

„Die Abweisung der Klage als unzulässig durch das Amtsgericht ist rechtens"

oder kurz und bündig:

„Das angefochtene Urteil trifft zu."

Im zweiten Beispielsfall ist zum Satzgegenstand der Beklagte gemacht; von ihm wird erzählt, worauf er sich im Prozess beruft. Das steht allerdings schon im Tatbestand, wohin es gehört. Die hier in den Entscheidungsgründen geforderte rechtliche Wertung, nämlich dass der Vertrag nicht nichtig sei, versteckt sich in den beiden Satzergänzungen „zu Unrecht" und „auf eine Nichtigkeit". Man kann dem Beklagten den überflüssigen Tadel „zu Unrecht" ersparen, die Tatbestandswiederholung vermeiden und zugleich Sinn und Satzbau in Übereinstimmung bringen, indem man schreibt:

„Der Kaufvertrag ist nicht infolge der von der Beklagten erklärten Anfechtung nichtig."

Oder:

„Die von der Beklagten erklärte Anfechtung hat den Kaufvertrag nicht vernichtet."

Zum Missbrauch von „Recht" und „Unrecht" vgl. Rdnr. 445.

Typisch ist folgende Satzentwicklung: *432*

„Der Dienstvertrag ist aufgrund der von der Beklagten erklärten Kündigung beendet.
Die Kündigung liegt in ihrer Erklärung, der Kläger könne sie mal ...
Die Beklagte hat den Dienstvertrag wirksam gekündigt."

In dem letzten Satz wird nach den Regeln der Syntax die Botschaft vermittelt, die Beklagte habe gekündigt, und die Kündigung sei auch wirksam. Das erstere ist jedoch schon mitgeteilt und erörtert und soll gar nicht mehr behandelt werden. Die Botschaft soll nur noch lauten, dass die Kündigung wirksam sei. Also muss es heißen:

„Die von der Beklagten erklärte Kündigung ist auch wirksam."

Wie es zu dem Formulierungsfehler kommt, lässt sich leicht erklären. Der Verfasser hat beim Schreiben sich selber sprechen gehört, er hat, wie es jedem passiert, in seiner Vorstellung den Klang des Geschriebenen mitschwingen lassen. Dabei hat er durch Anheben der Stimme das Wort „wirksam" betont: „Die Beklagte hat den Dienstvertrag **wirksam** gekündigt." So gehört, lautet die Botschaft nur „wirksam". Aber das Urteil wird nicht vorgelesen, sondern nur gelesen. Der Empfänger ist kein Hörer, sondern Leser. Ihm kann man, was zentrale Botschaft ist, nicht durch ein betonendes Anheben der Stimme anzeigen, sondern nur durch den Satzbau (s. Rdnr. 434).

433 Wie das letzte Beispiel zeigt, genügt es oft nicht, die Aussage irgendwie in den Prädikatsverband zu bringen. Oft empfiehlt es sich, den Prädikatsverband aufzulösen, weil die beabsichtigte Kernaussage dort nicht voll zur Geltung kommt. Man kann natürlich schreiben:

„Die Baustelle war unzureichend gesichert."

Aber die Kernaussage steht nur im Adverbial. Schärfer lautet der Satz so:

„Die Sicherung der Baustelle war unzureichend."

1.3 Wortfolgenfehler

434 Die beiden unter Rdnr. 431 anfangs zitierten Sätze stimmen auch in der Wortfolge nicht. „In gedanklichen Sätzen ... schreitet das geordnete zielgerichtete Denken vom Gewussten zum Gesuchten, vom Bekannten zum Unbekannten. Wer untersuchen oder belehren will, setzt deshalb das Sinnwort als Trumpf ans Ende" (Reiners S. 75). In Sätzen der Art, wie sie im Urteil zu schreiben sind, gehört demnach der Aussagekern an das Satzende; die Betonung liegt dort. In einem Urteil heißt es:

„Der Kläger hat den Arbeitsvertrag gekündigt."

Ist die Kündigung als solche außer Diskussion und geht es nur darum, ob es der Kläger ist, der gekündigt hat (und nicht die Beklagte), dann muss „der Kläger" betont werden. Dem Leser kann man dies am einfachsten durch eine Umstellung der Wortfolge nahebringen:

„Den Arbeitsvertrag gekündigt hat der Kläger."

Wenn man in dem zweiten Satz unter Rdnr. 431 nur die Wortfolge verbessern will, lautet er:

„Auf die Nichtigkeit des Kaufvertrages infolge der von ihr erklärten Anfechtung beruft die Beklagte sich zu Unrecht."

Die deutsche Sprache ist, was die Wortfolgen betrifft, überaus beweglich; es gibt kein Gesetz, dass das Subjekt dem Prädikat vorangehen müsse, kein Konstrukt, das „est-ce que?" und „to do" entspräche. Man muss die Flexibilität der deutschen Sprache nur nutzen.

1.4 Der Attributstil

Im Gegensatz zum unverbundenen Adjektiv, das im Prädikatsverband steht und dort im Haupt- oder Nebensatz den Aussagekern bilden kann, ist das mit einem Substantiv verbundene Adjektiv (Attribut) nur ein Beiwort. Seine Funktion ist es nicht, wichtige Aussagen zu tragen, sondern nur, das Substantiv, zu dem es gehört, zu ergänzen, zu seinem Verständnis oder seiner Aussage „beizutragen" (attribuere). Unzählig sind die Fälle, in denen Urteilsverfasser die Aussage, die beabsichtigt wird, statt in das Prädikat (bzw. den Prädikatsverband) in das Attribut stecken:

435

„Eine *offensichtlich ermessensfehlerhafte oder sogar greifbar gesetzwidrige Entscheidung* hat die Kammer nicht getroffen."

Bringt man Sinn und Satzbau in Übereinstimmung, dann muss der Satz lauten:

„Die Entscheidung der Kammer ist nicht offensichtlich ermessensfehlerhaft oder sogar greifbar gesetzwidrig."

Manchmal verkriecht sich die beabsichtigte Aussage sogar in die adverbiale Ergänzung zum Attribut:

„*Der Beklagte hatte keine Kenntnis von dem nur unzureichend reparierten Vorschaden.*"

Indessen wusste der Beklagte sowohl von dem Vorschaden als auch von dessen Reparatur. Unbekannt war ihm nur, dass die Reparatur unzulänglich war. Gemeint ist also:

„Der Beklagte wusste nicht, dass die Reparatur des Vorschadens unzureichend war."

Die sprachlich ungenaue Verlagerung der Aussage ins Attribut verdirbt oft auch die Unterscheidung des Streitigen vom Unstreitigen und von Tatsache und Rechtslage (vgl. auch Rdnr. 280–283):

436

„Die Beklagte *bestreitet, dass die Klägerin rechtswirksame Verträge vermittelt habe.*"

Hier war jedoch die Vermittlung der Verträge durch die Klägerin unstreitig; fraglich war nur, ob die Verträge wirksam sind. Auch ist die Wirksamkeit keine Tatsache, welche einem Bestreiten zugänglich wäre. Es muss also heißen:

„Die Beklagte hält die von der Klägerin vermittelten Verträge für unwirksam."

Ein BGH-Senat befasst sich mit einem Antrag der Beklagten,

437

„ihnen *die auf den Nachlass beschränkte Haftung* gemäß § 780 ZPO vorzubehalten (BGH NJW 2001, 146, 149).

Es soll aber gar nicht die Haftung vorbehalten werden, sondern im Gegenteil die Beschränkung der Haftung.

438 Ein anderer Senat fügt die gerade benötigten Adjektive zu folgendem Satz zusammen:

> „*Ein der Entscheidung des VII. Zivilsenats zu Grunde liegender vergleichbarer Sachverhalt* liegt hier nicht vor." (BGH NJW 2001, 218, 219).

Der Verfasser war vermutlich in dem Irrglauben befangen, durch die Häufung verbundener Adjektive könne man Schreibaufwand ersparen; vielleicht scheute er deshalb den Relativsatz. Aber Kürze darf nie auf Kosten der Richtigkeit gehen. Der Satz muss entzerrt werden. Dazu muss hier die in dem Attribut „vergleichbar" liegende Aussage in einen vollständigen Satz gebracht werden, in dem sie das Prädikat bildet:

> „Ein Sachverhalt, der dem der Entscheidung des VII. Zivilsenats zu Grunde liegenden vergleichbar wäre, liegt hier nicht vor."

Diese Fassung enthält nur drei Wörter mehr als die Originalfassung.

Immer häufiger beobachtet man den Attributstil in Verbindung mit dem Verb „führen":

> „*Die Erweiterung des Bauvolumens hat zu erhöhten Baukosten geführt*"

statt

> „*Die Erweiterung des Bauvolumens hat die Baukosten erhöht*".

439 Ein Attribut aufzulösen und seine Aussage in ein Prädikat (Prädikatsverband) zu bringen, ist unerlässlich, wenn das Attribut negativen Inhalt hat und somit das zugehörige Substantiv nicht verstärkt, sondern ihm widerspricht. Zu solchem Missbrauch kommt es bei der Verwendung unpassender Präpositionen wie „bei", „trotz" oder „wegen", die ebenfalls in dem Ruf stehen, den Schreibaufwand zu vermindern. Präpositionen beziehen sich nicht auf ein alleinstehendes Adjektiv, sondern grundsätzlich auf das Substantiv. Sie können zwar auch ein damit verbundenes Adjektiv erfassen, aber nur, wenn das Beziehen der Präposition auf das Kompositum von Substantiv und Adjektiv sinnvoll bleibt. Man kann bei schönem Wetter spazierengehen, trotz strömenden Regens schwimmen und wegen guter Prüfungsleistungen ein Prädikat verdienen. Präposition und Attribut sind aber fehl am Platze, wenn sich die Präposition statt auf das Kompositum nur noch auf das Adjektiv beziehen soll oder gar kann, weil es dem Substantiv zuwiderläuft, es gleichsam ausradiert.

Ein Pannenfahrzeug soll

> „*wegen des nicht aufgestellten Warndreiecks* unzureichend gesichert"

gewesen sein (BGH NJW 2001, 149, 150). „Wegen" drückt eine Ursächlichkeit aus. Es kann und soll sich hier nur auf den Satzteil „nicht aufgestellt" beziehen und keinesfalls auf „Warndreieck", denn es kann ein Sicherungsmangel nicht auf einem Warndreieck beruhen, zumal wenn es – wie im selben Atemzuge gesagt wird – gar nicht vorhanden war. Transportiert man die Aussage der Präposition und des Attributs in ein Prädikat, dann liest man:

„Das Pannenfahrzeug war unzureichend gesichert, weil das Warndreieck nicht aufgestellt war".

Damit erhält nicht nur der Satz Logik, sondern auch die Aussage das Gewicht, das ihr zukommt. Zugleich erweist sich die Unhaltbarkeit des Verkürzungsarguments: Beide Fassungen zählen 59 Zeichen (ohne Leerzeichen).

Löst man die dem Substantiv widersprechenden Attribute in einen Nebensatz auf, dann wird z.B. aus

„bei": „während", „wenn", „falls",

„trotz": „obwohl", „obgleich", „wenngleich" und

„wegen": „weil" oder „da".

Das schon zitierte Urteil BGH NJW 2001, 218 – es würdigt eine Klage

„wegen nicht durchgeführter Reparaturen"

– lässt eine Beklagte

„sich lediglich auf ihre fehlende Passivlegitimation"

berufen. Wie kann man sich auf eine Passivlegitimation berufen, wenn sie gar nicht existiert? Gemeint ist: Die Beklagte berufe sich auf das Fehlen ihrer Passivlegitimation.

In einem einzigen Heft der NJW aus 2007 (S. 1269 bis 1291) finden sich folgende Stilblüten, bei denen sich der Attributstil mit Unlogik verbindet: Da ist die Rede von einer Kündigung *„wegen ausstehender Pachtzinsen"*, vom *„Risiko eines ausbleibenden Nachweises"* und einem *„Hinweis auf die unterbliebene Vorlegung"*. Ein Pächter soll einer Kündigung *„wegen fehlender Nachweise"* für den Erwerb des Pachtgrundstücks widersprochen haben, und *„in der fehlenden Entscheidung über den sachlichen Streit"* soll die Gefahr widersprüchlicher Entscheidungen liegen. *„Wegen fehlender Fristsetzung"* hat ein OLG einen angefochtenen Beschluss aufgehoben, und das Bundesverfassungsgericht soll *„eine bisher fehlende Differenzierung"* beanstandet haben. Ein Vermieter in Leipzig" soll *„den fehlenden Zugang"* zu einer Wohnung nicht zu vertreten haben, und das OLG Düsseldorf kassiert eine angefochtene Entscheidung *„auf Grund der unzureichenden Ermittlungen"* des Landgerichts.

Sprachlabor

Die Fälle, in denen deutsche Gerichte das Wort „fehlend" und ähnliche Negativwörter als Attribut unrichtig gebrauchen, sind also unzählig. Dabei könnte man viele Fehler selbst ohne Bildung eines Nebensatzes vermeiden, wenn man statt von *„fehlender Kenntnis"* von Unkenntnis, statt von *„mangelndem Vertrauen"* von Misstrauen, statt von *unterlassener Hilfeleistung* von Hilfeverweigerung spräche und eine Klage nicht *„wegen fehlenden Rechtsschutzinteresses"* abwiese, sondern „mangels Rechtsschutzinteresses". Allerdings: Auch der Gesetzgeber nahm es früher schon mit der Wortwahl nicht genau (vgl. § 586 Abs. 3), und die Zivilprozessnovelle von 2001 ist nicht besser, wenn sie anordnet, *„auf eine unterlassene Vorlage oder Übernahme"* könne ein Rechtsmittel nicht gestützt werden (§§ 348 Abs. 4, 348a Abs. 3).

440   In dem Fall BGH NJW 2002, 817 hatte die Klägerin Mäklerlohn eingeklagt. Der BGH schreibt:

„Allerdings hat der Beklagte deutlich zu erkennen gegeben, dass er nicht dazu bereit sei, eine Provision in der von der Klägerin geforderten Höhe zu zahlen. *Die darin zum Ausdruck gekommene fehlende Einigung* über die genaue Entgelthöhe führt jedoch … nicht ohne weiteres dazu, dass die Auslegungsvorschrift des § 154 I 1 BGB mit der Folge zum Tragen kommt, dass *trotz einvernehmlich erbrachter Maklerleistungen* der Klägerin kein Maklervertrag zustandegekommen sein kann.

aa) § 154 I 1 ist unanwendbar, wenn sich die Parteien *trotz der noch offenen Punkte* erkennbar vertraglich binden wollten. Anzeichen für einen dahingehenden Bindungswillen ist *die begonnene Vertragsdurchführung* …

Für den Leser, den Juristen und den Laien erst recht, bedeutet dieses Ungetüm eine Zumutung. Bevor man es vom Konzept in die Reinschrift überträgt, sollte man jeden in ihm enthaltenen Verbund aus Substantiv und Adjektiv auflösen und alle Aussagen jeweils in einen eigenen Hauptsatz fassen.

Der Beklagte hat deutlich zu erkennen gegeben:
Er ist nicht bereit, Provision … zu zahlen.
In der Weigerung des Beklagten kommt zum Ausdruck:
Eine Einigung über die Entgelthöhe fehlte.
Das erfordert noch keine Anwendung der Auslegungsvorschrift des § 154 I 1 BGB.
Nicht zwingend: Es könne kein Maklervertrag zustandegekommen sein.
Maklerleistungen sind erbracht.
Das ist im Einvernehmen geschehen
   aa) § 154 I 1 ist unanwendbar.
Es sind noch Punkte offen.

Die Parteien wollten sich erkennbar vertraglich binden.
Der Bindungswille hat ein Anzeichen.
Die Parteien haben die Vertragsdurchführung begonnen.

Wenn man nun die Bindewörter einbaut, die dem Sinnzusammenhang der Sätze entsprechen, kann man zu dieser Fassung gelangen:

„Eine Einigung über die Entgelthöhe haben die Parteien nicht erzielt; dies kommt in der Weigerung des Beklagten zum Ausdruck, eine Provision in der von der Klägerin verlangten Höhe zu zahlen. Ein Einigungsmangel erfordert jedoch nicht in jedem Falle eine Anwendung der Auslegungsvorschrift des § 154 I 1 BGB. Nach ihr wäre hier ein Mäklervertrag nicht zustandegekommen, obwohl die Klägerin Mäklerleistungen erbracht hat und der Beklagte damit einverstanden war.

aa) § 154 I 1 BGB ist nicht anzuwenden, wenn sich die Parteien vertraglich binden wollten, obwohl noch Vertragspunkte offen sind. Auf solchen Bindungswillen deutet es hin, wenn die Parteien mit der Vertragsdurchführung begonnen haben..."

2. Glossar: Unwörter und andere Unarten

Angebot

„Ein Vertrag kommt zustande durch *Angebot* und Annahme." Dieser Lehrsatz steht, was das Angebot betrifft, mit der Gesetzessprache und oft auch mit der Umgangssprache nicht in Einklang. Der Begriff „Angebot" kommt in den Vorschriften über den Vertrag (§§ 145ff. BGB) nicht vor. Es ist dort allenthalben nur von einem „Antrag" die Rede. Ein Angebot kann nur der machen, der etwas zu bieten hat. Deshalb hat es für den Normalbürger etwas Drolliges an sich, wenn Juristen die Vertragserklärung, mit der ein Habenichts eine Stundung, einen Erlass oder ein Darlehen erreichen will, ein „Angebot" nennen.

441

„Davon ausgehen, dass ..."

Die Formulierung „Es ist davon auszugehen, dass ..." und ihre zahlreichen Abwandlungen, künftig X genannt, breiten sich im Zivilurteil aus wie die Pest und raffen ganze Wortfamilien dahin. Dies ist vielleicht über den hier gegebenen Anlass hinaus symptomatisch, ein Zeichen der Zeit: Alles wird nivelliert, ins Unverbindliche und Nebelhafte gedrängt. Es gilt nicht mehr als korrekt, den Finger in die Wunde zu legen und zu sagen, was trifft.

X steht häufig für positive Empfindungen des Menschen in Bezug auf die Zukunft: hoffen, herbeisehnen, wünschen, erwarten.

X steht aber auch für das Gegenteil: befürchten.

X steht für sichere Überzeugungen: für richtig halten, annehmen, für wahr halten, darauf vertrauen, sich darauf verlassen.

In gleicher Weise kann X unsichere Annahmen ausdrücken: glauben, meinen, vermuten, mit etwas rechnen.

Besonders schlimm ist X, wenn es verschiedene juristische Kategorien einebnet: zugrundelegen, voraussetzen, vermuten, unterstellen, fingieren, für schlüssig halten, für wahr halten, für glaubhaft halten, für bewiesen halten.

Manchmal ist X auch einfach nur überflüssig und umständlich, verdrängt das Wesentliche in einen Nebensatz:

„Seit der Entscheidung ... NJW 1993, 2603 ... *ist davon auszugehen, dass* ein Urteil, das nicht innerhalb von fünf Monaten ... übergeben wird, als nicht mit Gründen versehen anzusehen ist" (BVerfG NJW 2001, 2161, 2162).

Natürlich kann X sinnvoll sein, nämlich um den Ausgangspunkt einer Gedankenführung zu markieren. Diesen Sinn des Ausdrucks verkennt der in ihn verliebte Autor, der dies schreibt:

„*Es ist davon auszugehen, dass* der Anspruch begründet ist."

Warum schreibt er nicht einfach einen Hauptsatz:

„Der Anspruch ist begründet."

Vollends paradox ist diese Formulierung:

„Es ist also *im Ergebnis davon auszugehen,* dass ..."

„Begründungsbedarf"

Die Floskel, ein Argument bedürfe keiner Begründung, ist weit verbreitet und widersprüchlich, wenn ihm dann doch eine Begründung folgt:

„Die Beklagte wurde durch die Bürgschaft in krasser Weise finanziell überfordert. Dies bedarf angesichts des Umstandes, dass ihr damaliges monatliches Einkommen in Höhe von 504 DM weit unterhalb der in § 850c ZPO normierten Pfändungsfreigrenze lag, kaum einer Begründung."

Prägnanter und überzeugender ist diese Fassung, zumal sie den Begründungskern aus dem Nebensatz erlöst:

„Die Beklagte wurde durch die Bürgschaft in krasser Weise finanziell überfordert. Ihr damaliges Einkommen von 504 DM lag weit unterhalb der Pfändungsfreigrenze nach § 850c ZPO."

Berufung auf ...

Die Wendung „sich berufen auf" ist als Kennzeichen eines personalisierten Entscheidungsstils in Mode gekommen.

„Die Beklagte kann sich nicht darauf berufen, dass sie das Fax am 2. Februar 2007 abgesandt habe."

Wieso kann sich die Beklagte nicht darauf berufen? Sie tut es doch! Es hilft auch nicht weiter, wenn man das Wort „kann" durch das Wort „darf" ersetzt wird: Natürlich darf sich die Beklagte auf die Absendung des Fax berufen, im Prozess darf man fast alles vortragen! Es ist eine ganz andere Frage, ob man damit einen rechtlichen Erfolg erzielen kann. Aber das muss man anders formulieren. Als Ausweg erscheint manchem:

„Ohne Erfolg beruft sich die Beklagte darauf, dass der Zeuge Karl Schulte nicht bevollmächtigt gewesen sei, mit der Klägerin einen entsprechenden Kaufvertrag abzuschließen."

Hier wird der Partei zwar nur noch der rechtliche Erfolg versagt. Aber der sprachliche Aufwand ist enorm; die eigentliche Aussage, Karl Schulte sei zum Kauf nicht bevollmächtigt gewesen, an die sich eine Begründungskette anschließen wird, ist in einen Nebensatz verbannt. Die Ausdrucksweise des Autors wirkt ein wenig schulmeisterlich. Er macht zum Subjekt des Satzes und zum Gegenstand der Aussage die Beklagte und nicht ihren Vortrag. Die Kernaussage „ohne Erfolg" findet sich nur in der Satzergänzung, und der Hauptsatz, von der Negation „ohne Erfolg" abgesehen, und der Nebensatz sind nur eine Wiederholung des Tatbestandes. Warum schreibt der Verfasser nicht einfach:

„Der Zeuge Karl Schulte war bevollmächtigt, mit der Klägerin einen entsprechenden Kaufvertrag abzuschließen."

In einem anderen Urteil heißt es umständlich:

„Der Beklagte kann sich auch nicht zu Recht auf eine von der Klägerin zu verantwortende Leistungsstörung berufen."

Diesen Satz kann man nur so reparieren:

Die Klägerin hat die Leistungsstörung nicht zu verantworten.

„Conditio" sine qua non

Das ist eine Gründung, ohne die nichts läuft. Aber das meint der Urteilsverfasser nicht. Er will von einer unerlässlichen Bedingung sprechen: Condicio sine qua non!

442

Sprachlabor

Distanzlosigkeit

Im Tatbestand eines Urteils, das über eine Klage aus einem Wechsel befindet, liest man:

„Der Kläger, aus dem Westen Deutschlands stammend, und die aus dem Osten stammende Beklagte, blond und attraktiv, schätzweise gut 30 Jahre jünger als er, waren miteinander liiert ... Die Beziehung ist beendet. Geblieben ist dieser Rechtsstreit, in dem der Kläger vorgeht aus einem Sicht-Wechsel ..."

Anwälte und die Berufungsrichter lesen das gewiss amüsiert, hebt es sich doch erfrischend vom Einerlei der Juristentexte ab. Aber erlaubt sind solche Bemerkungen nicht, weil sie für die Rechtsfindung völlig unerheblich sind. Außerdem könnte bei den Parteien der Eindruck entstehen, der Urteilsverfasser habe bei seinen Phantasien die Sachlichkeit vernachlässigt. Der Eindruck wäre freilich falsch, denn die blonde Schöne hat den Prozess verloren.

Fremdwörter

Fremdwörter zu verwenden, die nicht zweifelsfrei dem allgemeinen Wortschatz beider Parteien angehören, ist unhöflich und ungehörig. Aber der Urteilsverfasser hat oft das Gespür dafür verloren, was „allgemeiner Wortschatz" des Laien ist. Er schreibt:

„Der Beklagte ist der Ansicht, nicht passiv legitimiert zu sein."

Abgesehen davon, dass die Legitimation als Rechtszustand im Tatbestand grundsätzlich ohnehin nichts zu suchen hat: Was soll eine Partei damit anfangen? Nicht einmal alle Juristen wissen, was „Aktivlegitimation" und „Passivlegitimation" bedeuten, und verwechseln sie mit Prozessführungsbefugnis.

Gehörtwerden

„Der Kläger kann nicht damit gehört werden, er habe die Beklagte von seinem Vorhaben schon am 14.3.2007 unterrichtet."

Eine Partei **kann** nicht nur mit ihrem Vorbringen gehört werden, sie **muss** es sogar (Art. 103 Abs. 1 GG). Dagegen will der Verfasser dieses Satzes natürlich nicht verstoßen. Aber dann sollte er sich nicht gedankenlos einer Diktion bedienen, die das Gegenteil anklingen lässt, vom Leser auch als herablassend empfunden werden kann. Freilich findet sich eine ähnliche Formulierung in § 68. Hierbei handelt es sich aber um eine abstrakte Prozessnorm, überdies aus dem Jahre 1877, während mit der beanstandeten Formulierung ein Richter vorgibt, eine konkrete Parteibehauptung nicht anhören zu dürfen. Man sollte die Floskel also aus dem Urteilsvokabular verbannen.

Kausalität

Zwischen einem Ereignis und der Folge bestehe „Kausalität", liest man in einem Urteil eines Landsverfassungsgerichts. Ein Ereignis hat Kausalität, besser: ist kausal (ursächlich) für die Folge, aber zwischen beiden besteht ein Kausalzusammenhang.

Kontrahenten

Menschen, die miteinander streiten oder einander bekämpfen, nennt man Gegner. Mancher möchte das „gebildeter" ausdrücken und nennt sie „Kontrahenten" und sagt damit genau das Gegenteil von dem, was er sagen wollte. Kontrahenten sind Partner, die zusammen an einem Strick ziehen (con-trahere), die kontrahieren, einen Kontrakt schließen, einen Vertrag.

Mindermeinung

Gibt es große Meinungen? Gibt es kleine Meinungen? Kann man an Meinungen überhaupt das Zentimetermaß anlegen? Gewiss nicht. Also gibt es auch keine „Mindermeinung". Auch dieses Wort ist das unselige Produkt einer unbedachten Verkürzung, nämlich des Wortes „Minderheitenmeinung". Vielleicht hat die Verkürzung auch einen psychologischen Grund: Die Mehrheit möchte die Meinung der Minderheit minder erscheinen lassen?

Nachvollziehen, nachvollziehbar

An sich ist der Begriff „nachvollziehen" salonfähig. Wahrigs Deutsches Wörterbuch definiert ihn als „etwas, das geschehen ist, verstehen, als ob man es selbst getan hätte".

Aber von diesem Wortsinn hat sich „nachvollziehen" inzwischen entfernt, es ist zum Modewort geworden. „Nachvollziehen und „nachvollziehbar" sind (ähnlich wie „davon ausgehen, dass") in ihrem Sinngehalt nicht mehr eindeutig, die Aussagen, die sie abdecken, sind sehr verschieden. So steht in der Urteilsliteratur „nachvollziehen" für

> verstehen, begreifen, nachempfinden, nachzeichnen, (einem Gedankengang) folgen, wiederholen, nachstellen (im Sinne von rekonstruieren), untersuchen, überprüfen, feststellen, zuordnen.

„Nachvollziehbar" wird verwendet für

> überprüfbar, nachprüfbar, verständlich, begreiflich, klar, einleuchtend, plausibel, identifizierbar, feststellbar,

aber auch für so verschiedene juristische Begriffe wie

> schlüssig, wahrscheinlich, glaubhaft, plausibel, überzeugend, bewiesen.

Weil „nachvollziehbar" diese juristischen Kategorien einebnet, sollte es in Urteilen nicht vorkommen.

Parteienschelte

444 Es spricht vielleicht für die Souveränität und geistige Unabhängigkeit des Richters, wenn er sich im Urteil zur fristlosen Kündigung eines Geschäftsführers Sätze wie diese erlaubt:

> *„Die Fortbildungsmaßnahme, die Gegenstand der Rechnung ... war (und Rückschlüsse darauf erlaubt, wie ein CDU-Mittelständler die freie Wirtschaft versteht), hat der Kläger ... auf sich genommen ... Auch das passt zu dem modernen Unternehmertum: man bemüht sich um öffentliche Gelder, man vermeidet es Abgaben und dergleichen abzuführen und beschäftigt Arbeitslose über deren Vater, einen Rentner, damit der ‚billig' Beschäftigte weiterhin Staatsknete beziehe. Der versuchte Rechtsbruch liegt auf der Hand, aber ... die Zwei-Wochen-Frist des § 626 Abs. 2 BGB ist nicht gewahrt."*

Der Verfasser des Urteils hat mit diesen Formulierungen keinen Ablehnungsgrund geliefert, denn der Kläger hat von der Schelte eben erst im Urteil, also nach Schluss der mündlichen Verhandlung erfahren. Der Richter war auch nicht parteiisch, denn er hat den gescholtenen Kläger obsiegen lassen. Dennoch sind derartige Ausführungen unzulässig. Sie verstoßen gegen § 313 Abs. 3, weil sie neben der Sache liegen, das Urteil nicht tragen. Außerdem erwecken sie unnötigerweise den Eindruck, als sei das Gericht gegen eine bestimmte Prozesspartei und gegen eine politische Partei voreingenommen.

Niemals sollte sich das Gericht von seiner Empörung über das Verhalten einer Partei leiten lassen. Dass er eine unerlaubte Handlung vorsätzlich begangen habe, sollte es einem Beklagten nur dann ins Urteil schreiben, wenn es sich dessen ganz sicher ist und wenn es zur Begründung des Urteils unabdingbar ist. Der Vorsatzvorwurf kann einem geschädigten Kläger sehr schaden: Ein Haftpflichtversicherer, der nicht Pflichtversicherer ist, braucht bei Vorsatz des Versicherungsnehmers nicht zu leisten (§ 152 VVG).

Personalisierter Stil – Watschenstil

Viele Gerichte haben sich angewöhnt, nicht einfach die Rechtslage festzustellen; sie knüpfen vielmehr an Äußerungen der Parteien oder eines Untergerichtes an:

> *„entgegen der Auffassung des Klägers"* oder
> *„anders als das Landgericht meint, ..."* oder
> *„zu Unrecht beruft der Beklagte sich auf Verjährung"* oder
> *„der Kläger weist zu Recht darauf hin, dass ...".*

Für die Begründung des Urteils ist das unnötig. Deshalb haben derartige Wendungen oft etwas Oberlehrerhaftes an sich, und manche Partei und manches Untergericht mögen harsche Vorhaltungen als eine Ohrfeige empfinden. Falls wirklich ein Bedürfnis entsteht, eine Partei auf ihr erfolgloses Vorbringen persönlich anzusprechen, dann kann man das auch etwas eleganter verpacken:

„Dem Vorbringen des Klägers, ... vermag die Kammer nicht zu folgen."

„Der Senat teilt nicht die Auffassung der Beklagten, ..."

„Dem Standpunkt der Klägerin vermag das Gericht sich nicht anzuschließen."

Pflichtiges

Die Vorstellungen über „Pflichtiges" sind oft nicht korrekt. Umstände, auf die hingewiesen werden muss, sind nicht „hinweispflichtig", sondern bedürfen eines Hinweises. Hinweispflichtig ist das Gericht (§ 139). Unklare Tatsachen sind nicht aufklärungspflichtig (so aber BGH NJW 2001, 155, 157), sondern aufklärungsbedürftig. Mängel, für die Gewähr zu leisten ist, sind nicht „gewährleistungspflichtig" (so aber BGH NJW 1991, 2632), und sie können auch nicht „nachbesserungspflichtig" sein (a.a.O.). Pflichtig können nur Personen sein. Deshalb kann eine Klage nicht „kostenpflichtig" abgewiesen werden. Es gibt kein steuerpflichtiges Einkommen, sondern nur Steuerpflichtige (§ 1 EStG); ihre Steuern bemessen sich „nach dem zu versteuernden Jahreseinkommen" (§ 32a EStG). Freilich: der Steuergesetzgeber ist sich selber nicht treu; er spricht auch von „steuerpflichtigen Einkünften" (z.B. in § 46 EStG) und dem „steuerpflichtigen Umsatz" (z.B. in § 12 UStG).

Recht und Unrecht

Zu den Standardformulierungen in BGH-Urteilen gehören die „Recht-" und „Unrecht-" Zensuren, die sie den Beteiligten ins Urteil zu schreiben pflegen: 445

„*Die Kl. beanstandet mit Unrecht,* dass die Werbung ... schon deswegen irreführend sei, weil die Garantie nach ihren Voraussetzungen praktisch keinen Wert bietet." (BGH NJW 2001, 154).

„*Mit Recht rügt die Anschlussrevision,* dass das Berufungsgericht ohne Hinzuziehung eines Sachverständigen ... zu diesem Ergebnis gekommen ist ... Die Anschlussrevision *sieht darin mit Recht einen Verstoß* gegen § 286 ZPO ..." (NJW 2001, 152).

Dieser Stil hat Schule gemacht Man findet kaum noch ein Urteil, in dem nicht wenigstens einmal einer Partei oder einem Untergericht das Lob „mit Recht" oder der Tadel „zu Unrecht" erteilt wird.

Am meisten stört daran der leichtfertige und geradezu inflationäre Umgang mit den Begriffen „Recht" und „Unrecht". Das Recht ist ein zu hohes Gut und Unrecht verletzt zu tief, als dass man die Begriffe zur kleinen billigen Argumentationsmünze herabwürdigen dürfte. Das sollten am allerwenigsten Richter tun, welche wissen, wie unglaublich schwer es sein kann, das Recht zu erkennen und von Unrecht zu unterscheiden.

Auch steckt in den vorgestellten Formulierungen eine gewisse Überheblichkeit, welche Richtern nicht ansteht. Das Gericht tritt den Parteien nahe, der Stil wird persönlich, die Parteien (und die Untergerichte) bekommen gute und schlechte Zensuren für ihr Verhalten, für ihre Argumente, ihren Vortrag. Das ist gänzlich unnötig. Statt

„*Die Klägerin beanstandet mit Unrecht,* dass die Werbung ... irreführend sei"

könnte man unpersönlich, kühl, überlegen und watschenfrei formulieren:

„Die Werbung ... ist nicht irreführend."

Geradezu unerträglich wird der Tadel „zu Unrecht", wenn er sich auf prozessuales Vorgehen der Parteien bezieht:

„*Die Klägerin beanstandet mit Unrecht,* ... (BGH NJW 2001, 154).

„*Zu Unrecht vermisst die Revision Vortrag der Kläger*, dass ... ein Werkvertrag zustandegekommen sei." (BGH NJW 2001, 360, 361)

„*Zu Unrecht meint die Revision,* ... (BGH WM 1998).

Indem das Gericht schon den Prozessvortrag als solchen „Unrecht" nennt, scheint es den Grundsatz zu missachten, dass im Prozess jedermann das Recht hat, zur Wahrung seiner Rechte alles vorzutragen, und sei es auch noch so falsch oder rechtlich unhaltbar (Art. 103 Abs. 1 GG). Gewiss, die Umgangssprache sagt: „Du hast Recht!" oder „Du hast nicht Recht." Aber es ist etwas Anderes, wenn mit seiner Autorität das Gericht spricht und dem Bürger sagt:

„*Es ist Unrecht* nicht was Du vorträgst, sondern *dass Du es vorträgst!*"

Vgl. auch Rdnr. 414, zur sprachlichen Bewertung Rdnr. 400.

Rechtshängigkeit und Rechtskraft

446 Wenn jemand schreibt, er habe 1947, „ein Jahr vor der Währung", sein Haus gebaut, und ein anderer vom „Jahr 10 nach der deutschen Einheit" spricht, dann bescheinigt man beiden, ihr sprachliches Niveau sei niedrig; denn die Währung ist ein Zahlungsmittel und die deutsche Einheit ein Zustand, jedenfalls sind es keine Ereignisse (wie Währungsreform oder Wiedervereinigung), welche nötig sind, um einen Zeitraum oder Zeitpunkt zu definieren. Auf dem gleichen Niveau bewegt sich der Urteilsverfasser, der

„Zinsen ab Rechtshängigkeit" oder *„drei Monate nach Rechtskraft"*

schreibt, denn Rechtshängigkeit und Rechtskraft sind keine Ereignisse, sondern Eigenschaften einer Klage bzw. eines Urteils. So spricht auch das Gesetz, wenn es um Zeitbestimmungen geht, vom „Eintritt der Rechtshängigkeit" (§§ 263, 325 ZPO; §§ 291, 292, 407, 818, 987, 989, 989, 2023 BGB) und vom „Eintritt der Rechtskraft" (§ 705 ZPO; § 17 b GVG).

Aber kann man dem Richter Oberflächlichkeit in der Formulierung zum Vorwurf machen, wenn der derzeitige Gesetzgeber es selber nicht besser macht und z. B. den Schuldner „30 Tage nach Fälligkeit" (§ 284 Abs. 3 BGB) in Verzug geraten lässt und vom Wegfall des Anlasses zur Klageeinreichung „vor Rechtshängigkeit" spricht (§ 269 Abs. 3 S. 3; ähnlich schon der insgesamt miserabel formulierte § 586 ZPO)? Und wenn der BGH eine Zeitbestimmung „6 Monate ab Kenntnis" einführt (NJW 2001, 1203)?

Schlüssig

Allenthalben liest man

„Die Klage ist schlüssig." oder gar *„Die Berufung ist schlüssig."*

„Schlüssig" heißt: den Schluss (auf eine Rechtsfolge) zulassen. Also können nur Behauptungen, Tatsachenvorbringen u.s.w. schlüssig sein.

„Soweit"

Zu den Modewörtern des Zivilprozess gehört das „soweit". Meistens wird es falsch gebraucht. Das Wort „soweit" kennzeichnet eine Teilmenge aus einer Gesamtmenge. Man mag also sagen:

„Die Klage (Gesamtmenge) ist unbegründet, soweit der Kläger mehr als 9 % Zinsen begehrt (Teilmenge)."

„Soweit der Kläger behauptet (Teilmenge) …, ist sein Vortrag (Gesamtmenge) unzutreffend".

Unrichtig ist demgegenüber die üblich gewordene Einleitung mit „soweit", mit der der Gegenstand einer Erörterung wie folgt eingeführt werden soll:

„Soweit der Kläger behauptet, ihm sei der PKW bereits im Mai 2003 übereignet worden, ist er *hinsichtlich dieser streitigen Behauptung* beweisfällig geblieben."

„Soweit der Kläger geltend macht, er habe die Beklagte über das Risiko der Geldanlage aufgeklärt, trifft *dies* nicht zu."

„Soweit der Beklagte seine Erklärung der Zustimmung zu dem gefassten Beschluss wegen arglistiger Täuschung anficht, *ist diese Anfechtungserklärung* unbeachtlich."

Abgesehen vom sinnwidrigen Gebrauch des „soweit", der Gesamtmenge und Teilmenge identisch erscheinen lässt, stört die Unbeholfenheit und die Umständlichkeit des Stils. Warum sagt der Urteilsverfasser nicht einfach:

„Für seine Behauptung, ihm sei der PKW bereits im Mai 1998 übereignet worden, ist der Kläger beweisfällig geblieben."

„Die Behauptung des Klägers, er habe die Beklagte über die Risiken der Geldanlage aufgeklärt, trifft nicht zu."

Wenn die Behauptung, die vorgestellt werden soll, umfangreich ist, kann man ausnahmsweise auf eine tatbestandliche Formulierungsart zurückgreifen:

„Der Beklagte hat seine Zustimmung zu dem Beschluss wegen arglistiger Täuschung angefochten. Die Anfechtungserklärung ist jedoch unbeachtlich."

Zur Groteske gerät es, wenn ein konkreter „Soweit"-Satz mit einer abstrakten Rechtsfeststellung verknüpft wird:

„*Soweit die Klägerin Fehler* der Softwaredokumentation rügt, *besteht grundsätzlich* nach DIN und VDE *eine Pflicht*, die gelieferte Software *zu dokumentieren."*

Auch wenn „soweit" im richtigen Sinne verwendet wird, nimmt sein Gebrauch überhand. Es gibt Entscheidungsgründe, in denen monoton und einfallslos jeder oder fast jeder Absatz eingeleitet wird mit „Soweit ...". Welche Verarmung der Sprache!

Dem BGH ist es gelungen, die Modewörter „soweit", „davon ausgehen" und „nachvollziehbar" in einem einzigen Satz unterzubringen:

„*Soweit* der Prozessbevollmächtigte der Beklagten angegeben hat, er sei ... *davon ausgegangen*, dass in dieser Vorgehensweise gleichzeitig ein Antrag auf Fristverlängerung enthalten gewesen sei, *ist dies* schlechthin nicht *nachvollziehbar."* (BGH NJW RR 2001, 572).

„Der Streitverkündete"

447 Man weiß nicht, wer diesen Begriff erfunden hat, aber allenthalben schreiben unzählige Richter und Anwälte diese unselige Vergewaltigung der deutschen Sprache nach. Auch der BGH geniert sich nicht (NJW 2007, 1061, 1062).

„Siehe, ich verkündige euch große Freude", sagt der Engel zu den Hirten auf dem Felde (Luk. 2, 10). Waren die Hirten nun „Freudverkündigte"? Das Amtsgericht Hamburg stellt dem Beklagten ein Urteil zu. Ist dann der Beklagte der „Urteilszugestellte"?

Die Sprachsünde ist um so ärgerlicher, als sie für jemanden begangen wird, der gar keine Rolle spielt. Der Dritte (vgl. die Wortwahl in §§ 72 ff.), dem eine Partei den Streit verkündet hat, wird allein dadurch für den aktuellen Prozess nicht relevant. Tritt er nicht bei, so hat er im Prozess keinerlei Funktion, und es besteht überhaupt kein Bedürfnis, ihm ein prozessuales Etikett zu verleihen; deshalb gehört er auch nicht ins Rubrum. Soll von ihm im Urteil die Rede sein, mag man ihn mit seinem bürgerlichen Namen anführen oder allenfalls „Streitverkündungsempfänger" nennen. Tritt er aber bei, so verdient er diejenige Bezeichnung, die die ZPO für ihn bereithält: Er ist „Nebenintervenient" oder – nach allgemeinem Sprachgebrauch – „Streithelfer" und als solcher im Rubrum zu bezeichnen.

Übereinstimmend
Zum festen Bestandteil der Urteilsprosa (z.B. BGH NJW 2002, 1207) gehört die Formulierung, die Parteien hätten den Rechtsstreit „übereinstimmend für erledigt erklärt". Nach § 91a geben die Parteien gleichlautende Prozesserklärungen ab. Es ist nicht vorstellbar, dass diese Erklärungen nicht miteinander übereinstimmen. Deswegen kommt das Wort „übereinstimmend" in § 91a auch nicht vor. So als gäbe es am Gesetzeswortlaut etwas zu korrigieren, wird „übereinstimmend" hinzugefügt: Überflüssiges Wortgeklingel.

Nun mag der Verwender des „übereinstimmend" beabsichtigt haben, die beiderseitige Erledigungserklärung von der sogenannten „einseitigen Erledigungserklärung" abzugrenzen. Dieses Bedürfnis kann aber nur haben, wer die „einseitige Erledigungserklärung" für ein rechtliches Institut hält. Tatsächlich ist sie es nicht. Erledigungserklärungen haben als Prozesshandlungen der Parteien immer nur Bestand, wenn sie korrespondieren. Bleibt eine Erledigungserklärung unbeantwortet, also „einseitig", so hat sie als solche keine Existenzberechtigung mehr. Sie ist vielmehr auszulegen in einen Antrag an das Gericht, durch kontradiktorisches Urteil auszusprechen, dass der Rechtsstreit in der Hauptsache erledigt sei.

Ins grammatikalische Abseits begibt man sich mit der Formulierung,: „Wird eine ... *Klage übereinstimmend für erledigt erklärt*" (BGH NJW 1991, 2280, 2281): Wie kann ein singuläres Subjekt etwas „übereinstimmend" erleiden?

„Unwidersprochen"
Die ZPO beschert uns einen Fachbegriff, mit dem man ausdrücken kann, dass etwas nicht zugestanden ist: bestreiten. Der Begriff ist sehr praktisch, man kann daraus nämlich auch ein Partizip Passiv bilden: „Der Vortrag ist bestritten."

Es gibt aber Juristen, denen ist das zu einfach. Sie folgen lieber einer Sprachmode und schreiben – vielleicht auch weil es bedeutungsvoller klingt –:

223

„Der Vortrag ist *unwidersprochen*."

Nun steht „widersprechen" mit dem Dativ, gibt also ein Partizip Passiv, bei dem das Dativobjekt zum Subjekt wird, ebenso wenig her wie z.B. das Wort „vertrauen." Das Gericht vertraut dem Zeugen nicht. Aber hat es dann mit einem „unvertrauten Zeugen" zu tun? Die Wortbildung „unwidersprochen" steht auf keiner höheren Stufe als Verona Feldbuschs Sprachulk „Hier werden Sie geholfen".

Den Autoren, die das Wort „unwidersprochen" verwenden, mag zugestanden werden, dass es inzwischen sogar in den Duden und Wahrigs Wörterbuch eingegangen ist. Aber müssen ausgerechnet Juristen, welche der Logik und der Klarheit der Sprache verpflichtet sind, muss ausgerechnet der BGH (NJW 2001, 2638) derartigen Sprachentwicklungen ohne Not Vorschub leisten?

Man sage zur Entschuldigung nicht, mit „unwidersprochen" sollten das Bestreiten und die Erklärung mit Nichtwissen zusammengefasst werden; denn auch die Erklärung mit Nichtwissen ist kein Widerspruch zur Behauptung des Gegners, sondern nur eine neutrale Form der Verweigerung eines Zugeständnisses.

Verfügungsverfahren

448   So nackt begegnet einem dieses Wort in juristischen Texten selten. Meistens ist die Rede vom „einstweiligen Verfügungsverfahren". Die Wortverbindung ist jedoch falsch. Einstweilig ist nicht das Verfahren, sondern nur die in ihm begehrte Verfügung (§ 935). Also muss man vom „Verfahren auf Anordnung einer einstweiligen Verfügung" sprechen, nach einem Erlass der Verfügung vom „Verfahren der einstweiligen Verfügung" oder, wenn es bereits vorgestellt wurde, vom „Verfügungsverfahren". Da es in der Regel dem Hauptprozess vorherläuft, kann man es wohl auch „vorläufiges Verfahren" nennen.

Vermeidung von Wiederholungen

„*Zur Vermeidung von überflüssigen Wiederholungen* wird *vollinhaltlich* auf die Entscheidungsgründe des angefochtenen Urteils bezug genommen."

(Ähnlich z.B. BGH NJW 2002, 1207). Das ist zur Hälfte reines Wortgeklingel. Wenn jemand, statt selber zu begründen, auf die Begründung eines anderen Bezug nimmt, geschieht das selbstverständlich „zur Vermeidung von Wiederholungen", und wenn keine Einschränkungen dabeistehen, betrifft die Bezugnahme das gesamte Dokument, auf das verwiesen ist.

„Vorgetragen und ersichtlich"

„Es ist *nicht vorgetragen und auch nicht ersichtlich, ...*"

Die Floskel verwendet auch der BGH (z.B. in BGH NJW 1980, 1578). Sie gehört inzwischen zum Standard. Man fragt sich, wo denn der Unterschied zwischen beiden Begriffen liegt. Nahezu alles, was dem Richter ersichtlich ist, hat er dem Vortrag der Parteien entnommen. Zwar kann der Richter eine Tatsache kennen, die von keiner Partei vorgetragen worden ist. Für ihn geht „ersichtlich" weiter als „vorgetragen", es ist der Oberbegriff. Aber wenn etwas nicht ersichtlich ist, kann es von den Parteien auch nicht vorgetragen worden sein. So erweist sich die Floskel als ebenso töricht wie die Aussage, es gebe auf dem Markt „keine Äpfel und auch kein Obst".

Manche mildern den Unsinn, indem sie schreiben, ein Umstand sei

„nicht vorgetragen und auch sonst nicht ersichtlich".

Aber auch dies ist eine Floskel, denn muss ein Richter sich wirklich ohne Anlass dahin rechtfertigen, dass er keine ihm außerhalb des Parteivortrags bekannt gewordene Tatsache verschweige? „Nicht vorgetragen" oder „nicht ersichtlich" genügt also.

„Vorliegend"

„Vorliegend" ist ein Partizip Präsens Aktiv (PPA). Es kann als Adjektiv gebraucht werden: „die wandelnde Glocke" oder „der vorliegende Fall". Dann erläutert es das herrschende Substantiv: Wie ist das Substantiv? Es kann aber auch als Adverb stehen. Dann erläutert oder ergänzt es das Verb und beantwortet die Frage: „Wie oder in welchem Zustand handelt das Subjekt des Satzes?" „... dem sterbend seine Buhle einen goldenen Becher gab": Die Buhle lag im Sterben und nicht der König.

Modernen Urteilsverfassern ist die Wendung „im vorliegenden Fall" zu lang. Sie verkürzen und machen aus dem Adjektiv ein Adverb. Dann wird es falsch. „Vorliegend" beschreibt nämlich jetzt, wie das Subjekt des Satzes handelt, aber das ist nicht gemeint und in der Regel unsinnig, widersprüchlich oder grotesk. Die Sprachschluderei macht inzwischen auch vor dem Bundesverfassungsgericht nicht halt. So traktiert die erste Kammer des ersten Senats in ihrem Beschluss NJW 2001, 214ff. das Wort „vorliegend" mehrfach, zuletzt in der Stilblüte:

„Hierfür liegen vorliegend keine Anhaltspunkte vor" (a.a.O. Seite 216).

Paradox ist auch diese Formulierung:

„Gründe, die den Vertrag als sittenwidrig erscheinen ließen, *sind vorliegend nicht vorhanden."*

Was ist denn nun: Liegen die Gründe vor, oder sind sie nicht vorhanden?

„Die Beklagte *macht vorliegend Gewährleistungsansprüche geltend."*

Sprachlabor

Ja, wo liegt sie denn, die Beklagte?

Die Entgleisung ist umso bedauerlicher, als sie eine Wendung ersetzen soll, die ohnehin fast immer überflüssig ist. Nur wenn der Verfasser von zwei Fällen spricht, die er miteinander vergleicht, ist es sinnvoll, den „vorliegenden Fall" so zu nennen, um ihn von dem anderen Fall abzugrenzen. Andernfalls ist es selbstverständlich, dass der Verfasser nur seinen Fall erörtert und keinen anderen. Auch beim Wechsel von einer abstrakten Darstellung von Rechtssätzen zum konkreten Fall ist die Wendung überflüssig: Die Rückkehr zum konkreten Geschehen wird bereits dadurch angezeigt, dass nunmehr von den Personen des Falles gesprochen wird: den Klägern und den Beklagten.

Ziffer

449 Das Wort stammt vom dem arabischen Wort *sifr* ab, das bedeutet Null. Arabische Mathematiker brachten im frühen Mittelalter das Dezimalsystem nach Europa und damit die dem römischen Zahlensystem unbekannte Null. In Ehrfurcht vor dieser Errungenschaft setzten die Europäer das von *sifr* entlehnte Wort Ziffer gleich mit dem Begriff Zahlzeichen, zu unterscheiden von Zahl oder Nummer. Diese Bedeutung hat „Ziffer" auch heute noch. Es gibt also nur 10 Ziffern, von 0 bis 9. Deshalb ist etwa das Gesetzeszitat „§ 708 Ziffer 1 ZPO" unrichtig und „§ 709 Ziff. 10 ZPO" vollends falsch. Schon vor etwa 30 Jahren sind aus allen deutschen Gesetzen die hier und da noch vorhanden gewesenen „Ziffern" getilgt worden, überall heißt es „Nummer". Aber manche richterliche Gewohnheit ist eben stärker als die sprachliche Richtigkeit und der Wortlaut der Gesetze.

Zusammengesetzte Wörter

Schwierigkeiten hat mancher Urteilsverfasser auch mit zusammengesetzten Substantiven. Da ist zum Beispiel von

„*Sichtverhältnissen auf das Pannenfahrzeug*"

die Rede (BGH NJW 2001, 149, 150) oder vom

„*Entstehungszeitpunkt des Einwands*"

(BGH NJW 2001, 231, 232) statt von dem Zeitpunkt, in dem der Einwand entstanden ist, oder von der

„*Erforschungspflicht des ausländischen Rechts*"

(OLG Saarbrücken NJW 2002, 1209). Auch hier regiert die Scheu vor einem kleinen Relativsatz. Die Verkürzungen, die dabei herauskommen, sind geringfügig. Sie rechtfertigen es nicht, die Richtigkeit und Logik der Sprache preiszugeben.

Zustehen

Dass einem etwas zusteht, bedeutet, dass ihm etwas gebührt (Wahrig). Er hat es noch nicht, aber er kann es verlangen.

Unrichtig ist also in einem Urteil auf Zahlung die Formulierung:

„Dem Kläger steht eine Schadensersatzforderung in Höhe von 12.000 € zu."

Dem Kläger steht Schadensersatz zu, aber nicht eine Forderung auf Schadensersatz. Dies träfe zu auf jemanden, der eine Forderung gekauft, aber noch nicht abgetreten erhalten hat. Aber das war hier nicht gemeint. Hier gilt:

Der Kläger hat eine Forderung auf Schadensersatz.

KAPITEL VI
Demonstrationen

Ludwig Reiners meint, man könne einem Menschen zu guter Schreibweise *450* nur verhelfen, „indem man ihm unermüdlich die Beispiele des Falschen vor Augen führt ... Indem er das Falsche und das Richtige nebeneinander sieht und vergleicht, entwickelt er sein Stilgefühl". Es sei „wichtiger und leichter, Stillaster abzulegen als Stiltugenden zu erlernen" (S. 50). Das gilt für Mängel in der Darstellung ganz allgemein. In diesem Sinne werden in dem folgenden Kapitel fehlerhafte oder zumindest kritikwürdige Entscheidungen dargestellt und kommentiert. Beigefügte Alternativvorschläge sollen belegen: Wenn er die Gebote in § 313 Abs. 2 und 3, im Tatbestand nur den wesentlichen Inhalt knapp und in den Entscheidungsgründen nur eine kurze Zusammenfassung der tragenden Erwägungen darzustellen, ernst nimmt, kann mancher zu einer Urteilsfassung gelangen, die ohne Substanzverlust nur einen Bruchteil dessen ausmacht, was er bisher zu schreiben gewohnt war.

1. Fall (Wohnungseigentum)

Das Original der Entscheidung

„... auf die mündliche Verhandlung vom 6. November 2006 *451*

für R e c h t erkannt:

> Es wird festgestellt[1], dass die Kläger berechtigt sind, die Zahlung einer Restforderung[2] in Höhe von 3.000,00 DM (1.533,87 €) an die Beklagten aus dem notariellen Vertrag des Notars Schulze-Stein[3] vom 31.08.1992 UR 1069/92[4] zu verweigern.

---

[1] Der Passus „es wird festgestellt" ist zwar nicht falsch, aber eigentlich überflüssig. Der einfache Satz „Die Kläger sind berechtigt ..." würde als Feststellung ausreichen; diese stünden dann auch in einem Hauptsatz.

[2] Eine Forderung wird nicht gezahlt, also kann man nicht die Zahlung einer Forderung verweigern. Eine Forderung wird erfüllt, oder es wird auf eine Forderung gezahlt oder geleistet. Deshalb hätte man besser festgestellt, dass die Kläger berechtigt seien, die Erfüllung einer Restforderung in Höhe von 3.000 DM ... zu verweigern; das entspricht der Einredegrundlage des (§ 214 Abs. 1 BGB.

[3] Bei der Bezeichnung des Vertrages fehlt der Dienstsitz des Notars. Dieser wird im Tatbestand nachgeliefert. Sind die Angaben bereits im Tenor vollständig, so braucht man sie im Tatbestand nicht zu wiederholen, sondern kann auf den Tenor verweisen.

[4] Es empfiehlt sich Schreibweise URNr. 1069/92. Vgl. §§ 8 III, 28 II DONot.

Die Beklagten tragen die Kosten des Rechtsstreits als Gesamtschuldner[5].

Das Urteil ist vorläufig vollstreckbar; jedoch können[6] die Beklagten die Vollstreckung durch Sicherheitsleistung in Höhe von 800 € abwenden, sofern nicht die Kläger vor der Vollstreckung Sicherheit in dieser Höhe leisten.[7]

Tatbestand

Die Kläger schlossen im Jahre 1992 mit den Beklagten einen notariellen Vertrag[8] – Urk-Rolle Nr. 1069/92 des Notars Schulze-Stein in B. – vom 31.08.1992[9] über den Erwerb einer Eigentumswohnung sowie eines Teileigentums auf dem Grundstück, das durch die Vereinigung der zur Gemarkung Linden und Flur 1 gehörenden Flurstücke 439, 643 und 644 gebildet werden sollte[10], wobei die Beklagten auch die Errichtung des betreffenden Hausgrundstückes und Kaufgegenstandes übernahmen[11]. Das von den Klägern erworbene Objekt war am 15.10.1994 erstellt (vgl. Schreiben der Beklagten vom 23.01.1995 Blatt 28 der Akten). Gemäß § 4 des notariellen Vertrages vom 31.08.1992[12] war der Kaufpreis in mehreren Stufen fällig; der

---

[5] Die Kostenentscheidung ist falsch. Die Beklagten sind nicht als Gesamtschuldner verurteilt. Folglich ist nicht § 100 Abs. 4 anzuwenden, sondern § 100 Abs. 1.

[6] Der Wortlaut für die Einräumung der Abwendungsbefugnis ist falsch. „Können" und „dürfen" ist nicht dasselbe. Nach § 711 ist auszusprechen, dass der Schuldner die Vollstreckung abwenden „darf".

[7] Die Mängel des Tenors beruhen anscheinend darauf, dass das Urteil den Klageantrag wörtlich übernommen hat. Schon bei der Wiedergabe eines Klageantrages, aber erst recht bei einer ihm entsprechenden Tenorierung darf und soll der Richter Unebenheiten und Unklarheiten beseitigen; dazu ist zwar zu empfehlen, aber nicht einmal mehr nötig, dass er dies in der mündlichen Verhandlung mit dem Antragsteller erörtert.

[8] Die Beschreibung „Die Kläger schlossen einen Vertrag über den Erwerb ...." informiert schlecht: Wer sollte veräußern und wer erwerben? Klar und eindeutig wäre die Formulierung: „Die Kläger kauften ... ."

[9] Die Kaufvertragsbezeichnung ist überflüssig und damit fehlerhaft, weil sie bereits im Tenor enthalten ist.

[10] Die umständliche Umschreibung des Kaufgegenstandes ist überflüssig. Der Streitgegenstand wird allein durch den Zahlungsanspruch aus dem Kaufvertrag definiert. Die Geschichte des Kaufgegenstandes, insbesondere die Vereinigung der Flurstücke, ist nebensächlich und uninteressant. Der Richter, der ein Urteil schreibt, hat nicht überall die Detailgenauigkeit notarieller Urkunden zu liefern. Hier hätte für die Umschreibung des Kaufgegenstandes der Begriff „Wohnungseigentum" genügt.

[11] Die Formulierung, die Beklagte zu 1) habe die Errichtung des Grundstückes und Kaufgegenstandes übernommen, ist schief. Errichten konnte sie nur das Gebäude, das zu dem Kaufgegenstand gehörte.

[12] Hier teilt der Verfasser zum dritten Mal mit, dass der Kaufvertrag vom 31.8.1992 stammte.

1. Fall (Wohnungseigentum)

Rest des Kaufpreises einschließlich aller etwa anfallender Zinsen und Kosten war nach vollständiger Fertigstellung des Kaufobjekts zu zahlen.

Die Kläger haben von dem vereinbarten Kaufpreis für das Objekt[13] einen Betrag von[14] 3.000,00 DM – jetzt 1.533,87 € – zurückbehalten, weil sie Mängel des Kaufgegenstandes geltend gemacht haben. Die Beklagten haben den noch ausstehenden Betrag verschiedentlich angemahnt, zuletzt mit Schreiben vom 23.01.2006.[15]

Die Kläger sind der Ansicht, dass der ursprüngliche Zahlungsanspruch der Beklagten von weiteren 3.000,00 DM[16] mittlerweile verjährt sei.[17] Da die Beklagten die Abwicklung des Kaufvertrages und insbesondere eine Eigentumsumschreibung verzögerten, hätten sie, die Kläger, ein berechtigtes Interesse an der Feststellung, dass sie nunmehr berechtigt seien, die Zahlung eines Betrages von 3.000,00 DM zu verweigern, zumal sie beabsichtigen, das Objekt zu veräußern und somit dabei Nachteile zu befürchten hätten.[18] [19]

Die Kläger stellen den aus der Urteilsformel

ersichtlichen Antrag.[20]

Die Beklagten beantragen,

die Klage abzuweisen.

---

[13] Der Zusatz „für das Objekt" ist überflüssig; wofür sonst sollte der Kaufpreis vereinbart worden sein, wenn nicht für das Wohnungseigentum?

[14] Warum lässt der Verfasser den Kläger nicht – gemäß der Umgangssprache – einfach 3.000 DM zurückbehalten? „Einen Betrag von" ist gedrechselt und umständlich.

[15] Die Anmahnungen des ausstehenden Betrages sind unwesentlich und damit gemäß § 313 Abs. 2 wegzulassen.

[16] „von weiteren 3.000 DM" ist missverständlich. Sind etwa 20.000 DM im Spiel? Gemeint ist offenbar: „von restlichen 3.000 DM".

[17] Die Rechtsansicht der Kläger über die Verjährung ist unwesentlich und interessiert nicht. Entscheidend ist, dass die Kläger ein ihnen zustehendes Gestaltungsrecht ausüben, nämlich ihr Leistungsverweigerungsrecht nach § 222 a.F. (§ 214 Abs. 1 n.F.) BGB. Diesem Vorgehen ist die Ansicht, dass Verjährung eingetreten sei, immanent.

[18] Der Absatz wird eingeleitet durch die Formel „Die Kläger sind der Ansicht". Danach folgen aber auch Tatsachenbehauptungen; das regierende Verb stimmt also nicht. Die Tatsachenbehauptungen erscheinen alle in indirekter Rede. Das ist unrichtig, denn der gesamte Sachverhalt ist unstreitig.

[19] Die Mitteilung, die Kläger hätten Nachteile zu befürchten, ist unnötig nebelhaft. Der Nachteil liegt in der Veräußerungssperre.

[20] Gemäß § 313 Abs. 2 sind die Anträge hervorzuheben. Hier wird der Antrag durch eine Verweisung auf die Urteilsformel ersetzt. Also muss durch Einrücken hervorgehoben werden nicht „ersichtlichen Antrag", sondern „den aus der Urteilsformel ersichtlichen". Aber eigentlich ist die ganze Formulierung verkorkst. In der Urteilsformel steht kein Antrag. Besser wäre die Formulierung:

„Die Kläger beantragen,
was zuerkannt ist."

Sie haben trotz gerichtlicher Aufforderung[21] in der beglaubigten Verfügung[22] vom 11.09.2006 – den Beklagten zugestellt am 18.09.2006 – zur Klage keine Stellung genommen.

Entscheidungsgründe

1 Die Klage ist gemäß § 256 ZPO zulässig **2** und auch begründet.

3 Die Beklagten berühmen sich eines weiteren Anspruch gegen die Kläger aus dem notariellen Vertrag vom 31.08.1992 in Höhe von 3.000,00 DM, jetzt 1.533,87 €, und verweigern unter Hinweis auf diesen Zahlungsrückstand die Eigentumsumschreibung der von den Klägern erworbenen Eigentumswohnung, **4** so dass die Kläger ein rechtliches Interesse an der begehrten Feststellung haben.

5 Die Kläger berufen sich auf die Verjährung dieser Forderung. **6** Da die Kläger bereits nach Fertigstellung des Kaufobjektes (vgl. § 4 Ziffer 3 des notariellen Vertrages vom 31.08.1992) den Restkaufpreis zu zahlen hatten und die Fertigstellung offensichtlich am 15.10.1994 erfolgt ist (vgl. Schreiben der Beklagten vom 23.01.1995 Seite 2 Blatt der Akten), **7** sind nunmehr restliche Ansprüche aus diesem Vertrag gemäß § 196 BGB verjährt.

8 Da die Beklagten zur Klage im übrigen keine Stellung genommen haben, **9** gilt das Vorbringen der Kläger gemäß § 138 Abs. 3 ZPO als zugestanden, **10** so dass der Klage stattzugeben war.

11 Kosten: § 91 ZPO.

12 Vorläufige Vollstreckbarkeit: §§ 708 Nr. 11, 711 ZPO.

Kommentar zu den Entscheidungsgründen

Für die Analyse der Entscheidungsgründe sind die einzelnen Sätze durchnumeriert. So erkennt man leicht: Die Reihenfolge, die das Urteil einhält, ist chaotisch. Richtig wäre die Reihenfolge 1-4-3 für die Zulässigkeit, 2-7-6-9-8 für die Begründetheit.

Im einzelnen: Die Zusammenfassung der Halbsätze 1 und 2 bedeutet eine Überfrachtung des Obersatzes, die typisch ist. Sie bedingt unausweichlich eine gemäß § 313 Abs. 3 unzulässige Wiederholung; hier wird Halbsatz 2 – allerdings in missglückter Fassung – in Satz 10 wiederholt. Außerdem geht durch den Einschub des Halbsatzes 2 der Faden verloren. Auf Satz 1 hätte Satz 4 folgen müssen als nächstliegende Begründung dafür, dass die Klage

---

[21] Der Zusatz „trotz gerichtlicher Aufforderung ...." ist überflüssig. Die Beklagten haben mit ihrem Antrag auf Klageabweisung verhandelt, ohne irgendwelche Verfahrensmängel, etwa die Verkürzung der Einlassungsfrist, zu rügen, so dass derartige Mängel geheilt sind (§ 295).

[22] Nicht die Verfügung ist beglaubigt, sondern deren Abschrift.

gemäß § 256 zulässig ist. Indessen schickt der Verfasser mit Satz 3 zunächst einmal die Begründung für Satz 4 vorweg (Gutachtenstil). Weil der Obersatz noch fehlt, stellt sich Satz 3 zunächst nur als eine Wiederholung des Tatbestandes dar. Im übrigen war die Wohnung nur gekauft, aber noch nicht „erworben".

Dem zweiten Abschnitt über die Begründetheit der Klage fehlt der Obersatz. Folglich irrlichtert der Verfasser im Tatbestand herum (Satz 5). Es hätte also mit Satz 2 (oder verbessertem Satz 10) eingeleitet werden müssen. Danach hätte die Norm genannt werden müssen, der das festzustellende Leistungsverweigerungsrecht zu entnehmen ist: § 214 Abs. 1 BGB. Diese zentrale Vorschrift taucht im Urteil ebenso wenig auf wie die Länge der Verjährungsfrist. Immerhin folgen dann in Satz 6 und 7, wenn auch in gutachtenmäßiger Form, zwei der Voraussetzungen des Leistungsverweigerungsrechts: Die Feststellung der Verjährung (Satz 7) und Nennung und Ableitung des Verjährungsbeginns (Satz 6). Satz 6 als solcher ist allerdings wiederum missglückt. Überflüssigerweise wird hier wie im Tatbestand der Kaufvertrag umständlich umschrieben, so als gäbe es deren mehrere. Ebenso überflüssig ist die erneute Ableitung des Fertigstellungstermins aus dem Schreiben der Beklagten von 23. 1. 1995, wobei hier allerdings der Autor die Aktenseite versehentlich weggelassen hat. Anders als in Satz 7 ist in Satz 6 von „Ziffer 3" des Kaufvertrags die Rede. Vgl. Rdnr. 449.

Dass der Klagevortrag zugestanden ist, stellt der Verfasser wiederum im Gutachtenstil dar (Sätze 8 und 9).

Satz 10, überflüssiges Schwanzstück, das nur den Tenor wiederholt, ist auch insofern fehlerhaft, als er unvermittelt ins Imperfekt abgleitet. Das ist inkonsequent (vgl. Rdnr. 354).

So erweisen sich aus dem ganzen Urteil drei Sätze als richtig: Die Mitteilung des Antrages auf Klageabweisung und die beiden Schlussvermerke über Kosten und vorläufige Vollstreckbarkeit.

Die folgende Lösung versucht den Fall nach Maßgabe des § 313 Abs. 2 und 3 darzustellen. Dabei wurden zwei Gesichtspunkte hinzugefügt, die in dem Originalurteil fehlen. Dieses umfasst, soweit hier wiedergegeben, laut Computerzählung 3.104 Zeichen; der Alternativvorschlag 1.861 Zeichen.

Alternativvorschlag

... für Recht erkannt:

Die Kläger sind berechtigt, die Erfüllung einer Restforderung der Beklagten in Höhe von 3.000 DM (1.533,87 €) aus dem Vertrag des Notars Schulze-Stein in B. vom 31. 8. 1992 (URNr. 1069/92) zu verweigern.

Die Kosten des Rechtsstreits fallen den Beklagten zur Last.

Das Urteil ist völlig vollstreckbar. Die Beklagten dürfen die Vollstreckung durch Sicherheitsleistungen in Höhe von jeweils 400 € abwenden, sofern nicht die Kläger vor der Vollstreckung Sicherheit in dieser Höhe leisten.

Tatbestand

Mit dem im Tenor genannten Vertrag kauften die Kläger von den Beklagten ein Wohnungseigentum. Das Wohnhaus sollte von ihnen noch errichtet werden. Die letzte Kaufpreisrate sollte nach Fertigstellung des Kaufobjekts zu zahlen sein. Es war am 15. 10. 1994 fertig.

Die Kläger haben von dem Kaufpreis wegen gerügter Mängel 3.000 DM, jetzt 1.533,87 €, zurückbehalten. Deshalb widersprechen die Beklagten einer Umschreibung des Wohnungseigentums im Grundbuch. Sie beharren darauf, dass die Kläger ihnen zunächst den rückständigen Betrag zahlen müssten. Mittlerweile haben die Kläger sich auf Verjährung berufen. Sie wollen das Wohnungseigentum veräußern.

Die Kläger beantragen,

was zuerkannt ist.

Die Beklagten bitten um

Klageabweisung

Sie nehmen zur Klage nicht Stellung.

Entscheidungsgründe

Die Klage ist gemäß § 256 I ZPO zulässig. Die Kläger haben an der begehrten Feststellung ein rechtliches Interesse. Beide Beklagte berühmen sich einer Forderung gegen die Kläger, die diese nach ihrem Vorbringen nicht zu erfüllen brauchen. Die Beklagte zu 1) verhindert mit ihrer Forderungsberühmung auch die Umschreibung des Eigentums im Grundbuch.

Der Klageanspruch ist gemäß § 214 Abs. 1 BGB begründet. Danach kann der Verpflichtete die Leistung nach Vollendung der Verjährung verweigern. Die Verjährungsfrist betrug hier zehn Jahre (§ 196 BGB). Sie ist 2004 abgelaufen. Sie hatte im Monat Oktober 1994 begonnen, in dem mit der Fertigstellung des Gebäudes die letzte Rate fällig geworden ist (§ 200 BGB).

Das Klagevorbringen ist als zugestanden anzusehen, weil die Beklagten es nicht bestreiten (§ 138 III ZPO).

Die Nebenentscheidungen beruhen auf §§ 91, 708 Nr. 11, 711 ZPO.

2. Fall (Darlehen für den Pizzabäcker)

Aus dem Original der Entscheidung   452

In dem Rechtsstreit

der Commerzbank AG, Filiale Essen, Lindenallee 17-23, 45127 Essen, vertreten durch den Vorstand, Martin Kohlhaussen, Erich Coenen, Peter Gloystein, Norbert Käsbeck, Jürgen Lemmer, Klaus-Peter Müller, Klaus Müller-Gebel, Klaus M. Patig, Axel Freiherr von Ruedorfer, Neue Mainzer Straße 32-36, 60311 Frankfurt/Main,

Klägerin,

Prozessbevollmächtigte: Rechtsanwälte Gramlich und Partner[1],
                              Burgstrasse 14–16,
                              27755 Delmenhorst,

gegen

1) Frau Selna Kaplan[2], Wittenberger Str. 116, 28217 Bremen, Beklagte zu 1)[3],

2) Herrn Gazi Kaplan[2], Wittenberger Straße 116, 28217 Bremen, Beklagter zu 2)[3],

Prozessbevollmächtigte: Rechtsanwälte Siber und Partner[1], Wall 30, 28195 Bremen,

wegen Darlehensrückzahlung[4]

---

[1] Dass der Verfasser nicht die Namen aller Sozien aufführen will, ist verständlich, § 313 Abs. 1 Nr. 1 gestattet die Auslassung aber leider nicht.

[2] Zu der Bezeichnung der Parteien gehört der Beruf hinzu (§§ 313 Abs. 1 Nr. 1, 130 Nr. 1). Hier wie auch in anderen Fällen ist außerdem der Beruf der Parteien von hohem Informationswert. Der vorliegende Fall lässt sich besser verstehen, wenn man weiss, dass die beiden Beklagten, türkischer Herkunft, ihr Brot als Serviererin bzw. Pizzabäcker (dieser Beruf des Zweitbeklagten wird im Tatbestand nachgeliefert) verdienen.

[3] Nachdem die Beklagten gerade mit einer Ordnungsnummer versehen worden sind, ist der Zusatz, dass sie die Ordnungsnummer tragen, unsinnig.

[4] Die Bezeichnung des Streitgegenstands im Urteilseingang war früher üblich, ist aber gesetzlich nicht vorgeschrieben. Sie macht auch wenig Sinn. Die Parteien wissen ohnehin, um welchen Gegenstand sie streiten. Der Beamte beim Berufungsgericht, der die dort eingehende Berufung der zuständigen Abteilung der Geschäftsstelle zuleiten muss, hat sich nach der ersten in den Entscheidungsgründen genannten Anspruchsnorm zu richten; so pflegt es jedenfalls in den Geschäftsverteilungsplänen zu stehen, soweit sie überhaupt die Zuständigkeit des Rechtsmittelspruchkörpers nicht nach Anfangsbuchstaben eines Namen ordnen, sondern nach Sachgebieten. Die Gegenstandsangabe „wegen Forderung" ist vollends verfehlt, weil nichtssagend.

Demonstrationen

hat die 14. Zivilkammer des Landgerichts B.
durch die Richterin Lobscheid als Einzelrichterin
auf die mündliche Verhandlung vom 28. 02. 2000[5]

für Recht erkannt:

1.)
Die Beklagten werden als Gesamtschuldner verurteilt, an die Klägerin DM 85.441,16 abzüglich der Zahlung vom 04. 08. 1999 in Höhe von DM 1.500,00, abzüglich der Zahlung vom 05. 10. 1999 in Höhe von DM 1.500,00, abzüglich der Zahlung vom 22. 10. 1999 in Höhe von DM 1.500,00, abzüglich der Zahlung vom 23. 12. 1999 in Höhe von DM 1.500,00[6] zu zahlen, nebst Zinsen in Höhe von 5 % über dem jeweiligen Basiszinssatz aus DM 74.994,29 vom 04. 08. 1999 bis 04. 10. 1999[7], aus DM 73.494,29 vom 05. 10. bis 21. 10. 1999[7], aus DM 71.994,29 vom 22. 10. 1999 bis 23. 11. 1999[7], aus DM 70.494,29 vom 24. 11. 1999 bis 22. 12. 1999[7], aus DM 68.994029 vom 23. 12. 1999 an.

---

[5] Die Angabe „auf die mündliche Verhandlung vom 28. 2. 2000" ist falsch. Wie dem Tatbestand zu entnehmen ist, hat man zumindest auch am 24. 1. 2000 verhandelt (Beweisaufnahmetermin). Es müsste also richtig heißen: „auf die mündliche Verhandlung vom 24.1. und 28. 2. 2000" (wenn nicht sogar schon im Dezember 1999 verhandelt worden ist). Aber auf alle diese Daten kommt es nicht an. Es ist nur der 28. 2. 2000 anzugeben, aber nicht als Tag der mündlichen Verhandlung, sondern als Tag, an dem die mündliche Verhandlung geschlossen worden ist (vgl. § 313 Abs. 1 Nr. 3 und Rdnr. 172).

[6] Warum der Tenor von der Ursprungssumme von 85.441,16 DM nicht die vier Zahlungen in Höhe von 6.000 DM abzieht und mit dem Differenzbetrag von 79.441,16 DM ansetzt, ist unverständlich. Die umständliche Tenorierung „abzüglich Teilzahlung" macht nur dann Sinn, wenn die Teilzahlungen in einer Zeit geleistet werden, für die die Ausgangssumme bereits zu verzinsen ist; dann bedeutet „abzüglich", dass die Teilzahlung gemäß § 367 BGB zunächst auf die Zinsen zu verrechnen ist. Hier war es aber gerade nicht so, denn das Urteil verrechnet entsprechend dem Klageantrag, mit dem nur 79.441,16 DM Hauptsumme nebst Zinsen aus 76.494,29 DM seit dem 4. 8. 1999 gefordert wurden, alle Teilzahlungen in voller Höhe auf die Hauptsummen (vgl. § 11 VerbrKrG und § 497 n. F. BGB).

[7] Die Formulierung „zu zahlen nebst Zinsen .... aus 74.994,29 DM vom 4. 8. 1999 bis 4. 10. 1999" u.s.w. ist nicht ganz korrekt, denn die Zahlungen sollen gewiss außerhalb des genannten Zeitraums erfolgen; schärfer ist die Formulierung „für die Zeit vom 4. 8. 1999 bis zum 4. 10. 1999". Freilich, das Urteil hält sich an die Schreibweise, die üblich ist.
Im übrigen sind Zinsen nicht in Höhe von 5 %, sondern 5 Prozentpunkten über dem Basiszinssatz zuzuerkennen (vgl. Rdnr. 243).

2. Fall (Darlehen für den Pizzabäcker)

Es wird festgestellt, dass sich der Rechtsstreit in Höhe von DM 6.000,00 erledigt hat.[8]

Im übrigen wird die Klage abgewiesen.

2.)

Die Kosten des Rechtsstreits tragen die Beklagten als Gesamtschuldner.

Das Urteil ist gegen eine Sicherheitsleistung in Höhe von DM 103.000,00 vorläufig vollstreckbar.

Der Klägerin wird gestattet[9], die Sicherheitsleistung in Form einer schriftlichen selbstschuldnerischen unbedingten und unbefristeten Bürgschaft einer in der Bundesrepublik Deutschland ansässigen Großbank[10] zu erbringen.

Tatbestand

Die Klägerin nimmt die Beklagten als Gesamtschuldner wegen einer Darlehnsrückzahlung in Anspruch[11].

Die Filiale der Klägerin in Essen gewährte den Beklagten gemäß dem Kreditvertrag vom 16.11.1997 einen Nettokredit von DM 80.000,00 zu einem

---

[8] Unvermittelt spricht der Tenor hier eine prozessuale Gestaltung (Ende der Rechtshängigkeit) in Bezug auf einen Anspruch über 6000 DM aus, deren Veranlassung nirgends klar wird. Vielleicht hat der Verfasser in der Formulierung „abzüglich" des Klageantrages eine „einseitige Erledigungserklärung" gesehen und in dem uneingeschränkten Klageabweisungsantrag eine Verweigerung der Erledigungserklärung von Seiten der Beklagten. Das wäre kühn. Einer konkludenten Erledigungserklärung schließt der Beklagte sich im Zweifel an; jedenfalls sollte man nicht ohne Nachfrage unterstellen, dass sein unverändert gebliebener Klageabweisungsantrag sich auch auf den Teil des ursprünglichen Klageanspruchs bezieht, den der Kläger für erledigt erklärt. Eine Klärung in diesem Sinne gehört an sich in die mündliche Verhandlung. Zumindest müsste aber das Urteil angeben, wieso es überraschenderweise zu einem kontradiktorischen Erledigungsausspruch kommt. Dazu schweigt der Tatbestand ebenso wie die Entscheidungsgründe.

[9] Verfasser ersetzt unnötigerweise das schöne Wort „darf" aus § 711 durch eine umständliche Formulierung.

[10] Diese schon nach altem Recht wenig sinnvolle Bürgschaftsumschreibung, die im Hinblick auf § 753 Abs. 1 ZPO und § 349 HGB weitgehend überflüssig, mit EG-Recht kaum vereinbar und hinsichtlich des Begriffes „Großbank" unklar war, ist durch die allerdings ebenfalls perfektionistische Reform des § 108 überflüssig geworden. Näher liegt dieses Problem: Die Klägerin ist eine Großbank mit Sitz in der Bundesrepublik Deutschland. Hätte nicht eine Bürgschaft aus ihrem Hause als Sicherheitsleistung ausgeschlossen werden müssen?

[11] Der Überblickssatz zu Beginn des Tatbestandes ist entbehrlich (vgl. Rdnr. 261). Er machte allenfalls dann Sinn, wenn er gemäß § 313 Abs. 2 den erhobenen Anspruch kennzeichnete. Das geschieht hier aber viel zu ungenau.

Nominalzinssatz von 9 % mit einer Laufzeit von 72 Monaten[12]. Hinzu kam eine Bearbeitungsgebühr von 2 % und ein monatlicher Beitrag für eine vorsorglich abgeschlossene[13] Kreditlebensversicherung, so dass sich eine monatliche Rate von DM 1.510,88 ergab. Einbezogen in den Vertrag waren auch die AGB der Klägerin[14], auf diese wie auch auf den Kreditvertrag wird Bezug genommen[15].

Ein türkischer „Zuführer", ein Herr Ulus, hatte die Beklagten an die Klägerin vermittelt. Bei Vertragsschluss lagen der Klägerin Verdienstbescheinigungen der Beklagten, die Vater und Tochter sind, vor. Es handelte sich um einen um die Gehaltsabrechnung der Beklagten zu 1) von August bis Oktober 1997 über ein Bruttogehalt von DM 3.500,00 monatlich sowie um die Gehaltsabrechnung des Beklagten zu 2. von August bis Oktober 1997 über ein monatliches Bruttogehalt von DM 6.000,00. Diese Gehaltsbescheinigungen entsprachen nicht den tatsächlichen Verhältnissen der Beklagten. Diese waren in Wirklichkeit zu einem wesentlich geringeren Gehalt beschäftigt: Die Beklagte zu 1) verdiente seinerzeit DM 1.850,00 netto zuzüglich Trinkgelder, der Beklagte zu 2) verfügte über ein Nettoeinkommen von DM 2.200,00 als Pizzabäcker. Auf die jeweiligen Gehaltsbescheinigungen wird Bezug genommen.

Mit Schreiben vom 17.12.1997 forderte die Klägerin, die in der Zwischenzeit Verdacht geschöpft hatte, die Beklagten unter Fristsetzung bis zum 30.12.1997 auf, eine Erklärung abzugeben. Mit Schreiben vom 24.12.1997 gaben die Beklagten zu, dass die vorgelegten Bescheinigungen weder dem seinerzeitigen noch den aktuellen Einkommensverhältnissen entsprachen. Auf die jeweiligen Schreiben wird Bezug genommen.

Mit Schreiben vom 05.01.1998 kündigte die Klägerin den Kreditvertrag vom 26.11.1997[16]. Das Schreiben lautet in seinem entscheidenden Abschnitt:

---

[12] Die Geschichtserzählung ist fehlerhaft, weil der Verfasser mittendrin anfängt. Er hätte mit der Vorgeschichte – Einschaltung der Kreditvermittler – beginnen und historisch vorgehen sollen.

[13] Überflüssiger Schnörkel. Dass die Kreditlebensversicherung „vorsorglich abgeschlossen" worden ist, versteht sich von selbst.

[14] Auch dass dem Kreditvertrag die AGB der Bank zugrunde gelegt wurden, ist selbstverständlich und muss nicht erwähnt werden.

[15] Die Verweisung ist unbrauchbar. Man soll nicht wegen des Inhalts eines Vertrages auf den Vertrag verweisen. Der Leser – das sind nicht die Parteien, denn sie kennen ihren Vertrag – will wissen, auf welchem Blatt der Akten er den Vertrag findet. – Der Verweisungsfehler kehrt noch mehrfach wieder.

[16] Es gibt in diesem Fall nur einen einzigen Kreditvertrag; die wiederholte Erwähnung seines Datums ist überflüssig und verwirrend.

2. Fall (Darlehen für den Pizzabäcker)

„Im Rahmen dieses Gespräches erklärte ihre Tochter, dass Ihrer beider Gehaltsabrechnungen zur Erlangung der vorgenannten Kreditmittel gefälscht seien.

Da die uns von Ihnen überreichten Einkommensunterlagen wesentliche Entscheidungsgrundlage für die Herausgabe der Kreditmittel war, sehen wir uns daher leider gezwungen, gemäß Ziffer 3 der Bedingungen für Commerzbank-Ratenkredite in Verbindung mit Ziffer 19 der Allgemeinen Geschäftsbedingungen den u.g. Ratenkredit sowie Ihr Konto 6391513126 zu kündigen und die Inanspruchnahme in Höhe von DM 82.027,60 per 01.01.1998 Konto-Nr.: 1513126/20 zuzüglich Zinsen und Kosten seit dem letzten Rechnungsabschluss zum 05.02.1998 fällig zu stellen".[17]

Am 05.03.1998 wurde dem Konto ein Betrag von DM 1.188,25, am 16.02.1999 ein Betrag von DM 1.500,00, am 25.03.1999 ein Betrag von DM 1.200,00, am 22.04.1999 ein Betrag von 1.500,00, am 31.05.1999 ein Betrag von DM 1.200,00, am 04.08.1999 ein Betrag von DM 1.500,00, am 05.10.1999 ein Betrag von 1.500,00, am 22.10.1999 ein Betrag von DM 1.500,00, am 24.11.1999 ein Betrag von DM 1.500,00, am 23.12.1999 ein Betrag von 1.500,00 gutgeschrieben.[18]

Am Tag des Ablaufs der Rückzahlungsfrist am 05.02.1998 betrug der Saldo auf dem Abwicklungskonto DM 83.082,54. Auf die Forderungsberechnung vom 03.08.1999 und 18.01.2000 wird Bezug genommen.

Die Klägerin trägt vor,[19]

aufgrund der gefälschten Einkommensbelege sei sie zur Kündigung des Kreditvertrages befugt gewesen[20].

---

[17] Die Kanzleikraft das Kündigungsschreiben mit allen seinen Zahlen abschreiben zu lassen, ist überflüssig. Eine kurze Wiedergabe des wesentlichen Inhalts mit einem Verweis auf die Aktenblattzahl hätte genügt.
[18] Der Sachverhalt wird vernebelt, wenn die einjährige Zahlungspause, die die Beklagten eingelegt haben, nicht deutlich gemacht und auch nicht die Verhandlungen über eine Fortsetzung des Kreditvertrages (Schreiben vom 16.2.1999) eingeflochten werden. Außerdem: Wenn schon im Tenor und erneut im Antrag alle Teilzahlungen aufgeführt waren, brauchten sie hier nicht wiederholt zu werden. Eine Verweisung hätte genügt. Die vor dem 4.8.1999 geleisteten Zahlungen interessieren im einzelnen ohnehin nicht, sie sind im Klageantrag berücksichtigt.
[19] Wieso die beiden Satzteile räumlich voneinander getrennt werden, ist nicht zu verstehen.
[20] Die Mitteilung des Rechtsstandpunkts der Klägerin ist überflüssig. Wenn sie (unstreitig) gekündigt hat, versteht es sich von selbst, dass sie sich dazu für berechtigt ansieht.

Demonstrationen

[21]Es sei auch nach der Kündigung keine rechtsverbindliche Ratenzahlungsvereinbarung zwischen den Parteien zustande gekommen. Nicht nur hätten die Beklagten das Schreiben der Klägerin[23] vom 16.02.1999 nicht gegengezeichnet. Die Beklagten hätten vielmehr auch keine aktuellen Gehaltsberechnungen bzw. aktuelle Bescheide über die Gewährung von Arbeitslosengeld eingereicht. Zudem sei das Schreiben nicht zurückgegeben worden.[22] Von daher könne von einer rechtsverbindlichen Einigung zwischen den Parteien nicht die Rede sein. Das Angebot der Klägerin[23] sei auch nur bis zum 15.01.2000 befristet gewesen.

Zudem hätten sich die Beklagten nicht immer vertragsgemäß verhalten.[24] Die Klägerin[23] habe zwischen Februar 1998 und Februar 1999 keine Zahlungen erhalten.[25]

Es kann daher auch in keinem Fall von einem vertragswidrigen oder gar grob vertragswidrigen Verhalten der Klägerin[23] gesprochen werden.[24]

Die Klägerin beantragt,

> die Beklagten als Gesamtschuldner zu verurteilen, an die Klägerin[23] DM 85.441,16 abzüglich der Zahlung vom 05.10.1999 in Höhe von DM 1.500,00, abzüglich der Zahlung vom 22.10.1999 in Höhe von DM 1.500,00, abzüglich der Zahlung vom 24.11.1999 in Höhe von DM 1.500,00, abzüglich der Zahlung vom 23.12.1999 in Höhe von DM 1.500,00 nebst Zinsen in Höhe von 5% über dem jeweiligen Basiszinssatz aus DM 76.494,29 seit dem 04.08.1999 zu zahlen.

---

[21] Hier folgt ein schwerer Aufbaufehler.
Die Vorgänge um das Schreiben vom 16.2.1999 sind nicht den Angriffsmitteln der Klägerin zuzuordnen, sondern der Verteidigung der Beklagten: Sie machen geltend, damals habe man unter Rücknahme der Kündigung den Kreditvertrag unter leichten Veränderungen erneuert, und diesen Vertrag hätten sie eingehalten, so dass die Klägerin nun nicht die Gesamtsumme fordern dürfe. Dieser Komplex hängt bei der Darstellung des streitigen Vorbringens der Klägerin in der Luft. Der Absatz gehört also mit umgekehrtem Vorzeichen in die Schilderung des Beklagtenvorbringens, wobei die Verwendung der indirekten Rede klarstellen wird, dass ihr Vortrag im Kern bestritten ist. Ein wesentlicher Teil der Vorgänge um den 16.2.1999 ist allerdings unstreitig und in die Geschichtserzählung zu bringen.

[22] Hier wird Unstreitiges als bestritten hingestellt.

[23] Verfasser lässt die Klägerin fortlaufend von sich selbst als von einem Dritten sprechen.

[24] Diese Rechtsansicht der Klägerin mitzuteilen ist um so entbehrlicher, als die Vertragswidrigkeit des Verhaltens der Beklagten ins Auge springt, wenn sie objektiv gefälschte Gehaltsbescheinigungen vorlegten und nach Kündigung des Kreditvertrages alle Zahlungen einstellten, anstatt wenigstens diejenigen Raten zu zahlen, die nach ihrem im Prozess vorgeschützten Rechtsstandpunkt gemäß dem ursprünglichen Kreditvertrag geschuldet gewesen wären. – Der Indikativ „kann" ist verfehlt.

[25] Auch hier wird als streitig hingestellt, was unstreitig ist.

2. Fall (Darlehen für den Pizzabäcker)

Die Beklagten beantragen,

die Klage abzuweisen.

Die Beklagten tragen vor,

nicht sie hätten die gefälschten Einkommensbelege bei der Antragstellung vorgelegt. Dem Zeugen[26] Yildirim, einem Mitarbeiter des Zuführers Ulus hätten sie wahrheitsgemäß ihre tatsächlichen[27] Einkommensverhältnisse geschildert. Es habe eine kriminelle Absprache zwischen dem Zeugen Yildirim, dem Zuführer Ulus und dem Zeugen Aschhoff, dem Sachbearbeiter bei der Klägerin, gegeben. Die Beklagten[28] hätten die Filiale der Klägerin aufgesucht und den fertig vorbereiteten Kreditvertrag bei dem Zeugen Aschhoff unterschrieben. Diesem Vertrag seien offenbar die Einkommensbelege beigefügt gewesen. Sie hätten daraufhin dem Zeugen Yildirim eine Provision von 10 % der Darlehenssumme gezahlt.[29] Dieses gesamte Geschäftsgebaren sei mit Kenntnis und ausdrücklicher Billigung der Konzernzentrale der Klägerin erfolgt.[30] Unmittelbare Nutznießer des Darlehensvertrags seien allein die Zeugen Aschhoff und Yildirim gewesen.[31]

Zudem sei eine neue Ratenzahlungsvereinbarung vom 16.02.1999 zwischen den Parteien zustande gekommen. Zwar treffe zu[32], dass die Beklagten[28] die Ratenzahlungsvereinbarung nicht gegengezeichnet hätten. Dies ändere jedoch nichts daran, dass eine Vereinbarung zwischen den Parteien mit dem Inhalt der Ratenzahlungsvereinbarung zustande gekommen sei. Dies ergebe sich bereits daraus, dass die Beklagten[28] auf Abschluss der Vereinbarung regelmäßige monatliche Raten von 1.500,00 an die Klägerin

---

[26] Es gehört zu den herrschenden Unsitten, eine Person, die von einer Partei als Zeuge benannt worden ist, im Urteil ständig mit dieser Rollenbezeichnung zu versehen: „der Zeuge Yildirim". Für die Information wesentlich ist allenfalls, welche Rolle eine Person, die im Tatbestand genannt wird, in der Geschichte gespielt hat („Kreditvermittler Yildirim"). Welche Rolle sie im Prozess gespielt hat, nämlich ihre Zeugenrolle, ist nur an der Stelle aufzugreifen, wo ihre Zeugenaussage behandelt wird. Vollends unrichtig ist es, einer im Tatbestand erwähnten Person eine Prozessrolle anzuhängen, die sie überhaupt nicht gespielt hat: Yildirim ist nicht als Zeuge vernommen worden.

[27] Wenn die Beklagten dem Yildirim ihre Einkommensverhältnisse „wahrheitsgemäß" geschildert haben, dann ist der Zusatz „tatsächlichen" ein überflüssiger Schnörkel.

[28] Das Urteil lässt auch die Beklagten von sich selbst als von einer dritten Person sprechen.

[29] Wiederum wird Unstreitiges als strittig dargestellt.

[30] Der Satzbau ist missglückt. Das Bestrittene steht nicht im Prädikat und Konjunktiv, sondern in verbundenen Hauptwörtern. Richtige Formulierung: „Die Konzernzentrale habe das gesamte Geschäftsgebaren gekannt und gebilligt".

[31] Diese banale und wohl auch nicht ganz richtige Wertung der Beklagten mitzuteilen ist gemäß § 313 Abs. 2 nicht angebracht, weil sie unwesentlich ist.

[32] Die Wiedergabe der Verteidigungslinie der Beklagten ist holperig und auch unrichtig, weil ein unstreitiges Zugeständnis in die indirekte Rede nebst Konjunktiv gekleidet wird („Zwar treffe zu, dass ....").

gezahlt hätten und die Klägerin diese Zahlungen auch als vereinbarte Raten in Empfang genommen habe.[33]

Der Umstand, dass die Beklagten[28] nach der ursprünglichen Kündigung zunächst für die Dauer eine Jahres keine Zahlungen an die Klägerin geleistet hätten, beruhe alleine darauf, dass die Klägerin ohne Rechtfertigung seinerzeit die Kündigung ausgesprochen habe.[34]

Die zwischen den Parteien geschlossene und praktizierte Ratenzahlungsvereinbarung vom 16.02.1999 berücksichtige den Umstand, dass die Klägerin kein Recht zur fristlosen Kündigung des ursprünglich geschlossenen Darlehensvertrages gehabt habe.

Im übrigen wird Bezug genommen auf das beiderseitige schriftsätzliche Vorbringen[35] der Parteien nebst Anlagen. Das Gericht hat Beweis erhoben über die Bestätigung der Durchführung des Kreditvertrages trotz der ausgesprochenen Kündigung und das vertragsgemäße Verhalten der Beklagten gemäß Beweisbeschluss vom 09.12.1999[36] durch uneidliche Vernehmung der Zeugen Ulrich Vaupel und Jörg Aschhoff. Auf das Protokoll über die am 24.01.2000 vernommenen Zeugen[37] wird Bezug genommen.

Kommentar:

Dem Verfasser ist es nicht gelungen, eine einfache Geschichte mit einfachen Worten nachzuerzählen. Sein Tatbestand ist falsch aufgebaut. Das Unstreitige und das Streitige sind nicht so dargestellt, dass der Kern der Auseinandersetzung bloßliegt. Auch vermag es der Verfasser nicht, Wesentliches von Unwesentlichem zu unterscheiden und das Unwesentliche wegzulassen. Solches gelingt am besten, wenn man, bevor man den Tatbestand schreibt oder diktiert, die Akten schließt und sich die Fakten allein aus der Erinnerung holt. Nur wenn es um Anträge und wesentliche Zahlen oder Daten geht, soll man in den Akten nachschauen.

Um zu zeigen, wie weit sich der Tatbestand von dem wirklichen Sachverhalt entfernt, wird der Sachverhalt in einem Alternativvorschlag wiedergegeben. Der Schreibcomputer zählt für den Tatbestand des Originalurteils ohne Anträge 5.985 Zeichen, den Alternativvorschlag 2.166 Zeichen.

---

[33] Was hier als strittig hingestellt wird, ist wiederum im Kern unstreitig.
[34] Der Satzbau ist falsch. Der Ausspruch der Kündigung wird im Prädikat als strittig hingestellt. Gemeint ist, dass die Kündigung durch die Klägerin ungerechtfertigt gewesen sei.
[35] In § 313 Abs. 2 steht, dass auf „Schriftsätze" der Parteien verwiesen werden soll.
[36] Dass und wann die Vernehmung der Zeugen durch Beweisbeschluss angeordnet worden ist, ist unwesentlich und wegzulassen.
[37] Eine Ausblüte des Attributstils: Aus dem Protokoll über die Vernehmung der Zeugen wird ein solches „über die vernommenen Zeugen".

2. Fall (Darlehen für den Pizzabäcker)

Alternativvorschlag:

Tatbestand

Die Beklagten, Tochter und Vater, benötigten einen Kredit. Sie trafen auf zwei türkische Landsleute, Ulus und Yildirim, die als Kreditvermittler die Verbindung zur Klägerin herstellten. Die beiden Vermittler legten dort Gehaltsbescheinigungen der Beklagten vor, in denen jeweils für die Monate August bis Oktober 1997 überhöhte Bezüge ausgewiesen waren. Für die Beklagte zu 1) war ein Bruttogehalt von 3.500 DM monatlich angegeben, während sie (ohne Trinkgeld) netto nur 1.850 DM verdiente. Für den Beklagten zu 2) waren monatlich 6.000 DM brutto angegeben, sein wirkliches Nettoeinkommen betrug 2.200 DM monatlich. Aufgrund dieser Bescheinigungen bewilligte die Klägerin den Beklagten einen Kredit von 80.000 DM zu 9 % Jahreszinsen mit einer Laufzeit von 72 Monaten. Unter Einschluss einer Bearbeitungsgebühr von 2 % und eines monatlichen Beitrages zu einer Kreditlebensversicherung ergab sich eine Monatsrate von 1510,88 DM (GA 8). Von den 80.000 DM zahlten die Beklagten 8.000 DM an Ulus und Yildirim als Vermittlungsprovision.

Wenig später wurde die Klägerin misstrauisch. Sie fand heraus und ließ sich von den Beklagten bestätigen, dass die vorgelegten Gehaltsbescheinigungen falsch waren. Aus diesem Grunde kündigte sie den Kredit durch Schreiben zum 5.2.1998. Einen Monat später zahlten die Beklagten eine erste Rate von 1.188,25 DM, dann einstweilen nichts mehr. Unter dem 16.2.1999 schlug die Klägerin den Beklagten eine Tilgung des Darlehens in monatlichen Raten von 1.500 DM vor. Die Beklagten sollten zum Zeichen ihres Einverständnisses das Schreiben mit ihrer Unterschrift zurücksenden. Das geschah jedoch nicht. Allerdings zahlten sie am 16.2.1999 1.500 DM und dann bis Ende 1999 in unregelmäßigen Raten von 1.200 DM und 1.500 DM insgesamt weitere 11.400 DM. Wegen der Einzelheiten der Kontoentwicklung wird auf Blatt 67 d.A. Bezug genommen.

Die Klägerin beantragt, …

Die Beklagten beantragen, …

Sie halten die Kündigung für unwirksam und behaupten, sie hätten ihre Einkommen den Vermittlern Ulus und Yildirim richtig mitgeteilt. Diese hätten die Zahlen jedoch verfälscht und dabei mit dem zuständigen Sachbearbeiter Aschhoff der Klägerin zusammengewirkt. Im übrigen, so meinen die Beklagten, müsse sich die Klägerin an dem Ratenzahlungsvorschlag vom 16.2.1999 festhalten lassen, denn insofern sei es zwischen den Parteien zu einer wirksamen Vereinbarung gekommen.

Wegen der Einzelheiten des Sach- und Streitstandes wird auf die Schriftsätze der Parteien nebst Anlagen verwiesen. Es ist Beweis erhoben worden. Wegen des Ergebnisses wird auf die Niederschrift vom 24. 1. 2000 (GA 107) verwiesen.

3. Fall (Der zurückgewiesene Ersatzkäufer)

453 Aus dem Original der klageabweisenden Entscheidung

Tatbestand

Der Beklagte unterzeichnete am 24.09.1997 einen Kaufvertrag über die Lieferung[1] eines PKW Jaguar SX. Liefertermin sollte im 4. Quartal 1998 sein.[2]

Auf Wunsch des Beklagten wurde der Liefertermin dann auf das zweite Quartal 1999 verschoben und die Lieferfrist nochmals vereinbart auf Juni 1999.[3]

Am 02.08.1999 erklärte die Klägerin dann dem Beklagten gegenüber[4], dass das Fahrzeug bereitstünde[5].

Der Beklagte teilte der Klägerin mit, dass er das Fahrzeug nicht bezahlen könne und daher auch nicht abnehme.

Er inserierte das Fahrzeug dann in der Zeitung für einen Nachfolgekäufer und überreichte der Klägerin mit Schreiben vom 03.09.1999 einen Übernahmevertrag für einen Herrn Götz Wicke. Mit Schreiben vom 18.09.1999 lehnte die Klägerin die Übernahme ab [6]und erklärte, dass sie Schadensersatzforderungen wegen Nichterfüllung des Kaufvertrages geltend machen werde.

---

[1] Das Ziel eines Sachkaufs ist wohl immer eine Lieferung. Deshalb hätte „Kaufvertrag über einen PKW Jaguar SX" genügt.

[2] Der Satz „Liefertermin sollte im 4. Quartal 1998 sein" ist in sprachlicher Hinsicht allzu schlicht.

[3] Dieser Satz enthält vieles an Unwesentlichem. Der Hinweis, dass die Lieferfrist auf Juni 1999 erstreckt worden sei, genügt.

[4] „Gegenüber" ist überflüssig (Schnörkel).

[5] Der Konjunktiv Präsens heißt in der 3. Person Einzahl „bereitstehe".

[6] Im Hinblick auf den nächsten Satz, in dem der erhobene Anspruch richtig dargestellt wird, ist die Mitteilung, die Klägerin habe bereits unter dem 14.9.1999 mit Schadensersatzforderungen gedroht, überflüssig, es sei denn, man flickt noch ein, dass – was nur aus den Entscheidungsgründen ersichtlich wird – der Beklagte darauf mit einem Rücktritt wegen Preiserhöhung reagiert hat.

3. Fall (Der zurückgewiesene Ersatzkäufer)

Mit der Klage begehrt die Klägerin nunmehr Schadensersatz wegen Nichterfüllung, der sich anhand ihrer allgemeinen Geschäftsbedingungen auf 15 % des Kaufpreises, der insgesamt 82.891,23 DM beträgt, belaufe.[7]

Die Klägerin beantragt,

> den Beklagten zu verurteilen, an sie 12.433,68 DM nebst 5 % Zinsen seit dem 15. 11. 1999 zu zahlen.

Der Beklagte beantragt,

> die Klage abzuweisen.

Er ist der Ansicht, er sei nicht passivlegitimiert[8], da der Kaufvertrag ausdrücklich[9] für die Firma Hemsing ausgestellt worden sei[10]. Firmeninhaberin sei seine Ehefrau.[11]

Darüberhinaus gibt der Beklagte an[12], dass[13] bei Abschluss des Vertrages er sofort darauf hingewiesen habe, dass er den Kaufpreis möglicherweise nicht zahlen könne.

Unter Hinweis der Klägerin, dass immer Abnehmer für das Fahrzeug da seien, habe er dann gleichwohl den Kaufvertrag unterzeichnet.[14]

Schließlich ist der Beklagte der Ansicht[15], dass ihm ein Rücktrittsrecht vom Vertrag[16] zustünde[17], da der Kaufpreis bei Liefertermin wesentlich höher gewesen sei, als bei Abschluss des Kaufvertrages[18]. Darüberhinaus sei die

---

[7] Schon sprachlich ist der Satz missglückt ("Anhand ihrer AGB ... belaufe"). Gemeint war wohl, dass die Klägerin ihren Schadensersatz anhand ihrer AGB auf 15 % ... bemisst.

[8] Den Begriff „passivlegitimiert" kennt das Gesetz nicht, auch nicht der normale Bürger. Er hätte es verstanden, wenn dort gestanden hätte: „Er meint, er sei nicht der richtige Beklagte."

[9] „Ausdrücklich" ist ein beliebtes Füllwort; meistens ist damit „nachdrücklich" gemeint („Der Beklagte habe die Forderung des Klägers schon damals nachdrücklich abgewiesen.") Was klipp und klar geschrieben steht, ist per se „ausdrücklich"; das muss man nicht noch besonders betonen.

[10] Dass in dem Kaufvertrag die Firma Hensing genannt war, ist unstreitig, gehört hier also nicht in die indirekte Rede. Es hätte außerdem in den ersten Satz des Tatbestandes gehört.

[11] Hier werden Tatsachenangaben unter der Überschrift „Er ist der Ansicht" mitgeteilt.

[12] Wiederum vermeidet der Autor das Wort „behaupten", das im gesamten Urteil nicht vorkommt.

[13] Dieses erste „dass" hätte man sich ersparen können.

[14] Die Unterschrift des Beklagten unter dem Kaufvertrag ist nicht strittig, gehört also nicht in den Konjunktiv.

[15] Die Rechtsansicht des Beklagten ist uninteressant. Wichtig ist nur, dass er ein Gestaltungsrecht – den Rücktritt – ausgeübt hat. Diesem Vorgang ist seine Ansicht, dass ihm ein Rücktrittsrecht zustehe, immanent.

[16] „Rücktrittsrecht vom Vertrage" müsste heißen „Recht zum Rücktritt vom Vertrage".

[17] Der Konjunktiv heißt „zustehe".

[18] Wiederum wird Unstreitiges als bestritten hingestellt. Außerdem wird die Tatsachenangabe wiederum als „Ansicht" angeboten.

Demonstrationen

Klägerin auch verpflichtet gewesen, den von ihm gestellten Nachkäufer zu übernehmen.[19]

Das Gericht hat Beweis erhoben durch Vernehmung des Zeugen Komorofski. Wegen des Ergebnisses der Beweisaufnahme wird auf die Sitzungsniederschrift vom 13. 03. 2000 Bezug genommen.

Im übrigen wird, wegen des Vorbringens der Parteien im einzelnen, auf die gewechselten Schriftsätze verwiesen.[20]

Entscheidungsgründe

Die Klage war abzuweisen.[21]
Zwar ist der Beklagte passivlegitimiert.[22] [23]
Der Kaufvertrag ist ausschließlich zwischen ihm und der Klägerin zustandegekommen. Aus dem Vertrag und den sonstigen Verhandlungen der Parteien ergibt sich in keiner Weise, dass der Beklagte lediglich für die Inhaberin der Firma Hemsing, nämlich seine Ehefrau, auftreten wollte.

Der Beklagte hat vielmehr immer in eigenem Namen verhandelt und den Kaufvertrag auch als Besteller unterschrieben.

Es kann daher dahingestellt bleiben, ob der Beklagte im Innenverhältnis für die Inhaberin der Firma Hemsing handeln wollte, er muss sich seinen Handel nach außen hin als eigenes anrechnen lassen.[24]

---

[19] Erneut stellt das Urteil zusammenhanglos eine Rechtsansicht des Beklagten in den Raum, ohne an den entscheidenden Gesichtspunkt anzuknüpfen: Wegen Zurückweisung des Nachkäufers erhebt der Beklagte den Einwand der Verwirkung (so die Entscheidungsgründe; man könnte auch an PVV denken oder an § 254 BGB).

[20] Ein Fünftel des Satzes hätte der Verfasser sich sparen können, wenn er sich an den Wortlaut des § 313 Abs. 2 Satz 2 gehalten hätte ("Im übrigen", „gewechselten").

[21] Dieser Satz ist doppelt falsch. Er wiederholt nur den Tenor und verstößt damit gegen § 313 Abs. 2 S. 1. Außerdem verwendet er das Imperfekt und verstößt damit gegen die Logik, denn der Vorgang der Klageabweisung kann nicht weiter zurückliegen als etwa das Prozessgeschehen, das im Präsens geschildert worden ist.

[22] Siehe zunächst Fußnote 8. – Passivlegitimation ist eine Kategorie des materiellen Rechts. Sie besagt soviel wie Schuldnerstellung. Es ist deshalb misslich, einen Beklagten zu Beginn der Entscheidungsgründe als den richtigen Schuldner zu bezeichnen, wenn die Klage gegen ihn abgewiesen wird.

[23] Außerdem bahnt sich hier der erste Kardinalfehler des Urteils an. Es wird eine nichttragende Begründung abgehandelt, also eine solche, auf der das Urteil im Sinne des § 313 Abs. 3 nicht beruht. Hätte die Klägerin den Vertrag nicht mit dem Beklagten geschlossen (sondern mit dessen Ehefrau), so wäre die Klage erst recht abzuweisen gewesen. Es hätte deshalb der Vertragspartnerstatus des Beklagten unterstellt werden müssen.

[24] Die (ohnehin überflüssigen) Erörterungen schweben im luftleeren Raum: Es fehlt die Norm, unter die man hätte subsumieren müssen: § 164 Abs. 2 BGB. Zu den „Erwägungen, auf denen das Urteil in rechtlicher Hinsicht beruht", gehört als Minimum die Gesetzesnorm, auf die der Richter seine Entscheidung stützt.

3. Fall (Der zurückgewiesene Ersatzkäufer)

Auch ist ein wirksamer Rücktritt vom Kaufvertrag zur Überzeugung des Gerichts[25] nicht erfolgt.[26]

Es kann dabei dahingestellt bleiben, ob dem Kläger aufgrund erheblicher Preissteigerungen zwischen Bestellung des PKW und Auslieferung ein Rücktrittsrecht[27] zugestanden hätte.

Dieses Rücktrittsrecht hätte der Beklagte jedoch unverzüglich geltend machen müssen[28]. Er ist nach seinen eigenen Angaben bereits mit Schreiben vom 06.03.1999 auf den neuen Listenpreis des PKW hingewiesen worden.

Den Rücktritt vom Kaufvertrag aus diesen Gründen hat er jedoch erst mit Schreiben vom 14.09.1999, nachdem die Klägerin ihrerseits Schadensersatzansprüche wegen Nichterfüllung angemeldet hat, geltend gemacht.

Ein Rücktrittsrecht aus wirtschaftlichen Gründen stand ihm daher zu diesem Zeitpunkt nicht mehr zu.[29]

Die Klägerin hat jedoch zur Überzeugung des Gerichts ihren Anspruch auf Schadensersatz wegen Nichterfüllung verwirkt[30].

Sie hat nämlich dem Beklagten die Möglichkeit abgeschnitten, den Schaden abzuwenden oder zumindest erheblich zu verringern. Der Beklagte hatte, nachdem er selbst nicht in der Lage war, das Fahrzeug abzunehmen, dieses inseriert und einen Nachkäufer zur Verfügung gestellt. Zwar ist die Klägerin grundsätzlich nicht verpflichtet, jeden Nachkäufer zu akzeptieren, andererseits muss sie jedoch mitwirken, den Schaden bei dem Käufer so gering wie möglich zu halten oder gar ihm die Möglichkeit geben, diesen abwenden zu können[31].

Der aufgrund ihrer allgemeinen Geschäftsbedingungen geltend gemachte[32] Schadensersatzanspruch kann daher zur Überzeugung des Gerichts nur dann

---

[25] Die (noch zweimal wiederkehrende) Floskel „zur Überzeugung des Gerichts" verrät Unsicherheit des Richters. Es schimmert deutlich seine Auffassung durch, dass man auch einen gegenteiligen Standpunkt vertreten könnte. Wenn ein Urteil die Parteien von seiner Richtigkeit überzeugen soll, darf es diese nicht selber in Frage stellen, sondern muss Souveränität ausstrahlen.

[26] Der Satzbau ist nicht gelungen. Gewiss ist „ein Rücktritt vom Kaufvertrag .... erfolgt". Deshalb darf man diesen Satzteil nicht mit der Negation „nicht" versehen. Zu negieren ist allein die Wirksamkeit des unstreitig erfolgten Rücktritts. Also muss der Satz lauten: „Der Rücktritt vom Kaufvertrag ist nicht wirksam."

[27] Wiederum fehlt die Norm, an der die Wirksamkeit des Rücktritts gemessen werden soll.

[28] Für die These, der Rücktritt hätte unverzüglich erfolgen müssen, fehlt jegliche Begründung.

[29] Hier wird gutachtenmäßig zusammengefasst, was bereits in den drei vorangegangenen Sätzen gesagt war.

[30] Wiederum fehlt die Norm: § 242 BGB. Ob unter diese Norm richtig subsumiert wird oder vielmehr mit Erwägungen zu § 254 BGB operiert wird, soll hier dahingestellt bleiben.

[31] „Die Möglichkeit ...., zu können" ist ein Pleonasmus.

[32] Der Passus „aufgrund ihrer allgemeinen Geschäftsbedingungen geltend gemachte" ist überflüssig, er füllt nur Zeilen.

Demonstrationen

durchgreifen, wenn die Klägerin begründet vom Beklagten gestellte Nachkaufinteressenten zurückgewiesen hat.[33] [34]

Die Klägerin kann auch nicht damit gehört werden[35], dass sie grundsätzlich Nachkäufer nicht akzeptiere, da es sich bei diesen um potentielle Kunden für sie handele.

Dabei ist nämlich nicht berücksichtigt, dass das Kaufinteresse vieler Nachkäufer erst dadurch geweckt wird, dass der schon lieferbare PKW, mit allen vom Vorkäufer zunächst bestellten Extras in der Zeitung inseriert wird, also auch ein Interessentenkreis angesprochen wird, der von sich aus nicht ohne weiteres bei der Klägerin Bestellungen eines Fahrzeuges abgegeben hätte.

Die Klägerin hätte daher[36] ihren pauschalen Schadensersatzanspruch gegenüber dem Beklagten[37] nur dann geltend machen können, wenn sie begründet den von dem Beklagten gestellten Nachkäufer Wicke zurückgewiesen hätte. In der mündlichen Verhandlung vom 13.03.2000[38] hat die Klägerin dann zwar Gründe für die Zurückweisung dieses Nachkäufers angegeben. Diese Gründe hatte sie jedoch zuvor dem Beklagten in ihrem Schreiben vom 18.09.1999 nicht mitgeteilt.

Der Beklagte hatte daher keine Möglichkeit, andere Kaufinteressenten, die sich auf sein Zeitungsinserat hin gemeldet hatten, der Klägerin vorzuführen. Die Klägerin hat damit dem Beklagten die Möglichkeit vereitelt, den Schaden abzuwenden oder erheblich geringer zu halten.

Die Klägerin hat damit ihre Schadensersatzansprüche verwirkt.[39]

Die Klage war daher abzuweisen.[40]

Die Kostenentscheidung folgt aus § 91 ZPO, die Entscheidung über die vorläufige Vollstreckbarkeit aus §§ 708, 711 ZPO.

---

[33] Die Satzkonstruktion ist verfehlt. Sie ist eine gutachtenmäßige Exposition („Nur dann, wenn ..."). Stattdessen hätte ein Obersatz gebildet werden müssen: „Der Schadensersatzanspruch kann nicht durchgreifen, denn ...".

[34] Der Bau des Nachsatzes ist falsch. Im Prädikat wird in Frage gestellt, ob „die Klägerin vom Beklagten gestellte Nachkaufinteressenten zurückgewiesen hat". Das ist jedoch unstreitig. Die Frage muss sich darauf konzentrieren, ob die erfolgte Zurückweisung des Nachkaufinteressenten begründet war. Nur so kann man Sinn und Syntax zur Übereinstimmung bringen.

[35] Gemäß Artikel 101 GG müssen die Parteien mit allen ihren Argumenten angehört werden.

[36] Von hier an ist die restliche Urteilsbegründung bis zur Kostenentscheidung nur noch ein Gutachten. Die Exposition stellt im übrigen nur eine Wiederholung der mit Fußnote 34 erörterten Exposition dar. Die dortigen Bedenken gelten auch hier.

[37] „Gegenüber dem Beklagten" ist überflüssig.

[38] Wann die mündliche Verhandlung stattgefunden hat, ist an dieser Stelle uninteressant, es steht auch schon im Urteilseingang.

[39] Wie beim Abgleiten in den Gutachtenstil üblich, folgen hier nur unzulässige Wiederholungen dessen, was bereits oben festgestellt worden war.

[40] Auch hier handelt es sich um ein als Wiederholung im Gutachtenstil unzulässiges Schwanzstück.

Kommentar

Im Tatbestand ist dem Verfasser des Urteils die Unterscheidung zwischen Tatsachenbehauptung und Rechtsansichten weitgehend misslungen. Die Verteidigungsmittel des Beklagten – die Rechte, die er ausübt – bleiben im Dunklen. Die Entscheidungsgründe sind verworren. Etwa die Hälfte der Erwägungen ist überflüssig und wegzulassen, weil sie entweder nicht tragen oder weil sie sich nur als Wiederholungen darstellen. Zu den Wiederholungen kommt es, weil der Verfasser weitgehend gutachtenmäßig denkt und nicht im Urteilsstil.

Das Urteilsoriginal, soweit oben abgedruckt, umfasst 5.344 Zeichen, der folgende Alternativvorschlag 2.753 Zeichen.

Alternativvorschlag:

Tatbestand

Mit Vertrag vom 24. 9. 1997 kaufte der Kläger bei der Beklagten einen PKW Jaguar SX. Dieser sollte im vierten Quartal 1998 geliefert werden. Auf Wunsch des Beklagten wurde der Termin später auf Juni 1999 verschoben.

Am 2. 8. 1999 stellte die Klägerin dem Beklagten das Fahrzeug bereit. Er antwortete, er werde das Fahrzeug nicht abnehmen, weil er es nicht bezahlen könne. Er inserierte das Fahrzeug in der Zeitung und schloss mit einem der Interessenten, einem Herrn Götz Wicke, einen Übernahmevertrag. Diesen lehnte die Klägerin mit Schreiben vom 14. 9. 1999 ab. Sie verlangt nunmehr unter Hinweis auf ihre allgemeinen Geschäftsbedingungen 15 % des Kaufpreises als Schadensersatz wegen Nichterfüllung.

Die Klägerin beantragt,

den Beklagten zu verurteilen, an sie 12.433,68 DM nebst 5 % Zinsen seit dem 15. 11. 1999 zu zahlen.

Der Beklagte beantragt,

die Klage abzuweisen.

Er meint, er sei nicht der richtige Beklagte, und verweist darauf, dass in dem Kaufantrag als Käufer eine Firma „Hemsing" bezeichnet ist. Er behauptet, Inhaber dieser Firma sei seine Ehefrau.

Der Beklagte macht ferner geltend, die Klägerin habe sich ihren Schaden selber zuzuschreiben. Sie sei nämlich gehalten gewesen, Herrn Götz Wicke als Ersatzkäufer zu akzeptieren. Er behauptet, schon bei Abschluss des Vertrages habe er die Klägerin darauf hingewiesen, dass er den Kaufpreis vielleicht nicht mehr bezahlen könne. Die Klägerin habe geantwortet, das schade nicht, denn es ließen sich immer andere Abnehmer für das Fahrzeug finden.

Wegen des Vorbringens der Parteien im einzelnen wird auf ihre Schriftsätze verwiesen. Das Gericht hat Beweis erhoben. Wegen des Ergebnisses wird auf die Sitzungsniederschrift vom 13.3.2000 Bezug genommen.

Entscheidungsgründe

Die Klage ist unbegründet, auch wenn man unterstellt, dass Vertragspartner der Klägerin der Beklagte war und sein Rücktritt vom Vertrag unwirksam ist. Jedenfalls ist der aus ihren AGB hergeleitete Anspruch der Klägerin auf Schadensersatz verwirkt (§ 242 BGB).

Nach Treu und Glauben war die Klägerin dem Beklagten verpflichtet, den ihr drohenden Schaden abzuwenden. Zu diesem Zweck hätte sie einen vom Beklagten gestellten Ersatzkäufer akzeptieren müssen. Das hat sie treuwidrig unterlassen.

Die Auslieferung des Fahrzeuges an einen Nachkäufer war der Klägerin ohne weiteres zuzumuten. Ihrem Standpunkt, sie dürfe einen Nachkäufer zurückweisen, weil sie damit einen potentiellen Neukunden verliere, vermag das Gericht nicht zu folgen. In aller Regel nämlich zählt ein Nachkäufer zu einem Interessentenkreis, der von sich aus das nachgekaufte Fahrzeug nicht bestellt hätte und es nur deshalb abnimmt, weil es ohne die übliche lange Lieferfrist sofort verfügbar ist.

Unerheblich ist auch der Einwand der Klägerin, jedenfalls sei der ihr zugeführte Herr Götz Wicke als Ersatzkäufer unzumutbar gewesen. Falls das zutraf, wäre die Klägerin zur Schadensminderung gehalten gewesen, ihre auf Herrn Wicke bezogenen Bedenken dem Beklagten unverzüglich mitzuteilen. Er hätte ihr dann andere Kaufinteressenten zuführen können, die sich auf sein Inserat hin gemeldet hatten. Auch diese Möglichkeit der Schadensvermeidung hat sie vereitelt.

Die Nebenentscheidungen beruhen auf §§ 91, 708 Nr. 11, 711 S. 1 ZPO.

4. Fall (Prozesskostenhilfe)

454 Das Original des Beschlusses

In der Familiensache

der Frau Elke Kupfer geb. Mehdorn, Trift 14, 58636 Iserlohn,

Antragstellerin,

Verfahrensbevollmächtigte: Rechtsanwälte Dr. Ross und Reiter, Iserlohn,

gegen

Herrn Manfred Kupfer, Schüttestr. 20, 58636 Iserlohn,

Antragsgegner,

4. Fall (Prozesskostenhilfe)

Verfahrensbevollmächtigte: Rechtsanwältin Heer, Menden,[1]

wird der Antrag auf Gewährung von Prozesskostenhilfe vom 25.01.2006 zurückgewiesen.

Die Entscheidung ergeht gerichtskostenfrei.[2] Außergerichtliche Kosten werden nicht erstattet.[3]

Gründe

Der Antrag auf Gewährung von Prozesskostenhilfe war[4] zurückzuweisen[5], denn die Antragstellerin ist nach ihren persönlichen und wirtschaftlichen Verhältnissen in der Lage, die Kosten der Prozessführung aus eigenen Mitteln aufzubringen[6].

---

[1] Der Verfasser hat seinem Beschluss ein volles Rubrum vorangestellt. Das macht der Kanzlei schon auf Grund seiner besonderen Anordnung mindestens soviel Arbeit wie die ganze folgende Seite mit der Begründung. Eine Rechtsgrundlage, die das volle Rubrum erforderte, gibt es nicht. § 329 Abs. 1 S. 2, der für Beschlüsse die entsprechende Anwendung einiger für Urteile geltender Vorschriften anordnet, nimmt § 313 Abs. 1 Nr. 1 aus. Es ist also dem Ermessen des Gerichts überlassen, ob es seine Kanzlei Papier mit einem Beschlussrubrum vollschreiben lassen will. Das ist sicherlich angezeigt, wenn der Beschluss einen Vollstreckungstitel bildet (vgl. § 329 Abs. 3). Davon kann hier aber keine Rede sein. Nun wird von manchen eingewandt, das Rubrum werde routinemäßig eingespeichert, und es koste dann keine Arbeit, es später abzurufen. Es macht aber schon das Einspeichern Arbeit, und gerade bei einem Beschluss, der PKH verweigert, ist die Wahrscheinlichkeit, dass später einmal das volle Rubrum benötigt wird (für ein Urteil), gering. Das gilt vor allem für den zweiten Rechtszug. Aber jedenfalls, wo die Computerisierung des Gerichtsbetrieb noch nicht fortgeschritten ist, ist die routinemäßige Anfertigung eines vollen Rubrums, für das kein Bedarf besteht, nicht zu verantworten.

[2] Hier mischt der Richter sich in Dinge ein, die ihn nichts angehen. Für die Frage der Gerichtskostenfestsetzung ist allein der Kostenbeamte zuständig. Der Zivilrichter wird nur dann tätig, wenn ein Kostenschuldner gegen eine Kostenmaßnahme des Kostenbeamten remonstriert (§§ 66 f GKG), bei der Niederschlagung von Kosten nach § 21 GKG, bei der Entscheidung über Verweisungskosten (§ 4 Abs. 2 GKG) und bei einem Teilerfolg bestimmter Beschwerden (Nr. 1811 KVGKG). So erscheint der Hinweis in den PKH-Beschluss als überflüssige Belehrung des Kostenbeamten darüber, dass es im GKG für den PKH-Beschluss keinen Gebührentatbestand gibt. Das ist peinlich, wissen doch Kostenbeamte im Gebührenrecht meist besser Bescheid als ein Richter.

[3] Wiederum mischt sich der Richter in ein Verfahren ein, für das er nicht zuständig ist: Die Kostenfestsetzung nach § 104 obliegt dem Rechtspfleger. Überdies schreibt der Richter nur einen Satz aus dem Gesetz ab (§ 118 Abs. 1 Satz 4). Auch dies ist sinnlos, denn die zitierte Gesetzesstelle bietet mit ihrem negativen Inhalt überhaupt keinen Entscheidungsspielraum. Sollte einmal ein Anwalt auf die seltsame Idee kommen, für seine Tätigkeit im PKH-Verfahren eine Kostenfestsetzung nach § 104 zu beantragen, so mag ihn der Rechtspfleger auf § 118 Abs. 1 Satz 4 hinweisen.

[4] Die unvermittelte Verwendung des Imperfekts ist unzulässig, weil unlogisch, denn gleichzeitige oder noch länger zurückliegende Vorgänge schildert der Beschluss im Präsens.

[5] Mit dem ersten Satz der Gründe wiederholt der Richter nur seinen drei Zeilen davor stehenden Beschlusstenor; das ist überflüssig und damit falsch.

[6] Es fehlt die Angabe der Norm, deren Voraussetzungen der Richter für nicht erfüllt hält: § 114.

Demonstrationen

Gem. § 115 Abs. 2 ZPO hat eine Partei ihr Vermögen einzusetzen, soweit es zumutbar ist. § 90 des 12. Buches Sozialgesetzbuch (SGB XII) gilt entsprechend.[7]

Vorliegend[8] ergibt sich aus der vorgelegten Erklärung über die persönlichen und wirtschaftlichen Verhältnisse, dass die Antragstellerin hälftige Eigentümerin einer Eigentumswohnung ist. [9]Aus der weiteren Erklärung, dass das Darlehen für diese Wohnung vom Ehemann bedient wird, ergibt sich die Schlussfolgerung, dass die Antragstellerin diese Wohnung nicht – mehr – selbst bewohnt.[10] Bei dieser Sachlage aber ist es ihr zumutbar[11], ihren Eigentumsanteil an der Eigentumswohnung zu veräußern oder zu belasten. Es handelt sich bei der Prozesskostenhilfe um eine Sozialhilfeleistung (vgl. OLG Frankfurt, NJW-RR 1987, 320)[12]. Diese staatliche Sozialhilfeleistung ist subsidiär, so dass Prozesskostenhilfe nur dann zu gewähren ist, wenn keinerlei andere Finanzierungsmöglichkeiten zur Verfügung stehen. Im vorliegenden Fall[13] aber ist es der Antragstellerin möglich, ihren Eigentumsanteil zu belasten oder zu veräußern.[14] Die Eigentumswohnung zählt auch nicht zu denjenigen Vermögensgegenständen, deren Einsatz gem. § 90 Abs. 2 SGB

---

7 Hier schreibt der Richter einfach § 115 Abs. 2 Satz 2 ab, ohne zu erläutern, was er damit meint. An dieser Stelle der Argumentation kann es nur auf § 90 Abs. 1 SGB XII ankommen, nämlich, dass als Vermögen grundsätzlich das gesamte verwertbare Vermögen anzusehen ist. Diesen wesentlichen Inhalt teilt er den Parteien nicht mit.

8 Der nächste Missgriff ist der Ausdruck „vorliegend", der die Floskel „im vorliegenden Fall" unzulässig abkürzt. Auch „im vorliegenden Fall" wäre hier überflüssig, denn dass der Richter von seiner abstrakten Erwägung des vorigen Satzes zum konkreten Fall zurückkehrt, zeigt sich schon daran, dass er wieder von der Antragstellerin spricht.

9 Nach der Exposition des § 90 Abs. 1 SGB XII hätte der Verfasser sofort unter den Vermögensbegriff subsumieren sollen. Stattdessen liefert der Richter zunächst die Begründung für das Vorhandensein von Vermögen, indem er die Erklärung der Antragstellerin über ihre persönlichen und wirtschaftlichen Verhältnisse heranzieht. Die Vertauschung der Sätze bewirkt im übrigen, dass das Entscheidende wieder einmal im Nebensatz landet ("dass die Antragstellerin hälftige Eigentümerin einer Eigentumswohnung ist").

10 An die zuletzt genannte Feststellung hätte sich sofort anschließen müssen, dass diese verwertbare Eigentumswohnung auch nicht zum Schonvermögen des § 90 Abs. 2 Nr. 8 SGB XII zählt, ihre Verwertung also ausnahmsweise nicht gefordert werden kann. Statt dessen geht es im Gutachtenstil weiter: zu der Schlussfolgerung, dass die Antragstellerin diese Wohnung nicht selber bewohne. Wieso das relevant ist, kann man an dieser Stelle noch nicht erkennen, weil § 90 Abs. 2 Nr. 8 SGB XII nicht vorgestellt worden ist.

11 Der Gutachtenstil setzt sich in der Folgerung der Zumutbarkeit fort.

12 Der Beschluss verfehlt seine Aufgabe, wenn er nunmehr über den Sozialcharakter der Prozesskostenhilfe doziert.

13 Die Floskel ist überflüssig. Ein anderer Fall, in dem es um die Antragstellerin geht, ist nicht bekannt.

14 Der Satz enthält nur eine Wiederholung dessen, was vier Sätze vorher schon einmal gesagt war.

XII nicht verlangt werden kann. Insbesondere liegt kein Fall des § 90 Abs. 2 Nr. 8 SGB XII vor.[15]

Die Kostenentscheidung[16] beruht auf § 118 ZPO.

Alternativvorschlag

Gründe

Die Voraussetzungen des § 114 ZPO sind nicht erfüllt. Die Antragsgegnerin kann die Kosten der Prozessführung aus eigenen Mitteln aufbringen. Gemäß § 115 Abs. 2 ZPO hat eine Partei ihr Vermögen einzusetzen, soweit es zumutbar ist. Nach § 90 des 12. Buches Sozialgesetzbuch (SGB XII), auf den § 115 Abs. 2 ZPO verweist, ist grundsätzlich das gesamte verwertbare Vermögen einzusetzen. Die Antragstellerin ist hälftige Eigentümerin einer Eigentumswohnung. Dies ergibt sich aus ihrer Erklärung über ihre persönlichen und wirtschaftlichen Verhältnisse. Die Veräußerung oder Belastung des Wohnungseigentums ist ihr zumutbar. Es fällt auch nicht unter den Teil des verwertbaren Vermögens, der einer Partei gemäß § 90 Abs. 2 SGB XII zu belassen ist. Insbesondere sind die Voraussetzungen des § 90 Abs. 2 Nr. 8 SGB XII nicht erfüllt. Die Antragstellerin wohnt nämlich nicht in der Eigentumswohnung. Dies ist daraus zu folgern, dass das für diese Wohnung aufgenommene Darlehen vom Ehemann der Antragstellerin bedient wird.

Anmerkung

Die Gründe des Originals haben 1.282 Zeichen, die des Alternativvorschlags 825 Zeichen.

Die Entscheidung ist auch inhaltlich überaus problematisch. Dass die Antragstellerin nicht mehr in der Wohnung wohnt, hätte man besser einem Vergleich ihrer Anschrift mit derjenigen der Eigentumswohnung entnommen. Die Folgerung, der Anteil am Wohnungseigentum könne veräußert oder belastet werden, ist überaus kühn. Es ist allgemein bekannt, das der Ersterwerb einer Eigentumswohnung überaus kostspielig ist und dass es sehr viele Jahre dauert, bis man bei einer Veräußerung einen Preis erzielt, der die aufgenommenen Kredite übersteigt.

---

15 Erst am Ende kommt der Beschluss zum Kern, nämlich zu § 90 Abs. 2 Nr. 8 SGB XII.
16 Die Aussage, der Beschluss enthalte eine Kostenentscheidung, ist falsch. Unter ihr ist die Zuweisung eines Kostenerstattungsanspruch gegen den Gegner und die Begründung seiner Kostenerstattungspflicht zu sehen. Gerade dies wird aber durch § 118 Abs. 1 Satz 4 ausgeschlossen.

5. Fall (Manteltarifvertrag)

455 Der Rechtsstreit ist vor einem Landesarbeitsgericht geführt worden.

Sachverhalt

Der Kläger war seit vielen Jahren bis zum 31.3.1999 Arbeitnehmer der Beklagten. Für das Arbeitsverhältnis galt der Manteltarifvertrag für Arbeiter, Angestellte und Auszubildende in der Eisen-, Metall-, Elektro- und Zentralheizungsindustrie Nordrhein-Westfalens (MTV-Metall). Im Rahmen eines gerichtlichen Insolvenzverfahrens kündigte die Beklagte mit Zustimmung des Insolvenzgerichts 66 von 123 Arbeitsverhältnissen, darunter auch das des Klägers. Er verlangt nunmehr für das Jahr 1999 eine Urlaubsabgeltung in Höhe von 8.281,47 DM brutto sowie ein anteiliges dreizehntes Monatsgehalt in Höhe von 2.265 DM brutto.

Das Arbeitsgericht hat die Klage abgewiesen.

Aus dem Original des Berufungsurteils

Entscheidungsgründe

Die aufgrund entsprechender Beschwer[1] statthafte, form- und fristgerecht eingelegte und auch ordnungsgemäß begründete Berufung des Klägers hatte keinen Erfolg und führte zur Zurückweisung[2].

Das Arbeitsgericht hat die Klage zu Recht abgewiesen.[3]

Ein Anspruch des Klägers auf weitergehende Urlaubsgeltung und ein anteiliges 13. Monatsgehalt in der von ihm geltend gemachten Höhe[4] besteht nicht.

---

[1] Die Aufzählung der Zulässigkeitsmerkmale (Beschwer, Förmlichkeit, Frist und ordnungsmässige Berufungsbegründung) ist eine entbehrliche Ansammlung von Leerformeln. Es wird nur festgestellt, dass die Zulässigkeitsmerkmale vorlägen, begründet wird das aber nicht. Außerdem: Wer interessiert sich dafür? Den Parteien ist das völlig gleichgültig, sie haben diesem Punkt überhaupt keine Beachtung geschenkt. Der Fachmann, den es vielleicht interessieren könnte, hat die Zulässigkeit des Rechtsmittels bereits daraus entnommen, dass die Berufung nicht „verworfen" worden ist, sondern „zurückgewiesen".

[2] Der Hauptsatz „Die ... Berufung des Klägers hatte keinen Erfolg und führte zur Zurückweisung" ist nicht mehr als eine Wiederholung des Tenors, also insgesamt überflüssig. „Hatte keinen Erfolg" und „führte zur Zurückweisung" besagt dasselbe. Die Verwendung des Imperfekts ist unlogisch, wenn alles andere Prozessgeschehen, das noch weiter zurückliegt, im Präsens geschildert worden ist.

[3] Auch dieser Satz ist überflüssig: Seine Aussage steckt bereits im Tenor, nämlich in der Zurückweisung des Rechtsmittels, und außerdem im vorhergehenden Satz.

[4] In dieser Form enthält der Satz wiederum nur eine Wiederholung des schon Gesagten. Sinnvoll ist es nur, den ersten Satzteil als Obersatz zu der anschließenden Erörterung anzuführen. Dann vermeidet man zugleich diesen typischen Fehler: Die Begründung geht nicht scheibchenweise vor, sondern fasst im Obersatz bereits beide Anspruchskomplexe zusammen. Zwangsläufige Folge: Die Aussage zum zweiten Komplex muss später als Obersatz wiederholt werden.

5. Fall (Manteltarifvertrag)

Gemäß § 12 Ziff.[5] 3 Abs. 2 MTV-Metall haben lediglich Arbeitnehmer, die wegen Erhalts einer Rente aus der gesetzlichen Rentenversicherung aus dem Betrieb ausscheiden, unabhängig vom Termin ihres Ausscheidens, Anspruch auf den vollen Jahresurlaub. Danach ist Voraussetzung für den Anspruch auf den gesamten Jahresurlaub, dass der Arbeitnehmer wegen des Bezugs einer Rente aus der gesetzlichen Rentenversicherung aus dem Betrieb ausscheidet. Der Bezug einer gesetzlichen Rente muss den Grund des Ausscheidens bilden. Das ist aber beim Kläger nicht der Fall.

Unstreitig ist er mit weiteren 65 Mitarbeitern mit Ermächtigung des Amtsgerichts D. vom 27. 09. 1998[6] aus wirtschaftlichen und betrieblichen Gründen zum 31. 03. 1999 gekündigt worden und daraufhin aus dem Betrieb ausgeschieden. Ein Zusammenhang mit dem sechs Monate später liegenden Bezugsbeginn des vorgezogenen Altersruhegeldes[7] besteht demnach nicht.

Auch ein Anspruch auf die erhobene[8] tarifliche Sonderzuwendung für 1999 besteht nicht.

Anspruch darauf haben nur Arbeitnehmer, die zumindest aufgrund Kündigung zwecks Inanspruchnahme eines vorgezogenen Altersruhegeldes aus dem Beruf ausscheiden. Dies ist, wie oben dargestellt, nicht der Fall.

Nach alledem war die Berufung des Klägers mit der Kostenfolge aus § 97 ZPO, wobei der Streitwert unverändert geblieben ist, zurückzuweisen.[9]

Gegen das Urteil besteht keine Möglichkeit der Revision. Ihre Zulassung gemäß § 72 Abs. 2 ArbGG kam[10] nicht in Betracht, da dem Rechtsstreit keine grundsätzliche Bedeutung zukommt und auch keine Divergenz zur höchstrichterlichen Rechtsprechung besteht.

(Folgt: Rechtsmittelbelehrung zur Nichtzulassung)

---

[5] Es muss heißen: „Nr. 3".

[6] „mit weiteren 65 Mitarbeitern mit Ermächtigung des Amtsgerichts D. vom 27. 9. 1998" ist nach dem Obersatz nicht erforderlich, also überflüssiger Schnörkel.

[7] Die Formulierung ist missglückt. Gemeint ist der Beginn für den Bezug vorgezogenen Altersruhegeldes" oder „.... liegenden Zeitpunkt, von dem ab vorgezogenes Altersruhegeld gezahlt werden konnte". Im übrigen ist der gesamte, im Gutachtenstil angebrachte Satz überflüssig; er wiederholt nur das zwei Sätze vorher schon Gesagtes,.

[8] Auch hier ist ein Formulierungsfehler unterlaufen. „Erhoben" dürfte auf „Anspruch" zu beziehen sein.

[9] Der Hauptsatz, unrichtigerweise wieder im Imperfekt dargestellt, ist gemäß § 313 Abs. 3 unzulässiges Schwanzstück im Gutachtenstil. Richtig ist nur das Zitat des § 97 ZPO. Die Formel „wobei der Streitwert unverändert geblieben ist" genügt dem Gebot des § 25 Abs. 2 S. 1 GKG nicht: Hier muss eine Zahl genannt werden!

[10] Das wiederum verwendete Imperfekt ist unzulässig.

Kommentar:
Wie es oft zu beobachten ist, hält sich das Urteil zu Beginn der Entscheidungsgründe (vgl. § 69 Abs. 1 S. 1 ArbGG) mit überflüssigen Präliminarien auf, anstatt sogleich zur Sache zu kommen. Der Verfasser hat den Gutachtenstil nicht überwunden und gelangt deshalb zu Wiederholungen. So ist das Urteil viel zu lang. Es enthält (ohne Rechtsmittelhinweise) 1.499 Zeichen, der folgende Alternativvorschlag nur 820 Zeichen. Man hätte also ohne Substanzverlust mit wenig mehr als der Hälfte auskommen können.

Alternativvorschlag (bei dem wie im Originalurteil Ansprüche nach dem Bundesurlaubsgesetz nicht erörtert werden):

Entscheidungsgründe

Der Kläger hat keinen Anspruch auf Urlaubsabgeltung, weil er keinen Anspruch auf den vollen Jahresurlaub hatte. Ihn haben unabhängig vom Termin ihres Ausscheidens aus dem Betrieb lediglich Arbeitnehmer, die wegen Erhalt einer Rente aus der gesetzlichen Rentenversicherung ausscheiden (§ 12 Nr. 3 Abs. 2 MTV-Metall). Den Grund des Ausscheidens muss der Bezug einer gesetzlichen Rente bilden. Das ist aber beim Kläger nicht der Fall. Er ist vielmehr aus dem Betrieb ausgeschieden, weil ihm aus wirtschaftlichen und betrieblichen Gründen zum 31. 3. 1999 gekündigt worden ist.

Auch die Forderung des Klägers auf tarifliche Sonderzuwendung für 1999 ist unbegründet. Sie steht nur Arbeitnehmern zu, die zumindest auf Grund einer Kündigung zwecks Inanspruchnahme eines vorgezogenes Altersruhegeldes aus dem Beruf ausscheiden. Bei dem Kläger war dies nicht der Fall, wie oben dargelegt.

Die Kostenentscheidung beruht auf § 97 ZPO. Der Streitwert beträgt 10.546,47 DM.

(Es folgen Hinweise zum Rechtsmittel)

Anhänge

Anhang 1
Ermittlung der Kostenquoten zum Grundfall Rdnr. 111
(§ 92 Abs. 1 ZPO)

Kostenart	Wert €	Tabelle €	F	Betrag €	Belastungsanteile €	
					Kläger	Beklagter
Gerichtskosten						
KVGKG Nr. 1210	80.000	656	1	656		656
KVGKG Nr. 1211	40.000	398	3	1.194	1.194	
Summe					1.194	656
Quote					**2/3**	**1/3**
ag. Kosten Kläger						
VV 3101	120.000	1.431	1,3	1.860		
VV 3104	120.000	1.431	1,2	1.717		
Summe				3.577		
ag. Kosten Bekl.				3.577		
ag. Kosten beider				7.154	2.384	4.769
Quote ag. Kosten					**1/3**	**2/3**
Einheitsquote						
Gerichtskosten					1.194	656
außerger. Kosten					2.384	4.769
Summe					3.578	5.425
Quote					**2/5**	**3/5**

Anhang 2

Ermittlung der Kostenquoten zum Fall Rdnr. 117

Kostenart	Wert €	Tabelle €	F	Betrag €	Belastungsanteile	
					Kläger	Beklagter
Gerichtskosten						
KVGKG Nr. 1210	39.000	398	3	1.194	306	888
KVGKG Nr. 9005				592		592
KVGKG Nr. 9005				4.320	4.320	
Summe				6.106	4.626	1.480
Quote					**3/4**	**1/4**
ag.Kosten Kläger						
VV 3101	39.000	902	1,3	1.172	301	872
VV 3104	39.000	902	1,2	1.082	277	804
Summe				2.254	578	1.676
Quote					**1/4**	**3/4**
ag. Kosten Bekl.				2.254	578	1.676
					1/4	**3/4**
ag. Kosten beider				4.508	1.156	3.352
Einheitsquote I						
Gerichtskosten				6.106	4.626	1.480
außerger. Kosten				4.508	1.156	3.352
Summe				10.614	5.782	4.832
Quote					**6/11** ≈ **1/2**	**5/11** ≈ **1/2**
Einheitsquote II						
Gerichtsgebühren				1.194	306	888
Anwaltskosten				4.508	1.156	3.352
Summe					1.462	4.240
Quote					**1/4**	**3/4**

Anhang 3

Anhang 3
Ermittlung der Kostenquoten zum Fall Rdnr. 123

Kostenart	Wert €	Tabelle €	F	Betrag €	Kläger	WBekl. 2)	WBekl. 3)	Bekl. 1)	Bekl. 2)
Gerichtskosten									
KVGKG Nr. 1210	65.000	556	3	1.668	30	20	20	40	30
Quote					3/14	1/7	1/7	2/7	3/14
ag.Kosten Kläger									
VV 3101	65.000	1.123	1,3	1.460	3/8 = 548			2/8 = 365	3/8 = 548
VV 3104	45.000	974	1,2	1.169	1/6 = 195			1/3 = 390	1/2 = 584
Summe				2.629	743			755	1.132
Quote					1/4			1/4	1/2
ag.Kosten WB 2)									
VV 3101	30.000	758	1,3	985		2/3 = 656		1/3 = 328	
VV 3104	10.000	486	1,2	583		656		583	
Summe				1.568		656		911	
Quote						3/7		4/7	
ag.Kosten WB 3)									
Quote						3/7		4/7	
ag.Kosten Bekl. 1)									
VV 3101	45.000	974	1,3	1.266	5/21 = 301	4/21 = 241	4/21 = 241	8/21 = 482	
VV 3104	25.000	686	1,2	823	1/9 = 91	241	241	8/9 = 732	
Summe				2.089	392	241	241	1.214	
Quote					1/5	1/10	1/10	3/5	
ag.Kosten Bkl. 2)									
Quote					1/7				6/7

Anhang 4

Muster Rechenblatt zur Kostenentscheidung

Kostenart	Wert €	Tabellen €	F	Betrag €	Kläger	Belastungsanteile
Gerichtskosten						
KVGKG Nr. 1210			3			
KVGKG Nr. 9005						
Quote						
ag.Kosten Kläger						
VV 3301			1,3			
VV 3104			1,2			
Summe						
Quote						
ag.Kosten Bekl.						
VV 3101			1,3			
VV 3104			1,2			
Summe						
Quote						
ag.Kosten						
VV 3101			1,3			
VV 3104			1,2			
Summe						
Quote						
ag. Kosten						
VV 3101			1,3			
VV 3104			1,2			
Summe						
Quote						

Literaturverzeichnis

Balzer, Beweisaufnahme und Beweiswürdigung im Zivilprozess, 2. Aufl. 2005

Balzer, Die Darstellung der Prozeßführungsbefugnis und anderer anspruchsbezogener Sachurteilsvoraussetzungen im Zivilprozeß, NJW 1992, 2721 ff.

Balzer, Rechtsprechungsqualität und Richterüberlastung, DRiZ 2007, 88 ff.

Balzer, Schlanke Entscheidungen im Zivilprozeß, NJW 1995, 2448 ff.

Barth, Zum Tatsachenstoff im Berufungsverfahren nach der Reform der ZPO, NJW 2002, 1702

Baumbach/Lauterbach/Albers/Hartmann, Zivilprozessordnung, 65. Aufl. 2007

Bender/Nack, Tatsachenfeststellung vor Gericht, Band I und II, 2. Aufl. 1995

Drosdowski, Günther, Grammatik der deutschen Gegenwartssprache (DUDEN), 4. Aufl. 1984

Grunsky, Zum Tatsachenstoff im Berufungsverfahren nach der Reform der ZPO, NJW 2002, 800

Franzki, Die Vereinfachungsnovelle und ihre bisherige Bewährung in der Verfahrenswirklichkeit, NJW 1979, 9

Furtner, Das Urteil im Zivilprozeß, 5. Aufl. 1985

Kommentar zur Zivilprozeßordnung (Alternativkommentar)

Meyke, Plausibilitätskontrolle und Beweis, NJW 2000, 2230

Münchener Kommentar zur Zivilprozeßordnung, Band 1, 2. Aufl. 2000

Musielak, Kommentar zur Zivilprozessordnung, 5. Aufl. 2007

Oehlers, Von dem, was der Revisionsrichter zu lesen und der Tatrichter zu schreiben hat, NJW 1994, 713

Reinecke, Die Krise der freien Beweiswürdigung im Zivilprozeß, MDR 1986, 630

Reiners, Stilkunst, Ein Lehrbuch deutscher Prosa, 129. -140. Tausend, 1991

Rosenberg/Schwab/Gottwald, Zivilprozeßrecht, 15. Aufl. 1993 (zitiert mit Ordnungsnummern)

Rosenberg/Schwab/Gottwald, Zivilprozessrecht, 16. Aufl. 2004 (zitiert mit Randnunmmern)

Sattelmacher/Beyer, Bericht, Gutachten und Urteil, 23. Aufl. 1960

Schellhammer, Die Arbeitsmethode des Zivilrichters, 13. Aufl. 2000

Schneider, Beweis und Beweiswürdigung, 5. Aufl. 1994

Schneider, Der Zivilrechtsfall in Prüfung und Praxis, 7. Aufl. 1988

Schneider, Zum Aufbau und Inhalt deutscher Gerichtsurteile, DRiZ 1974, 258

Schumann, Zur Beweiskraft des Tatbestands im Rechtsmittelverfahren, NJW 1993, 2786

Stein-Jonas, Kommentar zur Zivilprozeßordnung, Band 2, Teilband 2, 21. Aufl. 1994

Stein-Jona, Kommentar zur Zivilprozessordnung, Band 3, 22. Aufl. 2005

Teplitzky, Über die Unsitte der „Zwar-Aber"-Begründung im Zivilurteil, DRiZ 1974, 262

Thomas/Putzo, Zivilprozessordnung, 27. Aufl. 2005

Wahrig, Deutsches Wörterbuch, 1996

Wertenbruch, Die Parteifähigkeit der GbR, NJW 2002, 324

Zöller, Zivilprozessordnung, 26. Aufl. 2007

Stichwortverzeichnis

(Die Zahlen verweisen auf die Randnummern. Unter mehreren Randnummern zu einem Stichwort weist die Kursivschrift auf die Seiten hin, auf denen neben anderen der Begriff schwerpunktmäßige erörtert wird.)

A
Abrechnungssachen 371–375
Abschichtung, s. Resturteil
Abwendungsbefugnis
– Hinterlegung 138
– Sicherheitsleistung 138–139, 237, 451
abzüglich 201, 422
Adjektiv, verbundenes 435–440
Aktenlage, Urteil nach 223
Aktenvortrag 261, *409–428*
Aktivlegitimation 443
Anerkenntnisurteil 102 f., 116, 136, 146, 150, 154, 155, *174–179, 246–247,* 363
Angebot 441
Annahmeverzug 244
Anscheinsbeweis 60
Anträge der Parteien 2–7, 244 f., 257, *289–295*
Antragsgegner 160
Antragsteller 161
Arrest 132, 136, 162, 403
Attributstil 281, *433–440*
aufgrund 350
Aufhebung
– Kosten 96, *104–106*
– Urteil 92, 95, 134, 181, 183
Auflassung 7, 134
Aufrechnung 259, 300
s.a. Hilfsaufrechnung

Ausforschungsbeweis *27–29,* 30
ausgehen, davon 441, 446
Auslegung
– Anträge 18
– Parteivortrag 18, 44, 45
– Urkunde 25, 63
– Willenserklärung 25, 59
Ausnahmetatbestand 63

B
Bagatellverfahren 250
Bankbürgschaft 145, 452
Bauprozess 371–375
Begehungsgefahr 211
Begleitumstände 20 f., 27, 47, 82 f.
Begründungsbedarf 441
Behauptung 279, 285
ins Blaue hinein 30
Beratung im Kollegialgericht 410 ff.
Berichterstattervermerk 309 f.
berufen, sich – auf 442
Berufungsrücknahme 99, 206, 404
Berufungsurteil
– Anerkenntnisurteil 179
– Entscheidungsgründe 392
– Kostenentscheidung 131, 186
– Rechtfertigung 249, *376–395,* 455
– Reform 387

265

– Tatbestand 387
– Tatsachenfeststellung 388–391
– Tenor 180–183, 205 f.
– Vollstreckbarkeits-
erklärung 148
Beschlüsse *398–408*, 454
Beschwer, Wert der 245
Beschwerdewert 245
Bestreiten 32–34, *38–60*,
66, 258, *279–284*, 286, 287, 297
– Wissensvorsprung 60
– ausführliches 34, 41–43
– einer Negative 59
– einfaches 34, 41, *47–60*, 297
– Pauschalformel 44–46
– substantiiertes 42–60
– vollständiges 40
– wider besseres Wissen 38
Beweisbasis 71 ff., 356–359
Beweisbedürftigkeit 13, 70
Beweisbeschluss 308, 399, 424
Beweisergebnis 8, 69 f., 308–310, 355–361
Beweisfälligkeit 71
Beweisfragen 70 f.
Beweiskraft des Tatbestands 266
Beweislast 59, 70, 355
Beweismittel 70–86
Beweisnähe 61
Beweiswürdigung 12, 13, 43, 47, 66–86, 355–361
– Darstellung im Urteil 355–361
– Aufbau 356
– amtliche Auskunft 76
– Augenscheinseinnahme 73
– Parteiaussagen 77–86
– Sachverständigengutachten 75
– Technik 70
– Urkundenbeweis 74
– Zeugenaussagen 77–86

C
Coda, s. Gutachtenschwänze
Condicio sine qua non 412

D
dahinstellen, s. Offenlassen
Darlegungslast 70
denn 342, 347
Detailarmut 27, 83, 85
Detailreichtum 84, 86
Distanzlosigkeit 412
Doppelbegründung 329
doppelrelevante Tatsachen 1
Duldungsurteil 189, 199

E
Ehesachen 92, 107, 136, 161, 248
Einheitlichkeit
– der Kostenentscheidung 92, 93, 131, 206
– der mündlichen Verhandlung 15, 45, 48, 172, 222, 228
Einheitsquote 114
Einreden *62–66*, 287, 299
Einspruchsverfahren 152, *226–230*
Einwendungen 61; s.a. Einreden
Empörung 444
Endurteil *151–154*, 183
Entscheidungsgründe 311–397
– Aufbauplan 345–346
– Einleitungssätze 332–335, 452, 454, 455
– Doppelbegründungen 329
– Durchgliederung 365–368
– Gutachtenstil 339, 342 f., 348–350
– Obersätze 337, 338, 340, 344 f., 356–359, 366,
– Offenlassen 324–325
– Programmsätze 337

- Rechenschema 371–375
- tragende Erwägungen 319–323, 326–328
- Urteilsstil 341–354
- Wiederholungen 324
- Zulässigkeitsfragen 313
- Zwar-aber-Begründung 320–327, 453
- Zwischenüberschriften 368, 373

Entscheidungsgrundlage, s. Tatbestand, materialer
Entstehungstatbestand 63
Erheblichkeitsprüfung 32–66
Erklärung mit Nichtwissen 32, *34–38*
Erkundigungspflicht 36, 56
Erledigungsantrag 5, 185, 190, 447, 452
Erledigungserklärungen 4, 95, 116, 185, 447, 452
- Kostenbeschluss 95
Erledigungsurteil 190, 191, 452
ersichtlich 418
Eventualaufrechnung, s. Hilfsaufrechnung

F

Fahrerhaftung 378 f., 383 ff.
Fahrzeugführer, s. Fahrerhaftung
Familiengericht 170
Familiensachen 161, 247 f., 374 f.
Feststellung Annahmeverzug 244
Feststellungsurteil 134, *194*, 197
Fremdwörter 413

G

Gegeneinrede 62 f.
Gehörtwerden 443
geltendmachen 285 f.

Gerichtskosten 88–90, 92, 103, 112, 114, 124, 141, 130, 364, 454
Gesamterheblichkeit 66
Gesamtgläubiger 2
Gesamtschuldner 2
Gesamtwürdigung 59
Geschichtserzählung
- im Urteilstatbestand 256 f., *258–269*, 287, 372, 452
- des Zeugen 86
Gestaltungsrechte 288
Gestaltungsurteil 134, 137, 143, 190, *195*
Glaubhaftigkeit 27, *81*, 356, 441, 443
- negative Kriterien 82–84
- positive Kriterien 85–86
Glaubhaftigkeitsprüfung 81–86
Gläubigerprivileg 136–138
Glaubwürdigkeit *81*, 356
Gliederungszeichen 365 ff.
Gründe im Beschluss 404–408
Grundurteil 151, 181, *196 f.*, 208
Gutachtenschwänze 339, 340, 348, 451, 453
Gutachtenstil 339, 342 f., 348–350, 451–454

H

Halterhaftung 377, 380 ff.
Handlung, eigene 34–38, 49–56
Hauptsätze 430, 440, 441
Haupttatsachen *12*, 13, 18, 27, 43, 47, 59, 68, 69, 266, 273
Hauptvorbringen 14
Hilfsantrag 245, 294
Hilfsaufrechnung 327
Hilfstatsachen *12*, 13, 68, 273, 292
Hilfsvorbringen 14

Hinterlegung
- des Streitgegenstands 6
- zur Vollstreckungsabwehr 138, 144, 240

I

indirekte Rede 279–286
Indiztatsachen, s. Hilfstatsachen

K

Kartellgericht 170
Kausalität 443
Kerntheorie 211
Klageabweisung 134, 143, 137
Klageantrag 2–7, 251, 289–294, 451
- Unklarheiten 292
- Änderung des – 190
Klagehäufung 368, 371–374
Klagerücknahme 97f., 404
Klagevortrag 8
- Änderung 14f.
- Auslegung 18
- Unklarheit 3–7, 21, 29, 30
- Unwahrscheinlichkeit 29, 30
- Widersprüchlichkeit 11–13
Klammerverfügung *169*, 400
Koinzidenz 1
Kollegialgericht 409 ff.
Konjunktiv 279–286
Konstanzkriterium 85
kontradiktorisches Urteil 150, 248 ff.
Kontrahenten 443
Kosten, außergerichtliche 88 f.
Kostenaufhebung 104–106, 114,
Kostenentscheidung 87–131, 363, 454
- Begründung 363
- Berufungsurteil 131, 186
- Bruchzahlen 107–108

- Einheitlichkeit 92, 93, 131, 206
- Gegenstand 88
- gemischte 100, 207
- Mehrheit von Parteien 122–129
- nach Anerkenntnis 102
- nach Berufungsrücknahme 99, 206
- nach Erledigungserklärung 95, 36
- nach Klagerücknahme 92, 97–99
- nach Vergleich 96
- nach Versäumnis 230
- Prozentsätze 107–108
- Teilurteil 209
- teilweises Obsiegen 104–121
- Tenorierung 186, 198
- Unterliegensprinzip 101, 110
Kostenerstattung 88
Kostenfestsetzung 91, 101, 104, 454
Kostenquoten 107, 110–117
Kostentrennung 109, 124, 130, 230
Kurzgutachten 410

L

Leistungsurteil 199–202
Lügensignale 82, 361

M

Mahnverfahren 226, 230, 260
Maikäfersätze 331–333, 425, 455
meinen 285
Meistbegünstigung 149
Mindermeinung 443
Modewörter 441, 443, 447

N

Nachurteil 153, 236

Nachverfahren 152, 153, 217, 236
nachvollziehbar 443, 446
Nebenentscheidungen
– im Beschluss 402f.
– im Urteil 198, 237–240, 363
Nebenintervenient 88, 166, 417
Nebensätze 4030, 441, 442, 454
nichtkontradiktorisches Urteil 150, 246f.
Nominalstil 350
non liquet 70, 355

O
Obersätze 337f., 340, *344f.*, 356–359, 366, 451, 455
Offenlassen 324f., 353, 423
Ordnungsmittel, Androhung 189, 212

P
Parteienschelte 444
Parteivortrag 8
– Auslegung 18
– Unvollständigkeit 20–27, 40, 44–47, 50–61
– Unwahrscheinlichkeit 29, 30
– Widersprüchlichkeit 11–15
Passivlegitimation 443, 453
Pauschalgebühren 92
Pauschalverweisung 303–307
Personalisierter Stil 442, 444
petitum 270–271
pflichtig 444
PKH-Beschluss 390, 394, 454
Plausibilität 27, 47
Prädikat (Satzbau) 431, 433
Präposition 439, 440
prima-facie-Beweis s. Anscheinsbeweis
Privatgutachten 75

Programmsatz 340, 357, 452
Protokollurteil 369, 386
Prozessbevollmächtigte 164f.
Prozessförderungspflicht 53f.
Prozessführungsbefugnis 313, 413
Prozessgeschichte 260, 264
Prozesskostenhilfe 454
Prozessvoraussetzungen s. Sachentscheidungsvoraussetzungen
Punktesachen 371–372

Q
Quark, getretener 340

R
Rangerhalt 228
Rechtsansichten der Parteien 275–278
Rechtsbegriffe, unbestimmte 9, 277
Rechtshängigkeit 5, 94, 98, 446
Rechtskraft 247, 326f., 446
Rechtsmittelverlust 99, 206
Rechtsmittelverzicht 248
Rechtsmittelzulassung 245
Rechtsschutzziel 3–7
Regel-Ausnahme-Prinzip 63
Relativsätze 438
Replik 62–64, 287, 302
Resturteil 95, 99, *203–207*
Revisionszulassung 139, 188, 396
Rubrum 156–179
– Gerichtsbezeichnung 170
– gesetzliche Vertreter 157–159
– Nebenintervenient 162
– Numerierung 167–169
– Parteibezeichnungen 156
– Prozessbevollmächtigte 164f.
– Prozessrollen 160–163

- Richter 171
- Verhandlungsschluss 172

S
Sachentscheidungsvoraussetzungen 1, 215, 313, 455
Saldoklage 24
Satzbau 430–440
Satzfolge, s. Urteilsstil
Satzglieder 431–433
Säumnis 219–222
Schadensschätzung 19
Scheckurteil, s. Urkundenurteil
Schlüssigkeit 8, 26, 27
Schlüssigkeitsprüfung 8–31, 64, 224
Schlussurteil 151–154, 203
Sicherheitsleistung
- Art 145
- des Gläubigers 140–143
- des Schuldners 144
Sicherungsvollstreckung 141
soweit 446
Sparkassenbürgschaft 145
Stempelurteil 178
Streitgegenstand, Individualisierung 17, 22, 270
Streithelfer 166, 417 s. a. Nebenintervenient
Streitverkündung 166, 447
Streitwertfestsetzung 364, 455
Stufenstreitwert 127
Stuhlurteil 248, 369, 386
Substantiierung *20*
- Bestreiten 42, 47, 49–60
- Klagevortrag 9, 16–25
Substanttierungsschere 16, 20, 39
Suggestion 80
Syntax 430–440

T
Tatbestand 251–310
- Adressat 253
- Angriffsvorbringen 257, 272–287
- Ansprüche 270 f.
- Anträge 257, 289–295
- Aufbau 257
- bestrittenes Vorbringen 272–288, 296–302
- Beweisbeschluss 308
- Beweiskraft 266
- Beweisverfahren 266
- Elemente 252, 255, 257
- Entbehrlichkeit 246–249
- Geschichtserzählung *256–269*, 287, 372, 452
- Gestaltungsrechte 288
- Gliederung 257
- materialer 251, 266, 303–310, 360
- Rechtsansichten der Parteien *275–278*, 286
- Replik 287, 302
- Tempus 264
- Verteidigungsvorbringen 295–301
- Verweisungen 257, 268 f., 303–307, 423
- Zweck 253
Tatbestandsenklaven 271, 373
Tatbestandsmerkmale, normative 9, 12, 68
Tatsachen
- innere 12, 28
- negative 59
Tatsachenfeststellung s. Beweiswürdigung
Tatsachenfeststellung im Berufungsurteil 387–391

Teilanerkenntnisurteil 111–113, 146, 155, 177
Teilerledigungserklärung 100, 116, 203–206, 363
Teilklagerücknahme 100, 92, 116, 203–206, 260
Teilvergleich 96, 100, 116, 203–206
Teilversäumnisurteil 155, 146
Teilurteil 93, 97, 146, 151, 152, 155, 197, 203, *208–209*
Teilzahlung, Anrechnung 201
Terminsgebühr 103, 125 ff.

U
übereinstimmend 447
Umfeldtatsachen 20, 27,
Unterhaltsprozess 120, 132, 136, 247 f., 374 f.
Unterlassungsurteil 199, *210–212*
unwidersprochen 447
Urkunde
– Beweiswürdigung 74
– Vermutung der Richtigkeit 63
Urkundenurteil 153, 154, *213–217*
Urteil
– Abänderung 183
– Abrechnungssachen 373–375
– Aufhebung 181, 188, 190 f.
– Entscheidungsgründe 246–250, 311–387
– Klageabweisung 134, 137, 143
– Kostenentscheidung, s. dort
– nach Lage der Akten 223
– Punktesachen 371–372
– Rubrum 156–172, 262
– sprachliche Gestaltung 409–450
– Tatbestand 246–310
– Tatsachenfeststellung 355–361

– Tenor 173–245
– Überschrift 149–155
– Unterschriften 369 f.
– Verhinderungsvermerk 370
– Vollstreckbarkeitserklärung 237–240
– Willenserklärung 143, 241
– Wirkungslosigkeit 97, 205
– Zinsausspruch 242 f.
– Zug-um-Zug-Leistung 244 f.
Urteilsarten 150–153, 173–245
Urteilseingang 149–172, 422
– Gericht 170
– Parteienrubrum 156–169
– Richter 171
– Verhandlungsschluss 172, 452
Urteilsrechtfertigung 246–397
– Entbehrlichkeit 246–250
Urteilsstil 341–354
– Verletzungen 348–354

V
Verfahren, schriftliches 176
Verfahrensgebühr 113, 125 ff.
Verfügung, einstweilige 132, 136, 162, 403, 448
vergessen 38, 54, 55, 80
Vergleich 96, s.a. Teilvergleich
Verkehrsunfallsachen 123 ff., 376 ff.
Vermutungen
– gesetzliche 63
– im Parteivortrag 28
– tatsächliche 60
Vernichtungstatbestand 63
Versäumnisurteil 130, 136, 138, 146, 150, 154 f., 184, *218–230*
Verspätung, Zurückweisung wegen 8
Verzichtsurteil 116, 136, 138, 150, 154 f., *231*

Vollstreckbarkeit
- effektive 137, 142
- vorläufige, s. dort
Vollstreckbarkeitserklärung 132–148, 237–239
- Aufspaltung 142, 146 f.
- Berufungsurteil 148
- Einschränkung 133
- Feststellungsurteil 134
- Gestaltungsurteil 134
- Klageabweisung 134
- wegen Kosten 132, 134
- Willenserklärung 134, 199, 241
Vollstreckungsabwehrurteil 232–235
Vollstreckungsbescheid 226, 230, 260
Vorbehaltsurteil 95, 153, 154, 181, 217, 236
Vorbringen 285
Vorläufige Vollstreckung
- Abwendung 138 f.
- gegen Sicherheitsleistung 135
- ohne Sicherheitsleistung 136, 138 f.
- Sicherungsvollstreckung 141
vorliegend 448, 454
vortragen 285
vorgetragen und ersichtlich 448
Vormerkung 7, 134
Votum 409 ff.

W

Wahrnehmung, eigene 34–38, 49–56
Watschenstil 444
Wechselurteil, s. Urkundenurteil
wegen 350, 439, 452
Wert des Beschwerdegegenstandes 245
Widerbeklagter 160

Widerklage 92, 152, 295, 301, 368
Widerkläger 160
Widersprüchlichkeit
- Parteivortrag 11–15
- Zeugenaussage 83, 85
Wiederholungsgefahr 211
Willenserklärung, Urteil auf Abgabe 134, 199, 241
Wirkungslosigkeit des Urteils 97, 205
Wortfolgenfehler 434

Z

Zahlungsurteil 200 f.
Zeitformen
- Entscheidungsgründe 354
- Tatbestand 264
Ziffer 449
Zinsantrag 201
Zinsausspruch 201, *242–243*
Zitate 314–317
Zitierweise 317
Zugeständnis 32, 33, 34
Zugewinnausgleich 132, 374
Zug-um-Zug-Verurteilung 244 f.
Zulassung von Rechtsmitteln 245
Zu Recht 445
Zurückbehaltungsrecht 244 f.
Zurückverweisung 92, 181
Zurückweisung wg. Verspätung 8
Zusammengesetzte Wörter 449
zustehen 449
Zu Unrecht 445
Zuvielforderung 118–120, 121
Zwangsvollstreckung
- Unzulässigkeit 232–235
- Einstellung 235
- Ordnungsmittel 189, 212
Zwar-aber-Begründung 320–328
Zwischenüberschriften 368, 373
Zwischenurteil 151, 193